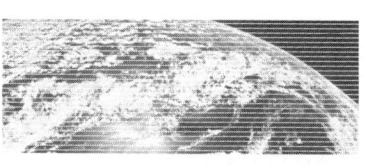

国際取引紛争に備える
―アメリカ、EU、イギリスでのトラブル予防から訴訟まで―

國生一彦

八千代出版

妻雅子、娘幸子、宏子およびその夫らに捧げる

はしがき

　本書は、その副題のとおり、アメリカ、EU、イギリスでの民商事手続、そこでの国際紛争処理上の方法と問題点を述べる。基底には国際民商事取引があり、その点で本書は、昨年著した「国際取引法」（有斐閣）の続編となる。前書では、「……国際取引法に関する**小事典**（法令検索と事項検索つき）のようだ……」とのコメントも頂いたが、本書でも、専門書であるとともに、実務家などにも便利なこの分野での小事典を目指した。国際取引性の点から、国際二重訴訟の一場面である国際倒産法制度にも寸言した。

　アメリカの管轄権を巡り誤解とも神話（myth）とも呼べる現象が存在する。本書では2つの Restatement of Law（再述法）を中心に、基礎となる法情報の正確な認識から出発した。連邦裁判所（S.D.N.Y.など）での手続からではなく、その更に下の各州先例法、コモンローの太字法（black letter law）からの出発である。

　共通法（ius commune）の歴史を持つEUは、その背景からして、ECローマ条約による共同体成立・発足から11年で、いわゆるダブル条約（ブラッセルズ、1968）を作り上げ、司法統合の巨歩を開始した（本書の編成も、この条約に倣って、第2編を「管轄権法制」に、第3編を「判決の承認・執行法制」にあてた）。条約が共同体化（communitarize）され規則化された Brussels I や II は、The Council of Europe による人権及び基本的自由保護のための条約（ローマ、1950）の下で、文句どおり**判決移動の自由**という価値を実現した。

　本書の記述に一番大きなウェイトを占めるのはアメリカであり、上述のとおり、2つの太字法である。そこでの構想や比較法学的思考で少なからぬ示唆を受けたのが、ボーン（Born, Gary）教授の著書からである。更に、レビー（Levy, David J.）氏ら、ABAの実務家の地道な労作ではテクニカルな点で教えられた。その結果、本書の章立ての特徴点として次が挙げられる。

i

第2章では、アメリカでの手続の特殊性に光を当てつつ、それを第1章と並ぶ本書の総論的考察の躯体とした。第3章では、被告の現存（physical presence）から出発したコモンロー管轄権が、姿のない州外法人に対し管轄権を及ぼすにつき、現存に代わる根拠として何を模索したか、その過程での先例の集積と法理を展開した。

　第4章では管轄権を巡るEUの統一化の動きを、第5章ではその判決移動の要件、効果とともに、アメリカの外国判決承認執行に関する現行法制を述べた。第6章では、国際司法共助と最新の国際倒産法制を管見した。前者では、アメリカによる海外での証拠収集の底にある訴訟哲学に、後者では、この必然的な国際二重訴訟に対し各法域が如何に共通法的取組みを行ったかに、各ハイライトを当てた。第7章は、世界中の仲裁判断の効力が争われているニューヨークでの事例（そこでは日本企業も時折当事者として登場する）にかなりのスペースを割くことで、アメリカ連邦最高裁の国際仲裁制度に対する親和性の例証とした。

　本書により、読者は目前の事件で自社がアメリカのA州（内）裁判所の人的管轄権に服さなければならないか否か、然りとして何故か、そのための明確な根拠と答えを見出すことができる。ある程度同様のことが、ロンドン、EU域内についてもいえる（逆に、自社の活動範囲から、どの法域でどの程度有効な管轄権リスクを負うかを予め知りうる）。併せて、アメリカでの最新のディスカバリの運用を含め、手続上の攻撃・防御方法（抗弁）の意味と働きをも知りうる。

　法科大学院で国際関係法（私法系）を教えていて一番悩ましいのが、隣国韓国と比べても明らかな、この分野でのわが国の法化の遅れと国際社会からの孤立である（たとえば中国やロシアはCISGを適用した判例や仲裁判断の数で西欧の大国と並ぶ）。新司法試験は、「実定法を中心に……」行うとされるが、国際取引法（中でも最も基礎的な物品売買法）の実定法は皆無に近い。この点の問題意識を喚起するためのささやかな努力が前書であり、本書はそれと同一線上にある試みである。日弁連が主催した「国際活動に関する協議会」のオープン

はしがき

セッション（2003年3月28日）では、グローバリゼーションの法的インパクトの1つとして、「日本の司法制度の空洞化」という見出しが掲げられていた。少しでも、そうならないように祈りつつ、筆をおくものである。

　　　　　　　　　　2006年5月　　永田町の事務所にて

　　　　　　　　　　　　　　　　　　　國生　一彦

目　　次

はしがき　　i
凡例および用語法　　xi

第1編　総論的考察

第1章　予防法学と臨床法学の境（取引から紛争の場へ―法の作用―）——— 3
1. 国際民商事紛争はどう仕切られ、どう予防されているか ……………… 3
   (1) 本書の立場　3　　(2) 国際紛争に備える（補充法がない取引社会での国際訴訟対策）　7　　(3) 共通法の不足、透明性・安定性の乏しさと特定国内法のウェイト　11　　(4) EUとEU以外（わが国を含む）との間の大きな落差　12
2. 言語の問題 ……………………………………………………………… 15
   (1) 翻訳は不可能と（サイデンステッカー氏）　15　　(2) たったの一語や句読点が勝敗を分けた　17
3. 国際民商事手続での当事者自治 ………………………………………… 21
   (1) 当事者自治と裁判管轄権　21　　(2) 裁判管轄合意条文を巡る駆け引き　23　　(3) 付合約款と管轄権条約　25
4. 国際民商事取引と裁判管轄権を巡るいくつかの予備知識 …………… 28
   (1) 国際航空運送取引における国際裁判管轄権への進んだ対応　28　　(2) 国際海上物品運送契約での裁判管轄　30　　(3) 裁判管轄権合意と準拠法合意とは別　32　　(4) 相互に絡み合う準拠法指定と管轄権の配分　34

第2章　国際民商事紛争の場としてのアメリカ（その規模と複雑性）——— 37
1. アメリカでの国際裁判の特徴 …………………………………………… 37
   (1) なぜアメリカでの裁判は恐れられるのか　37　　(2) アメリカの原初民商事法制の国際法的色彩　41　　(3) その後（特に20世紀後半）の運用といくつかの誤解　43
2. 多州と連邦の二元国家制の下での管轄権 ……………………………… 45
   (1) 3次元チェスで適用される各層の法律　45　　(2) コモンロー（各

州先例）から出発する本書　48　　（3）国際法事件は連邦裁判所の管轄と定める憲法　52　　（4）実際上の差異　56
3. 複雑な国内法制と判決の移動、合意管轄問題……………………………57
   （1）州際的および国際的判決の承認・執行（full faith and creditの意味）57　　（2）承認・執行のための手続　60　　（3）合意管轄に対する強い反撥の歴史　61　　（4）Bremen事件前とその後の変化　64
4. 日本企業の在米子会社の法的地位………………………………………66
   （1）アメリカのコモンローと法人の従属法の問題　66　　（2）市民権、国籍、条約上の地位など　69　　（3）どの法域で法人を設立するか（デラウェア州会社法の事例）　72

第2編　国際裁判管轄権

第3章　アメリカの国際裁判管轄権 ─────────── 79

1. アメリカの管轄権を争うには……………………………………………79
   （1）人的裁判管轄権の発生原因全般―再述外国関係法の下で―　79　　（2）再述抵触法の下での出発点、現存（physical presence）　81　　（3）州外法人につき現存（presence）に代わるものの模索　85
2. 州外法人に対する管轄権、先例の集積と展開…………………………88
   （1）州外法人の行為についての先例の集積　88　　（2）制定法の必要性とその基準（ミニマム・コンタクツ）　90　　（3）関係の相当性以外の公正要件　93
3. 外国企業と連邦裁判所の管轄権問題
   ―古典派（19世紀末までの）と司法積極主義（20世紀後半）― …………96
   （1）連邦裁判所の外国企業に対する人的管轄権とは何か　96　　（2）連邦の呼出状送達と適正手続など―現代管轄権概念―　99　　（3）アメリカの立法権・司法権の域外拡張問題とblocking statutes　100　　（4）域外立法の適用と国際礼譲（international comity）　103
4. 各州ロングアーム（長腕）法 long-arm statute―制定法の分析―……106
   （1）ロングアーム法の出発点　106　　（2）「事業を行う」法理の先例からの展開　108　　（3）原理型ロングアーム州法の事例　109　　（4）列挙型州法を当てはめた事例　112
5. 特殊な連邦長腕法、ウェブサイト長腕法の法理、不便宜法廷の法理…118
   （1）連邦長腕法、ウェブサイトとロングアーム法の法理　118　　（2）

不便宜法廷（forum non conveniens）の法理　122

第4章　EUとイギリスの国際裁判管轄権 ──────── 129
1. 進んだ国際私法を持つヨーロッパ………………………………… 129
　　（1）国際的司法統合の困難性とEU法の背景　129　　（2）存在した共通法（ius commune）の基礎　132　　（3）ブラッセルズ条約の流れとEU理事会規則（Brussels I）への格上げ　134　　（4）司法統合の流れはBrussels Iで止まっていない　139　　（5）EU域内（弁護士）役務統一化への動き　142
2. Brussels IやBrussels IIの管轄権ルールのあらまし ………………… 144
　　（1）Brussels IとBrussels II、それぞれの適用範囲　144　　（2）Brussels Iによる裁判管轄権の域内配分ルール　147　　（3）Brussels IIによる管轄権配分の基準　153
3. イギリス（ロンドンのHigh Court）と国際（商）取引紛争の処理 …… 154
　　（1）民商事事件を扱う司法の仕組（要約）　154　　（2）High Court中の商事法廷（Commercial Court）について　156　　（3）High Courtの管轄権と海外被告への送達など　158
4. ハーグ国際私法会議（HCCH）による新条約 ……………………… 162
　　（1）本条約成立の背景　162　　（2）本条約の適用範囲　166　　（3）本条約の要綱─わが国との係り─　168

　　　　第3編　外国判決の承認・執行を含むその他の国際民商事手続

第5章　主としてアメリカとEU域内の外国判決の承認・執行とその関連法制 ──────── 175
1. EU域外での外国判決の承認・執行問題 ……………………………… 175
　　（1）ヨーロッパ以外での共通ルールの不存在　175　　（2）外国判決に対するアメリカ法の態度　177　　（3）州際法と国際法の交錯　180
2. 外国判決に対するアメリカの基本法制と各州法の法源 ……………… 182
　　（1）事業上の金銭給付判決に関する太字法、州制定法　182　　（2）統一州法（UFMJRA）による外国判決の承認・執行　185　　（3）国際民商事判決の承認に関する日米法制上の2、3の比較　187　　（4）国際家事管轄権についてのアメリカ法の原則　192

3. 外国判決のBrussels Iの下での承認とイギリスでの扱い 196
   (1) Brussels Iの下での判決の域内移動（承認）の自由 196　(2) Brussels Iの下での判決の移動（執行） 198　(3) イギリス司法とBrussels Iおよびヨーロッパ司法裁判所（ECJ）との絡み 200　(4) 域外外国判決のイギリスでの扱い 203
4. 国際二重訴訟や提訴対抗措置としての保全手続、訴え差止め 204
   (1) 国際的二重訴訟（international parallel proceedings）の問題 204　(2) アメリカでの考え方（lis alibi pendensなど） 206　(3) 他法廷係属（lis alibi pendens）の考え方との比較 207　(4) 他訴差止め請求（anti-suit injunction） 208

第6章　その他の国際民事訴訟手続 ─────── 213

1. 国際倒産事件とわが国法制 213
   (1) 国際倒産法（cross-border insolvency proceedings）の必要性と発展 213　(2) UNCITRALの国際倒産モデル法のわが国倒産法への影響 216　(3) 外国倒産処理手続の承認援助に関する法律 219　(4) 外倒法とモデル法との違い 222　(5) モデル法に伴う破産法改正、会社更生法の一部改正と民事再生法 225
2. 国際倒産手続法を巡るEU理事会規則 228
   (1) EU域内倒産手続の統一法 228　(2) EU規則の下での手続の大要 229　(3) より高い統合度 231
3. アメリカの連邦破産法改正法 233
   (1) アメリカ倒産法改正の概要 233　(2) 国際倒産法関連の改正—アメリカ始動の手続— 236　(3) 外国始動の手続 238
4. 裁判前の国際司法共助 240
   (1) 送達の形式（通知）的機能と国際的適正手続の要請 240　(2) わが国とアメリカ連邦法の訴状送達手続 244
5. 訴訟中共助としての証拠調べ 246
   (1) アメリカ以外の国との間（国際間での）証拠調べ 246　(2) アメリカの国内法（FRCP）と日米領事条約との接面 250　(3) アメリカとの間の実践的問題、殊にアメリカが嘱託国の場合 253　(4) 証拠調べの域外への拡張とblocking statutes 256　(5) 連邦民訴手続（FRCP）の近時の改革 258　(6) EU域内での証拠調べ手続の統一 260

目 次

第7章 国際民商事紛争のための国際仲裁制度 ────────── 263
1. 仲裁による国際紛争の解決 ……………………………………………… 263
　　（1）国際商事仲裁の意味　263　　（2）仲裁条項の国際法的位置付け
　　266　　（3）仲裁合意の要件と効果　269　　（4）国際仲裁判断は何を
　　基準に下すか（増大するsoft lawの役割）　272
2. 仲裁制度の司法機関による監督 ………………………………………… 273
　　（1）仲裁廷（仲裁機関）の選定、構成を巡る争い　273　　（2）仲裁合
　　意、仲裁判断の効力を争う　275
3. わが国の国際商事仲裁法制 ……………………………………………… 277
　　（1）わが国と国際商事仲裁法制、活用されるか　277　　（2）ニュー
　　ヨーク仲裁条約と関連事項の要約　281　　（3）中国とわが国間の承認
　　と執行の問題　284　　（4）わが国仲裁法の意味、珍しいUNCITRAL
　　のモデル法採用　286　　（5）仲裁とわが国の社会と文化　289
4. アメリカの国際商事仲裁法制 …………………………………………… 291
　　（1）国際商事仲裁を巡る連邦法（FAA）と各州法　291　　（2）ニュー
　　ヨーク条約と連邦法（FAA）　293
5. FAAとニューヨーク条約の下で実際にどう争われたか ……………… 296
　　（1）親仲裁性（仲裁可能性〔arbitrability〕がないとの主張の扱い）　296
　　（2）仲裁合意と国際二重訴訟、可分性（severability）の問題など　301
　　（3）仲裁判断の「確認」と不便宜法廷の法理　303　　（4）仲裁判断の
　　確認訴訟とニューヨーク州契約法　306
6. イギリスの仲裁法制度 …………………………………………………… 310
　　（1）仲裁法制度の変遷　310　　（2）イギリスの新仲裁法の要点　311

　参考文献・引用文献一覧　315
　法令、条約、判例索引　317
　事項索引（和文）　333
　事項索引（欧文）　339

凡例および用語法

1. 法令等の条文表示では、章（chapter）、節（section）、条（article）というように、序列のあるものはchapterへの言及をする場合は別として、条文の表示上は、すべて統一的にsection、articleを表示し、文中では、3条または§を付して§2などで表示し、文末カッコ内で、時に法文名ととものときは、民訴118のように単に数字のみとした。条（article）より下の項（paragraph）、号（clause）と連記するときは、条、項、号を2（1）④などという順位表示に、それぞれ表示した（ただし、Ⅰ、Ⅱなどのローマ数字の次にくる場合は、1、2なども並記した）。

2. 個別の法令等の表記には次の略記があり、その他もこれに準ずる表記にした（この他、法令索引で略記の表示を使用ないし追加しているものもある）。
(1) アメリカの法令等の表示
・Restatement of the Law（2d）Conflict of Laws, 1971：リステイトメント、再述抵触法、または再抵法（条文ととものときは、「再抵27」などのように略称）。なお、Born書中ではRestatement of the Law First、再述抵触法（第1）にも言及されるが、本書中ではその引用以外には言及はない。
・Restatement of the Law（3d）Foreign Relations, 1987：リステイトメント、再述外国関係法、または再外法（条文ととものときは、「再外421」などのように略称）
・これら再述法中のIntroductory Note, Reporters Note：序註、レポーターズノート、ノートとも略称
・Federal Rules of Civil Procedure：連邦民事訴訟規則、FRCP
・Uniform Commercial Code：UCC
・Uniform Commercial Code, Article Two：UCC-2
(2) 日本の法令等の表示
・民事訴訟法：民訴法
・民事執行法：民執法
・民事訴訟手続に関する条約（昭和45年、条約6）：民訴条約
・民事又は商事に関する裁判上及び裁判外の文書の外国における送達及び告知に関する条約1965（昭和45年、条約7）：送達条約
・民事訴訟手続に関する条約等の実施の伴う民事訴訟手続の特例等に関する法律（昭和45年、法律115）および同法と同名の規則：特例法、特例規則

・外国倒産処理手続の承認援助に関する法律：外倒法
(3) ヨーロッパの法令等の表示（含団体名）
　　法令等の表示は、本文中にも言及がある場合も多いので、簡単に引用できるものを主にした。EU理事会規則、EU指令などは、インターネットで拾ったときの引用を利用したため、必ずしも統一的・体系的にまとめ切れていない（ただし、主な1カ所の表示だけは、できる限り符号番号に止まらず、名称も加えるようにした）。
・The Convention on the Law Applicable to the Contractual Obligations：契約義務の適用法に関する条約、ローマ条約1980
・Treaty Establishing European Community, 1957年3月25日：ローマ条約（その条文は（7旧4）など、改正前の条文の表示もあり）
・The Hague Conference of Private International Law：ハーグ国際私法会議、HCCH
・イギリス、Civil Procedure Rules（CPR）：民事訴訟規則、Practice Directions（PD）：実務指示
(4) その他のアメリカ、日本以外の法令、公文書などの表示は、それぞれ拾うことのできた略式の表示のままとした。たとえば、EU文書の表示OJL160などである。
(5) 法令等の表示全般の問題として、索引においては、条文数までとし、a、bやレポーターズノート、コメント、序註などはカットした。また、現行法より前の法令には原則として言及しないこととした。

3. 個別の判例等の表記には次の略記があり、その他もこれに準ずる表記にした。
(1) アメリカの判例等の表示
①Reporterの表示は581F.2d114などとなる（裁判所名が入らないし、月、日も入らない）。
　最新の判例などでは、Reporterよりも、インターネットで拾った関係で、Reporter表示ではなく、日時、事件番号、裁判所名入りで表示した（判例の表記は、原則として判決の頭のページ数のみとした）。なお、判例や事件名の表示との絡みで、アメリカ各州名の略記は、正式なものではなく、常識的にわかり易いものを用いた。
②裁判所名の表示は次に準ずる。
・The Court of Appeals, 2nd Circuit：連邦の（第2巡回控訴）裁判所、2nd Cir.
・The Court of Appeals, Circuit Court：連邦巡回（控訴）裁判所、Cir.
・The Federal District Court in the Southern District of New York：ニュー

ヨーク州南部地区連邦地裁、S.D.N.Y.
③関連してアメリカ等の本、法律雑誌などの表示は次である。
- Wall Street Journal：WSJ
  共同著作者（本）の場合は、本の表紙と同じく、姓のみの連名とした。
(2) 日本の判例表示の関係での裁判所の表示および雑誌の略記は次である。
- 最高裁判所第三小法廷：最三小
- 最高裁判所第二小法廷：最二小
- 最高裁判所第一小法廷：最一小
- 東京高等裁判所：東高
- 東京地方裁判所：東地
- 名古屋地方裁判所：名古屋地
- 判例時報：判時
- 金融商事判例：金商判
- 国際商事法務33/10/917など：33巻10号917ページ
- NBL 819/51など：819号51ページ
- 例記のとおり、巻/号/ページないし号/ページの表示とした。
  また雑誌の長文の記事名は、前後の表示で推測可能なことも多いので、省略した場合もある。
(3) 判例表示に関係する索引では、原則としてその事件を中心的に扱っている個所1カ所では完全表示に一番近い形を用い、著名事件は、その他個所での短名表示も索引頁に加えた。

4. その他の単語、用語の表記
(1) 適切かつ簡潔な日本語が見当たらないため、横文字のまま表示した言葉もある（または、カッコ内の日本語ないしカタカナ読みと交互に用いるなどした）。consent, deposition, discovery, do (ing) business：事業を行う（事業活動）、domicil(e)（ヨーロッパではeを付けるなどアメリカと大陸法諸国との間で違うため、Brussels Iの中をはじめ、多くの個所で原語のままとした), forum non conveniens, long arm statute（ロングアーム法、長腕法）, notice pleading, (general) special appearance
  その他、前後にある程度十分な説明が接するときの地名、人名などは、なるべく原名のほかにカタカナ表記も付すようにした。
- The American Law Institute：ALI
- The National Conference of Commissioners for Uniform State Laws：NCCUSL

- American Arbitration Association : AAA
- International Chamber of Commercial : ICC
- International Court of Arbitration : ICA
- London Court of International Arbitration : LCIA
- The Chartered Institute of Arbitrators : CIArb

第 1 編

総論的考察

第1章

予防法学と臨床法学の境
（取引から紛争の場へ―法の作用―）

1. 国際民商事紛争はどう仕切られ、どう予防されているか

[1.1] (1) **本書の立場**

①　国際取引の場でも訴訟は最後の手段である。また、仮に訴状が出されたとしても、事実審理（trial）までいくのは全体のほんの数パーセントにすぎない。日米とも、訴訟の九十数パーセントは最終判決までいかないで解決している。国際取引実務での経験からすれば、それよりも大切なことは、紛議に備えた契約交渉である。その意味で実体法の知識、殊にコモンロー契約の知識は不可欠である。

　しかし、どのような用心にも拘らず、トラブルは発生する。そこからが本書の主題である。アメリカ各州、イギリス、EU域内での民商事紛争、3つの法域の手続面での最新知識と実務が主題である。第1編「総論的考察」の第2章は、アメリカでの手続の特殊性に光を当てつつ、それを本書の総論的考察の1つとした。

　第2編「国際裁判管轄権」では、第3章でアメリカでのコモンロー（判例の集積）から生じた管轄権配分ルールを基礎から考察した。第4章では管轄権を巡るイギリスを含むEUの統一化の動きとその現行法制を述べた。第3編では、第5章でいわゆる「判決移動の自由」をテーマに、移動の要件、効果をカバーする。第6章では、序言のような趣旨で、司法共助と最新の国際

倒産（cross-border insolvency）法制を概観した。また、第7章で、わが国には殆ど実績がないが、豊富な先例のあるヨーロッパ、アメリカの国際商事仲裁判断を巡る訴訟実務を考究した。殊に、世界中の仲裁判断の効力が争われているニューヨークでの事例（そこでは日本企業も時折当事者として登場する）にかなりのスペースを充てた。

② 　本章では、本書の上述の章立ての中での問題提起、国際取引をする上での日頃の交渉上の留意点、意思疎通と言語、そして紛争を予防・回避するための合意管轄や適用法の選択（choice of law）と管轄権配分ルールとの関連について考察する。万一訴訟を起こされた場合、企業は先ず事実の問題点と紛争の法的評価（assessment）をする。たとえば、日本国の甲が台湾の乙からある中間製品を仕入れ、国内の丙に売ったが、その中に不良品があった。最終製品に欠陥が生じたとの苦情（claim）が丙から甲にぶつけられる。甲は、主張される欠陥の事実を調査・検証し、対応する法的責任を予測する。日本、台湾の弁護士が簡単な契約の文言と事態とを見較べるが、「互いに誠意をもって……」との言葉だけでは、殆ど役に立たない[1]。

　台湾から日本への国際物品製造販売契約で甲や乙が丙にどんな責任を負うか、悩ましいのは契約の簡単さだけではない。日本国の法律（実体法）には品質保証に係る任意法規はあるが、不良の程度、その評価方法、是正措置の法的基準を示す補充法がない。契約上のトラブルシュートをしようにも、極く簡単な条文が2、3あるだけで、殆ど助けにならない。

　丙社がアメリカ企業であった場合、この状況は一変しうる。品質保証は法定責任の問題ではなく、契約の問題となる。その上で、日本の民商法の何十倍にあたる量の条文が、不良、不足、提供、引渡、検査、通知、受納などを定義し、補充する。その各場合での商人売主に対する、また商人間での、買

1）丙が日本の大企業の場合、契約は簡単というよりは、殿様が城下の商人から買い付けているのかと見間違えるほど、一方的でありうる。日本の大企業が用意する基本契約中の品質保証条文には、「自らの客先から請求がある間は……」と、そもそも保証期限の定めがないものがある。

主の権利・義務を、あるべき履行方法とともに定める（UCC-2の各条）。更に、書式（form）を含む契約も詳細さが違う。少なくとも海図なき航海をするとは大きく異なる。

これまでのわが国は、補充法という法的インフラにまで手がおよばなかった[2]。ある人はいう。「村社会の枠内で、その枠組みでやってきたから、必要がない」とか「日本人は、物事を露骨に表現してギリギリ交渉する契約方法を好まない」とか。直訳すると「あうんの呼吸」ということであろうか。しかし、国際社会ではそうはいかない。「19世紀のアメリカは契約法の世紀であった」と幾人かの法学者が述懐する（註13書 p. 80）。20世紀の半ば以降それは更に大きく進化する。アメリカが積極的にCISG[3]に加盟したのも、商取引契約の補充法の代表選手ともいえるUCCなど、それを超える膨大な法体系を持っていることが背景にあろう。

ヨーロッパ諸国は、フランスなどは遙かに簡単な法条でやってきたが、20世紀後半には、かなり詳細なルール（UCCほどではない）を持つに至った（ドイツ民法は日本よりはよほど精緻である）。註3の条約や、註4のソフトロー（soft law）形成の背景事情に結び付く。別言すれば、ヨーロッパ契約法（ius commune）の流れを汲むCISGやUNIDROITの原則やヨーロッパ契約法原則[4]の採用と、それにマッチした国内法の整備である。その土壌となる社会の法化で

---

2) 裁判外紛争解決（ADR）が叫ばれ、そのための機構も作られる。しかし、先立つもの（補充法）がない。「公正さ」の担保がない。その前提要件としての補充法の整備が必要である。
3) UNCITRALの作業による UN Convention on Contracts for the International Sale of Goods, Vienna, April 11, 1980。ULISとULFIS策定会議に遅れて参加したアメリカは、その内容に不満で、その後CISGの作成に積極的に係り出した。この間の事情につき註13書［7.7］参照。
4) 国際商事契約原則（Principles of International Commercial Contracts 1994, 2004）と、ヨーロッパ契約法原則（Principles of European Contract Law 2003 ; PECL）。これらの Principles が CISG およびその前身となった2つの1964年ハーグ条約（ULISとULFIS）とともに、20世紀後半にヨーロッパ大陸の法典法国の民商法の近代化・共通化に多大な影響を与えたとするものに A. S. HartKamp がある（註11）。なお、ULISとULFISにつき註13書 p. 193, ffn. 49参照。

あった [4.2]。それらと仲裁とを組み合わせて国境越えの商取引が多く行われている。

③　さて、甲の現実に戻って、第2段階は、丙、乙との交渉である。乏しい契約文言と法条の下、甲は訴訟回避を図る。紛争解決交渉は、日本法による場合は、責任評価基準となる補充法が殆ど存在しない分、交渉次第で決まることが多く、五里霧中の世界に近い。結果として、十中八、九まで和解が図られ、訴訟にいくことはない。かくして、日本企業甲は国際訴訟遂行の負担を免れる。これは、甲社が国際訴訟遂行上の時間、費用、敗訴による会社経営上の負担を回避できたことを意味する。しかし、それだけであろうか。負の面は何もなかったのか。

一旦国際訴訟が起きたときの負担、困難は、まだ把握し易い。計算可能である。それを避けるために払われた費用、訴訟回避のため諦められ、失われた機会利益などの消極的な社会的費用は、評価が困難である。しかし、決して小さなものではない。何よりも評価基準のないまま責任を負担したことの不満感や不公平感が残る。そして、法的不透明性は相変わらずである。

損害賠償の金額を決めるにも、何らかの規準が求められる。交渉中で参照するにも、わが国には、アメリカのUCC-2のような、また、CISGやUNIDROITの原則やPECLのような補充法規がない。損害賠償（紛争解決）の規準についての明確な法規が存在しない[5]（ただし、後の二者は正確には法規ではなく、いわゆるsoft lawに属する）。物品売買を例にとっても、日本の民法には契約の違反と救済に関する手当が薄い[6]。他方、アメリカの丙社（の弁護士）には、前出の詳細なUCCの定めがある。

---

[5] UCC 2-601から615が各種の違反や当事者毎の違反とその対応を定め、2-701ないし725がそれぞれの場合の救済を定める綿密・詳細な規程を有する。なお、UNIDROITの原則7.1.1.から7.2.5.（違反とその対応）および7.3.1.から7.4.13.（契約の終了と損害金）ならびにヨーロッパ商事法原則の8章（違反）、9章（救済）も同じく詳細である。

[6] わが国の民法は、履行遅滞（412）、履行の強制（414）、債務不履行（415）など、契約の処理について僅かな条文しかおいていない。

[1.2] (2) 国際紛争に備える（補充法がない取引社会での国際訴訟対策）

① 国際取引の契約文が用意される現実をみると、海外から契約文が送付される例が多い。こちらが使用許諾者（licensor）の場合も含めて、日本企業はこれまで殆ど自発性（initiative）を発揮しようとしなかった（最近は少し変わりつつある）。こうして、外国の法曹が用意した国際契約が罷り通ることになる。国際取引で日本企業より遙かに経験豊かな外国企業が、日本法で日本の裁判管轄権になるような展開を予め封じ込めようとするのは、火を見るより明らかであろう。その結果、一旦紛糾すれば、殆どの場合、海外で訴えられるのが落ちである。

しかし、一概に、外国の法曹を恨んだり、まして非難するだけでは正しくないであろう。彼等がわが国の法の支配、法制度をみる目は、大袈裟にいえば、マシュー・ペリー来航の150年前とそれほど変わっていないようである。朝野を挙げての司法制度改革に際して持たれた国際化検討会でも、これに近い表明がみられる[7]。少なくとも世界の主要な法制度に共通な原則（general principles common to the major legal systems of the world）として、国際的にわが国の法律が副次的法源として認められる状況からはほど遠い[8]。

② この現状で、日本企業甲社も、交渉をやってみるしかない。どの辺りで手を打つかは、正に相手のある（相手をみながらの）経営判断である。交渉で甲

---

7) 酒井幸『自由と正義』56/102 では、「現在、『日本法はよくわからない』という理由で、外国の当事者には、日本法を準拠法とし日本の裁判所や仲裁期間を利用することについては大きな抵抗がある。ことに大型の国際ファイナンスでは、イギリス法やニューヨーク法が準拠法とされ、パリやロンドンの仲裁機関が選ばれることが多い」という。

8) 再述外国関係法（註17参照）は、世界の主な法制度に共通の一般原則を、それが慣習法化したり国際合意の中に取入れられなくても、文明国によって承認される法の一般原則として補助的法源（supplementary rules）となりうるとする（102 (4)）。それら諸国の国内法（general principles of law recognized by civilized nations, the domestic law of various nations）は、それ自体国際法の一法源であるとする。「文明国」で、彼等が念頭においているのは、ヨーロッパと北米が主である（「現代管轄権概念」についての［3.7］参照）。

の代表（社員）らは、乙や丙の代表とどんなやりとりをするか、できるかである。一般に次のようなことが国際取引上も重要とされている。
（イ）相手の国民性、考え方の理解などに努める
（ロ）日頃の人間関係、それには酒食の席を同じくすること（wine and dine）
（ハ）交渉にあたって言葉の微妙なニュアンスから生じる誤解を避けるため、慣習、民族感情の理解
（ニ）国際的なビジネスの仕方、考え方の涵養

　このように人間関係に頼るしかないというのは、一面で情けない法状況といってよい（法文化の異なる国内と同日に論じられない）。人間関係で処理できるビジネスの範囲には自ら限界がある。また、民族性や風土をみよといっても、一国の中でも千差万別である。売買契約などと違い、ジョイントベンチャー（joint venture）やパートナーシップ（partnership）など、期間が長い契約関係では、信頼できる相手と組むことが特に必須である。

　ところが、「個人（家族）所有の丙社の代表とは永い付き合いができた」といっても、丙社の代表は代わってしまうかもしれない。いや、丙社自身もいつまで今のまま存在するであろうか。まるで企業風土の違う丁社に買収されるかも知れない[9]。このような脆弱な要素とは違う、より明確で国際的に通用する共通ルールが求められる。そこに法的予防措置の必然性が生ずる。

③　こうしたとらえどころのないものとは違う紛争の解決規準（補充法）として、「今すぐ利用可能な国際取引法として、何かあるか？」

　わが国の法曹は、これまで取引法（補充法）の整備に力を藉すことに余り関心を払ってきていない。殊に国際取引で日本企業のため契約交渉、契約作成をすることは多くなかった。立法政策形成過程に専門家として補助的に参加するようなことは更に少ない[10]。「維新以来の行政国家の流れと伝統があるか

---

[9] 筆者の顧問先でもこれに近い経験がある（互いにオーナー同士が親しく、株式も持合っていたが、相手はある日、同じアメリカの大企業に買収された）。
[10] 政策形成過程における弁護士の役割を論じるものに曽根泰教『自由と正義』57/15がある。筆者自身それを感じさせられたのは、金商判1235/6に記した東弁のインター

ら仕方がない……」とか「コップの中の嵐を解決するのがわれわれの仕事で……」、「ビジネスローイヤーであるよりも、人権と正義を守るべき……」といった態度が大方の共感を得易かった。

では、利用可能な法律知識の取込みに積極的か。

国際法の現状を前提にすれば、詳細さにおいてUCCに劣るものの、UNIDROITの原則がある。しかし、CISGに未加盟な分わが国にとり、原則利用の必要性は一層高いといえるにも拘らず[11]、わが国の渉外弁護士がその利用を勧めているとか、顧客に認識を広めているとかという話は聞かない。Soft lawであるUNIDROITの原則の場合、国が動くのを待つ必要はない。当事者が、契約中に一言「UNIDROITの原則による」と挿入するだけでよく、それが国際的法律関係を随分と明確にする。いや、はっきりUNIDROITと書かなくてもよい。「国際法による」、「商人法 (law merchant) による」、「国際取引の一般原則による」などと記載してあれば、その適用を呼び込める[12]。それにより、国際取引法の共通化（ハーモニゼーション）、統一化が進む。それで国際紛争処理がより予見しやすくなる。先（甲と丙間の処理）の例でも、違反の程度や損害金の算定基準などが欠けるとか、不明とかというのとは違うことになる。

本書は冒頭のとおり、国際民商事手続を、先ず管轄権問題、次いで判決の移動問題と編を分けて、かつ日本法を中心にではなく、アメリカを主に、イ

ネット法律研究部時代である。なお、「米国の統一法運動と法曹の奉仕活動」につき、國生一彦『改正米国動産担保法』（社）商事法務研究会、2001, p. 9参照。

11) A. HartKamp（オランダ最高裁〔Procureur General〕）の契約法の現代化とハーモニゼーションについての講話（UNIDROITの75周年大会、ローマ、2002年9月27日）では、CISGは「法典法国の国内法の現代化とハーモニゼーションに大きく影響した。UNIDROITの原則も、CISG非加盟国にとり同じように機能しよう……」と述べている。つまり、1世紀前にわが国はその法制度を輸入したが、そのわが国法制度の輸入元であるヨーロッパ大陸法典法国では、法律や制度が20世紀後半に大きく変わった。それなのに、わが国の民商の基本法が、ULIS、ULFISから始まってCISG、UNIDROITの原則に至るこれら現代の変革の流れから大きく取り残されていることを意味する。

12) UNIDROITの原則、Official Comment, Preamble 4 (b).

第1編　総論的考察

ギリス、EUの3大法域について概観する。この点で本書は他の類書と袂を分かつ。理由は、註7にみたとおりである。世界的に利用度の高くない法律知識を述べるのみでは、真に「……国際取引紛争に備えた……」というのに忸怩たるものがあるからである。

　総論編中でアメリカの訴訟につき触れる理由は、その制度が一般的だから、というのではない。むしろ、わが国からみたその特殊性と対照性にある。そのわが国の制度が、民訴法の改正にみるとおり、今や急速にアメリカのそれに倣いつつあるからである [2.3]。本書はまた、本源的な各州コモンロー（判例法）を考究することにより、次のような実務的な疑問に答えるための資料を提供する（[3.4] など参照）。

> アメリカに支店も営業所もないが、デラウェア州に子会社はあるというとき、同州に日本の親会社に対する人的管轄権が生ずるのか。その際、親会社の取締役、役員などがハワイに別荘を所有し、滞在していたらどうか。法人格否認の法理が訴訟手続にまで応用されることはわが国では考え難いが、アメリカではどうか。その絡みで100％子会社というのは決定的要件か。それとも事業の代行性か（今まで知られていた権利乱用論や形骸論とは異なる法人格否認の法理、別の要件が示されているのか）。また、URLがどの程度双方向型であったらロングアーム法との対比でその州内で訴えられるのか。ニューヨークの子会社にはない文書（documents）が東京の親会社にあるとき、子会社にその文書開示命令が届けられるとどうなるか。

④　本書では、これらに答えるのに、先ず、各州のコモンローを述べた2つの再述法（その意味につき註17参照）から入る。1つは再述抵触法（第2）1971年、もう1つは、再述外国関係法（第3）1987年である。前者が州際私法であるのに対し、後者は広く国際法、国際私法に対応している。

　本書は国際取引紛争を扱うこれまでの本とは違い、アメリカ、EUおよびイギリスでの国際裁判管轄権と判決承認制度の法と実務を扱う。うち、アメリカに重点をおいたことの理由は2つある。1つには、再三述べるとおり、アングロ・アメリカン法系による国際法務市場の事実上の支配がある[13]。もう

---

13) 國生一彦『国際取引法』有斐閣、2005、p.13。わが国での会社法（平成17年、法律

1つは、二元国家、多州国家アメリカでの18世紀末からの州際私法上の豊富な経験と知識を参照できるためである。

EUには、加盟各国についての直接的裁判管轄権のみならず、間接的裁判管轄権までも定めた EU 理事会規則 No. 44/2001（いわゆる Brussels I）など、域内統一法の厚い層が司法の広い領域にまで及んでいる。単に1つの地域としての大きさ、拡がりの点ではなく、その統合（法の統一化）の度合いの深さ（加えて、上述した国内法のCISGへの同化など、民商事の補充〔契約〕法制の整備）でも高い参照価値がある。この他に、国際取引の中心として歴史の古いイギリスでの司法とロンドンの High Court での裁判にも一瞥を加えた。

国際民商事手続の問題を、アメリカの抵触法（conflict）は、次のとおり分類する[14]。本書の主題はそのうちの（イ）と（ロ）とに一致する。

（イ）渉外事件（case involving foreign element）のうち、どれを受理するかという直接的裁判管轄権
（ロ）外国判決のうち、どの効力を承認・執行するか
（ハ）どの国法を適用するかの法の選択（choice of law）

[1.3]（3）共通法の不足、透明性・安定性の乏しさと特定国内法のウェイト

① 国際法の現状は共通法が不足する一方、特定の国家法（アングロ・アメリカン系の）のウェイトの増大がみえる。会社法（註13参照）や証券法（わが国では金融商品取引法）など特定の法分野では、特にアメリカの法制と実務が日本などの法制に大きな影響を及ぼしている[15]。新興商人法とも呼びうるものも、実務の中心地ニューヨークに起きている。一例が、金融工学を駆使した複雑な取引、スワップやデリバティブの新たな展開である。ディーラーなどの作

---

86) の導入はそのわかり易い一例といえる（同法の実施を控え、多くの欧米の企業が、それまでの支店形態から日本法人へと切り替えた）。
14) Restatement of the Law, Conflict, 2nd.（再抵2のコメントa）
15) わが国でも敵対的買収などM&Aの問題が、ビジネス金融市場のグローバル化によりアメリカ法化されているとする例に、福田守利「アメリカ社会と法」『書斎の窓』2005、6月号がある（p. 24）。

第1編　総論的考察

る団体 ISDA の拠点網が、全世界に張り巡らされている[16]。その定型書式はほぼ全世界の金融業者によって採用され、合意管轄条文は、特にニューヨークとロンドンの2つを指定し、国際紛争に対し備えをしている (13 (b))。こうして、実体法の影響力と手続法のそれとは互いに因となり、果となって進む。倒産法、手続法でも、アメリカの影響力は大きい。

② 　アメリカの司法管轄権は、独禁法の運用を含む連邦法の強権的域外適用に対し海外で否定的評価がある。反面、管轄権の州際間配分ルールが、割合衡平なことは今1つ知られていない。本書では、そのもう1つの面にも光を当ててみた。そこには2世紀以上にわたって州際的ないし国際的事件を経験してきたアメリカの太字法（black letter law、コモンロー）[17] にみる知恵がある。

　裁判管轄権の国際間の配分ルールを巡ってEUがアメリカと激しく頂上を争っているが、アメリカの太字法は他国にない実績に裏付けられたかなり細かなルールといえる。本書の主題、民商事手続法の分野でも、管轄権と判決の承認、並行訴訟、訴訟の差止め、不便宜法廷など、参照すべき太字法は少なくない。アメリカでの経験則を活用することも国際取引法のハーモニゼーションにとって有益かつ適切なことである[18]。

[1.4] (4) EUとEU以外（わが国を含む）との間の大きな落差

① 　司法制度の統一化・共通化の到達度では、ヨーロッパでの目覚ましい前進と、その他世界での遅延がある。民商事裁判管轄権の域内統合で、これを達

---

16) The International Swaps and Derivatives Associations, Inc. New York.
17) コモンロー（判例法）の発現形式としてのRestatement（リステイトメント）は、アメリカで太字法（black letter law）と呼んでいるもので、米国法協会（The American Law Institute）によって採択・公表される（註10書p. 61以下参照）。判例の大海の中に漕ぎ出して、個別の判例にあたる代わりに、毎年の判例集の中から通有性のある基準や原則的ルールを抽出し、体系化したものである。太いゴシックの活字条文形式で表される本体のルール集を囲むように、各章毎に序注（introductory note）が先行し、後にコメンツと報告者注（comments and Reporter's Notes）がくる。
18) わが国とアメリカの2国間での管轄権と判決承認条約の締結を提言するものに、K. M. Clermont『国際商事法務』338/1077がある（なお、ハーグ条約についての [4.12] 参照）。

第1章　予防法学と臨床法学の境

成したのが Brussels I である[19]。Brussels I は、いわゆる1968年ブラッセルズ条約と同じで、域内すべてで裁判管轄権および判決の承認・執行をカバーする。EU 域内すべてで法令としての直接拘束力を有する。

以上から、ヨーロッパ協議会 (the Council of Europe) が人権条約中で謳っていた理念、「判決移動の自由」を EU 域内で法的に実現するものとなった[20]。憲法条約 (Constitution for Europe) 以前でも、Brussels I のような理事会規則など、EU 法令は、加盟国内で個別加盟国の法令より優先して適用される。同規則の主題、国際裁判管轄権および判決の承認・執行についての優先である[21]。各国法は、同規則の補充規定としてしか働かない[22]。中世後期（ルネッサンス期前）から1000年近く人々が頻繁に国境を越えて往復したヨーロッパ、EU の司法的統合は、このほかでも著しい [4.2]。

②　私権の実効性の点で特に重要なのが判決の移動の自由である。一般的な国際裁判管轄権、外国判決の承認・執行の統合化が無理でも、せめて速やかな共通化が求められる。しかし、EU 外の世界では、EU に準じた司法的統合は夢に近い。

150年前まで2世紀半近く鎖国政策を堅持した島国のわが国。国際民商事紛争解決の先例と法令が乏しかったとしても当然であろう[23]。判決の移動の必要性も感じられてこなかった。問題は判決移動の自由だけではない。その

---

19) 民商事事件についての EU 理事会規則 (EU Council Regulation) 44/2001 に対し、Brussels II と略称される家事事件 (family law matters) についての理事会規則も2003年に改正版が出されるなど法制作りが進んでいる。これら EU 域内法につき [4.4] [6.5] [6.18]。
20) 前註18の Clermont は、ブラッセルズ条約から1988年ルガノ条約 (Lugano Convention) によるヨーロッパ経済共同体 (EEC) への拡大を、ヨーロッパ貿易自由連合 (EFTA) の統一制度とした上で、同条約が EFTA のメンバー国以外にも参加の途を開いているからと、わが国がルガノ条約の方に参加する可能性も示唆する。
21) R. M. Goode, *Commercial Law*, 3rd. ed., Penguin, 2004, p. 17 は、問題は単なる優先ではなく、各加盟国の批准その他の何らの行為を要することなく、そこでの法源となることであるという。
22) たとえば、被告がどの加盟国にも住所を有しない (not domiciled) 場合に初めて、加盟国裁判所が、その国法によって、裁判管轄権を決定する (4 (1))。
23) わが国は明治31 (1898) 年のドイツ民法施行法草案の翻訳的移植により法例を制定

13

内容の古さと利用度である。日米間に前出の判決条約制定の提言はあるが（註18）、両国の基礎となる民商事手続の間には大きな開きが存在する。新民訴法改正法によりディスカバリに漸く手がついたところである [2.3]。

　国際航空運送契約に係るワルソー条約など、国際運送契約に関する条約のように、特定主題、特定分野について国際裁判管轄権や、仲裁、更には外国判決の承認・執行を定めた条約もある。しかし、その適用は特定分野に止まる。近時に盛行してきた EPA でも、投資上の紛争につき仲裁手続を用意する点で、限定的ながら権利の実効性を担保しようとする[24]。

　その中で、一般的な国際裁判管轄権、外国判決の承認・執行についての条約作成努力は、主にハーグ国際私法会議（HCCH）を中心に進められてきた。1971年のハーグ条約は、数カ国が調印しただけで、わが国を含む多くの国が加盟を見合わせたため、実効が挙がっていなかった。私法会議は 2005 年 6 月、この状態に一応の区切りをつけ、1 つの結論を齎した。後にみる同名の新条約である [4.12]。しかし、当初の理念からは大幅に後退した。

③　条約作りと並んで重要なのが、条約の各国間での解釈の統一と国内法制との調整である。条約の統一解釈の点でも中心となるのは国連である。私法に属する国際取引法については UNCITRAL で、CISG のウェブページ、CLOUT にみるとおりである。国際法の違いを少なくするための解釈の基本としては、ウィーン条約法条約（1969）がある[25]。非加盟国アメリカでも、同条約が国際慣習法とされ、実際の事件の解決上の重要な役割を果たしている。19世紀アメリカが条約の統一的解釈に積極的であったのは Paquette Habana

---

　（法律10）し、以来100年余り、わが国とドイツでの国際私法の意味が、適用法（choice of law）ルールという狭い意味になった。

24) 1992 年に調印され、1994 年発効した NAFTA（North American Free Trade Agreement）の第 19 章は、主に anti-dumping や tariff に関する紛争解決手続を定める。国際間の一般的な開発投資絡みの紛争解決手続条約につき [7.7] 参照。
25) R. Goode, H. Kronke, E. McKendrick, J. Wool, *Transnational Commercial Law*, Oxford, 2004, p. 2 では、ウィーン条約法条約の下での実務の重要性が累増しているが、それが、取引当事者が主役（key actors）である取引焦点型条約（transaction-focused treaty）の補充と展開についてもいえるとする。

事件にみるとおりである [3.8]。またヨーロッパにはUnilexのような、国際法の統一と、これに連動して解釈の統一を目指す運動の伝統がある。

わが国では条約などの国際法の統一的解釈が唱えられることが少ないが[26]、いわゆる中華航空エアバス事件（名古屋地平成15年12月16日判決）では、被告代理人が、統一的解釈の文脈で次のとおりウィーン条約法条約を引いている。

「条約の解釈は、条約当事国の意思に適合するように条約の規定の意味と範囲を確定するものであり、その意思は、条約文に示された用語の自然又は通常の意味内容により客観的に解釈すべきであるというのが、国際判例上確立した解釈原則であり、日本も当事国である『条約法に関するウィーン条約』31の定めるところである」[27]。

2. 言語の問題

[1.5] **(1) 翻訳は不可能と**（サイデンステッカー氏）

① 法的にみた世界の現状は管轄権1つをとっても、上述のとおり多元的である。そこへ持ってきて、権利の実現上の障害としての言語の問題がある。法は言葉によって述べられ、作られる。英語が事実上の世界語化したといわれる[28]。非英語国民との間でも、契約語としては英語でのやりとり、英語での取引が行われることが多い。ドイツやスイスでもその傾向がある（註13書

---

26) たとえば、国際私法の現代化に関する要綱（2005年3月22日）に係る経緯でも、条約の統一解釈の考え方は示されていない。また、ワルソー条約の解釈に触れた2つの判例中でも、条約の統一解釈という見地は窺えない（東地昭和60年（ワ）10312号、平成5年（ワ）15476号）。UNCITRALのモデル法の国内立法にあたっても、アメリカなどと違って、わが国では統一解釈条項を省いている [6.9]。
27) 同条約は2003年9月現在、わが国を含む96カ国が批准している。アメリカは批准していないが、実質的に承認したに近い（1971年の国務省声明 S. Exec. Doc. L., 92議会）。なお、國生一彦「自力執行型の現代商事法条約についての一考察—ワルソー条約直接適用上の2、3のポイント—」『国際商事法務』34/1/38の註54参照。
28)「タイ（1996）、韓国（1997）、中国（2001）など……アジアの主要国は1990年代から英語の必修化に動き……残るはインドネシアと日本くらい……」という（2006年6月12日日本経済新聞）。また、東地平成10年3月30日判決、判時1658/117、平成

[1.17]、註61参照)。しかし、それが法の世界での障害の解消を意味するとは限らない。公平な契約社会の実現とは限らない。それは英語国民にとっては優位であっても、その他言語の国民にとっては巨大なハンディキャップである。しかも後述のとおり、英語国民の間でもその意味を巡って争われる。

契約は、当事者にとっての法律であるのにも拘らず、世間の人は英文契約の翻訳を、割合軽くみているようだ。

　　　　「こんなことをお願いしてもよろしいでしょうか……」
などという言い方で、各種の国際契約の翻訳を依頼されることがある。いや、法律事務所の中でさえ、この風潮を否定し切れない。若手の弁護士や翻訳専門のパラリーガルの仕事と決まっている向きもある。法律は、数字でも音符でもない。言語が勝負の世界であることからすれば（国際契約では特に）これは、大きな考え違いである。

② 「源氏物語」等の翻訳者サイデンステッカー氏は、完全な翻訳などは到底できない相談だという[29]。文学に劣らず法律用語も意味深長でありうる。各法律制度の違いが背景にある。大陸法系のわが国の法律とコモンローとの間で、それが特に著しい。一対一の言葉の並び替えで正しい意味が伝えられない例が多い。

英語で押し切られるのは致し方がないとしよう。契約文を２カ国語にすると、どういうことが生じうるか。初めから「英語が正文で、日本語の翻訳は参照にすぎない」などと定めていれば、一応の決着になる。そのような定めがない場合、どうするのか。中国との契約では当局の審査や検閲を経るという理由で、中文と日本文の２つが並立する例である。上記のとおり、全く同じ意味の（法律）用語が存在しないことから、差異が問題となったとき、どちらが優先するのか、前出のウィーン条約法条約も答えない。ヨーロッパ商

　　　６年（ワ）12067号、平成10年３月30日は、次により日本人が英文契約の成立を争うことを否定した。「……国際公用語ともいうべき英語に習熟していた……理解した上でこれにサインしていたというべ（き）……契約が成立したものと解する……」
29) E. G. Saidensticker, N.Y., 1976.

事法原則に参照条文があるだけで、この点につき定める国際法も、確立した国際慣行も存在しない[30]。

[1.6] (2) たったの一語や句読点が勝敗を分けた

① かといって、法技術的、法律用語的な読み方がすべてでもない。常に正しいとは限らない。たった1個の易しい単語"may"の意味が争われ、勝敗を分けたケースがある。そこでは、一審のS.D.N.Y.と二審の2nd Cir.とで解釈がひっくり返った。コンサルタントの原告Xが、クェイトの銀行被告Yに改訂後のコンサルタント契約に基づき、最後の1年分のコンサルタント料の支払を求めた。これに対し銀行Yは、改訂契約には約因がないから強制力がないと主張した（同契約はイギリス法を準拠法としていた）。

争点は、Yが契約の終了通知をする際の定め、「……もしYから依頼されたら、Xは然るべき後継者を見つけるよう相応の努力をする」（……may, if requested……, provide reasonable assistance in identifying a replacement……）の"may"にあった。一審のS.D.N.Y.は、"may"を義務としてではなく、一般的な許容（permissive）の意味に解釈し、約因を構成するに由なしとした。

しかし、2nd Cir.は、契約条文の構成、文脈から、当事者の合理的意図は義務付け（mandatory）、「……すべし」の意味であるとし、改訂契約に執行力を与える約因となりうるとした[31]。先例から、次のような言葉を引いている[32]。

「……商事契約の解釈に当たっては……正常な商売人が行うようにすべきで……技術的解釈、専門性の不当な強調は、これと異なる……（hostile to technical interpretations and undue emphasis on niceties of language……）」。

Farnsworth教授も特に曖昧な言葉としてandとorを挙げる。そこでは、

---

30) ヨーロッパ商事法原則（PECL）（5：107）は、複数語の契約を正文とする場合、最初（元）のドラフトの言語が優先するとする。しかし、日本側の文章がすっかり姿を変えるような大修正が中国側からなされた場合もそれでよいか、疑問が残る。
31) RLS Associates v. United Bank of Kuwait（2nd Cir., August 19th 2004, No. 03-9112）.
32) Mannai Ins. Co. v. Eagle Star Life Assurance Co., (1997) A.C.749, 771.

"and/or" のような用法を不明確と片付けた著名な判例を挙げる一方で、特にまぎらわしい3つの用法を並べている[33]。

② 更に、句読点（コンマ）1つの解釈が、一審と二審とで勝敗を分けた例もある。前例と同じく、アメリカの国際訴訟の桧舞台であるS.D.N.Y.から2nd Cir.へと控訴された事件での話である。一審では、香港の被告Yが敗訴したが、二審では原告のニューヨークの商社Xが逆転敗訴した。その間で、新たな事実（証拠）が出されたとか、事実認定が動いたといった訳ではない。専ら法律問題、それもニューヨーク仲裁条約の条文（Ⅱ、1と2）中のあるコンマで区切られた後の一句の解釈が、結論を分けた[34]。

Xの主張は、そして一審の解釈は、signed by以下の修飾句は、その直前のagreementのみにかかるとした。つまり、その前にあるan arbitral clause in a contractには働かないとした。事件[35]では、ニューヨークの繊維輸入商（シアーズ・ローバックなどの国内販売店へ卸していた）Xが長年香港のYを通してシーツ、枕カバーなどの各種繊維品を輸入していたが、その取引方法は、次のようであった。

Xが発注書（purchase orders）をYに送付し、Yはそれを各地の繊維メーカーに取り次ぐとともに、繊維メーカーからのインボイスとY自身の手数料の（commission）インボイスをXに送付していた。両方のインボイスとも決済方法はXがYのために発行した信用状に拠った（Yをbeneficiaryとする）。

1995年のあるとき、Xはフィリピンのメーカー製品の品質不良と出荷遅れ

---

[33] E. A. Farnsworth, *on Contracts*, Ⅱ, 3rd ed., Aspen, 2004のp. 271（たとえば、orにつき「あれか、これか」的用法と、「Aつまりaのこと」というときの用法など6通りを区別する）。

[34] その一句とは、"agreement in writing" であり、同条（1）は、当事者のその書面agreement in writingによる仲裁合意を認めて、各締約国（の裁判所）に仲裁を行わせるよう義務付けるが、同条（2）はそれをふまえて、……the term "agreement in writing" shall include an arbitral clause in a contract or an arbitration <u>agreement, signed</u> by the parties or contained in an exchange of letters or telegrams. と定める（下線は筆者）。

[35] Kahn Lucas Lancaster v. Lark International, July 29th 1999, 2nd Cir., No.97-9436.

を理由に、2つの発注書に関するインボイスを信用状から引落すことを拒んだ。Xによりサインされた発注書には、Yに注文した旨の記載があるが、Yのサインはなく、また裏面にはいわゆる印刷された約款があり、その中の一文として、ニューヨーク市で仲裁を行う旨の合意が謳われていた。

一審（S.D.N.Y.）は、"signed"が、その直前のarbitration agreementにのみかかり、an arbitral clause in a contractにはかからないから、署名は必ずしも必要ではなく、この発注書裏面の仲裁約款は、条約（Ⅱ、1）でいう書面（arbitration agreement）にあたるとした。

しかし、二審は、条約（Ⅱ、2）中の"signed by"で始まる修飾句（modifying phrase）の前のコンマ（punctuation）の役割について、複数の言葉がコンマに先行するときは、平易な意味解釈法[36]（plain meaning analysis）として、先行するそれぞれの言葉に修飾句がかかるとの解釈を、3つの先例に拠りつつ展開した。ここでの文章構造（A or B, with C）の形でのコンマは、前に並列するAまたはBとCとを分ける機能とともに、CがAまたはBを修飾する意味を有すると述べた[37]。そして、Yのサインのない仲裁約款は条約（Ⅱ、1）でいうarbitration agreementを構成するとはいえないとした。

③　コンマの解釈を巡る上記事件では、2nd Cir. は、平易な意味解釈法だけで止まることなく、進んで、ニューヨーク仲裁条約の立法作業に遡った。（イスラム語が加えられる前の）5つの国連公用語（official languages）のうちの立法作業用言語（working language）（英、仏、スペインの各国語）の横断比較とその

---

36) アメリカの法律解釈論の1つ。契約でも法律や条約でも、先ず、できるだけその言葉の平易な意味で解釈するが、それで一義的でないとか、曖昧というときには、立法事実などに遡るとするもの（plain meaning ruleにつき國生一彦「自力執行型の現代商事法条約についての一考察—ワルソー条約直接適用上の2、3のポイント—」『国際商事法務』33/12/1663参照）。
37) 前註34のみならず、日英語の翻訳経験からも明らかなように、英語の"and"と"or"は、日本語の「および」と「または」に必ずしも対応しない。わが国や大陸法国は概して法の言葉に対し大まかである。故に、日英文の翻訳で、たとえば「貴社の同意なく……」とあるときでも、without first obtaining your express consent……などと多少言葉を補う方が、場合により明白さを高めて、翻訳前の原文の意味が保たれる。

歴史（legislative history）を考察している。

(イ) 他の2つの作業用言語、フランス語とスペイン語では、「サインされた」にあたる言葉"signes"と"firmados"が、いずれも英語とは違い複数形になっている。それゆえ、修飾句がコンマの前のAとBの2つともにかかることがより明確である。作業用言語ではない中国語では、これと同じ複数形ということはなく、かつコンマを用いている訳でもないが（そして、修飾句はAとBの後ではなく、その前に来るが）、そこで原告Xの主張するようにそのすぐ隣の語のみを修飾するとなると、「サインされた発注書」となって、サインのない発注書である本件では、逆に原告Xの主張に全然沿わなくなる。

(ロ) 次に立法歴史からみても、作業グループの下書き原稿では、書面についての定義条文（II、2）の言葉は、条約の成文とは順序が丁度逆、つまりB or Aとなっていた。Xの主張に従えば、ここでも「サインされた」は、Aつまり発注書にかかることになり、発注書にサインがない本件では同じようにXの主張にそぐわない。

④ 以上の2例は、同じ英語国民ですら避けることができない言葉のむつかしさを示す。本書で問題にするのは、しかし、それとは異なる。もっと根本的な違い、ヨコのものをタテにしたときの困難を指していっている。歴史が違い、法体系が違い、具体的な法制度が違う。従って、法令の英語訳なども、注釈などにより余程補わない限り、真の法的意味を伝える力を有しないであろう。

　実務に従事していて、この点で日頃一番感ずる困難は日本法の「動産」である。（1世紀前お手本にした）ドイツ民法は、動産（bewegliche Sachen）を有体物のみ（nur körperliche Gegenstände）であるとする（BGB90）。これと同じく、民法も動産を「有体物」とする（85）。日本とドイツ法系以外の法域では物品（goods）のことである。このとおり、（ドイツを除く）その他世界との間で言葉の対応関係を欠く。他方、わが国には不動産との二分法での定義もある（民86 (2)）。これはフランス民法の流れを汲む定義で、ドイツ民法の分類

とは異なる定義であった[38]。

　これほど極端でなく微妙な差異のものでも、いや微妙であるだけに、かえって意味のある誤解を生む言葉もある。法律用語は、その意味を理解した上でないと誤訳になってしまう恐れが特に大きい。たとえば、コモンロー契約法に独特の言葉、waiverを「権利の放棄」と訳すのがその例である。これは、約束者 promisor の約束履行が被約束者による条件 (condition) にかかっているとき、その条件の不成就ないし遅れを「宥恕」する、許す (excuse) 意味である。つまり、そのキーワードはrightではなく、conditionとexcuseである。また、アメリカの契約法でいう少なからぬ (material) も同じで、これを「重要な」とか「実質的」と訳す例を散見するが、importantとか substantial とは契約法上の要件、効果が異なる[39]。

3. 国際民商事手続での当事者自治

[1.7] (1) 当事者自治と裁判管轄権[40]

① 　国際取引の当事者にとって「何国法が適用されるか」は、時効期間の違いの例にみるとおり、致命的な場合がある [3.5]。そのため、適用法合意 (choice of law) も取引上重要なポイントであることに間違いない[41]。しかし、それ

---

38) 旧民法から民法修正案に至る間に、この点を巡って梅博士をはじめとする当時の人々が経験した混乱の大きさにつき、田中整、註釈民法 (2)、有斐閣、p. 377。
39) 註33書Ⅱのp. 488, 517以下など。なお註13書p. 91のff5参照。
40) 再述外国関係法は、管轄権を立法管轄権の意味の jurisdiction to prescribe (401以下) と、裁判管轄権の jurisdiction to adjudicate (421以下) とに区別し、後者は前者に付従するとしている (なお、第3章註1参照)。前者はより具体的には、アメリカの連邦議会が領海、領空などの領域外にまで及ぶ立法をすることができるかという問題も含む。いわゆる独禁法の域外適用の問題などがある [3.9] [3.10]。
41) choice of law clause についてのアメリカのルールは、ヨーロッパのように全くの当事者自治まかせではない。後出の Allstate Ins. Co. のケースでは、「……ある州法の選択が合憲的手法であるといえるためには、事件におけるその州の利益 (interests) が1つ以上の意味のあるコンタクツ (a significant contact or……aggregation of contacts) によって恣意的でも、基本的不公正でもないことが必要である……」と述べている [3.5]。UCCでも相当性を要求している (1-301)。

以上に、「どの国の裁判所か」が、実務上より強い関心事となり、より大きな意味を有する。国際取引を業とする企業は、通常、特定の法廷を合意する形でこのリスクに対処する。リスクだけの問題ではない。実際の訴訟では本案の前に管轄権を争う中で多くの時間が費やされる。その意味のコストや労力を省ける（もっとも、国際訴訟がすべて契約から生ずるものではない。仮に契約から生じたとしても、相手は不法行為を根拠に、また自国の制定法を根拠に、契約で合意したのとは異なる地〔自国〕で訴えてくる可能性はある）。

ところで、こうした国際裁判管轄合意は、すべて問題なく効力が認められるのか。わが国では余り問題視されたことのない（というより、歴史がない）問題であるが[42]、コモンロー国、殊にアメリカでは大問題であった [2.10]。

② 管轄合意には、特定の法廷以外の法廷の管轄権を否定する専属合意（exclusive jurisdiction）と、非専属管轄権合意とがある。後者は、合意した法廷以外の法廷での訴訟を排除しない。この合意は専属性の点で片面的なものもありうる。甲と乙間の国際金融取引で、債務者乙は常に貸主甲の所在国Aにしか訴えられないのに対し、「甲は自国Aのほか、その時々の判断で、自国以外にも最適な法廷を選択できる」などの例である。

具体的な問題が生じて初めて最適な法廷がどこかの判断が可能になることもある。相手方の財産・権利の所在を知りえた、執行可能な対象財産を特定できたとか、それを差押えられたという、船舶などの場合である。その意味では、この管轄合意、法廷選択（forum selection, choice of court）は、専属（exclusive）でない方が便利な場合がある。現に、多くの国際取引契約では従来そのような定め方がみられた。

しかし、今は逆の動きが出てきた。たとえば、後述するBrussels Iは、非専属管轄権合意を否定しないものの、専属管轄権合意を中心にしている。また、専属管轄権合意によって生じた外国判決にのみ承認・執行力を付与する

---

42) わが国での事例としては、註48のチネサダ号事件があるが、主に合意の方式を議論している。

新たなハーグ国際私法会議の新しい一般的国際管轄権と外国判決の承認・執行条約に注目する必要がある [4.12]。

[1.8] (2) 裁判管轄合意条文を巡る駆け引き

① 国際(商)取引の場での当事者自治と国内の契約自由の問題とは異なると強調する向きがある。確かに、管轄合意や適用法合意は国家法の枠を超えるという意味合いを持っており、単なる(取引)契約上の自由以上のものである。しかし、国家法の枠の内外の違いはあるものの、予め当事者が創意と工夫を働かせることで紛争解決の場や方式までも合意すべき要請は、契約の自由に劣らず大きいものがある。たとえば巨額の融資契約で、保証や信用状などで回収の安全を図っても、保証が履行されなければ、それまでである。その先の措置までが必要な由縁である。それには、国際裁判管轄合意だけでなく、仲裁条項もある。

これらの合意は、融資契約などに多い1つ1つ作成するオーダーメイドの契約にも、また(付合)約款中にも含まれる[43]。

この文言では、当事者間での複数の契約から生ずる一切の問題がこの管轄合意に服する約になっている。このように、法廷合意や仲裁合意を争わないことに加え、合意の対象・範囲を明定することが必要である。例文でもそう

---

43) 前者の例として、次のような実質的に専属裁判管轄を定めた条文がある。
each of the Parties hereby irrevocably consents to any suit, legal action or proceeding with respect to the Agreements being brought in the court of ( ), and waive to the fullest extent permitted by law any objection which they may have now or hereafter to the laying of the venue of any suit, action or proceeding in such court and any claim that any such suit, action or proceedings have been brought in an inconvenient forum; acknowledges the competence of such court; explicitness submits to the jurisdiction of such court in any such suit, action or proceeding; and agrees that final judgment in such suit, action or proceeding brought in such court shall be conclusive and binding upon each of the Parties and may be enforced in any other court to the jurisdiction of which any of the Parties is or may be subject by a suit upon final judgment.

だが、次の点も含め定めることが望ましい。

（イ）いわゆる不便宜法廷の異議（申立）権を放棄させる。

（ロ）（他の法域での執行にも備え）判決や（仲裁判断）の承認・執行に対する異議権をも放棄させる。

　日本企業との国際契約で、しばしば、相手方が求めてこの種の文言を入れる。しかも、アメリカとの間の契約では力関係からか、日本ではなく、アメリカ各州の裁判管轄権を定める例が多い。こちらが売主やライセンサーであって、最密接関連性（EU規則）[44]や合理性（再述抵触法）[45]などの国際裁判管轄権に係る法理からすると、日本であってもよい場合でもそれがみられる。

② 　管轄合意は、国際商事契約中でも当事者の利害が最も激しくぶつかる点である。国、その外郭団体など独占的ないし優越的地位にある者が契約当事者である場合を除き、一般にわが国の企業の交渉実績からは、わが国を管轄地としてもよいような状況下でも、上記のとおり必ずしもそうなっていない。1つには、わが国の法化の歴史の浅いことや、交渉弱者としての心理的なひけ目があろう。

　わが国の契約実務で近時よくみられるのは、「交互管轄」ともいうべき合意である。これが訴訟だけでなく、仲裁合意における仲裁地についてもみられる。訴えるなど、争いの「火ぶたを切る」のが日本企業甲社である場合は、相手方乙の国を管轄地とし、逆の場合は、その逆になるという定めである。この火ぶたを切るという行為は、訴え、仲裁の申立という特定の行為として定めるのが一般的である。このような交互的管轄合意は、わが国の企業での事例を離れて、余りみられない[46]。EU理事会の諸規則、ニューヨーク仲裁条

---

[44] Brussels, I, 5, (1) (a), (b) など。

[45] 各州は、人とその州との関係がその行使を相当とするようであれば、裁判管轄権を有する (24 (1))。各州は、人がある州の裁判管轄権に服するとしても相当な弁論の機会を与える合理的な方法によるのでなければ、裁判管轄権を行使してはならない (25)。

[46] ただし、国際商事法務の記事中では、少なくとも提訴前に話し合いで解決を図ろうとする圧力になるメリットがあるとして、これに言及するアメリカの弁護士があった。

約、UNCITRAL 仲裁モデル法、新しいハーグ条約、いずれの中にも、このような合意の仕方について定めたものはない。その効力が争われた例も未だみられない（最も争われ易い型は、結局、双方が申立てる国際二重訴訟や、いずれが先に申立てたかの争い、その申立内容の異同との絡みであろう）。

③　中には、正面からこの重要問題でぶつかり合うことを止めて、管轄合意条文を入れるのをわざわざ避けた契約もある。その場合は、致し方なく、その国と日本との間の２カ国条約によるか、または訴訟が提起された国の国際裁判管轄権法規を含む国際私法[47]に頼るという臨床的・事後的対策となる。これは、法廷地国の国内法適用の問題となり、訴えられた側の被告である日本企業も、日本国も、何の手出しもできない。ただし、この分野の法体系の骨格、アメリカの抵触法についての太字法を承知しておくことが役立つ。このように、管轄合意による裁判所の選定 (forum selection) は、準拠法 (choice of law) より前にくる国際紛争解決上の最重要事項の１つであるが、それを負担の少なくて済む日本に持って来られないのが日本企業の現実である。アメリカでの訴訟の実状と対策の考察が必要な由縁である。

[1.9] (3) 付合約款と管轄権条約

①　予め印刷されている仲裁条項や裁判管轄（合意）条項 (jurisdiction clause) は、いわゆる書式中の付合約款 (adhesion contract) ないし普通契約約款 (allgemeine Geschaftsbedingungen) として、その効力が時に問題となりうる。ニューヨーク仲裁条約の下でそのような書式にもサインがなければ、効力がないとしたアメリカの判例は前出のとおりである [1.6]。

　　国際海上物品運送契約の場合、わが国が加盟するいわゆるハーグ・ヴィスビ・ルールズは、後にみるハンブルグ条約とは異なり [1.11]、管轄権について定めない。当事者の合意に委ねられる。この種の物品運送契約は、船荷証

---

47) アメリカなら各州の太字法として発展してきた抵触法 (the law of conflict of laws) であって、その制定法化されたロングアーム法を含む。

券約款（船荷証券の表・裏に細い字で印刷してある）によって補われ、多くは運送人の本国裁判所を指定する。これは、荷主がその運送人を雇ったことに起因するのであり、強ち一方的ともいえないが、場合により荷主の保護に薄い結果となる[48]。

　前註判旨中の「また諸外国の立法例は、裁判管轄の合意の方式として必ずしも書面によることを要求せず、……」は、「……諸外国の立法例」が何を指すものか不明ながら、肯けない。問題は、当事者間の取引上の合意であり、裁判所に対する同意（consent）の問題ではない（ロングアーム法理の文脈で事業を行う〔doing business〕などの基礎に同意が擬制されるのとは意味が違う）。

　国際的にみて支配的な考え方は書面を重視する。現存の最有力な（かつ最も成功したといわれる）国際管轄権立法例 Brussels I でも、書面主義を第1とする（23 (1) (a)）。ニューヨーク仲裁条約の下で当事者の署名要件を厳しく解釈した Kahn 事件は上記で言及した。更に、UNCITRAL のモデル仲裁法も書面を義務付ける（7 (2)）。

② 　台湾の大手海運会社の船荷証券では、イギリス法を適用するとともに、ロンドンの High Court に裁判管轄権があるとする[49]。その効力が一般に否定されるとは考えられない。現在、わが国で用いられている（社）日本海運集会所（The Japan Shipping Exchange, Inc.）の船荷証券の書式では、準拠法を日本法としつつ、船荷証券から生じる一切の紛議は同集会所の東京海事仲裁

---

[48] 最三小昭和50年11月28日判決、昭和45年（オ）297号（判時819/412）では最高裁は、「被告の普通裁判籍を管轄する裁判所を第一審の専属的管轄裁判所と定める国際的専属的裁判管轄の合意は、『原告は被告の法廷に従う』との普遍的な原理と、被告が国際的海運業者である場合には渉外的取引から生ずる紛争に特定の国の裁判所にのみ管轄の限定をはかろうとするのも経営政策として保護するに足りるものであることを考慮するときは、……はなはだしく不合理で公序法に違反するとき等の場合は格別、原則として有効と認めるべき」として、オランダの運送人Yの約款中の専属合意管轄の効力を支持した。

[49] ただし、アメリカの港に出入りする場合には、（……to and from the U. S. A.……）アメリカの連邦ニューヨーク州内裁判所（S.D.N.Y.）または他のニューヨーク郡内の州裁判所を専属管轄とし、かつアメリカの法律によるとする。

協会（TOMAC）の規則による同委員会の仲裁に服するとする。

　一方、国際空輸（人と物のすべて）については、後記のいわゆるワルソー条約（国際航空運送についての規則の統一に関する条約、1929）で、裁判管轄について複数の地（国）の定めをしている（28）。わが国も加盟するその後のモントリオール条約（1999）では、人の運送につき原告の住居所でかつ航空輸送人が拠点を持つ法域を加え、原告が選択できる法廷地を増やしている[50]。

　航空券（passenger ticket and baggage check）中には、船荷証券にみられるような管轄合意約款の印刷はない（IATA制定書式によるその切符の表面には、船荷証券と同じく、付合約款が契約の内容を成す旨の言葉がある）。わが国の場合、上述のモントリオール条約に加盟しているのに、航空券中の約款には改正条約を援用している。なお、ワルソー条約は、手続法についてのみ、その法廷地の法律によるとし、準拠法については定めない（28(3)）[51]。

③　航空運送契約に係るワルソー条約は、多くの国家が加盟する特定の主題に限った裁判管轄権条約の1つである。その他、原子力に絡む事故（nuclear accident）から生じた渉外賠償請求事件についての裁判管轄権を定める条約には、ワルソー条約と同様に、当初のパリ条約（Convention of Third-Party Liability in the Field of Nuclear Energy, 1960, Paris）を皮切りに、度重なる改正を経た条約がある。一貫して、事故の発生地に専属的管轄権を与えている（アメリカ、カナダ、中国、韓国、わが国を含め、主な原子力発電国のいくつかは不参加）[52]。また、（イ）1992年改正の油濁汚染損害民事責任損害に関する国際条約（Inter-

---

50) 原条約、改正ハーグ条約（1955）、その後の数多の条約（いわゆるワルソー条約シリーズ）の相互関係につき註13書p.255参照。
51) 同条約が運送人の責任などを規定しているからといって、顧客と運送人間の法律の関係すべてが同条約によってカバーされていることまでは意味しない。たとえば、§17でいう人傷（bodily injury）の範囲がどこまでかについては、各国法によるが、そこには統一的解釈の要請との間の困難な問題がある（なお、註36の『国際商事法務』参照）。
52) 関連条約としては、the Convention Supplementary to the Paris Convention, 1963, Vienna と the Joint Protocol relating to the Application of the Vienna Convention and the Paris Convention, 1988 がある。

national Conventions on Civil Liability for Oil Pollution Damages〔当初、1969年成立〕)、同じく（ロ）1992年改正の油濁汚染と損害の弁償のための国際資金設立国際条約（1992 International Conventions on the Establishment of an International Fund for Compensation for Oil Pollution Damages〔当初、1971年成立〕) もそうした例である。

上記（イ）条約の下での外国判決の承認・執行の要件を摘記すると次である。

(a) art. IXの下で管轄権を有する締約国の終局的司法判断であること。
(b) そこでの判決等が詐欺によって得られたものでなく、かつ被告がその手続で相応の通知と弁論の機会を与えられていたこと。
(c) 承認・執行国での必要な手続上の要件を充足すること。

また、締約国の裁判所等による判決は、上記（ロ）の条約の基金が名宛人となり与えられる（同条約8）。

4. 国際民商事取引と裁判管轄権を巡るいくつかの予備知識

[1.10] **(1) 国際航空運送取引における国際裁判管轄権への進んだ対応**

① 前節では国際裁判管轄合意がなされた場合を考察した。EU以外では一般的な国際裁判管轄権に関する統一法の不存在が管轄合意の重要性を一段と強めているからである。上述の国際航空輸送に係るいわゆるワルソー条約 (1929) には2つの特異性がある。1つは、特定分野とはいえ、国際裁判管轄権を早くから統一的に定めた点である。この当事者自治に対する制肘の根拠として立法歴史は述べている。「予め限定することで、一旦事故が生じた場合のその影響の大きさと国際的拡がりに対し揺籃期にあった航空産業を保護する必要等……である」[53]。

---

53) パリ国際会議（1925）の技術的背景となった The Comite International Technique d'Experts Juridiques Aeriens の報告書（註36中のMiller 書、p. 63）。なお、運送人の責任につき、100年の経験のある鉄道との対比で、基本的に過失責任原則に立つ

第2は、いわゆる現代商事法条約（modern commercial law treaties）中でのその定め方である（その意味につき註13書［2.6］参照）。そこでは裁判管轄問題を定めるのに、「原告（plaintiff）は……運送人（carrier）に対し……」式に、私人間の問題として定めているが（28(1)）、この選択的複数管轄は、(must be brought) となっており、その他の管轄を許さない言葉である[54]（32）。

②　わが国は、いわゆるハーグ改正条約（1955）に加入していた。この段階で、いわゆる中華航空エアバス事件が起きている。その中で被告中華航空の代理人は主張している[55]。「ワルソー条約28条1項は専属管轄を定めたものであり、同条により決定された裁判管轄以外の管轄を認めない趣旨であることは、その文言からして明らか……」

　また、同条約の国内法規性についても述べている。

　「このように、国際裁判管轄の決定につき明確な規準を定める条約の拘束に日本が服している場合に……日本国憲法98条2項の趣旨から、条約と国内法とが抵触する場合は条約が優先することは、もはや争う余地のないところであり、関連管轄により管轄を与えるという国内法たる国際裁判管轄のルールは適用の余地がない……」

　これを受けて、判決は、該当原告につき改正条約の下での専属管轄を肯定している（判時同号p.117以下）。もっとも同判決は、ワルソー条約32条の反対解釈として、条約が「……損害の発生後の合意管轄及び応訴管轄を許容し

────────────────
べきとしている。
54) この言葉を理由に条約の直接適用性を根拠付ける考えがあるが（高桑昭『国際商取引法』有斐閣、2003、p.124）、同じく強行規定を有するハーグ・ルールズ（x）は、間接適用（つまり国内立法を経ること）との、両方を可能としている。また、仮に条約中にそのような言葉があっても、イギリスなどは、国内事情から国内立法をしないと、適用されない（R. M. Goode, *Commercial Law*, 3rd ed., Penguin, 2004, p.17）。
55) 判時1854/63〜153。同じく、ワルソー条約28条1項を直接適用した事例に、いわゆる大韓航空機撃墜事件中間判決（東地昭和62年6月23日民24部中間判決、判時1240/33、昭和60年（ワ）10312号）がある（条約の直接適用性の問題とともに、この事件に触れたものとして國生一彦「自力執行型の現代商事法条約についての一考察―ワルソー条約直接適用上の2、3のポイント―」『国際商事法務』34/1/35以下がある）。

ているものと、すなわち、ワルソー条約28条1項が定める4つの管轄地以外にも管轄を認めることを許容しているものと解される……」としている。

　前出の改正条約もモントリオール条約も、国際裁判管轄権のルールは定めるが、その所定の管轄地での判決について他国がそれを承認せよとのルールを定めるわけではない。従って、大韓航空機撃墜事件でのように、国際的に二重訴訟、三重訴訟（判決の衝突）の事態を防ぐことができない。この点、後出のいわゆるダブル条約と比べ大きく見劣りする〔4.1〕〔4.3〕。

[1.11](2) 国際海上物品運送契約での裁判管轄

① 　国際航空輸送よりも古い代表的な国際商取引法のインフラとして、海上物品運送契約法がある。上記のワルソー条約とハーグ・ルールズ（船荷証券条約）とは僅か5年しか離れていないだけでなく、前者中の多くの法理が後者に由来する。というよりも、海上物品運送条約と国際航空輸送条約とは親戚といってよい（この点を述べるものに註36記事 p.1658がある）。前出のモントリオール条約[56]（33(2)）も、次に記すハンブルグ条約に倣った点がある。

　わが国は加盟していないハンブルグ条約では、原告が4つの法域から裁判管轄を選択できるように条項を加えた（21(1)(a)～(d)）。これは、ハーグ・ルールズと改正されたハーグ・ヴィスビ・ルールズにはなかった点である[57]。ワルソー条約と違い、当事者の合意した管轄は認められる（21(1)(d)）。上記(a)～(d)や21(2)の定める地以外の管轄は許容されない（21(3)）。しかし、紛議発生後の合意によれば、その他の管轄権も認められる（21(5)）。

---

56) モントリオール条約（1999）（平成15年、条約6）では、ワルソー条約28条1項と同旨の管轄権を定める条文（33(1)）と、同条約32にあたる条文（49）があるほか、貨物運送契約の当事者についてのみ事故の事前、事後とも、§33に規定する（貨物の運送契約のみであるから33(2)の適用余地は原則としてない）いずれかの管轄地での仲裁合意を認める（34）。

57) 条約中の当事者も、締約国（Contracting State）のほかに原告（plaintiff）と運送契約の当事者をも主体的に記しており、その意味で国際商事法条約の1つといえる。一方、締約国間の紛議は仲裁が義務付けられ、それでも収まらなければ、ICJへの申立権を定める（8）。

ハンブルグ条約は、また運送契約から生じうる問題に対処するための仲裁合意の効力を肯定する (22 (1))。そして、訴訟の場合と同じく、4つの選択肢を与える (22 (3))。国家間の条約とはいえ、この選択権は原告にある (なお、註13書 [8.4] 参照)。更に、運送契約中での事前措置としてでなくても、問題が生じてからの仲裁合意の効力も認めている (22 (6))。この場合の仲裁にも、本条約が適用される (22 (4))。ハンブルグ条約は、また、二重訴訟につき要旨次の定めをする (21 (4))。(同条 (1) ないし (2) の定める) 適切な法廷に事件が係属中か、判決が下されている場合、その当事者間での同一の請求原因での新訴は不適法となる。ただし、その新訴を求められている国でその判決が執行不能の場合を除く。

②　わが国には国際裁判管轄権を定めた法令は存在しない。それ以前の国際慣習法の蓄積もみられない。国際裁判管轄に関する法令を云々する以前に、外―外はおろか、内―外の民商事の国際裁判管轄についての判例・実務の経験も乏しい。わが国が鎖国からの開国を迫られた19世紀半ば過ぎ、欧米では既に相当な国際法 (慣習法) の蓄積があったことは、1848年に起きた Paquette Habana 事件の判決からもみてとれる。更に、単一国家であることから当然だが、わが国には州際私法という応用問題の経験も皆無である。

　新民訴法制定時 (1996)、ハーグ国際私法会議による条約作成作業が行われていたことも、同法中に外―内などの規程を設けることを一切しなかった理由の1つとされている[58]。ハーグ国際私法会議による一般民商事に関する裁判管轄権条約が合意されたとはいっても、必要な批准数を得て成立するまで、また実務に根を下すまで時間が必要である。また条約の範囲は、いわゆるB to Bで、しかも専属合意管轄に限られる。このため、同条約がカバーしない空白領域、つまり、B to B 以外、専属合意以外での裁判管轄権を含めた全般的なルールを検討する必要が指摘されている (前註同ページ)。国内立法の話であるが、国際的なルールとの共通化が図られることになり、蓄積の乏しい

---

58)『NBL』800/104 (1/1/05).

わが国にとり、かなりの挑戦となろう [4.14]。

[1.12] **(3) 裁判管轄権合意と準拠法合意とは別**

① 　準拠法の合意範囲は、実体法に、それも国内の実質法（local or minicipal law, internal law）のみに限られる。国際私法は当事者の権利・義務を直接規律しないという意味で、実体法と手続法の区別とは別である。しかし、アメリカでは、実体法と手続法の区別も一段とややこしい。つまり、適用されるのがエリー鉄道事件以降の「連邦法か各州法か」で問題となる実体法、手続法の区別と、州際私法上でいう実体法か手続法かという区分とでは同じでない。前者では、国際私法は各州の実体法とみられている[59]。しかし、後者では、実質法（internal law）とは区分されず、反致は原則として認められない[60]。EECの契約義務に関する適用法条約（ローマ）も、反致否定主義の立場から、同条約で指定される適用法からその国の国際私法を除いている（15）。

② 　裁判管轄権（合意）と実体法、手続法、それに実質法との関係がどうであるか、ここで簡単に考察する。先ず、実体法では、欧米で一般に公序（public policy）とか強行法規 mandatory law（rule）とかと呼んでいる法規との関係が、次にみるとおり問題となる[61]。更に、アメリカでも、法廷地の公序に明らかに反すれば、仲裁合意も、準拠法合意も、裁判管轄合意も、いずれも執行されない（not enforceable）という法理が、連邦法、各州法上ともある。しかし、個々の制定法上の禁止（mandatory statutory prohibition）違反の場合とは別に、何が公序（public policy）かを定義したコモンロー（不文法）はない。「できない」という方があたっていよう。法秩序全体の根底に横たわ

---

59) Sun Oil Co. v. Wortman, 486U.S.717（1988）中で、エリー鉄道事件の法理での区別と、国際私法上の区別とは異なるとする。
60) D. D. Siegel, *Conflicts*, West Pub., 1982, p.297. 再述抵触法（第2版）（145）も、不法行為（torts）に関する適用法の選択は local law であり、それにより renvoi を避けるとする。
61) わが国では、国際契約での適用法に係る当事者自治のこの種の制限の文脈で強行法規と呼ぶことに反対する説がある。この説では、強行法規、任意法規の区別は国内法の問題であるからと、国際私法独自の基準として、絶対的強行法規の理論が唱えられる。

る基本原理であり、生き物でもある。従って、型にはまらない柔軟性が必須ともいえる。

　しかし、これにはメリットとともに、デメリット、それも大きなデメリットがありうる。ある人は公序を、乗り手が終着駅を知らない荒馬 (unruly horse) に例えている。最高裁は、公序は「想定される公共の利益 (supposed public interest) についての一般的考察から導き出されるべきではなく、明確に定義された先例を含む法律の上に基礎を置くべきである」としている[62]。前註書も全くのコモンロー上の公序を定義することの困難を述べる (p. 417)。

　婚姻法、親子関係法、不動産取引 (対抗要件) 法、知的財産権法などは、第三者保護や社会秩序に影響し、公共の利益に関する分野であるから、自由度は狭められ、多くの問題で公序に直面する。反対に、商事取引法は最も自由度が高い。イギリスでは取引法の中で公序ということは滅多にいわない。しかし、社会の構成が違うアメリカではそうではない。次の(4)で考察する(なお、前註13書、p. 77参照)。

③　次に実質法と裁判管轄権との関連性がある。わが国では講学上、「隠れた反致」ということがいわれる。準拠法所属国 (アメリカ) の国際私法に直接の抵触規定がなく、国際的裁判管轄規則のみがある場合、裁判管轄権の原則の中に抵触法の原則が隠されていると理解して反致を認めることができるか否かの問題とされる[63]。

　しかし、海外でこのような議論に基礎を与える考え方があるかどうかは疑わしい。アングロ・アメリカン法系の下では、準拠法と裁判管轄権の配分とは全く別問題であり、ある国内法が準拠法とされたからといって、その国に裁判管轄権が来るか否かは、別のルールによるとしている[64]。

　もっとも、イギリスの民訴規則 (CPR) は、当事者がイギリス領内で契約し

---

62) G. Born, *International Civil Litigation in United States Courts*, 3rd ed., Klumer, 2004 で引く Grace & Co. v. Rubber Workers, 461U.S.757 (1983) 事件では、控訴裁判所が労使関係で出された仲裁判断を公共の利益を理由に覆していた (p. 415)。
63) 長瀬二三男『国際私法の解説』新訂版、一橋出版、2001、p. 99。
64) 前註21書p. 1089。ただ、家族法関係では管轄権決定にも準拠法決定にも、共通して

たり、適用法をイギリス法とした場合、イギリスに管轄権が生ずると定める (6.20)。のみならず、当事者がイギリスの管轄権に合意していた場合、逆にイギリス法を適用法とする合意が推認される [4.9]。アメリカの話としては、Born 教授が管轄権条文は適用法条文とは異なるとし、当事者の管轄権合意は、適用法合意を意味しないとした多くの判例を引用する[65]。

[1.13] (4) 相互に絡み合う準拠法指定と管轄権の配分

① 前 (3) のとおり、アングロ・アメリカン法系の下で、準拠法指定 (狭い意味の国際私法) と管轄権の合意や配分とは互いに別の問題であるが、上記の時効法でみるとおり、両者が相互に絡み合い、影響し合うことは否めない。Goode 教授は、この両者の絡み合いをBrussels Ⅰと契約義務への適用法ローマ条約との関係として取り上げ、述べる。

(イ) 管轄権合意書の形式要件は、Brussels Ⅰによって決定されるが (23)、そもそも、それが契約といえるかは、ローマ条約によって決まる。

(ロ) Brussels Ⅰは、ある契約問題の管轄権を契約の履行地へと配分するが (5)、しかし、契約の履行地 (the place for performance) が何処になるかを決定するのはローマ条約 (4 (2)) である。

(ハ) 反対に、ローマ条約では、準拠法の合意範囲を画するものとして強行法規 (mandatory law) を定めるが (7)、公序 (public policy) の中身は、Brussels Ⅰによって決定される管轄権を有する国毎に異なりうる。

② 裁判所が裁判を行うための法律である手続法は、準拠法の合意範囲に含まれず、法廷地法による。これは万国共通の法の一般原則といえる。アメリカの再述抵触法も、「すべての手続事項 (all matters of procedure) は法廷地法による」とする (585)。典型的には、申立や送達の方式、期日の指定、弁論の方法などが手続法であるが、手続法、実体法の区別 (procedural or substantive)

---

domicil が連結素となることが多い。この点、取引法関係とは違う [3.3]。これが時に「隠れた反致」のような外観を呈することはありえよう。

65) 前註62書 p. 373。

は、時に鵺的で難しい問題を提供する。

　たとえば、アングロ・アメリカン法系に特有の不便宜法廷 (forum non convenience) につき争われたケースで、手続法の問題とした事例がある [7.16]。事故の被害者が保険会社を直接訴えられるか否かの直接請求の原理 (direct action rule) は、手続法、実体法のいずれかが争われうる。また、当事者の死命を制しうるものに、時効法 (statute of limitations) がある[66]。時効法などを手続法と分類することにより、準拠法合意が骨抜きにされうる。即ち、その州の裁判管轄に合意（有利な法廷地の選択）することにより、その法廷が地元の手続法を適用することで（手続法と分類されうる）法律を準拠法として合意したと同じ効果を齎す。

③　適用法合意の限界を画する公序性 (public policy) は、法域毎にその働きが相対的になる。従って、合意管轄により当事者が公序（実体法）をある程度コントロールしうる。多民族・異文化社会であるアメリカの司法ほど、公序性の絡みが豊富な先例として存在する歴史、場は他にないであろう。親族・相続法ではない。民商事取引での話である。これが劇的に現れたのが、アメリカの独禁法や証券法などの域外適用の問題である。American Banana 会社事件などでは、アメリカの公序の域外適用は否定されたが、その後変わっていくのである [3.8]。これは、アメリカの公序を域外にも適用しようとするもので、適用されるべき外国の法律の適用をアメリカの公序ゆえに拒むのとは反対方向である。他州判決への全幅の承認の憲法秩序から、太字法は、各州間の主権平等原則を映して緩やかである。少々の自州公序違反があっても、他州判決はむしろ承認されるべしという（再抵117）。逆方向での太字法、「……法廷地の強い公序性に反する訴訟は、たとえその請求原因が他州では認

---

66) アメリカでの時効法を訴訟法上の問題とする論説をみることがあるが、州により「2通りある」というのが事実のようである。再述抵触法は、「法廷地の時効法により妨げられない訴訟は、§143に定める以外は、他州の時効法により妨げられたとしても、受付けられる」とし (142)、また、「適用法により本来適用されるべき州法の時効法により単なる権利行使 (remedy) ではなく、権利 (right) が妨げられる場合、他州での訴訟は受付けられない」としている (143)。

第1編　総論的考察

められるとしても、受付けられない」(再抵90)の適用範囲は、極く限られるべきであるという(同コメントa)。連邦最高裁も「自州がその取引と当事者に十分な相応の関係もなく、他州法を基礎とする抗弁を自州の公序違反であるからと否定 (strike down) するのは、適正手続に反する……」としている[67]。

わが国の判例中にも外国の公序の強さと、その内国との関連性でルールを示したものがある[68]。即ち、判決理由中で、法例(現行法33)についての次のような判示がある。

「……当該外国法の適用を排除すべきか否かについては、当該事案の内国関連性及当該外国法のわが国の私法秩序に与える影響などを総合考慮して決すべき」

---

[67] Home Ins. Co. v. Dick, 281U.S. 397 (1930).
[68] 東地平成5年1月29日判決、判時1444/41、昭和53年(ワ)2576号不当利得返還等請求事件。

第2章

国際民商事紛争の場としてのアメリカ
（その規模と複雑性）

1. アメリカでの国際裁判の特徴

[2.1]（1）**なぜアメリカでの裁判は恐れられるのか**

① 実務上、アメリカでの裁判が悪評高い（恐れられている）のには、それなりの理由がある。

（イ）第1に、民、刑事裁判の広い範囲にわたり、連邦および各州憲法上の陪審権（right to jury）が与えられている。その場合、法と事実の区別の中で、事実（認定）は陪審員の専権となる[1]。憲法は、陪審権の範囲をコモンロー上の訴訟（suits at common law）と定めるが（修正Ⅶ）、殆どの制定法上の請求は、同時にコモンロー上の請求原因として構成できるし、衡平法上（in equity）の請求は、それに付帯して出せるからである。

渉外事件で多い連邦民事裁判についてみれば、いずれの当事者も、陪審権のある争点（issue）すべてにつき、その争点に係る書面（pleading）から10日以内に陪審による事実認定を請求することができる（争点の特定がなければ、すべての陪審権のある争点を含むとみなされる。FRCP28 (b)）[2]。しか

---

1) この専権は、昔のイギリスとは違って、陪審員による事実誤認を放置するものではない。また、何（どこまで）が法で、どこからが事実か（たとえば、不公正な取引方法の「不公正」の意味について）は、裁判官が代理人の意見を聞いた上で教示（instruct）する。
2) 連邦民訴規則、現行のFRCPは2001年12月1日に制定された（その後2003年3月

し、この間に請求がなければ、それは陪審権の放棄（waiver）を構成する（28（d））。もっとも、裁判所は裁量により付陪審とすることができる（39（b））。

確かに、陪審員の自国民贔屓（ひいき）は、時に著しく「あからさま」でありうるし、現にその例もある。地元の個人の原告などから訴えられた外国企業に、陪審員の中立性は余り期待できまい。それを物語る説話的（anecdotal）な報道がなされたことも少なくない。日本企業との国際取引の直接の相手方が個人である場合のほか、取引相手がアメリカ企業であっても、その販売先や従業員の個人が原告という場合もある（もっとも、民事訴訟での陪審によるtrial の比率は統計的には下降傾向にある）。

（ロ）第2に、アメリカには別名、救急事件探し（ambulance chaser）または原告代理人（plaintiffs' attorney）と称する弁護士グループがいることもよく知られている。彼らは、アメリカ特有の成功報酬（contingency fee）によって、一文なしの原告からでも事件を引受ける[3]。

（ハ）第3に、証拠調べが当事者主導で行われる考え方と実務がある [6.15]（イギリスでも同様の規則、制度はあるが、ヨーロッパの法文化、法伝統はアメリカとは違う）。しかも、重点は事実審理前（pretrial）の事前開示（initial disclosure）にあり、これが原告側ばかりか、被告側の費用も増嵩させる。わが国でも平成15年改正民訴法により多少似たような制度が採り入れられたが、その徹底した手法や規模においてとても比較にならない。trial より前に相手方代理人から送付される「開示請求書」（request for production of documents）冒頭の定義集を見ただけで圧倒される。

この徹底したアメリカ式の証拠開示を支えるのがその訴訟哲学である

27日に改正）。連邦議会の立法権（連邦憲法I, 1）を侵すものではなく、連邦憲法には、わが国憲法のような最高裁による規則制定権の定め（77）はないから、これは、連邦法（28U.S.C.2072）の授権立法で、連邦裁判所などでの手続を規律する。
3）イギリスでは、これは実質的に相手方から報酬を貰うことになり、弁護士倫理に触れるとして長らく禁じられていたが、近時は似た制度（completion fee）が導入されている。

[6.14]。これは、ヨーロッパ以上にわが国には存在しない。連邦証券法や独禁法絡みの大型事件になると、discoveryの開示文書の量はトラックや倉庫の数で計るしかないほどになる。これらがアメリカ国内でも拡張的に運用され、当事者に膨大な負担となってきた。改正の動きが何回も試みられてきている（後記）。

② 日本企業がアメリカでの訴訟を恐れる第4の理由として、悪名高いロングアーム（long-arm）法がある。

現在の各州制定法は非居住者（nonresident）に対する管轄権を緩やかに肯定するが[3.4][3.12]、悪名の主因は、独禁法などの連邦法にある。手続が起動し、域外管轄権が肯定されると、外国企業などがアメリカの連邦司法権の行使に直接さらされることになる。

先ず強烈に働くのが、証拠開示の強制である[4]。20世紀後半、諸外国との間で激しい議論を巻き起こすことになった。いや、議論だけではない、具体的な事件で対抗措置も採られた。たとえば、カナダでは1990年に連邦に加え、オンタリオやケベックなどの州までがいわゆる阻止法（blocking statute）を立法し[6.17]、これを発動した事件が起きている[5]。

更に、いわゆるクラス・アクション（class action）という制度がある。

クラスを構成する個々の原告名を含め、およそ原告群の範囲を特定しなくてよい。委任もない、その名も不明の原告を加えて、集団訴訟が可能である（FRCP23、ニューヨーク州C.P.L.R.901）。クラス・アクションは、1970年代にアメリカで台頭した訴訟の形である。その代表例は、1980年代初めのアスベスト被害者集団などの公害訴訟であった。近時は株主代表訴訟（derivative action by shareholders）が多い。いわゆるM&A絡みの株価動向などで証券詐欺（securities fraud）を主張する例である。ヘッヂ・ファンヅ（hedge funds）

---

4) たとえば、Securities Act of 1933は、すべての連邦裁判所にSECへの出頭命令権を与え、その拒否権に対しては法定侮辱罪により可罰権を与えている（22(b)）。
5) Hunt v. Lac D'Amiante Du Quebec (Sup. Ct. of Canada, November 18th 1993, 4 S.C.R.289).

の隆盛にみるとおり、大西洋をまたぐ2大陸間の株式所有形態が深化するにつれ、機関投資家を含むヨーロッパの株主が存在感を増してきた[6]。

　クラス・アクションでの要件の緩やかさは、わが国でいえば、主観的・追加的併合の緩やかさを意味する。その基礎には、訴状そのものの要件の緩やかさ、いわゆる通知訴状（notice pleading）とでもいうべきものがあった。定型的な請求原因だけで、「後に補充する」で受付けられる[7]。従って、事実関係についての話が十分わからず、余り見込みのない事件を頼まれた弁護士も、訴状は提出できる。被告の名前、住所などの特定がなくても、「被告某」(defendant John Doe) でよい。訴額も、初めから特定する必要はない。わが国と違って、印紙税は訴額比例ではなく、どんなに高い請求金額であっても、一律に3万円程度で済む。そこから、一部の原告代理人による乱用事例も報道されている[8]。

③　最後に、わが国で公序違反（民訴法118③）としてその判決の執行が拒まれた、懲罰的損害賠償（punitive damages）の問題がある[9]。損害金がいくらか

---

6) 後出WSJ紙は、ヨーロッパ諸国はアメリカのクラス・アクションの全制度の移入には必ずしも賛成していないが、アメリカの原告代理人らのロビー活動などを受け、限定的（limited forms）な制度を導入するための法律改正を行ったか、検討中であると報じている。わが国でも金融商品取引法や消費者団体訴訟制度（消費者契約法改正案による）ができた暁には、この種の事件が多くなる可能性がある。ABA Journal (9/1/2005) は、集団訴訟に対するヨーロッパ諸国の増大する関心を、仲裁や独禁法に関する制度や実務とともに、アメリカ法制度の標準を採用しようとする動きの一部であるとしている。

7) notice pleadingは、連邦でも各州（たとえば、Delaware州）でも採用され、訴状は形式化されている。代理人は当事者の訴訟能力、その遂行権限、（法人であればその）法人格などを訴状中で示す必要はない（FRCP9 (a)）。請求原因中の前提要件などもすべて整っているというだけでよい（9 (c)）。いずれの場合も、それを争う相手方がその欠缺を主張すべきことになる。相手方は、これに対し、証拠開示請求などにより攻撃することになる [6.15]。

8) ロス・アンゼルスのMilberg Weiss Bershad & Schulman事務所と2人のパートナーの起訴の記事（2006年5月19日ニューヨークタイムズ）はその全国的規模の最初の事例であろう（20年にわたり3人の仲介人に11百万米ドルを支払い、150もの訴訟を斡旋させ、その訴訟での収入は215百万米ドルにのぼるという）。

9) 最判平成9年7月11日民集51/6/2573。懲罰的損害賠償はアメリカの契約法の下では認められない（國生一彦『国際取引法』有斐閣、2005、p. 153）。

は、事実の問題、つまり上記の陪審マターである。しかし、アメリカなどでの契約違反を理由とする訴訟では、殆どの場合、併せて詐欺 (fraud) とか詐欺的不実表明 (fraudulent misrepresent action) とかの不法行為の請求原因も主張される。その違法性が高いとされると、陪審が懲罰的損害賠償を与えることができる。

[2.2] (2) アメリカの原初民商事法制の国際法的色彩

① 果たして、アメリカの国際民商事法制度は外国人にとり一方的、高圧的にできているのか。アメリカは建国の歴史から国際法に依存しなくてはならないことが多くあった。イギリスからの独立を獲得したのは、パリ講和条約 (1783年9月) によってであり、またフランスとの軍事同盟なしに、イギリスとの間の革命戦争を決定的有利に導いたヨーク・タウン戦 (1781) の勝利はなかった (註11書 p. 119)。

(イ) 連邦憲法は、合衆国が締結した条約が連邦憲法自体や連邦法と同じく、国の最高法規 (supreme law of the land) であると定める (Ⅵ)。条約などの国際法は、第一義的には国家、国際機関、それら相互間の関係を規律するが、アメリカと外国人 (自然人や法人) との関係についても規律する(再外101) [10]。

(ロ) 連邦憲法は、また、「連邦憲法、連邦法……条約 (Treaties) の下で生ずるすべての事件につき連邦の司法権が及ぶ」とする (Ⅲ, 2)。上記憲法条文は条約とのみ定めるが、**条約**には、名称、形式の如何を問わず、他の国際合意も含まれる。そのことは、それらの法の下のすべての民事事件につき連邦地裁に一審の事物管轄権 (専属管轄権ではない) を与える連邦法

---

10) コモンロー (判例法) の発現形式としての Restatement、アメリカで太字法 (black letter law) と呼んでいるもので、本稿で引用する再述外国関係法は、国際法に係るリステイトメント (第1章註17参照) である。
11) civil actions arising under international law or under a treaty or other international agreement of the United States are within the jurisdiction of the United States district courts. アメリカでは司法権の行使も原則は各州にあるから、これは

(28U.S.C.1331）の言葉からも知りうる[11]。

　　わが国憲法（98（2））とは異なり、そこには国際慣習法を意味する言葉はないが、最高裁はPaquette Habana事件［3.9］で、国際慣習法（customary international law）を根拠とし、それが請求原因中に含まれる限り、上記憲法条文の解釈上、「アメリカの連邦法から生ずる（arise under the laws of the United States……）事件」となり、連邦の事物管轄権になるとした。

（ハ）司法権も州権に属するアメリカの憲法法制からすれば、上記（イ）、（ロ）はアメリカによる国際法の重視を示すといえないであろうか。少なくとも、国際法上の問題は、各州の手から連邦の手へ移させ、国際慣習法などにも配慮しつつ、処理しようという訳である。

②　再述外国関係法は、国際法の法源として、（イ）慣習法（customary international law）、（ロ）国際合意（international agreements）、（ハ）主要法体系に共通する一般原則（general principles）を挙げる（102（1））[12]。うち、（ロ）が一番重要な国際法の法源であり、かつ法の証拠（103）でもある。連邦最高裁は（ロ）につき、更に正式な条約以外の行政協定（executive agreements）も含まれる旨の判断を示している（1912年のB. Altman & Co.事件）。

　　これらの解釈権は連邦最高裁にあり、連邦最高裁による国際慣習法判断は、各州（裁判所）を拘束する。たとえば、州法が条約、国際慣習法に反していると主張されたとする。その主張を否定する州最高裁の決定に対しては、連邦最高裁に審理申立が可能である（28U.S.C.1257）。

　　限定的な例外を定めたものである（國生一彦『アメリカの誕生と英雄達の生涯』碧天舎、2004、p. 201）。

12）再述外国関係法は、「何がこのような条約その他の国際合意（international agreement）」（28U.S.C.1331）であるかや国際慣習法であるかを、国際法の証拠（evidence of international law）と呼び（103）、本文中の国際法の法源問題（102）とは区別している。そして、次が国際法を証拠付けるとする（103）。（i）国際的司法機関や仲裁機関の判決ないし意見、（ii）アメリカの司法機関の判決ないし意見、（iii）学者の論文、（iv）他国が正面から反論しない形での国家による国際的なルールの宣明。

国際慣習法については、諸国家による広く安定したその実施（practice）に法的義務感を伴うとき生ずるとし（102 (2)）、OECDなどの国家群での実務もそこに入るとしている。上記のとおり、広く安定した法的義務感を伴う実務があればよく、普遍的に行われることは要件ではない。また短期間での生成を否定しない（同コメントb）。イギリス法のcustomと違い、普遍性（universality）、長期（恒久）性（ancient or immemorial）を要しない[13]。

　このような国際慣習法がアメリカで法源としてどこに証明されるかといえば、連邦判例法としてである。丁度、コモンローのような形で、国際慣習法が国の最高法規に含められている。たとえば、アメリカはウィーン条約法条約を批准していないが、いくつかの判例中で、これを国際慣習法として認め、同条約を解釈している。

　以上から、アメリカの国際民商事に係る司法実務（judicial practice）が、対外的に一方的、高圧的か否かは、最終的に連邦最高裁の判旨（rulings）に大きくかかっていることを知りうる。その中での他国民（企業）に対するアメリカの人的管轄権（personal jurisdiction）問題は次章で扱う。

[2.3] **(3) その後（特に20世紀後半）の運用といくつかの誤解**

① 証拠開示（discovery）については、連邦独禁法などの絡みで行き過ぎのあったことは事実である[3.9]。しかし、このような証拠収集を下支えする訴訟哲学については、わが国も反対するだけでなく、知る必要がある[6.14][6.16][14]。これとは対照的にアメリカでは、国の内外の非難に応えるため、また訴訟の長期化問題に対する取組みの一部として、FRCPの改革が続けてこられた。1990年前後からは、数回にわたるFRCP26の改正に加え、連邦民訴法（28

---

13) この点は、イギリス法のcustomとアメリカでの取引法上の慣習（usage）との間の違いにも並行的にみられる（UCC 1-205、2001年改正後公式コメント5）。なお註9書p.105、p.264参照。
14) わが国でも新民訴法（平成8年、法律109）により争点中心型による集中証拠調べなどが導入され、更に、同法の改正（平成15年、法律108）により事前開示の制度が採用され、今漸く動き出そうとしている。

U.S.C.) でも立法的解決が図られた [6.18]。

　同改正の下、たとえば、裁判所は一定の理由により discovery の利用頻度や範囲を制限することができることになった (26 (b) (2))。discovery の限度 (limitations) として deposition や質問状の数ないし長さ (FRCP30)、または FRCP36 の下での認否の回答要請 (admission request) の数の変更などである。

　その結果、10 数年前に比べ、deposition も discovery も、量的に大幅に減ってきた。数百の deposition が取られ、調べられていたものが、10 件程度に制限される等の事例が報告されている。つれて、訴訟終結までの期間も短縮され、前は2、3年かかることもザラであったものが、14、5カ月が平均になったという[15]。

②　濫訴との絡みで、近時なされた連邦での手続法の改正がある。一般名称 (popular name) が Class Action Fairness Act of 2005 のこの法律 (Pub. L. 109-2) は、2005 年2月議会で可決成立した[16]。手続法上の「代表」の観念が、株主訴訟とこのクラス訴訟の2つで発展した。FRCP が定めるクラス・アクションの要件は、次である。

（イ）　当事者の多数さゆえに代表の観念でやらないと非実際的 (impracticable) である。

（ロ）　全体に共通の法律または事実の問題がある (questions of law or fact common to the class)。

（ハ）　その代表当事者の請求ないし抗弁が全体のそれの典型 (typical) である。

---

[15] 計14の新民訴法下でわが国での平均の訴訟期間（民事第一審）は平成元年から平成16年の間に12.4月が8.3月になったという（判時1910/3）。

[16] 連邦制定法 (federal statute) の見出し名称 (title name) と一般名称 (popular name)（例示）の表を章末に添付する（A表とB表）。前者は連邦法を体系的に示し、後者は主題を示す機能がある。title では表のとおり、1から50に体系化される一方、たとえば、title28 の一部に分類される上記の Class Action Fairness Act の前後には、B表のように夥しい数の制定法が並ぶ。

(ニ) 代表当事者が全体の利益を公正かつ適切に守るであろうことが期待できる（will fairly and adequately protect……）[17]。

これらの要件を反映して、具体的な実務での代表当事者は多額請求権者のグループからなるよう構成される。前述のような大西洋をまたぐヘッジ・ファンヅなどの盛行により、この構成も、ひいては法制も、国際化しつつある[18]。

③　上記改正法のクラス・アクションに係る主要な点は次である。
(イ)　一定の和解による終結で弁護士の成功報酬を制限する（一定の和解要件を充たさないものは連邦裁判所が承認できない）。
(ロ)　多州民事件で元本金額が500万ドル超のものの第一義的管轄権を連邦裁判所にする。
(ハ)　同じく同裁判所への移送を定める。
(ニ)　クラス・アクションに係る訴訟の実情、原告らや弁護士に何が一番公正、適切かを、連邦議会（委員会）が将来ともに更に調査、研究し、今後の改正に反映させる。

2．多州と連邦の二元国家制の下での管轄権

[2.4] (1)　3次元チェスで適用される各層の法律

①　前節ではアメリカでの裁判が嫌われる事由と、その改善措置を簡述した。以下では、已むを得ずアメリカでの訴訟となったとき、その場に適用される

---

[17] FRCP23 (a)、§23 (b) は更に若干の追加要件を定め、23 (c) がクラス・アクションとして認める場合の手続につき定める。なお、この fairly and adequately は、わが国の訴訟告知に近い手続で判決の争点効ないし参加効（collateral estoppel）が認められる基準と共通である。
[18] ウォール・ストリート紙（2005年9月）によれば、証券投資の国際化を映してアメリカのクラス・アクションの原告弁護士は、年金基金など大口機関投資家のいるヨーロッパまで活動の場を拡げているという。諸国でロビー活動を展開し、その絡みでドイツ、スウェーデン、オランダ、フランス、イタリアなどで簡易な手続法への改正が立法されたか、検討されているという。

実体法、手続法につき一言する。この場は、いわば国際法、連邦法、州法の3次元の世界である。

　独禁法、消費者法など特定の分野で適用になる連邦法は別として、適用法に関する現在のルールは次である。
(イ) 連邦裁判所での審理であれば、手続法は全国一律の連邦法28U.S.C.とFRCP[19]による（ただし、管轄権と外国判決承認のルールは別であり、判例法や制定法など、その連邦裁判所が所在する州法に従う）。実体法は、その連邦裁判所が所在する州の州際私法の命ずる各州の不文法と制定法になる[20]。
(ロ) 各州裁判所での審理であれば、同裁判所は無論、各州の手続法および州際私法により決まる州の実体法によって審理する。

② この一見明らかなルールが、20世紀前半までは丁度反対で、連邦裁判所は、**連邦コモンロー**（各州法とは別の連邦契約法）を発展させていた。連邦実体法創設の根拠とされた第1回連邦議会制定の連邦司法法（Federal Judiciary Act of 1789）では、「連邦裁判所は数州の法律（the laws of the several states）を適用すべし」と定めていた。その意味は、争点（issue）についての州法がなければ、連邦裁判所が独自に実体法を創出して適用するというものであった。19世紀前半の判例[21]以来、ここでの**州の法律**（the law of the state）とは、制定法が主で、判例法は真にその地に特殊なルール（purely local）以外は入らないとされてきた。

　一方、手続法については、その所在する各州法に「できる限り近い」(as near as may be) ルール（1872年の合致法〔Conformity Act〕の言葉）に拠っていた。この建国以来のルールがひっくり返ったのは、両方とも同じ1938年であ

---

19) 連邦法は大枠のみで、具体的なことは多くFRCPが定める。そのFRCPは、わが国とは異なり、憲法による授権ではなく、連邦法による授権に基づく。
20) 後出のPiper Aircraft事件では、原告は自分に有利な州際私法のある州（法廷〔forum〕）に申立てるであろうから、その実質法の変化で不利になるからとforum non conveniensの申立を認めないということになると、滅多にその申立が通ることにならないと述べる [3.16]。
21) Swift v. Tyson, 10L. Ed., 865 (1842).

る。この年、連邦最高裁は全国を統一する手続法（規則）を制定した。そして、偶然にも、有名な**エリー鉄道会社事件**（Erie Railroad Co. v. Tompkins, 304 U.S.64）もこの年に起き、実体法でも上記の大転換が生じた。

③　事件では、ペンシルヴァニア州民トンプキンズ氏Xが夜中に（付近の住民が踏み固めた）線路傍の一般の通行小径を歩いていたところ、通過列車のドアか何か、開いていたものがぶつかり怪我をしたとして、ニューヨーク州法人であるエリー鉄道会社Yをニューヨーク州の連邦裁判所へ訴えた。いわゆる多州民事件（diversity of citizenship case）である。抵触法（州際私法）によりペンシルヴァニア州法を適用することに争いはなかった。問題は、制定法の存否に絞られた。確かにペンシルヴァニア州にその点の制定法はなかった。

　一審、二審とも、それまで100年近く続いた「州の制定法がないときは、連邦のコモンローが働く」というルールに従い、連邦コモンローを適用してXの受けた傷害はYの過失によって生じたもので、Yはコモンロー上有責であるとした。これに反対のYは、ペンシルヴァニア州のコモンローでは、踏切事故とは違って、線路に沿った通路上の事故にあっては、「故意または重過失がない限り鉄道会社に責任がない」とする先例を援用して、自社の無責任を主張した。連邦最高裁もこの主張を受け入れて、Yの損害賠償責任を否定した。つまり、実体法については、不文法まで含め、抵触法が指示する州法によるべしとした。ルールを大転換させた理由として連邦最高裁は次の要旨を述べている。

　diversity caseに連邦の管轄が定められているのは、必然的に連邦法が問題になるからではない。多州市民間の裁判の公平を期するためである……当事者がその適用を予測していたであろう事故のあった州の不文法まで含めた一般法を適用することに何ら問題がない（なお、この考えは行為地の法律の下で違法でない行為は不法行為にならないとする抵触法上の既存権〔vested rights〕の考え方を反映している）。

④　こうして、1938年以来、上記ルールが確立した。つまり、市民生活の基本である民商事法は、各州のコモンローということに決まった[22]。そこでいう

コモンロー、(一般法、実体法)には、その州の抵触法も含まれる (1941年の Klaxon Co. v. Stentor Elec. Mfg. Co., 313 U.S. 487)[23]。移送があった場合も、元の州の抵触法が適用される。たとえば、スコットランド人らがパイパー飛行機をカリフォルニア州裁判所に訴え、同州内の連邦裁判所から更にペンシルバニア州内の連邦裁判所に移送された。後の連邦裁判所が適用法を定めるのは、カリフォルニア州の抵触法によって指定される準拠法ということになる(後出の Piper Aircraft 事件[3.16]参照)。しかし、その抵触法によって決定・適用される州の法律は実質法であり、抵触法は含まれない[24](反致は否定される)。またその州の公共政策(公序；public policy)も上記の各州コモンローに含まれる(同年の Griffin v. McCoach, 313 U.S. 498)。

初めの設問に戻ろう。ニューヨーク州内の連邦裁判所での契約に絡む訴訟であれば、連邦裁判所はニューヨーク州契約法を適用する(ニューヨーク州の抵触法が他法域の法律を指定しない限り)。事実、ニューヨーク州内の連邦裁判所からニューヨーク州控訴裁判所への州法の論点についての照会は頻繁に行われている[25]。

[2.5] **(2) コモンロー(各州先例)から出発する本書**

① 前項でみたのは、国内での連邦法と各州法間の振り分けであった。実体法と手続法のそれぞれにつきそれをみた。しかし、それだけではいかなる理由があれば、日本企業甲社がアメリカの裁判管轄権に服さなければならないか、

---

22) これにより数州の法律 (the laws of the several States) といった連邦コモンローの存続は一般的には否定された。しかし、何が国際慣習法かとか、仲裁合意に係る契約法は、現代的な連邦コモンロー分野とされる [7.1]。
23) 実体法と手続法の区別が一義的でないことは前出のとおりである。少なくとも、エリー鉄道事件以後の連邦法か州法かという区別と、州際私法上でいう区別の2つがある。
24) D. J. Levy ed., *International Litigation*, ABA, 2003, p. 226 は、代わりに連邦コモンロとしての抵触法を考える少数の例があるとする。
25) たとえば、① Kools De Visser v. Citibank, N.A., No. 95-7209, 1995年12月26日 (隠れた本人が依頼人として発行銀行を訴えられるか)。② West-Fair Electric Contractors et al. v. Aetna Casualty & Surety Company, et al., No. 94-7558, 1995年2月23日 (bond につき subcontractor が直接請求できるか) (いずれもニューヨー

服するとして、それは連邦か、各州か答えられない。その点がここでのポイントである。この点を知る上での2つのキーワード。それは、経験と複雑である。

　一般的な意味の国際裁判管轄権を定める法令がない点は、アメリカもわが国と同じである。しかし、立法、行政、司法の三権ともが連邦と50の各州等に分権される二元国家である。しかも、極めて複雑な統治組織で、それが建国の歴史と深く結び付いている。そこで、国内各州法間の抵触法が早くから切実かつ不可欠な問題となってきた[26]。そのため、抵触法が已むを得ず発達させられた面がある（わが国なら天保の大飢饉の頃の1834年にも抵触法の評釈集が出ている）。これは、甲社が活動する上で考慮すべき変数（parameter）が二乗に働くことを意味する[27]。

　しかし、他方で上記の州際私法（州際裁判管轄権）の200年に及ぶ歴史と社会の法化がある。州際事件での裁判管轄権の振り分けとその判決承認の法理が確立している[2.8]。つまり、州際事件や国際事件について、かなり詳細なコモンロールールが積み上がってきている。

　問題は、日本企業甲社に対しアメリカが管轄権を主張したとき、そのコモンローが答えてくれるかである。ここでの管轄権の主張とは、A州ならA州の裁判所が、甲社に金銭の支払などを命ずることができるかの問題である。つまり（外国の）私人に対する政府の命令権の有無、これが次章で詳説する人的管轄権である[28]。

　　ク州控訴裁判所への照会）。
26) より劇的な争いは連邦とヴァージニアなど各州との間の権限を巡って生じた（たとえば国立〔連邦〕銀行問題でのT. ジェファーソンとA. ハミルトンとの対立につき註10書p. 200参照）。
27) そこには、各州法間、連邦法法と各州法間、外国法と連邦法ないし各州法間の3つの問題がある。註23書序文（foreword）は、これを法律家にとっては3次元チェスで勝負する世界のようだと評している。
28) わが国の民訴法の教科書では、一般にこれをそもそもその人（person）に対し裁判権があるかという問題として、裁判権と称している（①三ヵ月『民事訴訟法』有斐閣、1974, p. 247、②新堂幸司『民事訴訟法』筑摩書房、1974, p. 56）。第1、民訴法の法文中には人的管轄権（裁判権）についての定めも、そうした言葉もない（アメリ

コモンローを再述したリステイトメント[29]は、この人的管轄権の基礎ルールを、「**人と州との関係が管轄権の行使を相当とするとき**（……make for exercise……reasonable）**に管轄権がある**」と定める（24 (1)）。この相当性を支える十分な関係が何かにつき、個人、法人、現存、住所、居住、国籍、市民権、事業を営む、行為をする、その他、要素毎に分類して、26ヵ条（27～52）にわたり定める。

　これらの要素中、制定法上多く出てくるのは住所（residence）であるが（わが国では民訴法4①で土地が一番の考え方といえるが、ただ「管轄」の意味が全く別で、裁判所間の分掌を指す）、コモンロー上は、わが国にはない**現存**（physical presence）が中心概念である [3.2]。人（person）についての上記§24と同じ文脈での規定が法人についてもあり（41）、外国法人については別に§43～52を設け、相当性の判断要素を個別に規定している。

② 　第3章で詳しく論ずるとおり、再述抵触法の精緻なルールは、他国の国際私法にも参考価値がある。そこに共通するのは、「相当性がなければ、裁判管轄権は行使しない」というルールであり、逆に相当性があれば、当事者の合意を待つまでもなく、行使しようとのルールともいえる[30]。上記のように人的管轄権（personal jurisdiction）とは、その人（person）にアメリカ（のA州）の司法権が命令し、強制できることである（アメリカでは連邦に住所があるということはないから、アメリカに人的管轄権があるということは、先ずA州なりB州なりにあるということである）。しかし、他州（B州）民に対しA州の司法権が肯定されるためには、管轄権だけでは十分でなく、3つの基本的要件を充たす必要がある。

（イ）　被告に対しA州に管轄権がある（前註の相当性に代えて、ここでは「文明国では一定のミニマムコンタクツが求められる」と表現している）。

　　カのような多州国家でもなく、島国的立地に加え、2世紀半の鎖国を経たこともあろう）。（判例）批評などでは「裁判管轄」を用いる例もある。
29) 再述抵触法（第2）、Restatement of the Law, Conflict of Laws 2d, 1971. 18世紀末からの先例を含む7巻と補遺巻からなる厖大なものである。
30) うち、州内で事業を行う（……does business）外国法人について§47が定める。

（ロ）通知と弁論の機会（notice and opportunity to be heard）
　（ハ）その裁判所が能力ある適切な裁判所（competent court）[31]
　　（ロ）は、別言すれば、呼出状（summons）が送達され、憲法上の保障、適正手続（due process）が充たされることを意味する。

③　州際私法での上述した再述法がどこまで国際取引にも応用できるのか。再述抵触法は述べる（10）。
　「このリステイトメント中のルールは、2つ以上の州をまたぐ要素のある事件に適用されるとともに、2つ以上の外国（foreign nations）をまたぐ要素の事件にも原則的に（generally）適用される……ただし、特定の国際事件では、それが国際事件である故に州際とは異なる結果を招来しうる要素がありうる（there may……be factors……which call for a result differen……）」。
　これら要素として、政治、社会、司法制度、機関（institutions）などでの各国毎の違い、いくつかの注意点（significant differences）を挙げている（コメントc、d）。この中、管轄権に絡む注意点は次で、他は、実体法に係るものである。
（イ）アメリカのような適正手続条項（連邦憲法修正V、XIV）がない国との国際事件での当事者の人権への注意[32]。このほか、
（ロ）難民の住所（domicile of refugees）、通貨の交換、外国為替管理、国家行為論の効果など。
　これらについて、再述外国関係法（41〜43）を参照せよとしている（同条

---

31) 司法管轄権（judicial jurisdiction）との題のリステイトメント第3章へのIntroductory Note。
32) forum non conveniensの申立に対しアメリカでの申立を却下（dismiss）するときに、この点が特にひっかかる［3.16］。たとえ、当事者にとってより便宜な法廷地国でアメリカ式のdiscoveryが利用できなくても、申立をすることは可能とするMercer v. Sheraton Ins'l Inc., 981F. 2d1345（1st Cir.,1992）や（インドネシアについて手続法上の不適切が示され〔……a showing of inadequate procedural safeguards〕ない限り、国際礼譲により……）申立が可能とするPT United Can Co. v. Crown Cork & Steel Co., No.97-7252, 2/25/98, 138 F. 3d 65（2nd Cir., 1998）がある。

Note)[33]。

まとめると、18世紀以来積み重ねられてきた州際私法の厚みが太字法の形で存在する[34]。それが、A州が州外の人に対し人的管轄権を有するか否かのルールを示す。この州際私法が国際関係にも適用される。他の手続法とは異なり、国際管轄権については連邦裁判所も上記コモンローとして発展してきた州の人的管轄権ルールを原則適用する。そこから次の結論が導かれる。日本企業甲社に対しA州の人的管轄権が認められるときは、同じくA州内の連邦裁判所にも人的管轄権が認められる（なお、次章2節参照）。

[2.6] (3) 国際法事件は連邦裁判所の管轄と定める憲法

① 日本企業甲社が訴え、訴えられるのが連邦裁判所か各州裁判所のうちどちらが有利か。質問に答えるための予備知識として、それぞれの裁判所が適用するのが連邦法か、それとも各州法かの点を考察した。その結果、いずれの裁判所であれ、適用される実体法は同じであることが認識された。異なるのは手続法のみであった。手続法の中でも連邦の人的管轄権問題は、そこの州法（太字法、制定法）に拠っていた。これは、抽象的には甲社とアメリカ（A州）との関係に相当性があるか否かで、詳しくは第3章に譲っている。次なる問題は、日本企業甲社にとって、訴えられるのが連邦裁判所か各州裁判所のどちらの裁判所でも大差ないと考えてよいかである。甲社が連邦裁判所に行けるためには、州の司法権に対し補充的な立場である連邦裁判所の事物管轄権問題とは何ぞやという質問に答えなければならない。

連邦裁判所の事物（主題）管轄権の第1は、条約問題などの国際法上の事件であり、次いで海事法、特許法など特定の連邦法上の問題である[35]。この

---

33) 再述外国関係法には§41〜43は存在していない。§411〜416で税法、競争法、証券法に関する管轄権のルールを示している。
34) 再述抵触法、Restatement of the Law Conflict of Laws, 2d. と再述外国関係法との関係は国際法と州法の関係ともいえなくはない。なお、太字法（black letter law）としてのリステイトメントにつき前註10、前章註17参照。
35) 連邦裁判所の管轄権が例外であり、州の主権の下での州裁判所管轄権が原則というも

ほか、Erie 鉄道事件でみた多州民事件（diversity case）についても、憲法、連邦民訴法と FRCP は、連邦裁判所に非専属管轄権を与える。一方の当事者が日本企業などの外国人の事件につき適用可能となる。

(イ) 訴えられる理由如何では、日本企業が好むと好まざるとに拘わらず、連邦裁判所で審理される。請求原因が条約上の権利であるなど、国際法の下で生ずる訴訟である。「連邦問題」（federal question）となり、連邦に事物管轄権問題が起こる。連邦憲法は条約（Treaties）とだけいうが（Ⅲ、2の第1節）、その下の連邦法（前出の28U.S.C.1331）は、「国際法……国際的合意の下で生じる民事訴訟」(civil actions……arising under international law ……agreements) と定める。

憲法および連邦民訴法を受けて、再述外国関係法も、国際法（international law）の下での事件は、原則として連邦裁判所の管轄であると謳い（Ⅲ、2）、国際的事件（international law case）が連邦裁判所の事物管轄権（subject matter jurisdiction）であるとする。

「……下で生ずる訴訟」(action arising under……) とは、請求原因が国際法に基づくことを意味する（抗弁中では駄目である）[36]。このような、連邦憲法（Ⅲ、2の本文）の定め、事物管轄権の根拠には次の理由がある。

(a) 二元国家アメリカで外交権が大統領と上院の2/3の決定に委ねられている法制（Ⅱ、2）

(b) 実際上も連邦裁判所の方が外国人を公平に（その分外国に対し外交的に）扱うだろうという計算

(c) 国際法が請求原因（実体法）として用いられる以上、連邦法との関係が深いと考えられ、連邦裁判所での救済の方がより広い基礎をもちう

のに James & Hazard, *Civil Proced, 2d ed.*, Little Brown, 1997, p .609 がある。

36) Louisvill & Nashvill R. P. Co. v. Mottley, 211U.S.149 (1908). もっとも、前註24書では、「微妙である」として例外がありうるような口振りである（no one formulation……captures all of the nuances……）。その例として、州法が請求原因になっていても、その事件で連邦問題（外交問題などのことか）が争われるような場合を挙げている（抗弁中での連邦問題では否定しているが）(p. 147)。

（ロ）上記（イ）のほかに、海事および戦利品関係の訴訟（maritime, admiralty, prize cases, 28U.S.C.1333）、破産等（同1334）、独禁法などの連邦商取引規制法の下での事件（1337）、特許権など知的財産権（1338）、郵便法（1339）など、連邦裁判所の管轄権と定められている訴訟がある。この他にもあるが、必ずしも国際取引法とは結び付かないので、註記に止める（ただし、註記中の（ii）や（iii）は、請求権競合で国際取引法の問題となりうる）[37]。（イ）の一般に対応する意味で、特別連邦問題（special federal question）と呼ばれるこれらの特別な連邦問題のうち、すべてが連邦裁判所の専属事物管轄か否かは、はっきりしない[38]。

② 連邦憲法は上記（イ）、（ロ）以外に「州ないしその市民と外国ないしその市民との間の……（between a State, the citizens thereof, and foreign States, or Subjects……）」事件を連邦の事物管轄とする（Ⅲ、2の第3節）。ここでの外国（foreign）とは、アメリカの他州を含むし、それが本来の狙いであった。いわゆる多州民事件（diversity case）である [2.4]。連邦の管轄とされうる理由が、当事者、主体にある。請求原因、客体が国際的などである必要はない。ただし、請求金額が7万5000ドル超という最低線がある。日本企業がニューヨーク州法を適用する契約上で同州法人から訴えられる場合などもこれにあたる。

憲政上の理由による上記（イ）、（ロ）とは異なり、政策的意味から連邦地裁の補充的管轄権とされているために、多州民事件の要件は19世紀初め以来厳しく解釈されてきた。先ず、外国人同士がアメリカの（discovery などを利用したくて）裁判所へ訴えても、要件にあたらない。字義からのみならず、法の

---

37) （ⅰ）金額の大小を問わず、外国を被告とする非陪審民事の訴訟（ただし外国主権免責の適用のない請求）（1330）
　（ⅱ）市民権（equal……civil rights）に係る連邦法の下での訴訟（1343 (3)、(4)）
　（ⅲ）国際法違反にあたる不法行為を請求原因とする外国人による訴訟（1350）
　（ⅳ）外国領事を被告とする訴訟（1351）
38) たとえば、海事につき M. D. Green, *Basic Civil Proced*, 2d ed., Foundation Press, 1979, p. 16は、「専属」といい、註35書 p. 611は、州裁判所も扱えるとする（1333 (1) の saving clause による）。

趣旨からして明らかである。外国人―外国人なら、地元の依怙贔屓を心配する必要がないからである（その場合は、たとえ他の理由による管轄権があったとしても、むしろ forum non conveniens として却下されうる）。

　Ａ州の乙社が日本の甲社を訴えているところに、更にＡ州の丙社が加わることでも、この要件を欠くことになる。このほか、次のような事例がこの要件を欠くものとして挙げられている（註24書 p. 157以下）。

（イ）いわゆるグリーン・カード保持者や無国籍者（28U.S.C.1332 (a)）
（ロ）アメリカのＡ州で法人化し、他国に主事務所を有する丙社とＡ州の乙社
　Ａ州で法人化されてＢ州に主事務所がある企業の株式が外国人に売られたとしても、Ａ州法人とみるのが原則である。法人（corporation）は、その法人成り（incorporation）州と主事務所（principal place of business）州いずれもの市民と見なされる（28U.S.C.1332 (c)(1)）[39]。

③　多州民事件に関する連邦憲法の定めを受け、建国当初の司法法（Judiciary Act of 1789）は、外国人を一方の当事者とする事件を連邦裁判所の管轄と定めた（現在の28U.S.C.1332 (a)(2) と (3)）。Ａ州民と日本企業など外国人の訴訟にＢ州民が加わることも、その逆も、この連邦憲法（Ⅲ, 2）に反しないと定める。専属管轄ではないから、多州民事件を州裁判所が受理することもできるが、その場合の（外国人）被告は、連邦裁判所への移送（removal）申立権がある（1441）[40]。移送申立権が争われたケースとして次項のリコー事件がある。

　以上からわかるとおり、日本企業甲社などの外国人にとっては、まずアメリカの裁判所の命に服するか否かの人的管轄権の問題があり、更に連邦裁判所か州裁判所かの問題がある。そこでは、以上の事物管轄権の有無が注意点

---

39) 従って、Ａ州で設立され、Ｂ州に主事務所がある甲社と、Ｂ州で法人成りした乙社との間では多州民事件の要件を充たさない（Click Kam Choo v. Exxon Corp. 764 F. 2d 1148〔5th Cir., 1985〕）。
40) Ａ州内からＢ州内の連邦裁判所へと移送された事件に適用されるのはＡ州法かＢ州法という問題がある。移送の申立人がどちらであっても、Ａ州法のまま「不変」というルールが確立している（ただし、たとえばワルシャワ条約が絡んだ事件で連邦法が適用されるべき問題では移送後の Cir. の先例が支配する〔註24書, p. 232〕）。

である。

　人的管轄権（personal jurisdiction）は原告が立証を負担する。これに対し事物管轄権（subject matter jurisdiction）は職権探知事項である。しかも、事件の係属裁判所として第1に審理すべき事柄とされる[41]。

[2.7]（4）実際上の差異

① 　上記の意味での「連邦裁判所か州裁判所か？」は法令により決まった。その中で、多州民事件では、当事者に州裁判所か連邦裁判所か、2つの間の選択肢があった。そこで、州裁判所に訴えられた甲社としてはどうすべきか。連邦裁判所への移送を申立てるべきか。これは最早、法令により決まる問題ではない。**外国人に対する公正な裁判**の、実際上の差異も働く。エリー鉄道事件のような国内裁判の判決理由中ですら、州裁判所と比べた連邦裁判所の中立性・公正さに言及されていた [2.4]。

　政権による任命制で生涯任期（tenure）の連邦裁判官に対し、公選制が多く、任期数年で、その都度改選に耐えねばならない州の裁判官は、どうしても地元の利益、政治に影響されざるをえない。最近もある特定の郡内の州裁判所が全米から大量の集団訴訟（class action）を招くなどの事実があった。医療過誤事件で高額の損害賠償を命ずる傾向が指摘された。そうした弊害に対する立法的措置としての集団訴訟公正法（Class Action Fairness Act）については前述した [2.3]。

② 　更に、同じ連邦裁判所でも、たとえば上記のリコー事件が持ち込まれたア

---

41) 後出のMoskowitz事件での控訴裁判所（2nd Cir.）[3.16][7.17]は、この点を飛ばして不便宜法廷問題にいきなり入ったS.D.N.Y.の態度につき述べている。
　「……当事者が事物管轄権につき争わなくても、裁判所はこれを事件で審理すべきであるが、……（最高裁は）この憲法上の管轄権の法理（Ⅲ、2）を、少し薄めている……Steel Co. v. Citizens for a Better Envir't. 523U.S.83（1998）では、憲法上の問題でなければ（制定法上の問題ならば）、裁判所は、仮定的管轄権の法理（hypothetical jurisdiction）により、一応管轄権があるものとして、（より尖鋭な）他の争点に進むことができる……と述べているが……本件でも管轄権（jurisdiction）問題を脇に置いたまま不便宜法廷問題を処理しても、咎められない……」

ラバマ州内のそれに比べ、ニューヨーク州南部地区の連邦裁判所（S.D.N.Y.）などは、大型の国際商事事件の扱いに習熟しているし、実際にも、それら事件が比較的集中する傾向がある。ロンドンの High Court とは歴史的背景も制度も異なるが、大型の国際事件に関する経歴、能力の人が多く集まる点で共通点がある[42]。

加えて、連邦裁判所の則る手続であるFRCPの方が、各州民訴法などよりも、すんなりと垢抜けしていて、使い易くできている。Born教授が挙げる事件では、コスタリカ人のグループからテキサス州裁判所に訴えられたダウ・ケミカルが不便宜法廷の抗弁を出したが、州最高裁は、テキサス州民訴法により「その法理は廃止された」と判断した[43]。

以上から、一般に日本企業が訴え、訴えられるにつき連邦の、それもなるべくニューヨーク市内の裁判所を選択することは正しい。

3. 複雑な国内法制と判決の移動、合意管轄問題

[2.8] (1) 州際的および国際的判決の承認・執行 (full faith and credit の意味)

① 日本企業甲社がアメリカ、イリノイ州に本拠があるデラウェア州法人乙をニューヨーク連邦裁判所で訴えて勝訴したとしよう。甲社は、この勝訴判決をイリノイ州で乙社に対し執行したい。これが、次の問題である。

連邦と多州からなる二元国家、アメリカでは、（イ）裁判管轄権、（ロ）適用法、（ハ）他州判決の承認・執行という抵触法 (conflicts) のカバーする3つが、建国の初めから解決すべき法制度上の課題であった。連邦憲法は（ハ）に

---

[42] 数年前、筆者が法廷傍聴したときは、シカゴ大の J. J. White教授の expert testimony が行われていた。

[43] G. Born, *International Civil Litigation in United States Courts*, 3rd ed., Klumer, 1996, p. 305 で引用する Dow Chemical Co. v. Castro Alfaro, 786 S.W. 2d 674, 1990. 生命身体に係る損害賠償請求については、テキサス州裁判所に絶対的な管轄権を与えたものであるとの判示による（「……外国人による訴訟で、その外国人がテキサス州市民と平等な条約上の権利を有する場合……」が、その管轄権発生の一原因と定めていた）。

関し、各州判決などの公的処分行為（public acts, records and judicial proceedings）に「他の各州が信認"full faith and credit"を与えよ」と命じる（Ⅳ）。これは、各州が互いに等しく主権国家（coequal sovereigns）であるとの建国以来の大原則の上に立って、公的処分が判決である場合に相互の承認・執行を命じる[44]、「**全幅の承認**」のルールを示している。これは次章でみる各州の管轄権の承認でもある。

連邦最高裁は、憲法（Ⅳ）の解釈としてA州内判決がB州内でも簡単に執行でき、その既判力がB州内の同一事件にも及ぶことを定めた（FRCP77）。異なる州内の連邦裁判所間での判決の**全幅の承認**（full faith and credit）である。連邦議会はこれをなぞった[45]。更に、その後、他州判決に50州のほかプエルト・リコ（Puerto Rico）やグァム（Guam）などのテリトリー（Territories and Possessions）の各連邦裁判所のそれを含めた（28U.S.C.1738）。連邦の民訴法28U.S.C.は極く簡単な条文からなり、細部をFRCPに譲る形となっている（28U. S. C. 2071が最高裁にルール作成権を与えている）。更にその先の疑問点や空白部分は、19世紀の比較的早い時期から、法学の対象として実務家、学者を含め、広く検討され、太字法や統一法として存在する。

② 太字法は判決の承認・執行のルールにつき州際と国際とに分け定める。先ず州際については、「……承認されねばならぬ」（……must be recognized……）と強い言葉を用いる（再抵93）。full faith and creditは、憲法上の言葉、憲法秩序の問題だからである[46]（同コメントa）。承認のみを問題にし、執行は別節（99以下）で定めている。前者は後者の先行要件であるが、すべての判決が執行力を備えているとは限らない（確認判決、勝訴被告のための判決など〔再抵93

---

44) 太字法は連邦か州かを区別することなく、他州内での判決について承認しなければならないと定める（再抵93）。
45) 1948年までは各州の裁判所間と同じであったが、同年の立法（28U.S.C.1963）により、簡易な手続（registerするだけ）で、州内判決と同一の効力を与えた。1937年のFRCP recommendationに拠るとしている。
46) 太字法は元の請求が自州の公序違反となったであろう場合についても承認を可能とする、より強い言葉も用意する（再抵117）。なお、[5.4] [5.6] 参照。

序注〕)。承認(recognition)とは、人(person)、主題(subject matter)、争点(issue)につき元の州の判断を最終的にする力であるという(コメントb)。他の条文では既判力(res judicata)を用いる(96で人につき、97で事柄につき)。

　第2の国際問題、外国判決(foreign nations judgment)の承認については、「公正に争われた(……a fair trial in a contested proceeding……)判決ならば、直接の当事者および基礎となる請求原因(cause of action)に関し承認されよう」と定める(98)。この本文中に管轄権の語はないが、コメントcで、管轄権は承認の要件(condition)であるとしている。相互主義(reciprocity)については、Hilton事件に言及しつつ、その後いかなる裁判所(no federal or State court)も、このような言辞を用いていないとする(コメントe)。

　ニューヨーク州裁判所をはじめ多くの州裁判所ではHilton事件のルールをはっきり否定し、反対に外国判決につき相互主義を問題にすることなく承認すると言明している(連邦裁判所は、外国判決の承認問題ではその州のルールに従うことが、Erie事件後確立されている)。具体的には、その州がニューヨーク州などのように統一外国(他州)判決法(Uniform Foreign Money-Judgment Recognition Act；UFMJRA 1949)の採用州か否かで多少異なる[5.5]。UFMJRAは、他国(foreign nation)の判決についてのみ適用される(同法1(1))。

③　上記②でも触れたとおり、判決の承認の問題では、人、主題、争点につきその範囲が問題になる。この既判力の問題は、正しくは、別の太字法(Restatement of Judgments, 1942)の問題であるが、再述抵触法でも管轄権に絡み要約的に記している。

(イ)　甲社と乙社との物品売買契約上の争訟で、乙社の権利を譲り受けた丙社が、甲社に対し履行請求をし、A州での勝訴判決をB州内で甲社に対し承認されるか、人的管轄権があったか、はA州法による(94コメントcの例示)。

(ロ)　これには例外もある。「たとえA州に管轄権がなくても、既判力は生じうる」としてA州内で出された離婚裁判の例を挙げる(93コメントa)。

(ハ)　請求原因(cause of action)や抗弁などの関係でも元のA州法が支配す

る。たとえば、乙社の請求が時効により、または管轄権不在により排斥されたときは、履行請求そのものについて、Ａ州でもＢ州でも既判力は生じない (95 コメント c)。
(ニ) 金銭支払請求訴訟にあっては、その法律構成が２つ以上あっても、すべて混同 (merge) して消滅する (extinguished)。これに対し、金銭以外の履行請求訴訟にあっては、その事件 (issue) の基礎となるが、しかし異なる請求原因は消滅しない (同上)。
(ホ) 異なる請求原因による後の訴訟で争点が排除されて消滅するか否かは、Restatement of Judgments (1942) で、判決の collateral estoppel と呼んでいる問題である。

[2.9] **(2) 承認・執行のための手続**

① Ａ州裁判所とＢ州裁判所間の判決ではどうか。

互角の主権国家 (sovereign state) であるＡ州の判決につき他州は、その実体 (merits) につき審理できない。そのまま判決の既判力・執行力を承認しなければならない。別言すれば、Ｂ州が審理できるのは、Ａ州がその判決を下すについて正しく管轄権を行使したかだけである。これだけは明確である。

そこから先、同じく**全幅承認** (full faith and credit) 条項が働くといっても、具体的な執行手続は、連邦裁判所間の手続ほど簡単ではない [5.3] [47]。しかし、現在は金銭判決であれば、簡単な執行判決手続でＢ州内の被告の財産に実務で用いる例が殆どある。国際に関する UFMJRA にまぎらわしいが、州際の方は UEFJA がその簡易手続のための統一州法である。やはり NCCUSL が提案した [48]。

---

47) 基本は他州の sheriff が無権限のため、Ｂ州で審理のやり直しが必要であったが、下記の統一法や太字法を受けて変わってきた (M. D. Green, *Basic Civil Procedure*, 2d ed., Foundation Press, 1979, p. 224)。
48) Uniform Enforcement of Foreign Judgments Act, 1964. こちらの方は Judgments と複数であり、かつ執行が主題となっている。UFMJRA に沿って、たとえばニューヨーク州で日本の判決の承認を得た原案が、イリノイ州内の被告に実務で用いる上で

② では、その簡単な執行判決手続で何が問題になるか。先ず、A州裁判所が人的 (in person) と事物 (subject matter) 的な管轄権を有したかの審理である[49]。次は、被告の出頭に係る審理である。つまり、被告に防御の機会があったかである。欠席判決 (default judgment) であったとなると、B州は、A州裁判所での手続がそもそも適正であったかの規準に照らし審理する。

A州でロングアーム (long-arm) 法を適用して被告とされた（人的管轄権が主張された）日本企業甲があったとしよう。裁判に甲が欠席したとしよう。A州が原理型の長腕法制であるのに対しB州が列挙型のそれであるとする [3.14]。このような、管轄権法で違いがあったとしても、最終的には連邦憲法上の適正手続 (due process) の規準に照らして結論が出る。

被告のための適正手続の審理は、「弁明の機会」(opportunity to be heard) の点までである。（出頭した）被告が実際に防御したか否かや、何か喋ったかどうかさえ問題にならない。ましてや、A州の管轄権を争ったか否かを、B州裁判所が審理することはない。コモンロー下の州裁判所で管轄権を争うための出頭 (special appearance) の要件は厳しく解される[50]。一般に、欠席することへの恐怖が強調されるが、甲が管轄権を争う目的で、うかつにspecial appearance をして、認められなければ、かえってマイナスに働きうることも考える必要がある（二度と管轄権を争えない）[51]。

[2.10] (3) 合意管轄に対する強い反撥の歴史

① 前出のとおり、管轄合意には専属と非専属の2種類がある [1.7]。そこでは、連邦、州を問わず、当事者による管轄合意に対し裁判所が好意的ではな

は、そのニューヨーク州の判決をUEFJAに沿った手続で取得することになる。
49) この管轄権法を述べたものが、正に前出の再述抵触法である (93〜98)。
50) 実体法上の主張、抗弁などをちょっとでも主張したと認められると、general appearance とされる (James & Hazard, *Civil Procedure*, 2d ed., Little Brown, 1977, p. 648)。また [5.6] ③参照。ただし、連邦民訴法規則では厳しさは緩められている (12 (b)、(h))。
51) 関戸麦「日本企業が米国民事訴訟で経験する手続法上の論点」NBL、811号以下では、日本企業とアメリカの民訴法上の論点を取り上げているうち、813/81は、上記の文脈

かった歴史を述べた。州裁判所は、連邦裁判所とは違い、当該州法と適正手続（連邦憲法上のdue process）規程に反しない限り、非専属的な合意の効力を肯認してきた。個人であれば、国籍（nationality）や市民権（citizenship）は管轄権の行使を不相当（unreasonable）としない原則的管轄権原因となるから（再抵31）、合意の効力は先ず問題とならない。更に、当事者や事案がその州と特に結び付かなくても問題にしない緩やかな制定法が一般的である。これに対し、専属的な合意に対しては、裁判所の反撥は概して強かったし、一部の州では現在もそうである（前註43書p. 373）。

太字法はいう（再抵80）。

「当事者は、州の司法管轄権を排除することはできない（……cannot oust a state of judicial jurisdiction……）……」

この主文は、合意が「不公正ないし不相当（unfair or unreasonable）でなければ有効とされよう……（will be given effect……）」という副文に続いている。このとおり、専属的合意になると、これを排除（oust）と呼んで、否定的トーンに変わる。これには、強行法、規制法を潜り抜けるような管轄合意に対する警戒感がある。そうした合意の効力を否定するものに、Model Choice of Forum Actもある（3(1)）。連邦雇用主（鉄道）責任法に関し原告の法廷選択権を制限する合意を無効とした判例もある[52]。

連邦裁判所になると、専属、非専属を問わず、これを敵視する歴史はより顕著であった。代表的なケースで、裁判所の管轄権を排除しようとの事前合意は公序違反で無効といっている[53]。

これに対し、EU加盟国の間では、管轄合意に対する抵抗感はなく、同じ管轄合意でも、むしろ確実性の高い専属管轄合意を原則とする（BrusselsⅠ、23(1)）。現時のイギリスの裁判所も同じであり、同じアングロ・アメリカ法

で「主張の放棄」に対し注意する。
52) Employer's Liability Act (1908) (Railroads) 45U.S.C.51についての Boyd v. Grand Trunk Western R.R., 338U.S.263, 1949。
53) to oust the jurisdiction……contrary to public policy……not be enforced (Carbon Black Export, Inc. v. The S.S. Monrosa, 359U.S.180, 1959)。

系でこの点でも違ってきていた。

② 当事者自治に対するアメリカの裁判所の古いコモンロー的反撥は、独り管轄合意のみではない。適用法合意（choice of law agreement）から仲裁合意（arbitration agreement）にまで及んだ[54]。たとえば、19世紀全体を通してコモンロー裁判所は仲裁に対し次のようにみていた。

「宣誓を司れる訳でも、証人の出頭を命じられる訳でもなく……正法、衡平法の原理に通じている訳でもない……それ故、そこでの決定を裁判所が強制する訳にはいかない……特に特定履行を命じることは到底認められない……絵を描き、本を書くなどの合意と同じく、当事者の信義則と名誉（good faith and honor）に依拠する……」（前註43書p. 994）。

今日のアメリカでの仲裁手続の盛行からは考えられないが、19世紀後半の最高裁の判決は、仲裁合意を「裁判管轄権を排除し、公序に反する、違法かつ無効な…」と述べている[55]。このような強い反感を押して手続を進め、漸く仲裁判断が出ても、仲裁判断の執行（確認）手続はなかった。相手方によるその履行違反に対し損害賠償が認められるのが精々であった。しかも、仲裁判断に従わない場合でも、その損害金の証明の困難さからして、事実上、その違反に対する救済も実効性に乏しかった [7.18] [56]。

前出のとおり、管轄合意の効力否定の理由の１つとされていたコモンロー上の公序がどこまでを指すかの答えはないが、管轄合意の効力を否定する次

---

54) 前註43書p. 395以下では、反撥理由として（イ）合意そのものに違法、詐欺などの無効理由がある、（ロ）合意の不相当性（unreasonableness）、（ハ）合意の公序違反の３つを挙げ、この考え方は、管轄合意のみではなく、仲裁合意にも共通してみられるとする。

55) ……ousted courts of jurisdiction contrary to public policy……illegal and void……, Home Ins. Co. v. Morse, 87U.S.445 (1874). なお、Bremen事件の８年前に、最高裁は、ニューヨーク州居住者を訴状受領代理人に指名していたミシガン州民に対するニューヨーク州裁判所の管轄権を肯定している（National Equipment Rental, Ltd. v. Szukhent, 375U.S.311〔1964〕）。

56) Scherk v. Alberto-Culver Co., 417U.S.506 (1974) では、「……何世紀にもわたる司法の敵対心を覆して、仲裁合意に……その他一般の契約と同じ立場を認め……」と述べている。

の Bremen 事件下級審の判示は多少の暗示を与えてくれる。

「……破産、離婚、相続、不動産権、当局の規律などが問題になっている事件を外国法廷に委ねる訳にはいかない……その結果、わが法廷での判断と異なる秩序を招来する……同様に、わが法廷の管轄内でなら公序に反する行為が、外国法廷によって奨励されるようなことがあってはならない……」[57]。

[2.11] (4) Bremen 事件前とその後の変化

① この民商事手続での当事者自治に対する反感の永い歴史が、20世紀半ばになって連邦下級裁判所のいくつかの判例で少しずつ破られた。判例だけではない。NCCUSL も、相応な利便性 (reasonable convenience) を基礎に、当事者の管轄合意の効力を肯定する前出の「管轄合意モデル法」を発表した。興味深いことに、同モデル法は、殆どどの国からも批准されなかったハーグ国際私法会議による管轄合意条約 (the Convention on Choice of Court, 1964) から影響を受けている点である[58]。更に、1971年には ALI が太字法を発表、第1版にはなかった前出の副文が加えられた（再抵80）。

このように1950年代から1970年代にかけて私的管轄合意への態度軟化の動きが相次いだ。この時期は、適用法合意 (choice of law) に関する UCC (1-301) の一般原則が打ち出された時期と一致する。

② 専属管轄合意の点で画期的な大転換を示したのが、有名な Bremen 事件（1972年）である。同判決が、上記再述法（80）の翌年に出たことにも注目してよい[59]。

当事者は、ドイツの Unterweser 社、その運航する曳航 Bremen とテキ

---

57) 前註42書 p. 415、in re Unterweser Reederei GmbH. 428 F. 2d 888, 906 (5th Cir., 1970)。
58) アメリカの法学は、この時代、色々な意味で20世紀前半とは異なる展開をするが、UFIS、ULFIS 制定会議への代表派遣などにみる、ヨーロッパを中心としたそれまでの国際法創出への流れに自らも参加しようとする動きもその1つである（前註8書 p. 214参照。なお、同書 p. 181 では、「アメリカの国連 (UNCITRAL) 条約、モデル法典への参加率、採用、実施率も極めて高い」としている）。
59) the Bremen v. Zapata Off-shore Co., 407U.S.1, 1972.

サスの Zapata 社であり、またその間の契約は、Unterweser 社がルイジアナからイタリアまで Zapata 社の石油掘削機を曳船する内容で、ロンドンとはまるで関係がなかった。メキシコ湾上の嵐のため、掘削機は壊れ、近くのフロリダ、タンパ港に避難した Bremen。Zapata 社がこれを差押えるとともに、Unterweser 社に対する損害賠償請求のため地元の裁判所へ訴訟を起こした。

Unterweser 社は、ロンドンの裁判所に専属管轄があるとの合意を楯に、訴えの却下を申立てた。一審は、先例を引用し（Carbon Black Export, Inc. v. The Monrosa, 254 F. 2d 297）、専属管轄合意の効力を否定し、また Unterweser 社が併せて主張した不便宜法廷の申立も却下した。控訴裁判所もこれを支持した。

最高裁は、下級裁判所の判断を否定し、差戻した。先例の Carbon Black 事件では、その合意管轄裁判所が（当事者にとり）より便宜な法廷でなければ、そのような合意は強制できないとしていた。バーガー（Warren Burger）長官は、これらの考えを国際時代にそぐわない「時代遅れで田舎町的発想」だとし、国際取引で当事者が自由に合意したものは、特別の事情がない限り、司法が支えるべきであるとした。

アメリカでの訴訟と並行して、Unterweser 社はロンドンの裁判所に訴求し、イギリスでの管轄権が認められている[60]。しかも、アメリカの最高裁より早く、「それが当事者の交渉（bargain）なら、他に強力な反対理由がない限り……」と、あっさりしたものであった。

③　Bremen 事件を境に、連邦裁判所による徹底した専属管轄合意の効力否定はなくなった。しかし、これを単に過ぎ去った歴史とだけ考えることは正しくないであろう。当事者の交渉力に雲泥の差があり、その結果として非常に不適切な裁判管轄に服することが合意されているような場合、専属管轄合意

---

60) Unterweser Reederei GmbH v. Zapata Off-Shore Company, (1968) 2 Lloyf's L. Rep. 158 (Ct. App.). これにつきALIの報告書覚書では、アメリカの裁判所は、自国への管轄権に多分これほど意欲的（willing）ではあるまいと述べている。

の効力が問題となることは、前出の再述法やモデル法のいうとおりである。今日でも合意管轄の効力を認めるのに消極的な少数の州があるが、これはコモンローの公序に根差す上記伝統の流れであって、憲法上の適正手続の問題とは直接結び付かない。逆にいえば、ある程度の適切さ (appropriateness) がある裁判管轄の合意は肯定される。適切さの１つとしては、当事者、契約行為、契約内容などが、その地と関連性を有することがある。適用法合意と一致する合意管轄は不相当でないとされ易い（Bremen 判決は、そうした関連性が全くゼロなのに、海事事件でロンドンの裁判所を合意したことの適切さを認めた）。Born 教授は、この適切か否かの規準に由来する不安定さを除き、州内に訴訟を誘致するため、モデル法採用州ニューヨークがとったアプローチに言及している[61]。

4. 日本企業の在米子会社の法的地位

[2.12] (1) アメリカのコモンローと法人の従属法の問題

① 今は大企業に限らず、多くの日本企業が在米子会社に拠って活動している。こうした現地法人甲社がＡ州で設立され、Ｂ州に主事務所を有するとして、その法的地位、（イ）甲が（法人として）存在するか否か、（ロ）存在するとして、その権利義務を担う能力とその方法（機関）、が問題となる。事業法人 (business corporation) 甲社と第三者間の取引への適用法選択 (choice of law) は、ここでの主題ではない。しかし、一言すれば、事業法人であっても、自然人についてと同じく、契約、不法行為などと、単位法律関係毎に連結素が異なり、一律に決められない。しかし、個別の連結素により適用法を決定するにも、自然人とは異なる事業法人としての特性が残ることも事実である[62]。

---

61)「……外国会社に対する百万ドル超の契約上の義務の請求では、その外国会社が本州の裁判所の管轄権に服する旨の条項を含む合意があれば、誰でもその外国会社を本州内で訴えうる……」(New York, Gen. Oblig. Law 5-1402) を引用する（註43書 p. 376）。なお、同州法への適用合意ある場合の同州管轄権につき同 5-1401 参照。

62) 再述抵触法は、法人と第三者との間の権利義務の点で、自然人が行うのと同種の行為

これに対し、(イ) と (ロ) は、単位法律関係毎の適用法という形ではなく、法人の行為 (能力) 一般について包括的に考える。それが「従属法」としての採り上げ方である。

　事業法人一般の上記の包括的な従属法の問題を2つの再述法 (主として再抵法) に拠りつつ眺めてみよう。先ず、外国法人が存在するか否か、その存在の認識、承認 (recognize) と、それにどのような活動を許すか (その結果として、どのような権利・義務を有しうるか) の問題とは区別される[63]。しかし、この認識で自然人と全く同一とはいえないにしても、今日の世界では、条約、国際慣行上、内、外法人の間で権利能力での差別はない。例外は、戦時、準戦時などの場合である。太字法も単なる承認によって、次の能力は一般に付与されるという (再抵297コメントb〜d)。
(イ) 訴訟能力 (多くの州は州内で事業を行うための届出がない限り、**その事業に関する訴訟能力の付与を認めない**)
(ロ) 出資者の有限責任
(ハ) 能力外 (ultra vires) 理論などの内部問題の決定はその設立法に拠ることの承認

　事業を行うに達しない単発的行為 (isolated act) は、その存在と基礎的行為能力の承認 (認識) に含まれる。
② 　この意味の従属法に対する答えとして、多くの法域で、設立準拠法主義と

　　から生ずるものは、非法人に適用になる一般的抵触法ルールにより決するとする一方 (301)、その他の種類については、§6の定めによって決まる最密接関連地法によるとしている (302 (1))。
63) 州内で事業を行うためには、単に外国法人として認識されるだけでは不足で、最低でも届出など何らかの決まりがあるのが一般的 (customary) である (再抵297のコメント)。外国法人 (foreign corporation) が州内での事業開始前に届け出るべきか否かはその州の法律による (311)。しかし、一旦届出た会社は、それにより送達に同意したこと、または代理人を選任したことになり、その州の管轄権に服する (44)。その反面、外国法人の訴権につき厳しい定めをしている (312)。届出をせずに事業を行っていた場合、他州で訴えを起こすことは妨げられないが (312(1))、この州で訴えを起こして、州法を適用法とする契約上の権利を執行することは否定されうる (同 (2))。だが、デラウェア州法はこのコモンローを制定法化していない。

主事務所主義の２つがいわれ（前者が主、後者が副といった感じで並立し）ている。再述抵触法は、前者の原則に立つことを明言している（296、297）。また再述外国関係法は、法人の国籍（nationality of corporation）に関し（国際法の下での色々な目的のためには）「……その組織された法域の国籍を有する」[64]と簡潔に述べている（213、コメントｃやレポーターズノート５）。つまり、アメリカの国際法上も州際法上も設立準拠法主義が支持されている。しかし、その法域と真の結び付き（genuine link）を欠く法人に対しては、自然人の場合と同じで、その法域による外交上の保護を否定する（§211を引用するコメントｃ）[65]。

同リステイトメントは、国際法の下でのもう１つの考え方（主として大陸法系の）として、主事務所（principal place of management, siege social）主義を挙げる（同条コメントｃやレポーターズノート５や６）。両者の違いは、次のように述べられている。

(イ) 設立準拠法主義が国籍という全般的なものを与えるのに対し、主事務所主義（siege social）には、それに代わるある（特定的）連結素を与える。
(ロ) siege socialは、主事務所主義の国が主事務所のある国での法人化をも要求する限度で、実質的には追加的要件といえる。

上記の主事務所主義の他に、(ハ) 株式（持分権）を有する人の国籍によるとする方式、(ニ) 管理経営（management）のある所によるとする方式、などを挙げている（コメントｄ）。

以上の法人の従属法は、法人の法主体性を肯定する全般的連結素である。法人を所有ないし経営する株主や取締役、オフィサーなどの機関とその権限をどう認識するかの、**法人の内部問題**（internal affairs）と本人（法人）と代理

---

[64] ……has the nationality of the state under the laws of which the corporation is organized. ここでは、nationalityとcitizenshipとを区別し、前者が外交上の保護とか管轄権などの国際的意味（international consequences）を有するのに対し、後者は、国内法的な意味の古い観念で、国毎にその意味が違い、今日では参政権その他の権益を与えるのが一般的であるとする（211のレポーターズノート６）。
[65] 自然人につき、国籍付与国の国籍を有するとの原則を定めつつ、そこに真の結び付きがなければ、他国はその国籍を容認する必要がない（……need not accept）（211）。

人間の準拠法が中心である[66]。

[2.13] (2) 市民権、国籍、条約上の地位など

① 自然人の市民権（citizenship）と国籍とは常識的には相互交換的に使われる。市民（citizen）とは、国際法上一般ではアメリカ国籍（nationality）を意味するが、たとえば条約に絡んだ一定の権利・義務など、その限られた側面については、市民権以外の連結素をもって国際法上の国籍を定めるとしている（註64および再外212のコメントa）。

国籍法の法源は、憲法（I、8(3)、修正XIV）、次いで連邦法（8 U.S.C.1101 et seq.）である[67]。国土の併合を重ねてきたアメリカの国籍法が、国籍の取得要件につきわが国の国籍法に比べより複雑なことは想像がつく（わが国の場合、出生と帰化の2つによる）。これらの法規と先例を基に国籍を有するとされるのは次である（再外212）。

(イ) 憲法ないし連邦法の下での市民（citizen）

(ロ) (出生)血統主義取得を採らないところから、属領内（outlying possession）での出生による取得

(ハ) その他の海外での出生者でも一定の要件による帰化

(ニ) 一般の帰化[68]

② 太字法はまた条約など、国際間の合意による外交上の保護を与える上での国籍に言及し（213のレポーターズノート2）、更に特定の文脈での国籍として、友好通商航海条約（FCN）や投資保護条約に言及する（同コメントe）。

FCNの下での原則は、その株主や役員などの機関が、100パーセント外国

---

66) ヴェネズエラ法人に関する株主代表訴訟（derivative suit）の要件につき、ヴェネズエラ法により判断した2nd Cir.の判断に反対する上告を理由なしとしたHausman v. Buckley, 299 F.2d 696 (1962) certiorari denied, 369 U.S.885を挙げている。

67) Immigration and Nationality Act of 1952.

68) 同法の下での帰化の要件中、一定期間の定住、英語能力、アメリカへの忠誠心（allegiance）および善行性格などが注目されよう。これらの要件についての充足は、行政ではなく、司法が裁判所の証明による形で決定する。

に存在していても影響を受けないが[69]、例外がない訳ではない。たとえば、大株主など、実質的な所有者がどこの誰かといった点である。FCN の下で第三国の国民に牛耳られている法人の形式的国籍を否定し、条約の保護対象から除外する例として、米仏間の FCN の下での事件を挙げる（同ノート 4）。日米間の FCN では逆に、そこでいう日本の会社（corporation of Japan）には、日本の会社のニューヨーク州法子会社（subsidiary）は含まれないとされた[70]。

　わが国の企業も、このような条約の解釈・適用問題と、各州毎の登録（主に手続的な点）を除けば、原則としてアメリカでアメリカの人（person）と同じ本質的な法的権益を有する。従って、登録などでアメリカ（の法人）よりも不利な条件を課されることはない。これは、連邦憲法上もそうであるし（XIV）、また日米間の通商航海条約（最恵国待遇）上もそういえる[71]。反対に、アメリカで事業を行う上でアメリカの法人と同じように、アメリカの国内業法（規制法）などに縛られる。たとえば、車の製造業者とディーラー契約を結ぶ販売店は、各州法に加え、連邦のフランチャイズ法上の登録などを必要とする場合がある[72]。

③　法人の外部問題につき太字法は「個別特定取引においての法人と機関との最密接関連地（most significant relationship）」を連結素とする（再抵291）。個別特定取引では内部問題だけでなく、不可避的に対第三者との関係も生じる。

---

69) 再抵 296。
70) Sumitomo Shoji America Inc. v. Avagliano, 457U.S.176 (1982) では、控訴裁判所は、実質的に含まれるとしたが（ただし、市民権法〔Civil Rights Act〕の差別条項の適用上は別と判断した）、最高裁は FCN の適用を否定した。
71) 通商航海上の保護が問題となった第 2 次大戦前の事件として、Asakura v. City of Seattle, 265U.S.332 (1924) がある。シアトル市で質店を営んでいた Asakura 氏が新たに発布された、同市の条例（ordinance）がアメリカ人以外に対する質屋の許可（licence）を与えず、かつ無許可営業に対し刑罰を課すことにしていたのに対し、その条例の効力を争い、当局による営業廃止措置の差止めを請求した事件である。
72) この種の連邦法として、俗称 The Federal Automobile Dealer's Day in Court Act、またニューヨーク州の The Franchise Dealers Act がある。製造業者による過重な販売目標の割当や一方的な解約などの脅しや圧迫からのディーラー保護政策であり、規制法の 1 つである。

法人や機関と第三者との間の権利・義務の問題である。この点、太字法は「法人は代理人によってのみ行為でき……それには代理の原則（agency principles）が当てはまる。法人の行為（act of corporation）とは、代理人の行為であり、法人が代理行為によって拘束されるか否かは、代理人法に関する抵触法（292）の指定する準拠法が決する」（301 コメント a）とした上で、個々の法律関係（particular issue）毎に、両当事者と個別取引とに§6（2）のいう原則と、その7要素を当てはめて決まる最密接関連地（state……has……most significant relationship）であるとする（292（1））[73]。

このように、同じ代理法であるが、法人と機関間の内部関係は、その取引での法人と機関の最密接関連地に（291）、また代理人により行為する本人と第三者間の外部関係は、本人とその第三者及び取引の最密接関連地という、それぞれ別の連結素に結び付く（292）。

上記の法理でも、外国法人の内部問題の最密接関連地は設立地となり、法人の内部規律に従うことになる。これに対し、対第三者関係では抵触法の指定する法律との不一致が生ずるし、法人（所有者）保護の見地と、取引相手方保護の観点とが相対立する。しかし、設立準拠法主義による法人保護の観点に立つとしても、今日では能力外（ultra vires）の法理は殆ど対内部者（insider）での問題となり、外に向かって働くことは認められないから、実際上この不一致調整の要請はそれほど大きくない[74]。

④ （契約）法に絡む紛争以外に、日本企業にとっても関心の深い国際取引上の問題として製造物責任での管轄権などがある[75]。アングロ・アメリカン法で

---

[73] そこでの7要素とは、(a) 州際および国際法制の要請、(b) 法廷地の公序、(c) その争点での他州（国）の公序や権益、(d) 正当な期待の保護、(e) その特定法分野での基本法理、(f) 結果の安定性、予見可能性と統一性、(g) その法律適用の容易さ、である（6（2）(a)〜(g)）。

[74] 法人の能力外を理由とする取引行為の無効を一切否定し、ただ株主から法人に対する、法人から（現任もしくは前任の）役員または取締役に対する主張に限定する例にデラウェア州法人法（124）がある。

[75] 再述抵触法は、州外の行為により外国法人に対し管轄権発生原因が生ずるための一般原則の定め（50）以外、製造物責任事件での管轄権を特に定めず、自然人についての

は不法行為も代理行為の1つである。太字法では州外法人へ管轄権の拡張一般の問題として考えられている [3.4]。州外法人の州内行為に対する管轄権の問題は、第一義的には州務長官への届出ないし許可（他州〔外国〕法人による自州内で事業を営む〔doing business〕ことの届出）がその用に応える。多くの州が自州内に送達代理人を設けるよう義務付けるから（たとえばデラウェア州法8-371）（再抵35コメントb）、この届出が、それだけで一般的人的管轄権（general jurisdiction）の十分な基礎となる（同32コメント）。届出ないし許可をする上で、上記のとおり、法人としての存在の認識、その権利能力の承認が先行する。

[2.14] **(3) どの法域で法人を設立するか（デラウェア州会社法の事例）**

① 日本企業甲社がどこで法人を設立するかの設立準拠法問題は、次章の中心主題、アメリカの人的管轄権と結び付く[76]。ここでは、よく選択されるデラウェア州会社（法人）法につき一言する。デラウェア州法人法は、アメリカ各州会社法の中でも最も古い部類に属するが、他方で、絶えず変更も加え斬新的である。前者の名残の1つとして、法人に対する特許主義的要素もみえる（たとえば、デラウェア州法人〔会社〕法371 (a)）[77]。そこでは一般に、公開会社（public corporations）、非公開会社（private corporations）と呼ばれるもののほか、limited liability company（LLC）、limited liability partnership（LPP）、および limited liability partnership（LLP）がある[78]。

条文がそのための事実上の管轄権条文であるとしている [3.4]。なおニューヨーク州法も同じである [3.13] の④参照。

76) ヨーロッパの主事務所主義は概して事実により動かされることのほかに、法人についてのBrussels Iがあって、わりあい広く、緩やかに管轄権を認められる [4.7]。

77) 同条ノートは、自然人とは異なり、法人は平等などの人権を享有しないから、外国法人の能力的意味を否定して、州内で事業を行うことから排除することも理論上可能であるとする。その上でデラウェア州内での銀行業を営む能力を一般的に否定する（379 (a)）。

78) public corporationは、general corporation法上の一般のcorporation（101 et seq.）、また private corporationは、close corporation（341 et seq.）を指す。

これらの諸形態のうち、general partnership は非法人であり[79]、partner 間の集合 (aggregate) であるのに対し、LLC や LLP は法人である。このほか、business trust も非法人であるが (デラウェア州法12-3801)、その受益者 (beneficial owners) の責任は、法人の株主と同じように有限である (12-3803)。非法人の partnership が partner 間の契約を改訂するなどを経て州務長官宛に届出ることにより、limited liability partnership として法人化できる (デラウェア州 Partnership 法 15-1001)。

② 　日本の企業でアメリカに子会社を作るにつき、実際の業務、管理の中心がニューヨーク州にあるというのに、デラウェア州法で法人化するものだと決めてかかる例がある。しかし、デラウェア州法に拠ることにどれほどの利便性があるかは疑問である。確かにアメリカの大企業では、同州での法人化例が多いが、非公開法人 (会社) でも同州が同じように大きなウェイトを占めているという実績はない[80]。

　デラウェア州は公開会社法を巡る訴訟実務では、確かに優れた先例や法理の集積を誇っている[81]。一審の裁判所は、商事専門の Chancery Court と一般事件の Superior Court に分かれ、M&A を含む会社法関係は前者 (陪審なしが原則) で行われる。全米の中での非公開会社を巡る訴訟での実績は 3％か、それ以下という数字がある (前註論文 p. 1763)。この理由の 1 つとして、同論文は、他州が用意しているような非公開会社 (close corporation) 向けの簡易な紛争処理方式を用意していないことを挙げている。同州で法人化する日

---

79) 非法人である general partnership にあっては、第三者に対向する内部問題というものが認識されないから、その準拠法はない。というより、partnership 契約が partner 間および partner と partnership 間の法律関係の準拠法である (デラウェア州 Partnership 法 15-106 (a))。これに対し、limited partnership にあっては、partner 間および partner と partnership 間の法律関係を律するのはデラウェア州法である。

80) R. B. Thompson ほか、Public & Private Faces of Derivative Lawsuits, 57 Vand. L. Rev. 174.

81) アメリカ商業会議所 (the U.S. Chamber of Commerce) の行った 2006 年 5 月の法人の顧問弁護士に対する年次調査でも、デラウェア州が総合して全米でベストの司法システムと評価された (Metropolitan Corporate Counsel, 2006 年 5 月)。

本企業は、非公開会社向けの簡易な紛争処理方式を用意していない同州の一般的管轄権に服することになることにも留意して決断すべきである。

　同州会社法には、確かに上述のような先進性などがあるにしても (Nevada などの他州も競ってはいる)、上記の手続面での差も考えに入れておくべきであろう。この点、「デラウェア州会社法は、他州との競争によるよりも連邦政府との対抗上から法人化のメッカとなっている。連邦が手をつけない範囲で同州会社法のメリットは残る」との考えがある[82]。彼は、Enron、Worldcomなどの事件 (governance failure) を通して法人の内部統制の分野に連邦法 (SOX Act) の入ってきた事実がこれを示すとし[83]、銀行法の過去の変遷をみれば、憲法の州際商業条項 (interstate commerce clause) により、連邦政府として巨大企業の内部問題に干渉する理由は十分にあり、連邦が「やろう」とさえ思えば、内部問題もひっくるめて州法でなくすことが可能であるという[84]。

---

82) Mark. J. Roe, "Delaware's Competition" (H.L.R.117/21/590).
83) Sarbanes-Oxley Act of 2002.
84) SECの権限が外部問題だけに限られない例証としてFDIC Improve't Act of 1991, 18U.S.C.831a (2000) がそれを示すという。なお、伝統的に州権 (法) の監督下にあった保険業界に対する連邦の監督権の可能性を定める連邦法が上院にかかっていて、強い抵抗が寄せられている (2006年5月21日付WSJ紙)。

第2章　国際民商事紛争の場としてのアメリカ

Title 1	General Provisions	Title 26	Internal Revenue Code
Title 2	The Congress	Title 27	Intoxicating Liquors
Title 3	The President	Title 28	Judiciary and Judicial Procedure
Title 4	Flag and Seal, Seat Of Government, and the States	Title 29	Labor
		Title 30	Mineral Lands and Mining
Title 5	Government Organization and Employees	Title 31	Money and Finance
		Title 32	National Guard
Title 6	Surety Bonds (repealed)	Title 33	Navigation and Navigable Waters
Title 7	Agriculture	Title 34	Navy (repealed)
Title 8	Aliens and Nationality	Title 35	Patents
Title 9	Arbitration	Title 36	Patriotic Societies and Observances
Title 10	Armed Forces	Title 37	Pay and Allowances Of the Uniformed Services
Title 11	Bankruptcy		
Title 12	Banks and Banking	Title 38	Veterans' Benefits
Title 13	Census	Title 39	Postal Service
Title 14	Coast Guard	Title 40	Public Buildings, Property, and Works
Title 15	Commerce and Trade	Title 41	Public Contracts
Title 16	Conservation	Title 42	The Public Health and Welfare
Title 17	Copyrights	Title 43	Public Lands
Title 18	Crimes and Criminal Procedure	Title 44	Public Printing and Documents
Title 19	Customs Duties	Title 45	Railroads
Title 20	Education	Title 46	Shipping
Title 21	Food and Drugs	Title 47	Telegraphs, Telephones, and Radiotelegraphs
Title 22	Foreign Relations and Intercourse		
Title 23	Highways	Title 48	Territories and Insular Possessions
Title 24	Hospitals and Asylums	Title 49	Transportation
Title 25	Indians	Title 50	War and National Defense

A表　連邦制定法のタイトル別体系

第1編　総論的考察

Civil Service Miscellaneous Amendments Act of 1983	Civilian Conservation Corps Act
	Civilian Conservation Corps Reforestation Relief Act
Civil Service Reform Act of 1978	
Civil Service Retirement Acts	Civilian Nautical School Act
Civil Service Retirement Act of 1930	Civilian Pilot Training Act
Civil Service Retirement Act of 1930, as renumbered July 31, 1956	Clark Amendment (Angolan Assistance Limitation)
Civil Service Retirement Act Amendments of 1956	Clarke-McNary Act (Reforestation)
	Clarks Fork Wild and Scenic River Designation Act of 1990
Civil Service Retirement Act Amendments of 1966	
	Clason Naturalization Act
Civil Service Retirement Amendments of 1969	Classification Act of 1923
	Classification Act of 1949
Civil Service Retirement Spouse Equity Act of 1984	Classification Act Amendments of 1962
	Classified Information Procedures Act
Civil Space Employee Testing Act of 1991	Claude Pepper Young Americans Act of 1990
Civil War Battlefield Commemorative Coin Act of 1992	Clayton Act (Antitrust)
	Clean Air Act
Civil War Claims Act	Clean Air Act Amendments of 1966
Civil War Sites Study Act of 1990	Clean Air Amendments of 1970
Civil Works Administration Act	Clean Air Act Amendments of 1977
Civil Works-Emergency Relief Act	Clean Air Act Amendments of 1990
	Clean Vessel Act of 1992

B表　Popular Nameによる表示

第 2 編

国際裁判管轄権

第3章

アメリカの国際裁判管轄権

1. アメリカの管轄権を争うには

[3.1] (1) 人的裁判管轄権の発生原因全般—再述外国関係法の下で—

① アメリカ（A州）の人的管轄権（personal jurisdiction）が認められるとはどういう意味か、前章でも述べたが、それは被告の日本企業甲社が人的にA州の司法判断に服することを意味する。従って、甲社は金銭の支払を命ぜられ、支払わなければ（A州で）強制執行を受ける。その前に証拠開示命令が出されれば、それに従う義務を負うし、従わなければ（場合により）法廷侮辱罪で罰せられることを意味する。

以上が人的管轄権の端的な意味である。わが国では、これを一般に**裁判権**と呼んでいる（前章の註28参照）。アメリカでも再述（外国関係）法は、司法管轄権（jurisdiction to adjudicate）と呼んで、立法管轄権（jurisdiction to prescribe）と対比する（421(1)）[1]。同条が画する範囲は広く司法権全体に及び、民事に限られない[2]。しかし、家事は別である（同条コメントb）。

太字法としての抵触法は次にみることとし、先ず、再外法により大局的な

---

1) §421のコメントaは、管轄権を裁判管轄権（jurisdiction to adjudicate）、立法管轄権（jurisdiction to prescribe）および執行管轄権（jurisdiction to enforce）に分け、同条でいう制約が前2者にともに働くとしつつも、前2者の間でも、その行使の相当性の規準が同一ではないという。なお、第1章註40参照。
2) 同じ再述法でも、カバーする領域は、再述抵触法よりも遙かに広く、外国関係全体である。

視点から、司法管轄権一般がどう規律されるかを一瞥する。州の一般的・基礎的な司法管轄権についてのコモンローは、再抵法の**相当性ルール**と変わらない〔3.5〕。

「……人または物についての……行使は相当（reasonable）であること……」（再外421（1））。

一方、各州立法管轄権の範囲については、

(イ) 行為（conduct）が全てないし実質的に自州内で生ずること（402(1)(a)）。

(ロ) 州内にある人の地位や物の権利に関するもの（同(b)）。

(ハ) たとえその行為が自州外で生じたとしても、その行為の実質的な効果が自州で生ずるか、それが意図されているもの（同(c)）。

に及ぶとしている。立法と司法の管轄権の範囲について述べたこの2条は、この先も記憶に値する。

② 再外法は、§421(1)を受け、次の個別的な場合に**相当性**（reasonable）があるという（421(2)(a)～(j)）。

(a) その人または物が通過的（transitorily）でなく、その州内に所在する（be present）こと[3]。

(b) 自然人については、その州に住んでいる（is domiciled）。

(c) 自然人がその州の居住者（resident）である。

(d) 自然人がその州の市民（national of the state）である。

(e) 法人その他の人（corporation or comparable judicial person）にあっては、その州の法律により組成された（is organized）。

(f)、(g) など、同意による管轄権発生原因などの後に、次を定める。

(h) （自然人と法人）州内で規則的に事業を営む（regularly carries on business）。

(i) （自然人と法人）州内で活動をかつて続けていた[4]（had carried on acti-

---

[3] 同条コメントeは、この通過的な所在中に送達したことによる管轄権（tag jurisdiction）の効力を否定するのが国際法の多数であるという。ただし、送達の可能性と人的管轄権の発生原因とは別問題であることにつき註10参照。また、この通過的滞在中の送達の絡みで、管轄権の発生原因を否定したわが国の判例がある〔6.11〕。

vity......)（ただし、その活動に関してのみの管轄権）。

(j)（自然人と法人）州内に重要、直接かつ予見可能な影響力のある活動を州外で続ける[5]（has carried on outside......）（ただし、その活動に関してのみの管轄権）。

③　これは、再外法中の、しかも立法権（jurisdiction to prescribe）と並んで示されている司法権（jurisdiction to adjudicate）についての一般的なルールである。親族法（family law）を除く、民、刑事に共通的に適用されるルールである。民商事については、契約法に限られない。

　同条は国際事件に当てはめた場合の国内ルールとの間の差異について２、３指摘している（再外421〔報告者覚書７〕）。

（イ）421（2）(a) 以下の個別の発生原因は、国内管轄権ルールとしては、それぞれ別個であり、「足していくら」ということではない。国際法では、併せて１本（aggregation）を禁ずるルールはなく、事実、多くの判例がaggregationを支持する。これは、問題となった国際事件がアメリカの国内でも事情の総合性（totality of circumstances）を問題とする同条（j）の不法行為型であることにも拠ると考えられる [3.4] [3.11] [3.12]。

（ロ）州内での通過的（transitory）存在について、その州と他に何ら関係がなく、通過的存在の間に送達されただけで管轄権を認めることは国際法上容れられないが、アメリカ国内で債務を生じさせた非居住者（nonresident......created liability......）は、通過的存在時の送達によっても管轄権に服しよう。

[3.2]**(2) 再述抵触法の下での出発点、現存**（physical presence）

①　以下に示すのは、同じ不文法のコモンロールールではあるが、管轄権問題

---

4)（i）と（j）での現在完了と過去完了の区別は、訴え申立時を規準としての要件である。
5) この（i）、（j）を、（h）までの一般人的管轄権（general jurisdiction）に対し、特殊な（specific）それともいう。

により特化した再述抵触法のルールである。再抵法の定めは、再述外国関係法よりも具体的である。後者が国際法的であるのに対し、前者は州際法に本籍があるといえる。

　乙がアメリカのA州裁判所に日本企業甲社を訴えた。不幸にして甲、乙は事前に裁判管轄に合意することができなかった。甲社はA州裁判所の管轄権を争えるか。甲社は、日本が正当な法廷だと主張するが、それを裁くのは判例法（コモンロー）として展開してきたA州の抵触法（the law of conflict of laws）であり、再述抵触法である（A州内の連邦裁判所であっても、ルールは同じである）。この人的管轄権の有無は、アメリカでの日本企業を巻き込む事件中、入口での最大の争いであるとともに、最も多く争われる点である[6]。

　甲社は訊ねる。「A州の抵触法というのは、アメリカ国内の問題、つまり、A州とB州間の管轄権を定めるだけではないか」と。それは正しくない。なぜなら、前章でも述べたとおり [2.5]、リステイトメントは、2つ以上の州をまたぐ事件に適用されるとともに、「……2つ以上の外国（foreign nations）をまたぐ要素の事件にも原則的に（generally）適用される……」としているからである（再抵10と同コメントc）。B州企業に対しA州の管轄権が肯定されるのと同じルールにより、甲社にもA州の管轄権が肯定される。これが基本である。従って、A州の管轄権の基本ルールを知ることが日本企業にとっても無駄でないばかりか、必要でもある。

　ある人に対しA州の人的管轄権が認められる根拠は、前章で触れたとおり、一言でいうと**相当性**（reasonableness）、甲社とA州との関係の強さであった。それを謳う再述抵触法は、甲社とA州との関係が十分な関係といえるための具体的な規準を§27〜52で示す（同24(2)）。本書では、§27〜52のすべてをカバーすることはできないので、関係の十分性とは何か、2、3の柱となる要素ないし連結環について考察する[7]。

---

6) 関戸麦「日本企業が米国民事訴訟で経験する手続法上の論点part2」NBL、812/81。
7) このルールは、狭義の国際私法のルールよりさらに明確（more definite）にしうる。それが実際に問題となった過去の頻度がずっと多いという（24コメントc）。なお、こ

再述抵触法のルールは、先ず自然人（individual）に対する連結環を列挙し(27)、次いで内国法人（A州法人の意味）(41)、外国法人（A州以外の州および外国の法人）(42) の順に連結環ルールを示す。その間の§28〜40は、自然人についての各連結環毎の個別ルールであり、§43〜52は、外国法人についての対応する個別ルールの定めである。

②　自然人について§27が掲げる連結環は次である。（イ）A州内での現存 (physical presence)、（ロ）A州内のdomicil、（ハ）同住所 (residence)、（ニ）A州の市民権、州民権 (nationality or citizenship)、この後、（ホ）同意 (consent)、（ヘ）出頭 (appearance) と続き、（ト）A州内で**事業を行う** (doing business……)、（チ）A州内での行為 (an act done……)、（リ）州外での行為によるA州内での効果の惹起 (causing an effect……)、（ヌ）A州内での物 (a thing) の所有ないし占有。

以上の各要素（連結環）は同じ力をもってA州に司法権をクリエイトする訳ではない。また、クリエイトされた人的管轄権にしても、（イ）ないし（ハ）のように、全目的的 (for all purposes) な管轄権を与えるものと、限定目的での管轄権を与えるものとに分かれる (27コメントa)。

（イ）ないし（ヌ）の各要素のうち、（イ）〜（ハ）につき一言する。一般の理解とは異なるかも知れないが、管轄権を基礎付ける古くからのコモンロー本来の要素は、つまり、A州が制定法なしに管轄権を行使できるのは、（イ）の被告のA州内現存 (physical presence) のみである (28コメントa)（この現存を基礎とする法理は、しかし、次記のとおり法人へ適用について苦労することになる）。

被告の州内の現存に対して、（ロ）のdomicilも、（ハ）のresidenceも、コモンローの一般的管轄権の基礎としては認められてこなかった[8] (29コメン

　　ここでの「連結環（素）」とは、本文のとおり、人的管轄権を生じさせる関係の十分性をみるための個別の要素の意味に用いている（再外421のコメントcでいう factors for evaluating jurisdiction)。
8) domicilにもっと大きな意味を抱いていた人は、家事事件での管轄権ルールがdomicilと常居所（habitual residence）中心であること [5.7]、更に、その適用法 (choice

トcと30コメントb）。コメントは、これを、**制定法の必要**（necessity for statute）の見出しで記している[9]。

　被告のA州内の現存に関しては、いわゆる通過的現存（transitory presence）が全共通的なルールである**関係の相当性**（24）からしてどうかという問題がある[10]。裁判所は事情により個別にこれを否定することができるが、原則的には肯定する（28コメントa）[11]。管轄権拡張的に働く連結環、前（ト）「**事業を行う**」は、自然人でのルールが外国法人でも繰り返されている。ここでは省略し、外国法人のところでやや詳しく述べる。

③　domicil の法的意味については、次のような太字法がある。「人の住まい（home）であって、それに抵触法が時に重要な意味を与えるもの……」（再抵11（1））。同法は、domicilと並んで、home（12）も定義するとともに、未成年者、妻など、人の属性毎に様々なdomicilを定義する（14〜23）。

　domicil の2つの問題として、（イ）どうやってその場所を特定するか、（ロ）そこに如何なる法的意味を与えるか、を挙げる（11コメントb）。また、domicilの機能として、（ハ）人がA州内にいようといまいと、その人に対しA州の

---

of law）ルールで有する大きさ、実体法上のウェイトを知ることで満足できよう。

9) 1776年の独立より前から、A（植民）州内にいる自然人、甲、乙、A州で設立ないし届出をしている法人丙等に対しA州が人的管轄権（personal jurisdiction）を有することは問題なく認められていた。逆にいえば、B州は、甲、乙、丙に対し管轄権を有しないし、甲や乙や丙に呼出状を送達することができない。いわば、原始的な支配・管轄権である。

10) 再述外国関係法と再述抵触法の2つの太字法は多くの共通する問題で重複するが、条文（421（1））は、多くの部分で再述抵触法の条文（24）から採られたとする（報告者ノート4）。そのコメントcでは、立法管轄権ルール（403（2））とは異なり、各連結素（factor）は累積的ではなく、独立である（1つで管轄権を成立させる）とする。A州内に通過的に現存する人（……transitory presence）に対する呼出状の送達による管轄権の発生が否定されても、その他の理由による管轄権の発生は可能のようである。後者のための現存は居住（residence）要件まで必要ないが、呼出状の送達を有効にするためには通過的現存では不十分であるという。

11) 現存があっても、明文で管轄権の行使が否定される2つの場合として（イ）国際慣習法（§83の外交特権など）によるとき、（ロ）自州が不便宜法廷（inconvenient forum）（84）であるか、非居住者が詐欺、強迫により、また訴訟のため自州内に現存するとき、を挙げる（コメントd）。

人的管轄権が及ぶこと、（ニ）身分関係などではＡ州法がその人への恒常的適用法や管轄権の連結環となること、（ホ）行政との関係でも同じ、の３つを挙げ、次のように説明する（11のコメントｃ）。

「……人は複数の州に拠点を持ったり移動したりするが、ある種の重要な法律関係は１つの法律秩序によって規律されることが便利である。いわば属人法（personal law）として、ずっと固定的について回る法律である。アングロ・アメリカン法系でこれが正にdomicilであり、大陸法系では国籍（nationality）である。」

[3.3]（3）州外法人につき現存（presence）に代わるものの模索

① 自然人とは異なり、外国法人（foreign corporation）に対するdomicilや現存（presence）を連結素とする人的裁判管轄権の一般的ルールは存在しない[12]。これは、法人につきdomicilや現存（presence）が考えられていないことからくる[13]。この２点を除き、外国法人に関する人的管轄権発生の基本ルールも、自然人に関するそれと同じく、Ａ州との**関係の相当性**である（42(1)）。その相当性が十分か否かは、個別の連結環毎に定められる（43～52）。初めの４条は、同意（consent）（43）、代理人の選任（appointment of agent）（44）、被告としての出頭（45）、および原告としての出頭（46）で、これらを通してconsentが管轄権発生の基礎となっている（44について[2.13]参照）。管轄権を争うためにだけ（for the purpose of objecting……）出頭することのspecial appearanceでは、管轄権を生じさせない（81）。この定めの存在理由は、被告が欠席した場合の扱いから明らかになる。その場合、被告は執行判決訴訟で

---

12) 法人にdomicilを用いることは、混乱を生じさせるとする（再抵11コメント１）。domicilが用いられるのは設立州の意味か、commercial domicilなどの、俗語的用法でである。
13) 外国法人甲社の株主やオフィサー、取締役がＡ州内に現存することが、甲社のＡ州による人的管轄権判断にどう影響するか。株主は法人とは全く別人格とされ、たとえ、全株主がＡ州内にいても甲社の人的管轄権を生じさせない。この点は送達とは異なる[6.12]。また、オフィサーや取締役の場合も、原則は同じである（42コメントｄ、ｅ）。事業を行う絡みだけが例外となりうる（49）。

管轄権を争うことが可能であるが、万一、管轄権が認められてしまうと、本案を争うことの機会を失う（同条コメントa）。

② いうまでもなく、外国法人に対する管轄権問題での焦点は、**事業を行う**(doing business) である。現在のコモンローは外国法人の事業に絡んで4条をおいている（47～50）。ほかに、州内での物の所有等（51）と、その他の相当性事由がある（52）。

この**事業を行う**の意味の広さが時代とともに変わってきた。20世紀前半には、狭い意味のそれがコモンローであった。

現在の太字法は、A州内で事業を行う外国法人について次の③のとおり、広狭2つの範囲で人的管轄権を認める（47）[14]。他州（外国）法人に対する管轄権の基本ルールを定める本条は、A州での代理人の任命、届出がない場合に働く（44コメントd）。

20世紀中途過ぎに法人が州境を越えて活動し出すと、多くの州で、古いコモンローによる狭さを不適切とし、不満が表明されるに至った（35と47のノートでは、州内での結果の発生を含んだ州外事業に対する制定法化の動きが始まったとする）。不満とは、この州外事業による自州内での結果発生に対しての管轄権ルールが不十分なことであった。他州（外国）法人の州内現存に代わる管轄権発生の理論が模索された。外国法人の役員、取締役、従業員の現存に始まって、銀行口座の存在など、色々なものを法人現存の擬制として考えたが、最終的に、州内取引（transaction）に由来して法的紛争が生じた、その事実自体に管轄権の根拠をみようとした。その行き着いたところが、**事業を行う**(doing business) そのものを根拠にするというものである[15]。

③ 今1つの解決は、届出、つまり同意を基礎とする管轄権である。一般に、州内で事業を営むには、そのことの届出、認可が先行要件である（44）。デラ

---

[14] 鍵となる「**事業を行う**」の意味について、同条コメントaは、営利目的での同種の行為の反復性（a series of similar acts for the purpose of……realizing pecuniary profit, or……）という。同じコメントが自然人についての§35にもある。

[15] James & Hazard, *Civil Proced*, 2d ed., Little Brown, 1977, p. 631.

ウェア州法人法でも、届出のない法人につき、no foreign corporation shall do any business……と定める (371 (b))。届出の内容としては同州を利用するための80ドルを支払い、州務長官へ一定の事項を届出る (同項)。

　しかし、外国法人による州際商業 (interstate commerce) が、上述の代理人の選任との絡みで難問を呈した。というのは、上記は、「A州内で事業を行うのだから代理人を選任して届出よ、さもなければ州務長官が代理人と見なされる……」という論理であるが、それならば、外国法人が「……州際商業に携わっているだけ……」というと、代理人選任の届出を強制する根拠がゆらぐからである (しかも州際商業は憲法上保護されている)。同州法も憲法に配慮して、同州内での事業活動 (business operation) がすべて州際商業 (wholly interstate in character) という場合、届出の除外規定を設けている (373 (4))。

④　以上の曲折を経て完成された、州内「現存」のない法人に対する管轄権の現在の基本ルールは、次のとおり、州内事業を理由とする自然人に対する管轄権を基礎付ける§35と同じ法理である (47コメントa) (自然人についても、たとえば保険代理人などで州内事業を行う場合、多くの州で届出等を要する)。

(イ) A州内での事業から生じる請求原因については、それ自体で (47 (1))、また

(ロ) その請求原因がA州内での事業から生じたものではないが、A州内でも事業を行っており、その州外事業が継続的かつ実質的であって (so continuous and substantial as……)、A州の管轄権行使に相当性を与える程度に達する場合 (同 (2))。

　これは、長年B州内でヨーグルトを製造・販売している丙社が、A州内ではサプリメントの販売をしていて、そのヨーグルト事業に絡んでA州内で訴えられた場合に当てはまる[16]。上記 (イ)、(ロ) とも、州内事業、註14のような営利目的での一連の行為が、その外国法人の州内で現存 (presence) を擬制する要件となっている (上記のとおり、自然人の現存に代わるものが、この「事

---

16) 同条コメントeは、Perkins v. Benguet Consolidated Mining Co., 342U.S.437 (1952) を引きつつ、丙社の主事務所がA州にあるときなどで、特に認め易いとする。

業を行う」とされた。後出の International Shoe Co. 事件参照 [3.10]）。

　管轄権発生原因としての**事業を行う**（doing business）は、訴え申立時に備わっていることが必要で（ただし、その時点で事業を行っていなくても、以前の事業から生じた請求原因であれば、§48の下で認められる）、過去のコンタクツをいくら主張しても、管轄権を生じさせない[17]。

　上記のとおり、§47（1）、（2）は、事業を行う自然人についての人的管轄権ルールを定めた§35（1）〜（3）とパラレルな定めである。また、§35（2）は、訴え提起以前に事業を行うことを止めていた自然人による行為に係るルールで、これも外国法人についてパラレルな規定がある（48）。

　この古いコモンローにはなかった「州外法人の行為」に拠る管轄権の法理は、最高裁の判例を含め、その後の先例の集積から導かれた。その意味で正に太字法である。このため、**制定法の定め**の必要性が生じ、やがてロングアーム法の採用となる[18]。

2. 州外法人に対する管轄権、先例の集積と展開

[3.4] (1) 州外法人の行為についての先例の集積

① 　上記が州外（外国）法人による州内事業（合法）行為を基礎とする管理権ルールであったのに対し、再抵法は法人の不法行為責任に絡んで管轄権を広く認めるルールを定める。即ち、営利目的も、一連の行為の継続性も必要としないが、（イ）州内での不法行為については無条件で管轄権を肯定し（49(1)）、（ロ）不法行為以外の州内単発行為につき、行為の性質および外国法人のA州との関係が管轄権の行使を不相当としない限り、肯定する（49(2)）。上記（イ）、（ロ）での言葉は……has done, or caused to be done, an act in the

---

17) Piraeus Bank, S. A. v. Bank of New York Co., No. 02–Civ. 1285, S.D.N.Y., 2002. 9. 19.
18) 制定法なしにはコモンローの法理を拡げることには慎重であった裁判所も、一旦制定法が定められれば、その法理を遡及的に当てはめた（McGee v. International Life Insurance Co., 355 U.S. 220, 1957）。

state……である[19]（この法理は、製造物責任訴訟での管轄権の基礎となったもので、§36と共通する）。

　上記で不法行為とそれ以外の行為とを区別する理由は、主として立証などの手続法上の便宜からである。州外（法）人による州内行為でA州民に損害が生じた以上、被害者に「州外で主張、立証せよ……」というのは衡平に反する。行為が不法行為であることが初めから容易に主張、立証できるのであれば、A州民の保護のためA州の管轄権を躊躇いなく肯定することが必要といえる（この場合の管轄権の肯定のためには、不法行為事実につき一応の証明〔jurisdictional discovery〕があればよいことにつき、次の（2）②参照）。

　コモンローでは、単なる州内（結果発生）行為のみをとらえて、その人に管轄権を行使する法理はなかった（36コメントe）。そのため、途中駅となる法理が必要であった。1920、30年代にモータリストによる事故が各州で累増するにつれ、各州は自動車事故責任制定法を採用し出した。連邦最高裁もこの制定法を合憲と判断した[20]。

② 　上記の外国法人の不法行為ないし不法行為まがいの場合、A州との関係は単発的州内行為で足り、州内事業である必要はない。かつ不法行為であれば、A州との**関係の相当性**も要求されていない。反対に、不法行為でなければ、その単発的州内行為の結果についてA州に管轄権を認めるには、その**関係が不相当でない限り**（unless……unreasonable……）という絞りがかかっている[21]（49（2））。

　§49（1）にみる不法行為に対する厳しいルールが、古いコモンローにはなかった20世紀中盤以降の管轄権に関する判例法の展開を示すものといえ

---

19) 日本法や大陸法と異なり、法律行為のコンセプトを持たないコモンローの下では、不法行為も代理法によりカバーされる。このため、同条も外国法人が行わせた行為（an act……or has caused to be done……）との表現を加えている（49（1））。
20) Hess v. Pawlowski, 274U.S.352（1927）.
21) ALIは本条と次の§50により管轄権を認めることにつき注意書き（caveat）を付し、表現の自由（連邦憲法修正Ⅰ）の抑制になる可能性があるときは、より実質的な要件を必要とするとの態度を表明している。

る。実体法としての**製造物責任** (product liability) 法理が、それまでの古いコモンローで認められていた食品についての厳格責任から、化粧品から始まって一般商品へと拡がっていったのと丁度その機を一つにする[22](なお、製造物責任訴訟での管轄権問題につき次の (2) 参照)。

③　以上が外国法人甲社による州内行為（単発的も含む）を主な問題としていたのに対し、州外行為を原因としながら、A州内で結果を生じさせる甲社の行為を原因とする管轄権の定めがある (50)。不法行為や製造物責任に限らず、理由は、州外行為一般の州内結果である。ただし、管轄権を生じさせることに不相当性がある場合を除く。甲社やB州法人のA州内事業でもA州内行為でもない。どこで行われた行為（……done elsewhere……）であろうと、管轄権を肯定する。A州内に結果が生じる (effects in the state) ことからくる請求についてである。

　　ここでも、「……管轄権の行使が不相当でない限り」(……unless……unreasonable) の絞りはかかっている。これは、自然人についての§37と同じ法理であるとする（コメントa）。この非居住者 (non-domiciliary) による州外活動 (act without the state) での管轄権の定めが、正にロングアーム法の問題の核心である。州外事業（ないし行為）による管轄権行使に関するこの太字法の法理は、たとえば註71のニューヨーク州法など、後出の列挙型ロングアーム法を採用する各州の制定法に極めて近いが、そこでの絞りは相当程度具体的である。

[3.5] **(2) 制定法の必要性とその基準**（ミニマム・コンタクツ）

①　**事業を行う**を出発点として、それに法人の州外事業や不法行為までを含めた州内外の行為を理由とするロングアーム法の基礎的法理は前項で管見したとおりである。それが成文化される過程での補足説明を付加する。

　　州内結果を生じさせる外国法人の州外行為についてのコモンロー（再抵

---

22) 再述不法行為法（第2）402Aコメントb。

(50))に対応する自然人についての§37は、そこで**製造物責任**が最も多く問題となること、つまり同条が製造物責任訴訟での事実上の管轄権ルールであることを認め（コメントa）、次の3つを区別している。

(イ) A州での結果発生を意図して州外行為がなされた
(ロ) 意図はなかったにしても、予見可能であった
(ハ) 意図も予見可能性もなかった

　(イ)の場合は、主観的な価値判断においてA州内の不法行為についての管轄権ルールである§36と変わらないとする。例として、隣のB州から州境を越えてA州に弾丸を打ち込むのと、保険会社がB州からA州に代理人を送り込んだり、契約通知を送付したりするのとの間に価値的な差はないとする（前註18 McGee事件はその保険会社のものである）。これに対し、上記（ロ）の場合には、原告、被告のA州との関係をはじめ、その他諸々の要因を総合判断してA州との関係の相当性が十分か否か決めるべきとしている。また上記(ハ)については、原則としてA州の管轄権を否定する方向である。

② 　不法行為を理由として上記の管轄権を肯定する上で、2、3の問題が提起された。

　(イ) 不法行為を理由とする管轄権を肯定するためには、ある程度その不法行為事実を立証しなければならない。しかし、連邦裁判所が立証（discovery）を命ずるには、その当事者に対し管轄権を有しなければならず、一方で人的管轄権があるか否かを知るためにはdiscoveryが必要であるという、いたちごっこが生ずる。この種の立証をアメリカの連邦訴訟実務でjurisdictional discoveryと呼ぶ。FRCPにも定めがなく、いわゆる手続上の連邦コモンローである。

　　先ず、外国（法）人に対する人的管轄権の有無を判断するためjurisdictional discoveryを命ずることが、事実審（trial court）の裁判官の裁量としてできるとする例がある[23]。また、被告が人的管轄権を争うと

---

23) Insurance Corp. of Ireland, Ltd. v. Compagnie des Bauxites de Guinee, 456U.S.

きに、原告は、「人的管轄権の行使に必要な事実の立証に最終的に成功することを相当な確率（a reasonable probability）で証明することを要する……」とするものや、原告による要証事実（ミニマム・コンタクツ；minimum contacts）の立証負担につき、証明の相対優位（preponderance of evidence）でよいとした例もある[24]。わが国でもこの点での連邦判例に近い事例がある[25]。

(ロ) 外国法人（他州法人）甲社が2つ以上の州に跨り手広く事業を行うとき、この事業は連邦憲法でいう州際商業（interstate commerce）となり、連邦マターとされる（Ⅰ、8 (2)）。そこで、A州の管轄権行使がこの州際商業条項に反しないかが問われた。この点につき、A州内の行為から生じる請求原因につき管轄権を行使することは反しないが、A州外の行為から生じる請求原因につき、それが甲社による州際商業行為に不当な負担（undue burden）になるときは、同条項に反し、問題とされる[26]。

③ その他の外国法人に対するA州の管轄権の発生理由としては、

(イ) 有体物の州内での所有、使用ないし占有（51）

および

(ロ) §43〜51でカバーされない状況であっても、管轄権の行使に相当性が肯定的に認められる場合（52）

の2つがある。

上記（イ）、有体物に係るルールは、不動産（immovable thing）と動産（chattel）とで区別され、後者についてのみ、その行使が不相当でないこととの定めで絞っている（51 (2)）。

---

694 (1982).
24) In re Sealed Case, 832F. 2d 1268（D. C. Cir., 1987）.
25) 円谷プロのウルトラマンシリーズに関する最二小平成13年6月8日判決、判時1756/55、平成12年（オ）929号参照。
26) ロングアーム法以前の古い判例であるが、Davis v. Farmers' Co-op. Equity Co., 262 U.S.312 (1923) では、A州との事業上の結び付きが弱い場合に、A州に証言のため出掛けねばならないのは不当な負担となりうるので、管轄権を行使することを否定した。

以上を要約すると、被告の外国法人甲社に対しA州が公権力を適法に行使できる（人的管轄権の）規準・連結素は多元的だが、煎じつめると、甲社のA州との**関係の相当性**である。これを、「法の開化された制度の下では、何らかの意味でA州との間に**ミニマム・コンタクツ**（minimum contacts）がなければならない」とも述べる（再抵法第3章序注(a)）。太字法のこうした展開こそ、古いコモンローからの乖離であり、制定法、つまりロングアーム法を必要とした。

④　相当性の規準やミニマム・コンタクツの具体的な展開は、個々の法律関係により異なりえた。それを**事業を行う**を中心にみてきた。この展開は、**製造物責任法理**と同じ20世紀の50年代に起き、各州に拡がった。A州内での甲社の行為は、それが不法行為の場合は、**関係の相当性**の規準を待つまでもなく（49(1)）、その他であれば、不相当でない限り（49(2)）、またA州内で結果を生じさせる一定の州外行為についても、同じく管轄権を肯定する一定のルールが示された（50）。A州のロングアーム法は、後記のように、時にB州の企業や外国法人甲社により違憲（連邦なら修正V、州なら修正XIV）として攻撃される。いずれの場合も最後に決定できるのは連邦最高裁である（[3.13] 註58事件参照）。

[3.6] **(3) 関係の相当性以外の公正要件**

①　2つの太字法、中でも再述抵触法により、非居住者（non-domiciliary；non-resident）甲（社）に対しいかなる要件でA州の人的管轄権（裁判権）が生じるかをみてきた。第2章に記述したとおり、A州が外国法人などに司法権を行使するのに管轄権だけでは十分ではない。いかに行使すべきかの問題がある。管轄権が肯定されるとして、そこに必要なのが、**通知と聴聞の機会**（notice and opportunity to be heard）である。再述抵触法も管轄権の相当性の原則（24）の次に、この言葉を見出しとする条文をおく（25）。A州は人的管轄権に加え、甲社に対し相当な方法（reasonable method……）で通知と聴聞のための相当な機会を与えねばならない。そのいずれが欠けても、A州での判決は無効

(invalid)であり、B州などによる全幅の承認（full faith and credit）は得られない。この通知と聴聞の機会の要件においてこそ、憲法上の適正手続（due process）への適合が鍵となる。この点でも最後の発言権は連邦の最高裁にある（25コメントｂ）。

このように、アメリカでの人的管轄権問題は、特に適性手続との絡みで、自州（A州）での問題であるとともに、それと同じくらいのウェイトで、同僚州（や連邦）の問題として意識されている。

② 太字法は、この通知の点でも**相当な**（reasonable）を用いる。具体的な場面で通知手段にどの程度の丁寧さを尽くすべきか。実際には、A州の甲社への通知は連邦の規準以上に丁寧かも知れないし、B州より、もっと詳しいかも知れない（事実、各州の方法の方がより詳しいことが多い）。A州の規準を充足していなくても、その瑕疵が上訴によってのみ是正される程度なら、それがA州で攻撃されない間は、B州その他の州による上記の信認に影響するものではない（再抵第3章序注（ｂ））。

A州の正式な法定送達が可能ならば、それがベストなことは言を俟たない（送達につき第6章参照）。公示催告にあたる方法が許されるか否か、原告、被告の双方の利益を勘案し判断されることになる[27]。ある法域内に自らのために訴状や送達状、呼出状などの受領代理人を設けるように合意することでも、裁判管轄合意と同様の効果が得られた。呼出状などの受領代理人の任命は、A州設立法人も、またA州内で事業を行うために届出る外国法人も、州際商業以外は何らの事業もしない場合を除き、すべて届出ざるをえない（デラウェア州法人の例につき [3.3]）。従って、考え方としては、代理人を任命した外国法人につき、その任命した範囲内での管轄権といっても（44）、実際上はA州法

---

27) Mullane v. Central Hanover Tr. Co., 339U.S.306 (April 24th 1950) では、信託勘定の閉鎖通知を多数取引先宛にどう行うべきかが争われた。この時点で先例はなかったが、裁判所は、連邦憲法（XIV）を引きつつ、「聴聞の機会を与えられずに……財産権を奪われない……」との規準に照らし、ニューヨーク州銀行法の定めにより新聞公告をした信託銀行に対し、住所不明者に対するものの効力を認めつつ、住所の知れたる取引先宛としては、通知の効力を否定した。

人法の定めと同じだけ広いものになりうる。本条は、いわば同意（consent）による管轄権の一種といえる（コメントa）。

③　いずれにせよ、A州の乙がB州の丙をA州内で訴えるにつき、A州に人的管轄権があることは原告乙が主張・立証する負担を有する。この理は、外国人相手でも変わらない。連邦の裁判所での事件が少なくないから、今日、管轄合意のない日本企業甲社を訴える場合、原告は、アメリカ（A州内）の裁判所が甲社に対し人的管轄権を有することを主張・立証しなければならない[28]。A州内連邦裁判所の裁判権（人的管轄権）の規準はA州の州際私法に拠るからである（[2.5の②参照]）。

前述のとおり、A州の州際私法がA州法を適用法として、A州の裁判管轄権を定めていたとしても、その制定法は、違憲として攻撃されうる。憲法の人権規定がなければ、A州法により呼出状を送達して通知と弁明の機会だけ与えれば、外国法人甲社やB州民は、他に何の関係もないA州裁判所に出頭し、A州法で裁かれなければならない。それだけでは、たまたまA州に出張したとき、訴状を渡され、理由を聞かされ、「通知と弁明の機会を与えられた」としても、裁判の結果が肯定されかねない。

適用法や裁判管轄権が生死を分けることもありうる。わかり易い例は時効である。ある債権につきA州法が時効を認めない中で、A州民とB州民とがA州法を適用法とし、A州の管轄権とする合意をした。B州法では時効は認められている。この例で、A州法はこの事実の下で管轄権を肯定し、A州法を適用してよいかといった場合である。

それが認められて初めて、A州判決のB州による全幅の承認（full faith and credit）条項が働く。このような適用法や管轄権の選択にも憲法上の適正手続条項が働く。当事者の合意による選択のほか、A州の制定（抵触）法による選択につき、当事者の一方が憲法（修正XIV）を根拠に争うことはザラである[29]。

---

28) Aeroglobal v. Cirrus. et al., Sup. Ct., Del., March 23rd 2005, No. 101/266, 2004.
29) Allstate Ins. Co. v. Hague, 449U.S.30 (1981) では、ウィスコンシン州民のH氏はミネソタ州の工場へ通っていた。3台の車に各1万5000ドル宛の付保をしていた。H

3. 外国企業と連邦裁判所の管轄権問題
―古典派（19世紀末までの）と司法積極主義（20世紀後半）―

[3.7] (1) 連邦裁判所の外国企業に対する人的管轄権とは何か

① 屢述するとおり、アメリカでは司法権も第一義的に各州が有する（連邦憲法修正X）。連邦司法権は補充的である。補充的なのは、アメリカ側の話であり、日本企業にとっての話はまた別である。どうせアメリカで訴訟をするならば、前章でみたとおり、連邦の裁判所でやる方がベターである。かといって、本章での各州の話、人的管轄権の知識が無駄というのではない。否、反対に、各州のコモンローである人的管轄権法の知識は必須の前提である。というのは、連邦裁判所独自の人的管轄権法というものは存在しないからである。

連邦の規則FRCP中には管轄権（jurisdiction）という言葉による条文はない。後記のとおり、人的管轄権を前提とした送達の定めがあるだけである。A州内に所在する連邦裁判所は、外国企業甲社に対しA州の裁判所が人的管轄権を行使できる範囲で人的管轄権を有する[30]。となれば、上掲の例ではA州のロングアーム法によることになる。

連邦裁判所の本来的な所管は前出の典型例（条約問題など）の特別な事物管轄権（subject matter jurisdiction）に限られた [2.6]。当事者の属性ではない、請求原因中の事実（subject matter）により決まる。これに対し、多州民事件（diversity case）があった。普通の事件であるが、外国法人が当事者という

氏の死亡で、保険金の合算（stacking）の可否が争われた。ウィスコンシン州法ではstackingが認められておらず、反対にミネソタ州法はstackingを認めていた。事故が起こったのは 通勒途上でもミネソタ州内でもなかった。保険契約がなされたのはウィスコンシン州であった。しかし、Allstate社はミネソタ州にも事務所があり、そこでも営業していた。最高裁は勤務場所の持つ意味はdomicilほどではないにしても、重視すべきとして、ミネソタ州法を適用した判決を支持した（[1.7]の註41も参照）。

30) D. J. Levy ed., *International Litigation*, ABA, 2003は、"to the same extent……"と表現する（p. 114）。また管轄権の規準としてBuruham v. Superior Court of Cal., 495U.S.604を引いて、いわゆる間接的裁判管轄権の規準に言及する（p. 113）。

だけで、連邦裁判所の管轄権が認められた [2.6] [2.7] [31]。

前記のように、大型の国際事件は、事実上、連邦、殊にニューヨーク州南部地区所在の裁判所（S.D.N.Y.）での事件が大半を占める [2.7]。

② 連邦裁判所の人的管轄権はA州のコモンロー、つまり上述の太字法ルールや州制定法に従って行われる。多州民事件でA州内の連邦裁判所の人的管轄権が肯定されるための要件は、A州裁判所の管轄権が肯定されること、プラス連邦憲法の適正手続要件、と同義語であることがわかる[32]。具体的には、
（イ）A州のロングアーム法でA州の人的管轄権が認められる
（ロ）証券法や独禁法などの連邦法による送達の授権がある[33]
のいずれかで（FRCP4 (k)(1)(D)）、それがdue processに反しないことである。外国法人に対する送達の明文を欠く連邦法の下では、裁判権が否定されうる。その旨判示した判決要旨は次のとおり述べる[34]。

「連邦の人的管轄権の要件は適正手続条項（連邦憲法修正Ⅴ）から流れ出る。そこには、被告と法廷（地）との間の十分な関係などが必要である……同意を欠く場合には被告に対する呼出状の送達につき授権がなければならない……」。

自然人について述べたと同じく、法人に対する人的管轄権でも、一般的

---

31) 前註書は、コモンロー（判例法）の再述法（州法）からスタートする本書の方法とは異なり、外国法人向けにアメリカでの訴訟手続の実務を解説するとして、多州民事件を全面に押し出して連邦法レベルから解説する。謙抑に、連邦裁判所での訴訟にのみ絞ったと述べる。その理由として、アメリカでの国際訴訟は、州の訴訟手続までカバーするとなると、「3次元のチェス」をやるように、余りにも複雑化するという（同書序文）。
32) 前註30書も、連邦憲法の条文は修正 XIV を引いている (p. 114)。
33) Securities Act of 1933 (§ 22 (a)) は、すべての連邦裁判所に同法違反事件についてアメリカの連邦裁判所に裁判権（人的管轄権）を与えている。その上、同条はすべての連邦裁判所の管内での送達についても権限を与えている。
34) Commodity Exchange Act (CEA) 違反事件のそこでは、CEAが民事訴訟（私訴）の場合の送達規定を欠いており、州のロングアーム法の要件をも充たしていない本件では、その外国法人に対する裁判権が否定された (Omni Capital International v. Rudolf Wolff & Co., 484U.S.97〔1987〕で引用するMerrill Lynch, ……Inc. v. Curran, 456U.S.353〔1982〕)。

(general) か特殊的 (specific) かの区別がある。A州で届出をしている外国法人に対するA州の人的管轄権は同意 (consent) を基礎として、一般的であり（再抵44コメントb）、届出を怠った外国法人、たとえば甲社がA州内外で行う事業から生じる請求原因に対する管轄権は、特殊的である。

③　このほかに併合による管轄権がある。日本企業が共同訴訟人として訴えられる例が少なくない。連邦規則のFRCPにはわが国でいう任意的と必要的共同訴訟と同様の定めもある（14と19(a)）。しかし、訴えるにも、まずその裁判所に元となる管轄権があり、かつ日本企業甲社に送達要件が充たされる必要がある。共同訴訟 (joinder of persons needed) も、この大原則を変えられる訳ではなく、変えてもいない。この場合の送達要件につき、FRCPは2つのケースを許容する。

(イ) 送達先がその連邦裁判所から100マイル以内（日本企業には余り当てはまらない）

(ロ) 連邦法の下で合一確定の要請がある

　　この (ロ) は日本企業も該当しうる (FRCP4(k)(1)(B)(C)) [35]。

しかし、日本企業甲社としては上記で一件落着ではない。具体的に考えておくべきは、甲社の子会社、ニューヨーク州法人に対してはアメリカ（ニューヨーク）での人的管轄権が生じるとして、それが甲社（親会社や他の関係会社）に対する管轄権を確立する理由となるか、子会社の法人格が否定され、親会社が直接被告とされないかである。後記のデラウェア州での「裁判権上の法人格否認」ともいうべき法理の展開があるが [3.14]、基本的要件が連邦憲法の人権規定が要求する適正手続 (due process)（連邦問題は修正Ⅴ、各州問題は修正ⅩⅣ）である点は不変である。現代における管轄権概念の下の送達の意味は、次の (2) のように、単なる形式的な通知 (notice) 要件から、実質的な弁明の機会 (opportunity to be heard) があったか否かに移ってきている。

---

[35] ルール4(k)(1)(C) でいう連邦法28U.S.C.1335とは、たとえば供託物（金）を巡る供託債務者および債権者間の争いのように、合一確定の必要がある場合で、そこにimpleadされる債権者が、本来は管轄権の及ばない州外民である場合をいう。

[3.8] (2) 連邦の呼出状送達と適正手続など—現代管轄権概念—

① A州内での現存（presence）のほかに、どのような接点がA州の人的管轄権を肯定するか。国籍（nationality）やA州市民権（citizenship）がその原則的肯定理由となることは、コモンローであった（再抵31）。A州民は、住所と市民権の二重の理由によりA州の管轄権に服する。一方、連邦の視点からすると、海外に住所があるアメリカ人はアメリカの管轄権に服する（同条コメントb）。わが国の最高裁は、このような視点で管轄権を主張することに躊躇いがあるかのようである[36]。

連邦の管轄権での注目点は、独禁法や証券法など特定分野の個別の連邦制定法である。これは連邦独自の長腕法と呼びうるものである（FRCP4 (k) (1) (D)）。

送達先として「授権された代理人に宛て……(......to an agent authorized by appointment......)」とあり、また海外への送達の限界に絡んで「……連邦法の下で認められている場合、呼出状の送達により、その被告に対する裁判管轄権が確立する（service of a summons......establish jurisdiction over the person of a defendant)」とする（4 (k) (1)）。

前記のとおり、証券法など、いくつかの連邦法は域外にも裁判管轄権を拡

---

[36] 最三平成9年11月11日、判時1626/74、平成5年（オ）1660号
そこでは、要旨次のように述べて人的管轄権を否定し、結果的にXもYも自国民であるこの事件で救済を拒んだ（原告Xの期待が踏みにじられた）。
「被告がわが国に住所を有しない場合であっても、わが国と法的関連を有する事件についてわが国の国際裁判管轄を肯定すべき場合のあることは、否定し得ないところであるが、どのような場合にわが国の国際裁判管轄を肯定すべきかについては、国際的に承認された一般的な準則が存在せず、国際的慣習法の成熟も十分ではないため、当事者間の公平や裁判の適正・迅速の理念により条理に従って決定するのが相当である……わが国の民訴法の規定する裁判籍のいずれかがわが国内にあるときは、原則として、わが国の裁判所に提起された訴訟事件につき、被告をわが国の裁判権に服させるのが相当であるが、わが国で裁判を行うことが当事者間の公平、裁判の適正・迅速を期するという理念に反する特段の事情があると認められる場合には、わが国の国際裁判管轄を否定すべき……」であるとする（内—外事件での論理一般だけで、国籍ないし市民権に対する顧慮は示されていない）。

げていた。そのために各国から非難も浴びた [6.16]。そこで、障壁となるのは外国の非難だけではない。本条の下の呼出状の送達が、合憲か否かの鍵を握ることがある。アメリカにとって国際法は憲法秩序上、国の最高法規であったが、それに劣らぬ憲法上の価値を有するのが権利章典（bill of rights）（修正Ⅰ以下）である。アメリカが権利章典に触れるような国際条約を締結すれば、アメリカは、「各国は国内法の定めを援用して条約義務の不履行を正当化してはならない」とする国際法と上記憲法との板挟みになる（ウィーン条約法条約27）[37]。同様なことが due process に反するような呼出状の送達についても問題となる。

② 州外民への管轄権の拡張を適正手続条項（due process clause）との間で均衡させつつ発展してきた理論を**現代管轄権概念**（modern concepts of jurisdiction）と呼び、そこでの規準（criteria）は、イギリスやEUでの規準にほぼ同じ（comparable to……）とし、EU理事会規則 No. 44/2001 の前身である1968年ブラッセルズ条約に言及する[38]。そして、その**現代管轄権概念**は、インターナショナル靴会社事件以来の半世紀ほどの間の連邦と各州判例法から展開されたという。太字法（再外421や再抵24）と、その延長線上の各州制定法は、ほぼその到達点に近いものを示していよう。その意味は、**現代管轄権概念**が各州法として働き、連邦裁判所での国際事件での管轄権でも、そのルールが働くということである。

[3.9] **(3) アメリカの立法権・司法権の域外拡張問題と blocking statutes**

① A州と連邦の人的管轄権を論じ、立法管轄権と司法管轄権との関係にも一言してきたが、アメリカの連邦議会が領域外に意図的に立法権を行使しようとしているとの証拠はない。19世紀の判例を通してみる限り、司法も、アメリカの管轄権をその人民と領土に限定する立場を守ってきた。逆の立場から

---

37) アメリカは同条約を批准はしていないが、尊重していることは前出のとおりである [1.4]。
38) 前出の再外（421）報告者覚書（Reporter's Note 1）。

みれば、他国の主権の尊重である[39]。

　もっとも、その後のコモンローの展開を要約する太字法は、ある行為 (conduct) についての各州立法管轄権の範囲を定めるのに、行為がすべてないし実質的に自州内で生ずることに加え（再外402 (1)(a)）、たとえ行為が自州外で生じたとしても、その行為の「実質的な効果が自州で生ずるか、それが意図されている」(402 (1)(c)) を挙げていた [3.1]。

　自立執行型 (self-executing) 条約に、連邦国内法としての効力を肯定するアメリカの法制は、元来、国際法と親和的であったといえる。国際慣習法に対する司法の姿勢が、そのことをよく示している。わが国司法が国際慣習法に対し消極的姿勢であるといわれているのに対し[40]、アメリカでは、Paquette 事件[41]から現在に至っても、実に多くの事件で、国際慣習法を含む国際法違反の主張が出されている。その中には、条約の解釈にあたり慣習法が省みられたり、また条約が自力執行型か否かをみる上で、慣習法が参照されたりしたことも少なくない[42]。

② 　しかし、19世紀末近くの海事法に始まり、20世紀前半に入って、反トラスト法、証券法などが、域外適用 (extra jurisdictional application) を定めた。

---

39) この原則を明言したものに、州際事件ではあるが、有名な Pennoyer v. Neff, 95U.S. 714 (1878) がある。そこでは、「……どの州も州外の人と財産 (persons and property without its territory) に管轄権を有さず、その州からの送達は他州内へは行けない (cannot run into another state) ……」と述べられている。事件ではオレゴン州内に原告が有した不動産権が争われた。オレゴン州執行官が他州内に居住する原告への公示送達方式により原告が一度も手続に参加することなく、被告がその不動産を取得したが、その送達の効力が覆った。
40) 岩沢雄司『条約の国内適用可能性―いわゆる self-executing な条約に関する一考察―』有斐閣、1985、p. 35。
41) Paquette 事件 (the Paquette Habana, The Lola, 175U.S.677 [1900])。
　　メキシコ戦争 (1848) 当時スペイン国旗を掲げたハバナ港在籍のいけす付小型漁船がアメリカ軍により捕獲され戦利品として処分されたことに対し、ハバナのオーナーらが訴えた。下級審では訴えは棄却されたが、裁判所は、漁船は戦利品の対象としないという18世紀以来のフランス、イギリス、ドイツなどの国際慣習法を援用して逆転決定を下している。
42) F. L. Kirgis, 95A. J. I. L. 341, Apr., 2001は国際法違反の救済としてのアメリカの法廷における原状回復の題でいくつかの事例を紹介する。

立法管轄権が先行したといえる。20世紀半ば過ぎに司法の場でその適用が本格化し、イギリスなど諸外国との外交上の摩擦が繰り広げられた[43]。国際民商事手続のすべての局面、段階、管轄権から判決の執行請求から文書の事前開示、deposition までで、大きな問題を起こした。とりわけ、連邦証券法の証拠収集手続中の詐欺禁止規定（規則10-b）違反を理由とする事件などでは、二重訴訟の状態も生じ、相手国での訴訟の差止め請求などは特に喧しい問題となった[44]。この種の行き過ぎた立法例としてわが国でも悪名高い1916年アンチダンピング法の下での3倍損の賠償金問題がある（同法はWTO協定に反しているとしてEUとわが国がWTOに訴え、その違法性が確定している）。対抗措置としてわが国も2004年にEUに倣った賠償金回復のための特別措置法を制定した[45]。

　管轄権の域外拡張は、連邦法違反というだけで、事件の核心とアメリカとの結び付きがかなり薄くても広く行われてきた（たとえば、海外在住のアメリカ人への売却や、外国にいる外国人に対する売却でも、その行為がアメリカで行われ、アメリカの市場に損失を与えたことを要件として）[46]。

　以上の文脈での一方的かつ強引で攻撃的な証拠調べの手法の国外輸出に対

---

[43] M. Reimann, "Parochialism in American Conflicts Law," *Amer. J. of Comparative Law*, 49 p. 369, 2001 は、アメリカの抵触法学が第2次大戦後の20年間ほどで対外的に不勉強になった（paid little attention……in the post W.W. II 2 decades……）という。

[44] 証券法は、「違反と訴訟の管轄」（Jurisdiction of Offenses and Suits）の見出しで「……違反について（of offenses and violations）は、連邦裁判所等に管轄がある……」とだけいっている（22）。しかし、わざわざ「領域内での違反」とはいっていない。立法にあたって、20世紀後半の連邦議会が領域外までの権力行使を自制しようとした跡はみえない。

[45] 同法の下のアメリカで約35億円の損害賠償の請求を受けていた東京機械製作所がこの特別措置により東京地方裁判所に提訴する予定という（2006年6月8日日本経済新聞）。

[46] あるカナダ人の技師はインサイダー取引の疑いでニューヨークの証券取引委員会SECからカナダの自宅に送達を受けた（SEC v. Texas Gulf Sulphur, 258 F. Supp. 262, S.D.N.Y., 1966）。また別のインサイダー取引事件ではスイスの銀行がアメリカの株式を売買した顧客に係る口座情報につきアメリカの裁判所による開示命令を受けた（SEC v. Banca della Svizzera, CCH 98. 346S.D.N.Y., 1981）。

するヨーロッパ諸国（イギリス、ドイツ、フランス）やカナダ、オーストラリアなどの反撃も1980年代にかけてピークに達し、諸国は相次いで対抗立法措置を採った（いわゆる blocking statute）[6.17]。

このような blocking statute は、アメリカによる証拠法の域外適用としての証拠調べからその判決の執行に対する措置までを含む。

[3.10] **(4) 域外立法の適用と国際礼譲**（international comity）

① 註43にみるとおり、立法管轄権の域外行使は20世紀半ば過ぎになって支配的な問題となったが、18世紀末からの長期間では、また別の図式があり、それを立法権の域外行使についての太字法の定めにみることができる。

「……402により、いずれかの管轄権の基礎があるときでも、その行為が不相当（unreasonable）な場合は、その管轄権を行使してはならない……」（再外403(2)）。「仮に不相当でなかったとしても、なお……外国政府による国益の表明を考えに入れ……その間の衝突に係る一切の事情を考慮して、外国政府による国益の方が大きければ、それを尊重しなければならない（should defer…）」（同条(3)）。

司法管轄権の領域外への伸張はどうか。アメリカは、確かに100万人の弁護士が支える司法大国といえる。世界最古の三権分立の現代型憲法の下で19世紀初頭に連邦でも違憲立法審査権が確立していた[47]。この点での太字法は、前記のとおり（A州との）**関係の相当性**という規準でできている [3.1][3.2]。司法権についての太字法には、立法権の域外拡大に対する§403のような制限の法理はないが、裁判所は、実際の域外行使でも上記にみたとおり、ある程度の抑制を働かせてきている。ただし、普遍的な犯罪（universal crime）に対する裁判権の行使につき、立法権の範囲内であれば裁判権を行使してよいとする（再外423）[48]。司法権の性質上、具体的な事件毎の相当性（reasonable-

---

47) Marbury v. Madison, 1 Cranch 137, 2L. Ed. 60, 1803は、正確には行政対司法の対決であった（國生一彦『アメリカの誕生と英雄達の生涯』碧天舎、2004、p. 311参照）。

ness) 判断に大きく委ねているものであろう。

　アメリカのB州法人は、A州の外国法人 (foreign corporation) となり、そこでの事業は事業届けを出して行う。多くは、A州務長官宛に送達受領代理権を授権する届出をする[49]。このような事業届け（同意；consent）を理由とする管轄権には**関係の相当性**テストが問題となる余地はない（その事業活動とA州との係りが改めて問題とはならない）。広く一般的人的管轄権 (general personal jurisdiction) が発生する（ただし、具体的な事情によっては、制限した例もある）[50]。

② 　20世紀初頭にも一時期、アメリカは連邦議会による立法権の域外拡大の試みをした。いわゆるSherman Actである（[5.6] の⑤参照）。つれて、一時的に司法権の域外（主としてアメリカの裏庭〔backyard〕とされる中南米での）適用の問題が生じた。この絡みで、法の域外適用を初めて問題にした最高裁の事件がある[51]。

　この時代、司法権はまだ（独禁）法の域外適用に慎重であった。その後の最高裁は、American Banana 事件が特殊個別事情によるものであるとして、Sherman 法の域外適用を肯定するようになった。しかし、その更に後に域外適用の原則が自制された事件がある[52]。一審では、T社の独禁法違反その

---

48) 同条ノートでは条約の実施のためとして、航空機関連犯罪についての2つの条約に言及する。
49) Home Ins. Co. v. Dick, 281U.S.397 (1930) では、再保険先ホーム保険会社Y_2に対して仮差押えによる物的（rem）管轄権を理由とするテキサス州裁判所の管轄権が認められたが、ホーム保険会社に対する物的管轄権を確立するための送達は、Y_2のテキサス州内の代理人が受領した（その代理人は他州の会社が州内で事業を行うための要件として存置が法定されているもので、事件とともに裁判所が公告して選任したという全く形だけのものであった。なお、[1.13]、註67参照）。
50) D. D. Siegel, *Conflicts*, West, 1982, p. 53 は、届出はしたものの、継続的に事業を行っていなかったケースにつき管轄権を否定した例として1971年のカリフォルニア州の事件を引いている。
51) American Banana Co. v. United Fruit Company, 213U.S.347 (1909) では、コスタリカの官民が連合して行った独禁法違反行為に対し、同国法の下で違法でない以上、アメリカの法律の下での違法性故にアメリカの管轄権を及ぼすことはできないとした。
52) Timberlane Lumber Co. v. Bank of America N. T. & S. A. 2d 549 F. 2d 597 (9th Cir., 1976) で、T社はBOAの融資を受けるホンデュラスの企業H社から木材を輸

他を請求原因とする訴えは却下された。主な理由は2つ、1つは国家行為理論であり、もう1つはアメリカの外国との取引に直接大きな影響を有しないというものであった。一審判決の結論を支持した控訴裁判所は自制についての要旨を説く。

「……域外適用は他の関係国にとっては問題でありえ……反感や抗議を呼んできた……これに対し、わが裁判所はこうした問題を理解し、アメリカの関与度合が十分ではなく、外国との調和のための抑制の要請が強ければ、時にその反感に対応してきており、……」、結論的に「……この抑制を何を目途に行うかの理論はまだ示されていないが……3つの切口があるとの結論に至った。競争制限行為がアメリカの外国取引に悪影響を与える度合、Sherman法違反となる行為類型とその強さ、国際礼譲（international comity）の壁を乗り越えて域外適用を主張しても処理すべき問題か否か……である……」[53]。

③ 18世紀末から19世紀にかけて、アメリカはむしろ孤立主義的な姿勢を基本としていた（註47書 p.257）。その時期、国際礼譲（international comity）に沿った外国判決の承認・執行が否定された[54]。これにはフランス法学の影響を強く受けた面もある。ニューヨークの一審ではパリ裁判所の執行判決が認められていた。外国判決の承認という国際法上の問題に直面した19世紀の最高裁は、先ず「国際法はわが国法の一部である……」として、Paquette

---

　入していたが、H社が倒産した。輸入を継続したいT社は、地元のH社の土地、製材所などを買収取得した。一方、やはりBOAが融資をしていた地元の製材所の他企業グループは、T社をホンデュラスの木材事業から排斥しようと企んだ。BOAは、この陰謀に参加したとされる。とにかく、BOAは、T社が取得していた元H社の資産についている担保権を行使し、T社の事業継続を困難にした。

53) 1890年のSherman上院議員の提案になる同法は、コモンロー契約の底流にある自由市場への強い信仰が立法の基礎となっている（P. Areeda, *Antitrust Analysis*, 3d., Little Brown, 1981, p.6）。こうした法制度のない中南米への法の精神の輸出を意味する域外適用は善と信じられた面があろう。

54) Hilton v. Guyot, 159 U.S.113 (1895) では、フランスの会社Aの清算人Xが、アメリカ人YらがAに対し負っているとする債権取立のためYらをパリ裁判所に訴えた。パリ裁判所での敗訴と同時に、Yらは、そのパリ資産をニューヨークに移し替えた。そこでXは、パリ裁判所の判決のアメリカでの執行を求めてニューヨークの連邦地方裁判所に訴え出た。

Habana事件での判示「……条約が最も確かな指針であるが……ここでの例のとおり、文書としてのそれが存在しなくても、司法部は当事者の権利を確定する上で必要ならば、何が法であるかを見定め、宣言する義務がある……」を引用した。しかし、その後、要旨次のように判示して、一審の執行判決を覆した（[5.2] ②参照）。

「いかなる国法も自らの力が由来する主権を超える何らの力も有しない……一国の法が、それが立法であれ、判決であれ、他国の領土でどこまで効力を認められるかは、わが法学者らが好んで呼ぶところの『国際礼譲』(comity of nations) の問題である……国際礼譲は、至上命令ではないと同時に、単なる礼譲と善意の問題でもない……他国の（主権の行使）に対し、一方で、相互主義の実績や法制度などの両国間の国際的な観点から、他方で、自国民の権利の観点から考える（定める）ものである……調査によれば、フランスなどでは (in France and in a few smaller States) 外国判決につき実体の審理が当然に行われ、外国判決は精々のところ、その請求原因の第1次的証明 (prima facie evidence) としてしか許されない……ヨーロッパ大陸のその他の大多数や南アメリカの諸国では（相互主義の）原則の下でのみ、外国判決の承認・執行が認められている……アメリカの憲法の採択時にも外国判決は第1次的証明の問題と考えられており、現在フランスとの間の外国判決についての条約も連邦法も欠ける……」（相互主義につき [5.5] ④参照）。

4. 各州ロングアーム（長腕）法 long-arm statute
―制定法の分析―

[3.11] **(1) ロングアーム法の出発点**

① 各州がコモンロー（太字法）から出発してロングアーム法を持つに至った背景、太字法の展開は上に述べた [3.3] [3.4]。それが連邦レベルでも、司法管轄権の域外行使の基礎とされていることも述べたとおりである。一口にロングアーム法といっても、州によって異なるが、制定法としては、原理型と列

挙型に大きく2分類できる。その中で、特に列挙型（たとえば、デラウェア州やニューヨーク州）は、それほど一方的で相当性の範囲を超えるものとも思われない（註71参照）。

　問題は連邦法のレベルにある。証券法など、特定の連邦法が定めるロングアーム法と、その下での証拠（開示）規定である[55]。そこでも1980年頃からは、イギリスなど諸外国からの反発を受け、連邦裁判所が一般に、わりあい分別ある（rules of reason）処理法を採ってきた。たとえば、召喚状（subpoena）の発行に係る連邦規則（FRCP37（e））は、1980年に廃止されている。その間、イギリス、オーストラリア、カナダなどの諸外国が、そのようなアメリカの司法行為を無効化する制定法（blocking statute）を立法するようになったことが大きい（しかも、アメリカ自身も、ボイコットによる反撃をかわすため、似たような立法をしている）[56]。

　太字法もこの間の判例の変化を受け、命令調ではない妥協的な条文を追加している（再外442(2)(a)）。

　「……海外での開示が、その国の法規、命令などにより禁じられる場合などに、アメリカは、その外国当局から開示許可が得られるよう誠実に努力するようその者に対し求め……」

② 　非居住者（non-domiciliary）に対する管轄権を発生させる制定法という意味の「長腕法」（long-arm statute）に特定の起源を指摘することは、見てきたとおり、正確には困難である。むしろ、コモンロー（各州の先例）から自然発生的に起こった [3.4]。しかし、現在の教科書はほぼ一致して、適正手続（due process）との絡みでの源を1945年の最高裁判決まで遡る[57]。事件名にも係

---

55) Hans A. Quaak et al. v. KPMGB (March 8th 2004, 1st Cir., No. 03-2704) では、ベルギー法人の会計事務所 KPMGB に対しアメリカの裁判所が監査文書などの開示を求め、これに対し、KPMGB がそのような文書開示命令はベルギー法違反であると主張し、次いで、開示命令のための手続を採るものに罰金を課すよう求める申立をベルギーの裁判所に行っている。

56) 50U.S.C.2407, 1988年.

57) International Shoe Co. v. Washington, 326U.S.310 で、法人（corporation）の裁判籍につき示されたミニマム・コンタクツ理論（minimum contracts theory）。事

らず、アメリカの国内（各州間）事件である。

　最高裁判決は、註57の事実を認定した上で、その事業行為を基礎に一般論として（corporationとはいわず、被告という言葉を用い）次のとおり裁判管轄権を肯定した。

　「……適正手続の要請（due process requirements）は、被告がその法域内に存在しなくても、意味のある（meaningful）一定のミニマム・コンタクツを持っていれば、その程度が伝統的なフェアプレイと実質的正義（traditional notions of fair play and substantial justice）を損なうようなものでない限り充たされ……」

[3.12]（2）「事業を行う」法理の先例からの展開

① 　一般に確立したコモンローか制定法がなければ、アメリカの裁判所は管轄権を認めたがらなかった。20世紀前半くらいまで、これが事実であった。しかし、International Shoe 事件の時点では、かなりのアメリカの裁判所が「州内**事業を行う**（doing business）こと」が根拠であれば、州外法人（corporation）に対する管轄権を肯定していた（このように、本法の第一義的意味は国内の各州間にあった）。この法理で居心地のよくない他の判決では、事実上ないし黙示の同意を根拠として（on the theory of consent, actual or implied）、管轄権を肯定していた。しかし、この判決以降、各州は相次いで長腕法の制定を始めた。

　最初は、1955年のイリノイ州法で、州内での次の事業行為（transaction of any business）に係る請求原因での州の管轄権を定めた。不法行為、不動産

　　件でのインターナショナル靴会社Xは、デラウェア州設立で、ミズーリ州、セントルイスに本拠を有する靴会社（製造販売）であった。被上告人ワシントン州Yは、Xに対し過去数年分の雇用保険料を査定し、州内にいるXの販売員Aに告知した。Xは、これに対し次の理由で雇用保険料の査定無効などを争って本訴を起こし、上告までいった。Xは数州に製造販売の拠点を有するものの、ワシントン州には、そうした拠点も在庫のための倉庫もなく、ただ出来高払い報酬制の10人超の販売員に報酬を払っていた。Xが、この査定に対しいわゆる適正手続（due process）の各州版条文（修正XIV、1）違反であるとして争った。

の所有、占有、使用および州内の財産、人、リスクについての保険行為から生じた請求原因である(列挙型)。先例も、非居住者による州外行為を事業活動などの正当行為と、違法な(不法)行為に分けていた(不法行為では、自らまたは代理人を通して行う州外行為の効果が州内に影響することが含まれていた)[3.4]。

列挙型であるニューヨーク州法もイリノイ州の立法に倣った。同州の該当条文の構成も3本柱になっている(C.P.L.R.302 (a) (1) ないし (3))。うち (1) が取引型行為によるもので、「……州内で何らかの取引をするか (transact any business……)、州内で物品または役務を提供するためにいずれかの地で契約をするか (contracts anywhere to supply goods or services in the state……)」と定める。同条 (2) と (3) は、いずれも不法行為を発生原因とするが、うち (2) が州内の行為であるのに対し、(3) は、最も問題となる州外行為についての定めである(註71参照)。デラウェア州も後にみるとおり、列挙型の一例である。これが、長腕法制定の第1の流れといえる。

② 第2は、アイオワ、モンタナ、ウィスコンシン州など、原理型の流れである。そこでは「合衆国憲法(修正XIV)の下での適正手続の要請に触れないギリギリ、最大限まで……」といった形で許される限度を謳っている。こちらは、中西部、西部へと拡がり、カリフォルニア州 (1970) に至って原理の範囲が最大に拡げられ、次の言葉になった。

「……本州の裁判所は、本州の憲法ないし合衆国憲法と不合致でない限り、いかなる基礎ででも (……on any basis not inconsistent with……) 管轄権を行使できる……」

次の事例でみるとおり、このような「不合致でない限り」といった原則許容型の文言では、拡張しやすい。

[3.13] (3) 原理型ロングアーム州法の事例

① カリフォルニア州のロングアーム法が、そして同州最高裁の立場が、アメリカの最高裁の伝統的な立場との関係で問題となった事件として、いわゆるアサヒメタル事件[58]がある。

日本のアサヒメタル社Yが、台湾企業X_2に年間10万個のタイヤ用金属部品を供給し、X_2が輸出したタイヤを使用し事故を起こしたカリフォルニア州のモーターサイクリストの原告X_1が、事故はタイヤの製造上の欠陥にあるとしてX_2を訴え、X_2がYを更に訴えた (cross-complain)。事件では、X_2自身もカリフォルニア州内に住所がなく、専ら台湾での契約により、商品を輸出していた。

カリフォルニア州裁判所でのX_1とX_2間の製造物責任訴訟 (product liability suit) は和解で決着した。しかし、Yは同裁判所の管轄を争い、同州控訴裁判所によって一旦この管轄権否定の申立は認められたものの、同州最高裁は控訴裁判所の判断を覆した。その理由は、Yが商品を意図的に商的流通に置いたことは、そのいくらかが最終的にカリフォルニア州内で流通するとの認識と相俟って、州の適正手続条項による管轄権を裏付けるのに十分とした。

Yがカリフォルニア州最高裁を相手取って連邦最高裁に上訴したのが本件で、連邦最高裁判所は、州最高裁による管轄権の行使が適正手続条項に反し、不相当かつ不公正であるとした。その上で、残る実体法上の問題がカリフォルニア州消費者の安全問題ではなく、X_2からYに対する賠償問題 (indemnity) である点を、次のように要約した。

(イ) カリフォルニア州が外国人に対し管轄権を主張することに対応して、手続上、実体上でその利益が影響を被るその他国への政策上の考慮を含め、慎重な吟味がされねばならない。

(ロ) Yがカリフォルニア州の管轄権に服させられることの深刻な負担に比べ、それを服させないことにより、カリフォルニア州の消費者がそれを上廻る不利益を被る訳でもないし、X_2が、台湾でも日本でもなく、どうしてもカリフォルニア州裁判所でYを相手に訴訟をしなければならない理由もない。

② 原理型ロングアーム法の今1つの事件は、アラバマ州内の連邦地裁による

---

58) Asahi Metal Industry Co. v. Superior Court, 480U.S.102 (1987).

もので、被告のウェブサイトを管轄権の根拠として主張している点でも参考になる[59]。

被告はインターネットを利用して全米にビールを隔地販売しており、そのルートを通して原告の未成年の息子にビールを宣伝し、買わせたとして訴えられた。焦点の人的管轄権に付き、アラバマ州ロングアーム法は、要旨、次のとおり定める (R.C.P.4, 2 (a) (2) (I))。

「……ある人がこの州とミニマム・コンタクツを有していれば、しかもその人にこの州での訴訟を義務付けることが公正かつ相当 (fair and reasonable) であれば、それが州ないし連邦の憲法に矛盾しない限り、……十分なコンタクツありとしてよい……」

この条文を敷延して裁判所は、先例4件を引きつつ、アラバマ州ロングアーム法の外延は、連邦の適正手続の外延と等しく、そこまで延びていると述べている。

被告は、次の5つの理由を挙げ、アラバマ州の管轄権を争った。

(イ) アラバマ州での事業の届出をしていない (not registered to do business in……)、(ロ) 何らの資産も有しない、(ハ) 何らの事業所も構えていない、(ニ) 代理人も州内にいないし、会社の幹部が同州を訪れたこともない、(ホ) 州内のマスコミなどに広告を載せたこともないし、同州をターゲットにした何らの宣伝をしたこともない。

裁判所は、上記（イ）ないし（ホ）の事実を認定した上で、被告が年間アラバマ州内で取得する販売高は数百件、10万ドルにも充たないとしている（本件のビール販売も25ドル以下）。その上で、管轄権を否定、インターネット上の広告・販売と管轄権との関係について、シカゴの日系法律事務所の著書[60]からよく引用される1997年のペンシルバニア州内の連邦地裁判決[61]と、同

---

59) Butler v. Beer Across Am., February 10th 2000, N. D. of Ala. 83F. Supp. 2d 1261.
60) マスダ・フナイ・アスファート&ミッチェル『インターネットをめぐる米国判例・法律100選』改訂版、ジェトロ（日本貿易振興会）、2001、p. 14。
61) Zippo Mfg. Co. v. Zippo Dot Com, Inc., 952F. Sup. 1119 (W. D. Pa., 1997)。なお、ここでの判示を註30書の表現スライディングスケール・テストとして引用するもの

判決に沿った別の第5巡回裁判所の判決[62]とを引用して、次のとおり述べている。

「……（ZippoやMinkでは）被告が知りながら、かつ反復してその州の住民とインターネット上で契約をし、ファイルを送付していたことで事業していたといえるが……単に受身的なサイトを開放していて、電子看板広告で情報を流しているのと余り変わらない程度では、確実に管轄権が生じたとはいえない……（本件での被告の）サイトは、返信つき往復葉書の電子版といった程度で、双方向の程度は限られたもの（limited degree of interactivity......）である……」

[3.14] (4) 列挙型州法を当てはめた事例

① 先に事件名を挙げた2005年3月25日判決のAeroglobal v. Cirrus事件は、次の点で注意すべき判決である（註28）。

（イ）事件では、バーレーンのイスラム系銀行FIIBが、自らは、州に届出もせず、また州内事業を行う（doing business）こともしていなかったが（少なくとも、伝統的意味で）、デラウェア州裁判所の管轄権が肯定された。それもFIIBの強力な抵抗を排して。

事件では、投資銀行であるFIIBがケイマン諸島に対米投資目的の持株会社（CHCL）を作り、更にその下に、投資のための子会社（subsidiary）、Crescent社をデラウェア州内に設立していた。このデラウェア州法人Crescent社は、有力な投資先であるCirrusとデラウェア州法を適用法として、そこの株式買取契約を結んだ。これに対し、先にCirrusとletter of intentを結んでいたAeroglobal社がFIIB、CirrusとCrescent社および持株会社CHCLを訴えた。

（ロ）デラウェア州最高裁は、FIIBに対する人的管轄権の点につき、要旨次のように判示した。

に、関戸麦、註6論稿NBL、813/77。
62) Mink v. AAAA Development LLC, 190 F. 3d 333 (5th Cir., 1999).

第3章　アメリカの国際裁判管轄権

　先ず、人的管轄権の立証負担は原告 Aeroglobal 社にあるとしつつ、非居住者（nonresident）についての立証があったか否かを2つの点でテストした。第1は、デラウェア州のロングアーム法（10 Del. C. 3104 (c) (1)）の適用があるか否か、第2は、適用ありとした場合に、それが連邦憲法の適正手続条項に反しないかである（修正XIV）。デラウェア州の同条該当箇所は次のように定める。

　「……（州内）で何らかの事業を行うか、どのような種類にせよ、仕事か役務を行うこと……（transacts any business or performs any character of work or service......)」。

　裁判所は、FIIB がその代理人である CHCL と Crescent 社により2つの株式購入契約を Cirrus と結ばせたことがこの条文に当てはまるとした。株式購入契約がデラウェア州法を適用法としていた事実のみならず、CHCL や Crescent 社の設立目的が専らデラウェア州内での株式購入契約を締結し、遂行すること、そのための交渉も決済（negotiation and consummation）もデラウェア州内で行われたことを指摘している。

　これらの付加的要因があれば、子会社を経由して親会社がロングアーム法の標的となりうることを意味する。これは一種の法人格否認（子会社、孫会社を通した二重の否認）である。それも管轄権の伸長という手続法上の否認である。その意味で注目すべき事例といえる[63]。デラウェア州最高裁も「ただ子会社があるのみでは、(mere ownership of......a subsidiary ......without more......) 長腕法に該当しない……」と断ってはいるが[64]。

②　人的管轄権を争う被告の抗弁を容れた次の一審（S.D.N.Y.）判決事件では、

63）わが国で法人格の否認を手続法上認めた例はない。ただし、民事執行法上の第三者異議の訴えをした原告につき強制執行を免脱するためのもので、これを法人格の濫用であるとして、第三者異議（別法人であるとの主張）を認めなかった例がある（最二小平成17年7月15日判決、金商判1222/24、1229/42）。
64）註53書は、人格が別というやかましい議論に拘泥せず、司法が法人グループ（corporate family）を1個の人格と見なす傾向を強めているとして、アメリカの子会社のカナダの親会社に対する管轄権に関する Intermountain Ford Tractor Sales Co. v. Massey-Ferguson, 325 F. 2d 713 (11th Cir., 1963) など、いくつかのケースを

113

上記と反対に、子会社自身に対する人的管轄権を否定した[65]。同事件では、原告が被告保険会社に対し保険金の支払を請求し、人的管轄権の発生原因として、親会社がニューヨーク州で事業の認可を受けていると主張した。被告保険会社はイリノイ州法人で、親会社と同じく、インディアナ州に主事務所があった。しかし、原告は法文（302 (a) (1)）にあたる事実、被告がニューヨーク州で何らかの事業に関係しているとか、取引を行ったとか（had made any transactions whatever……）の主張・立証をしなかった。裁判所は、親会社がニューヨーク州で事業の認可を受けていることだけでは、ニューヨーク州の普通管轄権条文（C.P.L.R.301）にも、ロングアーム法管轄権条文（同302）にもあたらないとして却下した。

③　もう1件、フロリダ州のロングアーム法のミシガン州民Xらへの適用の可否が争われた（やはり、国内）事件を引用する[66]。

(イ) 事件はフランチャイズ契約に係る。Xは1978年に親企業（franchiser）バーガーキングY（フロリダ州）に加盟店の申込みを行ったが、色々な条件面で不満があった。散々交渉した挙句、多少の譲歩を引出したものの、まだ不満を残したまま、X、Y間で契約は締結された（しかも、Xは、Yに対し個人保証を入れさせられた）。初め調子がよかったXの加盟店も、やがて不況に陥り、Yへの月々の支払が滞った。Yは、種々交渉したが、結局、契約を破棄し、フロリダ州内の連邦地裁（S.D.Fa）に訴求した。連邦商標権問題と、多州民事件であることが連邦の管轄原因である（28 U.S.C.1332 (a)、1338 (a)）。

(ロ) Xらは、本案前の抗弁のための出頭（special appearance）をして、人的管轄権の不在を主張したが、一審（S.D.Fa）は、フランチャイズ契約の下での被告に管轄権発生原因を定めるフロリダ州ロングアーム法の適用があるとして、Xらの本案前の抗弁を認めなかった。

引用する（p. 136）。
65) Gradinger v. Pioneer Life Ins. Co., July 21st 2004（S.D.N.Y.）, 2004 cv 1191（GBD）.
66) Burger King Corp. v. Rudzemiez, 471 U.S.462 (1985).

これに対し、Xらは、Yがミシガン州フランチャイズ投資法に違反しているとして反訴を起こしたが、結局、本案の訴訟でも負けてしまったので、控訴裁判所 (11th Cir.) に控訴した。

(ハ) 11th Cir. は、S.D.Fa の判決中での管轄権判断を覆して述べた。

「……契約締結に至る交渉事情（circumstances……of negotiations）は、フロリダで、フランチャイズ訴訟がありうることにつき十分な告知と財務的準備をXに与えるようなものではなかった」

これは、一種の適正手続条項違反をいったものとも考えられる。Yが上告したところ、最高裁判所は、11th Cir. の判決理由がフロリダのロングアーム法のフランチャイズ契約に関する部分を違憲と断じたものか否か不明であるとして、Yには上告理由がないとしたものの、これを上告受理申立と解釈して、上告を受理した上で[67]、控訴裁判所の判決を更に覆した。適正手続条項の点で次のように述べている。

「……法廷地と意味のある（meaningful）コンタクツを持ったといえるためには、その個人が、当該行為が他国（州）（foreign sovereign）の管轄権に服することになりうるとの、ある程度の警告（fair warning）を持つことができ……それによりその基礎的行為（primary conduct）から生ずる関係が、その（他国の）法律制度の下での訴訟に服するか否かをある程度自ら決められることが必要であり……このある程度の警告を持ちえたか否かは、被告が自らの行為をその法廷地の居住者に目的々に向けたこと（purposefully directed……at residents of the forum……）……訴訟がその行為に、その行為に関して生じた侵害に、由来することが必要……」

(二) 最高裁は、上記の法理を述べるにあたり、多くの先例を挙げている[68]。

---

67) writ of certiorari は、最高裁判所に限らないが、最高裁につきよく用いられる。裁量により下級審の手続に問題がなかったかを審理することの命令。
68) Keeton v. Hustler Magazine, Inc., 465U.S.770 (1984), Kulko v. California Superior Court, 436U.S.84 (1978) など。

その上で、自ら目的々に向けたコンタクツによって一応の発生原因があったとしても、フェアプレイと真の正義（fair play and substantial justice）に欠けるところがないか、更に慎重に見究めねばならないとしつつ、本件ではそれが欠けることがなく、適正手続の要請は犯されないと結論した。

本件の判示中でも触れられている最高裁の事件[69]では、次の間接事実が主張されたが、結論として、被告に対する管轄権は否定されている。(a) 被告のCEO（自らも非居住者）がその州に出掛けて行って、契約交渉をした、(b) 州内の銀行を支払場所とする小切手を受取った、(c) 州内の設備業者から400万ドル超の購買実績がある、(d) 州内の別の会社に社員をトレーニーとして出したことがある。

④　後記の Northrop Grumman 事件では、やはり、親子会社関係を足がかりに、原告が管轄権を確立しようとしたが、そこでは、否定されている。

(イ) そこでの被告BWSはペルーの銀行であるが、ニューヨーク州で法人の届出をしているその親銀行 Banca Intesa の「一部門（mere department）にすぎない……」との主張がなされた。そこでの判示はいっている。

「……ニューヨーク州内の裁判所は、子会社が親会社の代理人として行為するか、ないしは親銀行の支配が強く、子会社が単にその一部門であるにすぎないか、……その場合にのみ、法人格を否認しうる（……pierce the corporate veil……）としてきた」

(ロ) その上で、4つの要件を必要とする2002年の 2nd Cir. の別の判旨、「……(1) 共通所有権（common ownership）；(2) 財務的依存（financial dependency）；(3) 子会社の役員選任での介入度と、手続面での法人性の欠如；(4) 営業政策上の支配の程度……」を引き[70]、Banca Intesa は、BWSの95パーセントの株式を保有していたが、たとえ全株（1人）

---

69) Helicopteros Nacionales de Colombia v. Hall, 466U.S.408 (1984).
70) Volkswagenwerk Aktiengesellschaft v. Beech Aircraft Corp., 751 F. 2d 117, 120-22 (1984).

株主であっても、それだけでは法人格否認には至らないとして、1つ1つの要件を細かく検証した上で、結論として一部門 (mere department) であるとはいえないと判示している。

(ハ) 以上の結論は、ニューヨーク州の民訴法による一般的管轄権の問題であり (C.P.L.R.301)、ロングアーム法によるそれではない。この件では、ロングアーム法による管轄権の主張もなされた。即ち、「……非居住者で、自らまたは代理人により州内での不法行為を行う (any non-domiciliary……who in person or through an agent……commits a tortious act within the state ……)」こと (C.P.L.R.302 (a)(2)) に加え、州外行為に管轄権を生じさせる同条 (3) への当てはめが問題となったが、否定された。

同条 (3) には2つの要件が必要である[71]。

(a) 州外の行為による州内の人または財産権の侵害で、
(b) その非居住者が、(ⅰ) 州内で恒常的に事業を行うか、勧誘するか、またはその他何らかの持続性のある行為に携わっているか、もしくは (ⅱ) 州内で使用ないし消費される物品または役務提供から実質的な収入を得ているか、それとも (ⅲ) その州外の行為が州内に結果を生じると期待しているか、または期待していることが相当と認められ、かつ州際ないし国際取引から実質的な収入を得ている。

このニューヨーク州法と上述のカリフォルニア州法とを並べて見較べると、同じアメリカの長腕法とはいえ、言葉のみならず、法的思考方法までが違うことに驚く（片やコモンロー的、片や大陸法的である）。

⑤ 最新の事例では、同じニューヨーク州法 (C.P.L.R.302 (3)) を適用しつつ、

---

71) 同条 (a)(3) の定めは長文であるが、きめ細かく衡平を追求した言葉になっていると思われるので、原文も引用する。
3. commits a tortuous act without the state causing injury to person or property within the state,……if he (i) regularly does or solicits business, or engages in any other persistent course of conduct, or derives substantial revenue from goods used or consumed or services rendered, in the state, or (ii) expects or should reasonably expect the act to have consequences in the state and derives substantial revenue from interstate or international commerce.

被告に対する人的管轄権を認めたものもある[72]。被告 MBOIは、原告DBSI との間で Bloomberg 社の金融情報システム経由で何回もの債券売買をくり返し行い、その総額は1億ドルに達していた。その1つ、金額15百万ドルの本件売買で、MBOI は一旦はDBSI に債権を売っておきながら、直後に発表された発行会社の合併話でその債権も値上がりしたことから、その売買契約を不履行にした上で、訴えに対しては、ニューヨーク州の管轄権を争った。事実関係からしてわが国の金融機関にとって警告を与えるものといえよう。

5. 特殊な連邦長腕法、ウェブサイト長腕法の法理、不便宜法廷の法理

[3.15] (1) 連邦長腕法、ウェブサイトとロングアーム法の法理

① 各州とは異なり、連邦には長腕法の制定がまだない。その代わり、最高裁が司る FRCP中に、1993年改正により上記の原理型長腕法の流れに属する条項4(k)(2) が加えられた。いわば連邦ロングアーム法である。

この連邦の長腕法規は、外国企業に対する送達に係るFRCP (4(k)) を経由して、次の3つの方法のいずれかにより管轄権の根拠となる。

(イ) その連邦裁判所の所在する州の制定（長腕）法の定める方法 (4(h)(1)、(e)(1))。たとえば、ニューヨーク州内の連邦裁判所の1つS.D.N.Y.は、ニューヨーク州民訴法 (C.P.L.R.302) によって管轄権の根拠とした。Northrop Grumman 事件や註75の UAP 事件などの具体的な事例にみられる。これはそれほど理不尽なものではない。

(ロ) 反トラスト法や証券法など、外国企業に対する管轄権を定める個別の根拠連邦法が定める方法 (4(k)(1)と(2))。ロングアーム法として各国で物議を醸し出したのは、こちらの方である。たとえば、証券法 (Securi-

---

[72] Deutsche Bank Securities, Inc. v. Montana Board of Investiments, New York Court of Appeals., Civ. 06-71, June 6th, 2006.

ties Act of 1933（22））がそれにあたる[73]。

(ハ) その請求権がその他の連邦法上のものであっても、憲法と連邦法に矛盾しない事件での上記の4(k)(2)による方法。

② ウェブサイトを管轄権発生の副次的ないし補助的原因として主張した2、3の例を既に挙げた。その基準のスライディング・スケールテスト（sliding scale test）につき註30書はいう。このテストは（前出）Zippo 判決に始まるもので、そこでの「……人的管轄権の可能性が被告のインターネット上での商的活動の性質と程度にそのまま比例する……（directly proportionate to the nature and quality of commercial activity……）」から由来する。基本的に非サイバー世界での管轄権法理「事業を行う」規準に拠ったものである。一方のA州内で「事業を行う」極のウェブサイトでの管轄権を肯定するとともに、同州での受身のサイト（passive website）では反対の極でそれを否定する。そして、2つの真中（middle ground）では、往復する情報の商事性とその相互作用性（interactivity）によって肯否が決まるとしている。

③ 連邦地裁（S.D.N.Y.）による2004年の Northrop Grumman 社の事件[74]は、上記のとおり、Aeroglobal 事件でのデラウェア州裁判所による判決とは反対に、法人格否認の法理（alter ego ないし agent による）の手続法への応用を否定した。この事件でも、オンライン・バンキングが管轄権の発生原因として主張されている。

事件は、ペルー国の交通通信省（Ministry of Transport Comm.; MTC）宛のリマ国際空港レーダーシステム納入契約に絡む。受注要件の1つとしてグラマン社は、MTC 宛に契約金額と同額の完成保証状（completion bond）を差出

---

[73] 同条（a）は、被告がそこで見つかったか、居住者（inhabitant）であるか、取引をしているか（transacts business）のいずれかの地区、または、違反行為ないし販売行為があった地区の、どの州にも連邦の管轄権を与える。しかも、そうした被告に対する証言のための召喚状（subpoena）を発行する権限をSECに与え、その違反に対し罰則を課す（同条（b））。この点が、各国を一番刺激した［6.14］［6.16］。

[74] Northrop Grumman Overseas Service Corp. v. Banco Wiese Sudameris, S.D.N.Y. No. 03 Civ. 1681 (LAP) September 29th 2004.

すことになっていた。この完成保証状 (bond) の提供は、次の方式で行われた。先ず、カナダの Bank of Nova Scotia が裏保証 (counter-guarantee) をペルーの被告銀行 (BWS) 宛に出し、BWS が MTC 宛に表保証状を差入れる。Bank of Nova Scotia の裏保証は、本文で、「……貴社のテレックスないし SWIFT による第1要求により……撤回不能かつ無条件に支払うことを約束する (undertake to reimburse……)」と定めていた（この裏保証銀行は後にJP Morganに交代した）。グラマン社と MTC 間の納入契約は、ペルー法を適用法とし、もしグラマン社に契約違反があれば、MTC はこの完成保証状を行使できるとしていた。

　紛議は、先ず MTC が契約に定める最終受納証 (final acceptance) を出し渋ったことから、基本契約の当事者であるグラマン社と MTC との間で生じた。2002年7月グラマン社は MTC 宛に最終受納証発行のためのすべての履行は行った旨通知したが、MTC はそれを出すことを拒み、その一方で BWS に対し完成保証状の期限を3カ月間延期することを求める書簡を送った。その書簡中で MTC は、「もし、3カ月間の延長が駄目なら、48時間以内に完成保証状を実行しなければならない……」と書いた。

　これを受けて、BWS も JP Morgan に対し、同じ趣旨のテレックスを流した。8月早々にグラマン社と MTC は、この行き詰まりを打開する交渉を始めたが、8月9日付で MTC は交渉を打切り、契約を破棄する旨の書簡を送った。同時に MTC は BWS に対しても完成保証状の執行依頼を出した。8月20日 BWS はテレックスで、「……受益者よりの要請により、スタンドバイ信用状の下での支払を求める……」と JP Morgan に送ったが、その日までにMTC宛に自らの保証状の下での支払を行ったということはなかった。一方、その8月20日に MTC は、BWS に対し完成保証状の実行を差控えるよう口頭と書面で指示した。8月21日、JP Morgan はグラマン社の代理人として、BWS に対し、グラマン社と MTC がまだ交渉中であるから、信用状による支払請求を暫く待つようテレックスした。

　本訴の日（2003年7月10日）に至っても、まだ交渉が打切られたというこ

とではなく、かつBWSはMTCに支払ったということでもなかった。この状態で、原告グラマン社は、被告BWSに対し、信用状による支払請求の差止めを求めて訴求した（請求原因の1つは、UCC5-109による信用状の詐欺的支払請求である）。BWSは、これに対し連邦地裁（S.D.N.Y.）が人的管轄権を欠くとして却下を求めた（FRCP12(b)(2)）。

④　前述のとおり、コモンローにより人的管轄権は原告がその主張・立証を負担する。しかし、本件でグラマン社は、海外で業務を行う外国法人につき人的管轄権を生じさせるべき何らの主要事実も主張しなかった（ニューヨーク州法C.P.L.R.301）。ニューヨーク州で顧客を接遇したとか、電話番号帳に載っているとか、不動産を有するとか、雇用しているとか、PR活動をしているとかである。

　グラマン社が主張したのは間接事実だけで、その1つが、BWSがニューヨーク州でアクセスできる双方向性のURLを有していることであった。いわゆるオンライン・バンキングである。この点での判示は、「……それだけでは（without more）、管轄権を生じさせないことは、多くの判例で半ば当たり前とされており（routinely held……）……」というものであった。routinely heldとして引用された中には、ホロコーストに絡んだUAP事件がある[75]。

　更に、BWSが銀行であることから、ニューヨークの銀行6行とコルレス契約があり、Bank of New Yorkに勘定を開いていることも主張されたが（コルレス契約やファクター契約が代理契約の一種であることから、全くの暴論ではないかも知れないが）、これも管轄権を生じさせるに由ないとする先例を引用して、否定されている。

⑤　上記のUAP事件は数千人によるクラス・アクションで、ヨーロッパの保険会社20社以上が保険金の支払請求を受けた。その中で、フランスの一社Union des Assurances de Paris-Vie（UAP社）について管轄権が否定された事件である。ここでも、ニューヨーク州法に当てはめて、いくつかの事

---

[75]　Cornell v. Assicurazani Generali, S. p. A. (No. 97 Civ. 2262, 2000ほか, S.D.N.Y. March 16th 2000)、以下では、被告の一社の略称からUAP事件という。

実に基づき管轄権が主張されていた（C.P.L.R. 301, 302）。その事実の１つが、ニューヨーク州民がアクセスできるUAP社のウェブサイトであった。裁判所は判示の中で述べる。

「……注目されるのは、原告らがそのウェブサイトがニューヨーク州で作られたとか、サーバーがそこにあるとかの主張をしていない点で……そのウェブサイトにアクセスできることだけでは、301条の『事業を行う』（doing business）にあたらないし……仮に、それが301条にあたるとしても、（憲法の）適正手続条項が許さないであろう……そのウェブサイトが特に目的を持って（purposely）ニューヨーク州民をめがけていたとの主張もない……」

[3.16] (2) 不便宜法廷（forum non conveniens）の法理

① 不便宜法廷は、大陸法にはない、アングロ・アメリカン法系に独特の法理である。管轄権が不存在ではないのに（管轄権がなかったり、venue が違う場合は、この法理が働く余地はない）、その法廷の判断（discretion）で管轄権の行使を抑制（abstain）する法理である。不便宜とは、被告、原告、誰にとっての不便宜なのか？ それとも法廷のか？[76]

（イ）答えは「法廷にとっての不便宜」である。少なくとも、アメリカでの本来の発想はそうであった。A州の法廷に甲が乙を被告とする訴訟を起こした。甲はB州に所在し、乙は外国人で、２人ともA州とは関係がない。請求の原因となった事実もA州とは無関係。それでもA州裁判所は、税金を使って事件を処理しなければならないか？ これが発端である。

実務で判例は何といっているか。「……過密期日でのやりくり（administrative difficulty associated with court congestion）、その社会に何の結び付きもない案件での陪審員への負担（imposition of jury duty......community bears no relationship......）……」などと述べている[77]。不便宜法廷の法

---

[76] G. Born, *International Civil Litigation in United States Courts*, 3rd ed., Kluwer, 1996, p. 289は、common law doctrineとする一方で、これをスコットランドに由来する法理であるという（p. 290）。

理は、アメリカのほか、イギリス法でも民事手続規則（CPR）に定めがある。

(ロ) このような無関係事件を処理しないでも済むように、多くの州で判例法や制定法が次第に形成された。その内容は州によって異なり、不便宜法廷の法理のない州から、当事者（の一方）がその州民であっても、この法理を適用する州まで、バラつきがあった。いずれにせよ、この法理が適用され、訴えを却下するためには、共通的に「より便宜な法廷が利用可能であること」、これが要件とされた（再抵84の言葉は、……a more appropriate forum is available to the plaintiff）[78]。

② この法理を連邦レベルの基準としても設定したのが、Gulf Oil 事件[79]、アメリカ国内の２つの州間の問題である。

(イ) 最高裁では二審の決定を覆し、一審の却下理由に裁量権の踰越はないとして、その判断を支持した。そこでいう。

「……いずれの判断を正当化するためにも、その要素を列挙しようとの試みは賢明にもなされていない。多くが裁量に委ねられているが、軽々

---

77) [7.16][7.17]で引用する Moskowitz 事件。
78) 同法理の根拠として、連邦憲法（修正Ⅴ、ⅩⅣ）もその下でのコモンローも、州権が超えてはならない管轄権の最外縁（outermost limits）を確立するだけであり、原告はしばしば、流動的なものも含め、いくつかの法廷選択の可能性を持つが、そのうちには、当事者や事案との結び付きの弱いものや、被告にとり不便なものもあるとし（コメントa）、一審の裁判官の具体的な事案毎の健全な裁量権に委ねられるとしている（コメントb）。
79) Gulf Oil Corp. v. Gilbert, 330 U.S. 501 (1947).　事件では、ヴァージニア州所在のギルバートＸが、ニューヨーク州内で訴えを起こした。次の点で画期的な判示といえる。ヴァージニア州で倉庫業を営んでいたＸは、ペンシルヴァニア州法人Ｙの不注意なガソリン供給方法により火災が生じたとして、顧客に対する補償分も含め37万ドル近くの請求をした。Ｙは、不便宜法廷を主張した。Ｙは、ＸとＹの営業所があり、契約とその履行、事件の発生、これらすべてがあるヴァージニア州内の裁判所こそが、適切な管轄裁判所であると主張した。一審は、Ｙの不便宜法廷抗弁を認め、訴えを却下したが、控訴裁判所はこれを覆したので、最高裁に持ち込まれた。最高裁が一般論として挙げた要素として、証拠方法への access の容易さの比較、出頭を好まない関係者に対する強制方法利用可能性、それらでの費用、実地調査が必要な場合のその可能性…がある。

しく自らの管轄権を放棄する例が多いとはいえない。……（にも拘らず）……第１に挙げられるべきは当事者の私的利益である……」。

（ロ）Gulf Oil をしばしば判示中に引用する後出の Moskowitz 事件で [7.17]、2nd Cir. はこの「より便宜な法廷」の法理を説明している。法理が認められるためには、更に、次の公私の要件が充たされる必要がある。

  (a) 私益的要件（private interest factors）として、第１に挙げうるのは、原告がアメリカ人である場合に、原告が主張するアメリカの法廷での原告の便宜である。すべての原告がスコットランド人の国際事件では、この原則に立って反対理由の１つにした（後出のパイパー飛行機事件）。これと反対の入口から、Moskowitz 事件では、申立人が外国法人のモンデ社であることから、S.D.N.Y. を法廷として選択したことの私益への配慮（deference）は水準以下でよいとした。つまり、原告と被告の各私益を比較するにつき、申立人がアメリカ（ニューヨーク）の法廷とは何の関係もないモナコの会社であるということが、却下の方へ秤を傾けるとする（もっとひどい場合として、原告が法廷漁り〔forum shopping〕をしてきた場合を挙げる）。

  (b) 公益的要件（public interest factors）としては、不便宜法廷の法理のそもそもの発端の法理（上記）がある。加えて、個別事件毎の属性に関しても、適用法とその国の法廷の一致ということが大きい。Moskowitz 事件でいえば、ナフトガス社の所有権問題や、ウクライナ共和国法とその下での証拠の発見と事実への適用などで、ウクライナ共和国が事案に切実な関係があるとする。

（ハ）法理の今１つの要件は、適切な代わりの法廷（adequate alternative forum）が存在することである。Moskowitz 判決も、次に引用するパイパー飛行機事件を引用しつつ、ウクライナ共和国内の法廷が、この適切な代わりの法廷であると結論付けている。Gulf Oil 事件は、更に証拠収集の便宜など、当事者にとっての便宜についてのルールも明確化し、また翌年、連邦議会が民訴法改正により、移送制度を設けることに繋がった（28U.S.C.

§1404 (a))⁸⁰⁾。

③　Gulf Oil 事件でみるとおり、不便宜法廷の法理も、元はといえば、アメリカの国内州際（裁判所間）問題であった。従って、法理適用の答え（結果）は裁判所間の移送である。このうち、連邦裁判所同士の移送を定めた上記法条の解釈の参照事例となるのがリコー事件である。事件では、田舎の裁判所が手続法問題に実体法のルールを当てはめるなどの波瀾があったが、上級裁判所によって是正された（そこでも Bremen 事件を引合いに出している）⁸¹⁾。連邦民訴法§1404 (a) は、法文からもわかるとおり、「当事者および証人の便宜のため、裁判所は正義に適うよう、どの民事事件をも事件が訴えられたかも知れない他のいかなる裁判所へも移送することができる……」と裁判所に広い裁量権を与えている。

　しかし、上記のとおり、同条が定めるのは、あくまでアメリカ国内裁判所間の移送であり、国外の場合は、却下の方法によらざるをえない。上記連邦民訴法も、他の連邦裁判所への移送だけでなく、訴えの却下も妨げないルールを定めている。わが国の原告にとって身近な却下例として大韓航空機撃墜事件があった。

　Gulf Oil 事件と、それが発端となってできた連邦民訴法は、不便宜法廷の法理に更なる示唆を与えた。移送先の他国法の下で、原告の実体法上の権利が、たとえより不利になることが予想される場合でも、移送や却下ができるのか？　それまで不分明だったこの質問に答えたのが、パイパー飛行機対レイ

---

80) 同条項は、"For the convenience of parties and witnesses, in the interest of justice, a district court may transfer any civil action to any other district or division where it might have been brought." と定める。
81) Stewart Organization, Inc. v. Ricoh Corp., 487U.S.22 (1988). 事件では、被告のリコーがアラバマ州内の連邦裁判所へ申立てられたのに対し、契約中の「マンハッタンにある裁判所にのみ……」を楯に、連邦民訴法§1404(a)により移送の申立を行った。アラバマ州内の連邦裁判所は、この申立をアラバマ州法により規律されるところ、同法は、裁判管轄合意に対し好意的ではないとの理由で却下した。控訴裁判所は、これに対し、多州民事件（diversity case）での連邦法などを根拠に、法廷選択（venue）は連邦の手続法の問題であるとした上で、本契約中の裁判管轄合意の有効性に問題はないとして移送を命じた。連邦最高裁も結論としてこれに同意した。

ノ事件（Piper Aircraft Co. v. Reyno, 454U.S.235, 1981）である。

事件は、一審被告のパイパーの申立により、カリフォルニア州裁判所から、先ずカリフォルニア州内連邦裁判所へ、次いで上記連邦民訴法の条文§1404(a)によりペンシルヴァニアの連邦裁判所へと移送された（このように、州裁判所から移送後に更なる移送をすることも可能と解釈されている）。そこでのパイパーの更なる不便宜法廷の申立により、訴えは連邦裁判所により却下された。

すべてスコットランド人である原告らは、アメリカで行った方が、賠償金も多額になることなどをアメリカでの起訴の理由として認めていた。

原告にとって不利な国、裁判所への申立の途を残すだけの本件の場合に不便宜法廷の法理を適用することは「行過ぎである」として、連邦控訴審が一審の決定を覆したのに対し、最高裁は、「仮にそうであったとしても、権利の乱用にはあたらず、不便宜法廷の法理によって却下できる」とした。

④　国際紛争においての方がアメリカ国内の各州間よりも、不便宜法廷の法理がより強く働きうることはいえよう。一方の当事者が、他国の法廷で現実に行動しているという国際二重訴訟の場合にこの法理を否定すべき理由はない。アメリカで却下しても、先ず間違いなく、当事者が便宜と主張するその法廷で手続が行われるであろうと期待できる。

加えて、各州間の国内問題とは違い、連邦法制と国際礼譲（international comity）の問題もある。連邦が各州に優先して国際紛争での審判の責任者という連邦憲法とその下の連邦法の枠組みがある。しかし、二元国家であることから、この法理の適用において各州間との連続性をつけることが望ましい。Gulf Oil（州際）とパイパー飛行機（国際）の2つの事件を受けて、それまでバラバラだった不便宜法廷の法理に対する各州の態度にも少し統一の方向が現れた。十数州が採用したUniform Interstate and International Procedure Actである。そこでは、

「裁判所は、事件が他の法廷で審理されることが正義実現に資すると判断したときは、その適切と考える条件により事件のすべてまたは部分を休止ないし却下することができる……」

としている (1.05)。更に、この統一法を採用していない他州のうち三十数州は、コモンロー（判例）上で不便宜法廷の法理を認めている（前出再抵84）（註76書 p. 298)。

仲裁判断の承認・執行判決を求める確認訴訟でも、この不便宜法廷の法理が認められるかが問題となり、それを肯定したのが、前記アメリカの2nd Cir. での Moskowitz 事件である [7.17]。

日本での裁判を希求する被告の日本企業甲社にとって、アメリカのA州内裁判所での訴訟で forum non conveniens の申立（motion）を認められ易くするために多少の技術が役立つことはありうる。いくつかの先例は、甲社が間違いなく日本の法廷の管轄権に服する旨、また（仮にアメリカでの時効期間が4年で日本では3年の時効期間が過ぎていたとしたら）、日本法による時効の援用をしない旨の合意書（stipulation）を提出するなどがその1つである（もっとも、この手法を強く求めた Cir. と、そうではない Cir. とに分かれる）[82]。

---

82) 註30書 p. 216。

第4章

EUとイギリスの国際裁判管轄権

1. 進んだ国際私法を持つヨーロッパ

[4.1] (1) 国際的司法統合の困難性と EU 法の背景

① 国際訴訟（A国の甲と、B国の乙間の訴訟）での判決の普遍的効力を認め、その執行体制を確立する世界秩序は未確立である。そうした状況下での国際訴訟の当事者は、勝訴判決を得るだけでも大変である。仮に勝訴したとしても、その手続的しめくくりが、またも大変である。外国判決の承認・執行である。しかし、これがなければ、国際裁判上の救済は意味がない。

陸続きの多数国家からなるヨーロッパ社会は、この極東の島国とは違い、EUの前身EEC時代から（いや、それ以前から）この問題に取り組んできて、司法統合を実現した。彼等のいう「判決移動の自由」(free movement of judgments) の確保である。ヨーロッパ評議会 (the Council of Europe) が1953年に策定した「人権と基本的自由保護に関するヨーロッパ条約」は、基本的人権の1つに公正な裁判を受ける権利を掲げる (6)。この権利の意味は、実際に判決の執行が確保されていることまでをいうとの考え方が、域内での判決移動の自由を保障する国際的司法統合を実現した[1]。

② ところで、外国判決の承認・執行を国際間で確立するためには、それと表裏の関係にある国際的な管轄権でも多国間に確立されたルールが存在する必

---

[1] ヨーロッパ大陸では国毎に外国判決の承認基準がバラバラであっただけに、この統一、判決の移動の必要性はとりわけ強く感じられた（[5.5] の註22参照）。

要がある。以下で紹介するBrussels IやBrussels IIはこの形である。つまり、国際管轄権をEU域内各国に一律に配分するルールを確立する一方で、EU域内のすべての国家が他国の国際裁判の効力を承認するという形である。国際管轄権の配分とその下での判決の承認・執行とを一体的に規定するこうした国際法制は2つの意味で肯定しうる。

　1つは、国際法形成の実績に則している点である。Brussels Iは正にその形を採っているが、後にみるように、この形は30年以上前の条約形式の国際法（Brussels条約1968）形成以来のものを、そのまま保持したものである[2]。1992年から今日までの流れとしてスタートしたHCCHによる新条約も、ずっとこの形を目指して努力してきた [4.12]。また、国際ではなく、州際が本来の対象範囲であったが、アメリカ各州間での全幅の承認（full faith and credit）の憲法体制でも、管轄権ルールと判決の承認・執行のルールとは一体的に発展してきた。そのことは第3章での太字法の法理の展開でみたとおりである [3.5]。

　第2は、直接的裁判管轄権と間接的裁判管轄権という言葉そのものが示すとおり、両者の論理的結び付きの強さである。外国判決の承認・執行と管轄権の配分ルールとは一応別問題である。しかし、前者において間接的裁判管轄権の判断が働くとおり、両者の間には論理的結び付きがある。わが国民訴法の母法とされるドイツ民訴法も、渉外関係訴訟での国際管轄権は2つの形で問題となるとする。第1は、ドイツの裁判所に訴えの提起（Klageerhebung）があった場合に、同裁判所が（直接）国際管轄権を有するかであり、第2は、外国判決の承認の局面で（bei der Anerkennung auslandischer Urteile）、その外国裁判所がドイツ民訴法の下で国際管轄権を有するかであるとする[3]。

2）K. M. Clermont『国際商事法務』33/7/917、925は、管轄権と判決の承認・執行との双方を定めるBrussels条約1968をダブル条約（double convention）と呼んでいる。Peter McEleavyも、これをクラシックなダブル条約方式（……classic private international law formula of a convention double）という（ICLQ 53/606, July, 2004.）。

3）§ 328, p. 1, c.1., § 62, VIを参照せよとするOthmär Jauerung, *Zivilprozeβrecht*, C. H.

第 4 章　EU とイギリスの国際裁判管轄権

③　このとおり、一国の国際管轄権の正当性判断と外国でのその判決の承認・執行とは一体的関係にある。そこにあるのは、国際管轄権判断におけるある種の共通要素、文明国に共通のルール（法の一般原則）である。各国家毎の公序や相互主義などは、この共通ルールとは別の要素である。前者はたとえ各国間に条約ができても（Brussels I の下でも）なくならない。他方で相互主義は、無条約状態でこそ物を言い、条約締結国間では最早問題にならない[4]。

共通要素として残るのは、被告への通知・弁明の機会という適正手続的要素と、それに先行する、管轄権を基礎付ける国際間でのある程度の一般的な原則である[5]。こうした一般的な原則には、国際社会の中でかなり明確になったものがある。たとえば、被告の所在国の管轄権の考えである。被告が消費者のときは、特に明確化する。一般的といっても、これは当事者という主体と、請求（客体）の双方とに相関的に働くルールであり、一義的に決めるのがなかなか難しいことも事実である[6]。

そもそもの（国内）管轄権の考え方も、国によって差異があった。領主権が強かった大陸諸国では、領内に domicil がある領民への支配権との結び付きが強かった。これに対し、中央の王権が比較的早くから発達したイギリスでは、王の令状の届くところに現存する（physically present）者に管轄権が及んだ [3.2]。そこから、居住には至らない一時的（temporary）な所在や、物

　　Beck, 1977, p. 17。また、無条約状態にある外国との判決の承認・執行の要件として、5 つの消極的要件（相互主義を含む）を定める（328）（わが民訴法 118 参照）。うち 1 つが、ドイツ法に照らしてその外国裁判所が裁判管轄権を有すると認められない場合である。
4）ドイツ民訴法など、ヨーロッパ大陸諸国では外国判決の承認・執行に関して、概して相互主義（reciprocity）が採られてきた。これに対し、イギリスのコモンローでは、相互主義への言及はなかった（条約上ないし条約締結上の相互主義とは区別される）。同様のことがアメリカの太字法でもいえた [5.4] [5.5]。
5）アメリカが新条約策定中に提案した white list など 3 色に分ける形も、基礎となる考えをある程度共通にしよう [5.12]。
6）国際裁判管轄権と外国判決の承認・執行に係る世界共通のルールを定めた条約等を欠く国際社会の現状で、外国判決の承認・執行問題は、外国裁判管轄権の個別事後的審査事例集に止まっている。

(property) の所在ないしそれへの差押え (attachment) によっても管轄権が生じた。

[4.2] (2) 存在した共通法 (ius commune) の基礎

① 上記の（国際管轄権と判決承認の一体的ルール化の）困難を乗り越えたEUの実績は、確かに刮目すべきである。しかも、条約のレベルを超える域内法としてである[7]。それが、民商事事件の管轄権および判決の承認と執行に関する理事会規則（Council Regulation EC No. 44/2001 Convention on jurisdiction and the recognition and the enforcement of judgments in civil and commercial matters) である。註2や7の讃辞も強ち過分ではない。しかし、これには、それなりの背景があり、歴史がある。その意味でEUは特別である。

現代人にとっては「国家法」が極めて大きな存在である。「およそ国家法だけが法である」、と頭から信じている人が殆どであろう。これに対し、ヨーロッパには「法は国家法だけではない」との思考の流れが伝統的に存在する。歴史的に共通の背景と源を持った共通法に対する思いと親和がある[8]。トインビーも「ヨーロッパの個々の国民もしくは国民国家で、自己完結的に説明される歴史を示すことのできるものは1つもない」という。

② こうしたヨーロッパ法史観の1つに、「共通法」(ius commune)、即ち中世後期以降のヨーロッパでのローマ＝カノン法的な共通法的伝統を説く考えがある[9]。Coing は次のとおり述べている。

「われわれの法史が専ら国民的枠内で発展してきたものではないことが述べられねばならない（……muβ……bemerkt werden, daβ unsere Rechtsgeschichte sich

---

[7] Goode, Kronke, McKendrick, Wool, *Transnational Commercial Law*, Oxford, 2004 は、これを、「歴史上最も成功した国際私法制度上の合意が柱を変えた "changed pillars"」と評する (p. 793)。

[8] たとえば、マックス・プランク・ヨーロッパ法史研究所（Max-Planck-Institut für europäische Rechtsgeschichte）を創設、主宰したHelmut Coing (1912～2000) の考えで、共通法 (ius commune) とは、彼がその所長に就任後、同研究所から発行された機関誌の名でもあった。

[9] H. Coing, *Epochen der Rechtsgeschichte in Deutschland*, C. H. Beck, 1967, p. 23.

nicht ausschließlich im nationalen Rahmen entwickelt hat)。それ（法史）も、また、われわれの政治史や文化史と同様に、概ねいつの時代もヨーロッパ文化とのより大きな関係の中に立ってきたのである。このことで、法史は美術史と共通性を持っている。ゴシック様式がフランスで発達し、そこから他のヨーロッパ諸国に拡散していった。それと同じように、法理念や法制度もいってみれば、遍歴し、そして個別の国々の法律も、諸理念や諸制度の交換の中で自己を構成しているのである (So sind auch Rechtsideen und Rechtsinstitutionen gewandert, und die Rechte der einzelnen Länder haben sich im Austausch von Ideen und Institutionen konstituiert)」。

　無論、Coing は独りではない。こうした汎ヨーロッパ法の潮流には、18世紀前半のフランスの法曹ポティエ（Robert-Josephn Pothier）から、後半のイギリスのマンスフィールド卿（William Murray）から、イタリアのマンシーニ（Pasquale Mancini）から、現代へと続く何人かの西欧の法学者の系譜があり、彼等の間の共通認識があった。

　その中で、Coing は、トインビーの一般文化史研究の手法に学びつつ、次の標識により、近世ヨーロッパ法中に一体性を認めうる領域があるとしている[10]。

（イ）共通の精神的基礎が働いている。

（ロ）国、地方（部族）間に強い相互作用、影響関係が認められる。

（ハ）時間的に並行する展開がみられる。

　その上で、彼は上記の標識に当てはめうる事実として、(a) 12世紀以降のローマ・カトリック教会の統一的な立法と司法（カノン法）、(b) 1100 年頃からボローニア大学の法学教育でローマ法が第1科目であり、それが12、3世紀中にパリ、パドヴァ、オルレアン、サラマンカ、オクスフォードへと広まったこと、次いでプラハ（1356）、ウイーン（1365）、ハイデルブルク（1388）、ケルン（1389）、コペンハーゲン（1478）、ウプサラ（1477）などの法科大学

---

10) 同上書 p. 31.

での同種の法学教育開設へと続いていること、(c) 更に、これら最古の法科大学群のうちのいくつか（ボローニア、パドヴァ、ペルージア、パリ、オルレアン）では、ドイツやイギリスからの留学生が群れをなしていて、いわば法学生らの国際的集合地となっていたことを挙げている。

③　絶対王政の下の大陸で国家と国家法が形成されかかった18世紀以降も、このような基礎の上で各国間の法の同化・継受が盛んに行われたが、特にその傾向が著しい例として、Coingは**19世紀フランス法圏の形成**を挙げている。ナポレオン法典の影響を受けて、南ドイツ諸国家、ライン国家同盟のバーデン、バイエルン、ヴュルテンブルグなどが相次いで市民法を立法したこと、この動きが更にオーストリア、プロシアなどを経て、ドイツ民法（BGB〔1900〕）にまで及んでいることを示唆している。そこにみられるのは、文化史の１つとしての法史のとらえ方である。それも、ドイツ法史家のとらえたフランス法圏形成の姿である[11]。

[4.3] (3) ブラッセルズ条約の流れとEU理事会規則 (Brussels I) への格上げ

①　上記のような共通法の背景の中で、ヨーロッパ世界の中心、初めのEEC加盟国6カ国が先ずまとめたのが、先述のダブル条約である[12]。ヨーロッパ共同体 (European Community) を創設したローマ条約から11年後である。ローマ条約は、その共同体が議会 (a Parliament)、理事会 (a Council)、委員会 (a Commission) と並んで、a Court of Justice の各機関により運営されるとしていた (7旧4)[13]。現在のEU司法統合の萌芽といってもよい。

---

11) 彼は、「相互作用による諸国民の法の共通性とは、文化の要素なしに考えられない性質のものである」とも、また「ヨーロッパの諸民族は、彼らの時代的発展において互いに同じ問題に直面させられた (die europäischen Völker sehen sich in ihrer zeitlichen Entwicklung nacheinander mit den gleichen Problemen konfrontiert)」とも述べている。

12) 民商事事件の管轄権および判決の執行に関する1968年ブラッセルズ条約 (1968 Brussels Convention on jurisdiction and the enforcement of judgments in civil and commercial matters)

13) 1957年3月25日、この司法機関がLuxemburgにあるヨーロッパ司法裁判所 (Court

Clermont（註2）がダブル条約と呼んだと同じく、本規則も、国際的民商事手続で問題となる2つ、裁判管轄権と外国判決の執行を、一挙に解決した（その表現を借りれば、double regulation とも呼びうる）。1996年アムステルダム条約によるヨーロッパ世界の共同体化（communitarize）規定を受けて、条約を理事会規則としたものである[14]。

片や適用法ルールについては、一番主要な契約義務の適用法に関し、ローマ条約[15]が1991年4月1日から存在するのに加え、契約外義務の適用法に関する域内統一ルール（いわゆる Rome II）が作られ、現在 EU 議会にかけられている。これらの規則と条約を併せ、ヨーロッパ世界は、21世紀初頭に実体、手続両法にまたがる統一国際私法制度を築くことに実質的に成功したといえる。そこに前述の共通法（ius commune）の影をみることができよう。

ブラッセルズ条約の基本原則は次である。
(イ) 域内（メンバー国）に住所のある（domiciled）被告に対する訴訟で、その住所地に裁判籍を与え、管轄権決定の共通ルールの基礎とする。日本企業の在フランス子会社を被告とする訴訟は、フランスのみが管轄権を有し、ドイツやオランダなど他国は管轄権を行使できない。
(ロ) メンバー国の裁判所がそこで下した判決は、他の域内メンバー国すべてがその承認・執行を無条件に担保する。
(ハ) 域外の被告については、その訴訟を管轄する裁判所のあるメンバー国の国内（民訴）法に従わせる。

法人の domicile の定義にも絡むが、EU 域内に支店や代理店を有する企業に対しては、その支店や代理店のある国にも裁判管轄権が認められる（5 (5)）。EEC がメンバー国を拡げ、また EU へと変身していくのに合わせて、このブラッセルズ条約を拡張、修正したものが、民商事事件の管轄権および判決の

---

of Justice of the European Communities ; ECJ) である。
14) EC 条約（249 (2)）による。
15) Convention on the Law Applicable to Contract Obligations 1980, Rome. これについても、EU 域内法（理事会規則）化のための green paper（正式議案前の草案）が出されている。

執行に関する1988年9月16日ルガノ条約（1988, Lugano Convention on jurisdiction and the enforcement of judgments in civil and commercial matters）である。

ルガノ条約は、EECのメンバー国間条約であった上記ブラッセルズ条約の加盟国（2004年10月までの旧EU加盟国15ヵ国）を、ヨーロッパ自由貿易連合（EFTA：EU以外のアイスランド、ノルウェー、スイス）と、域外国ポーランドへと拡大した。しかし、2002年3月からのEU理事会規則の施行と2004年10月のEU25ヵ国への拡大に伴い、それらの整合性のため、目下、修正案が用意されつつある[16]。

② EUは、2000年12月に、上記のブラッセルズ条約をEUメンバー国裁判所を直接拘束する規則へと格上げした[17]。ここで「格上げ」という表現を用いたのは、基本的な内容がほぼ同じで、法形式が異なるからである。本規則中での加盟国（member state）は、デンマークを除く、EU加盟国の意味である（1 (3)）[18]。

前文中で、「民商事事件についての、管轄権および判決の承認・執行を規律する、拘束力があって、直接適用される共同体の法令が必要かつ適切である……」（……necessary and appropriate that the rules governing on jurisdiction and the enforcement of judgments be governed by a Community legal instrument which is binding and directly applicable……）という。

本規則の下で域内メンバー国（ただ、1992年にマーストリヒト条約加盟を国民投票で否決したデンマークは、本規則1 (3) によりその適用を留保し、他のEU諸国とは引続きブラッセルズ条約による。同じことは、EU外のEFTA国との間でもいえる）は、管轄権につき共通ルールを定め、他のメンバー国で下された判決につき承認

---

[16] これまでのところ、EFTA加盟国とEUメンバー国の間ではルガノ条約が適用されている。

[17] 前文の冒頭ではアムステルダム条約61 (c) と67 (1) に、前文 (3) では同65、(4) では同5に言及する。

[18] このほか、イギリスとアイルランドは、EU法につき個別に積極的に参加を表明（opt-in）する体制になっていて、Brussels I などでその旨表明している。

と執行を相互に確保した。2002年3月1日から実施され、EU域内でブラッセルズ条約を置き換えた。つまり、管轄権と判決の承認に関する各国内法と重複する範囲では、その国内法より上位の法律となった。

③ 本規則が各国内法より上位の法律であることから、たとえば、本規則の定めと異なるイギリスの民訴法中の定めは失効する（Civil Jurisdiction and Judgments Act 1982 (3)）。イギリスの裁判所は、管轄権および判決の承認・執行に関するヨーロッパ司法裁判所（ECJ）の規則に縛られる [5.10][19]。本規則も、被告のdomicilがいずれの加盟国内にもないときにのみ、各国内法による管轄権ルールによるとする（4 (1)）。

High Court は、EU法（その国内法化規則）が憲政上、いかに国内法に先行するかを示した（いわゆる「メートル法殉教者事件」）[20]。業者らは、この事件でイギリスの包括的なEU化法ともいえる法律中の条項[21]（その広範な授権ゆえに「ヘンリー8世条項」とあだ名されていた）が、その後の議会による立法、計量法[22]により黙示で廃止されたと主張した。これに対し High Court は、ECAはコモンロー上の憲法的立法（a constitutional statute）であり、黙示で廃止されることはないとして、その主張を退けた（また、ヘンリー8世条項が使えるのは、些細な変更のためだけであるという主張も却下された）。Laws判事は、EU法との関係を次のように整理している。

(イ) EU法によりクリエイトされるすべての個別の権利・義務は、ECAにより国内法となり、最高位となる（……rank supreme）、つまり、これと

---

19) ECJ規則（Statute October 11th, 2005）の下の手続規則（Rules of Procedure）は、たとえば、その解釈をいずれかの加盟国の法律によるのではなく、自律的、比較法的視点からなされるべしと定める。ECJにはまた第一審裁判所（the Court of First Instance）があり、そこでは自己の手続規則（Rules of Procedure）（January 1st, 2006）を定める。
20) Collins v. Sutton London Borough Council (2002), CMLR, p. 1461～1500など。そこでは、業者5人が果物、野菜、魚などをメートル法によらず、旧方式で販売したとして起訴された。
21) その法律はEuropean Community Act 1972である（ECA）。
22) the Weights and Measures Act 1985.

反する国内法は無効となり、修正される、
　(ロ) ECAは憲法的立法であり
　(ハ) この理はECA法によってではなく、イギリス法によって、つまりコモンローが憲法的立法という法分類を認めているからであり、イギリスとEUとの関係の基礎法制は、EU法の力 (legal powers) によるのではなく、国内 (domestic) 法の力による（それ故、万一にでもイギリス法により保護される基本権、憲法上の権利と相反するEU立法がなされれば、ECAがそれをも自動的にイギリス法に一体化し、国内法的効力を付与するかは問題となろう。しかし、本件はそれとは程遠い）。

④　Brussels Ⅰはブラッセルズ条約の「格上げ」であると評したとおり[23]、本規則は条約からの継続性重視を謳う。加盟国間ではブラッセルズ条約を代置 (supersede) するとし (68(1))、同条約への言及は、すべて同規則への言及とされる (68(2))。本規則の発効は、上記のとおり2002年3月1日からであるが、EUは、その前30数年間のブラッセルズ条約下での司法の実質的な統一運用の実績を無駄にはしていない。ECJの下での域内法の統一的解釈は、本規則の発効の前後を通して、最重要な2大指針の1つとされている。他の1つは、統一解釈を裏打ちする基本的原則、共通法的性質の堅持、国内法に対する独立優越である[24]。本規則の各条文の解釈にあたって、ブラッセルズ条約以来標榜されてきた原則である。ただし、手続法は、その手続の行われている地の国内法 (lex fori) によるとの原則は、本規則の下でも不変である。また、特定の地域、国などに独特の慣行や慣習法がある場合は、この国内法に対する独立優越原理も柔軟にならざるをえない[25]。

---

[23] 註7での"changed pillars"、アムステルダム条約のいう第3の柱（条約）から第1のそれ、域内法、となったことを意味する (249(2))。
[24] 本規則の前文 (Preamble) でもその旨謳われている。
[25] たとえば、物品の売買に係る履行の場所につき、引渡場所とする本規則5(1)を巡る解釈問題がある。

[4.4] (4) 司法統合の流れは Brussels I で止まっていない

① 判決移動の自由のため、またEU域内の司法制度統一のため、Brussels I の存在意義は大きい（前註2や7）。しかし、EU の司法制度統合の動きはこれのみに止まらない。民商事事件一般に係る Brussels I に引続き、家事事件に係る次の Brussels II も進んでいる（というよりも、時期的には Brussels II の前身の理事会規則[26]の方が先である。しかし、EU が家事事件を夫婦関係と親子関係とに分けて規律してきたことから、その一本化は Brussels I より後になった）。

これら2つの Brussels 規則のほかに、（イ）倒産手続に関する EU 理事会規則 No.1346/2000 [6.5]、（ロ）加盟国内の民商事事件の司法および司法外文書の送達に関する EU 理事会規則 No.1348/2000、（ハ）民商事事件に関する証拠調べにおける協力に関する理事会規則 No.1206/2001 [6.18]、（ニ）渉外事件での司法アクセス改善に係る (legal aid) 理事会規則 2003/8/EC (2003年1月27日)、（ホ）域内他国での支払命令の共通執行手続に関する理事会規則 No.805/2004 および同規則の別添 (Annexes) を修正する委員会規則 No.1869/2005 (2005年11月16日)、（ヘ）域内で発生した犯罪の被害者補償に関する指令 2004/80/EC (2004年4月29日) がある。

このうち、（イ）および（ハ）については第6章で簡述する。（ヘ）は本書の枠外である。（ロ）は改正作業中につき、また、（ニ）と（ホ）は枠外という訳ではないが、紙幅の問題もあり、割愛する。

② EU が上記①記載の多くの理事会規則等を作成して、司法統合を進めつつあるのは、次のような認識に基づく。（イ）域内市場 (Internal Market) では、人、物、サービスの移動が絶えず増大するし、そうあるべきである、（ロ）域内のA国民がB国などに居住、勤務し、そこで結婚し、職業を営み、休日を過ごすことが益々多くなり、（ハ）この**相互浸透**とも呼びうる現象から紛争、それも渉外的紛争が益々増える傾向にある。

---

26) Council Regulation (EC) No.1347/2000、2000年5月29日。

この傾向に対しEUは累次の条約により、前進的、継続的に対応してきた。(a) 1992年のマーストリヒト条約（Maastricht Treaty）による域内各国間の司法協力の重要性の強調、(b) 1996年のアムステルダム条約（Amsterdam Treaty）での人の移動の自由と結び付いた民商事手続協力、(c) 1999年のタンペーレ理事会会議（後註30）における手続法と実体法の両面での整合性のための努力の必要性認識を受けた翌2000年11月の司法・内務相理事会によるそのための方針決定などである。

このような動きは、上記の持続性とともに、共通法が法のより広い領域へと浸透する様をも示している。先述のローマ条約1980の域内法化のためのグリーン・ペーパー作成やいわゆるRome II の立法作業もその1つの現れである。Brussels II を巡る動きも同じである。上記の「域内他国で結婚し……」があり、家事事件での司法統合も喫緊の問題であった[27]。第1章で記述した国際私法の3つの分野は、適用法ルールに関する上記のローマ条約および管轄権と判決の承認・執行を規律するこのBrussels規則でカバーされている。うちBrussels Iの下での域内判決の承認・執行については、第5章で述べる。

③　これら多くの民商事事件に関する域内法令を実施するには、各国間の人・物・金の協力、司法の制度的な統合が欠かせない。EUはこれを推進し、束ねるため、域内での司法協力ネットワークの体制を築くための理事会決定を行った[28]。

これらの継続的努力の元になっているのが、アムステルダム条約中の条文、「EUを自由、安全と正義の地域にする」(an area of freedom, security and justice……)という考えである[29]。この考えを実施するための動きの1つが、各

---

[27] 註2中のMcEleavyは、家族法秩序の流動性を高めることが、人の移動の自由の裏付けとして不可欠であるとする（……facilitating……circulation of family law orders……essential……free movement of persons……）。

[28] 2001/470/EC : Council Decision of 5/28/2001 establishing a European Judicial Network in civil and commercial matters. ここでの決定（Decision）は、一種の立法といってよい。事実、条文形式である。

[29] OJL160. p. 19、2000年6月30日。

国司法当局が一体的な情報システムを築き、それを容易に活用できる体制を作るというタンペーレ理事会での結論であった[30]。

これにより、全EU内に情報交換を中心とする1つの司法協力の恒常的体制が作られたといえる（同決定1）。殊に、各国毎に国内手続法・実体法の異なることからくる不便さや、裁判制度が同一ではないことによる事実上の障害をできるだけなくし、バリア・フリーにしようとするのが趣旨である。本決定は、この実現のため、次の手順を定める。

(イ) 各国毎の司法協力のためのネットワークとなるのは、各国毎に定められる、(a) コンタクトポイント、(b) 中央当局、(c) 外務判事 (liaison magistrates) であり (2)、

(ロ) その仕事は、(a) 民商事案件についての情報交換システムを構築、現時化し、(b) 渉外事件での法の適用に支障のないようにする（特にEU条約、国際法の欠ける問題などで）、(c) EU法、条約などの国際法について、各国内での運用、解釈をスムーズに行えるようにすることである (3)。

これらの情報交換にはアクセス限定のインターネット方式が用いられる (13)。一方、公衆がアクセスできる方式も併用し、たとえばEU法やその国内関連法、判例などの情報を取出せるようにする (14)。弁護士紹介制度なども実施されうる。

④ このほか、現在、次のような議案がかけられている。(イ) 民商事事件の調停のある面に関する指令案、(ロ) 少額事件手続のための理事会規則案、(ハ) 民商事事件での送達に関する理事会規則 (EC) No.1348/2000を改正する理事会規則案。

そのほか、用意されている green paper には、扶養費に関するもの、渉外相続事件に係るもの、離婚事件での適用法の管轄権に関するものがある。また、やや周辺的なことになるが、ヨーロッパ会社法の成立と実施に先行する数次のEU指令により、資本や会計に係る実質的な共通化を図ってきてい

---

30) The Conclusions of the special European Council, October 15, 16, 1999, Tampere.

る[31]。

[4.5] (5) EU域内（弁護士）役務統一化への動き

① 　前出のようなEU域内の司法統合のグランドデザインを実現するのは各国法曹である。彼等がそれらの法律や制度を運用して行う。そこで、弁護士資格の統一も、弁護士のみならずEU当局にとり、不可避の問題であった。殊に、アメリカの弁護士事務所が一挙に押し寄せた1990年前後からこの問題の処理が、EU内外の勢力により集中的に行われた。資格の統一は、即ち、その域内移動の自由化である。この点で3つの指令（Directives）が働いている。

（イ）メンバー国間で原則として弁護士による法律役務の提供を自由にするサービス指令、EU Directive 98/5/EEC
（ロ）いずれかのメンバー国の有資格者弁護士に他でも弁護士資格を与える、資格指令、EU Directive 89/48/EEC
（ハ）域内での短期の一時的活動を認めた flyin-and-flyout 指令、EU Directive 77/249/EEC [32]

　上記（イ）ないし（ロ）で「弁護士」と記したが、専門職が正しい。その資格要件などを域内で包括的かつ共通的に扱おうとするものである。たとえば、EU理事会の下にある経済社会委員会[33]が同理事会の諮問に対する答申中では、個別指令によってカバーされる7種の専門職と一般指令による専門職につき、資格要件の統一のための新指令作成に向け提言をしている[34]。重点は、域内での専門職高等教育と実務教育（training）の統一化であり、そこでは、歴史的な理由からも資格認定は各国に委ねるが、教育や訓練では、域

---

31) green paperとは法案化作業のための下書きを意味する。なお、ヨーロッパ会社法については、國生一彦『国際取引法』有斐閣、2005、[6.9] の註41参照。
32) この期間につき註34の意見書は16週間としている。
33) EU理事会は2002年3月に European Economic and Social Committee（EESC）に諮問した（COM〔2002〕119）。
34) Opinion of the committee on the proposal for a Directive of the European Parliament and of the Council on the recognition of professional qualifications (2003/C61/14).

内共通化を図ろうとしている。そのためにボローニア過程 (Bologna process) とかブルージェ過程などが謳われている。専門職の移動性を高めるこのような動きは、外圧（上記のアメリカの法律事務所の進出）によるものだけではなさそうである[35]。むしろ、リスボン宣言などにみられるEUの本質的志向に沿ったものといえよう。

②　これらの指令を通していえるのは、EU域内では、弁護士資格は、基本的なところでは既に実質的に一本化されたということである。即ち、上記（イ）の（サービスの融合ともいうべき）指令の下で、たとえば、フランスの弁護士は、明日からベルリンに移住し、ドイツ法の法律事務を行える。これは、ドイツが1998年に同指令（条約）の国内法化を行っていることによる。上記（ハ）の古い指令の下での短期出張 (flyin-and-flyout) 型の一時しのぎのものではない。ただし、そのフランスの弁護士は、ベルリンに移住し、最低3年間ドイツ法をやらないと、ドイツの弁護士の呼称 (Rechtsanwalt) を名乗ることはできない（フランスの弁護士の呼称"avocat"のままである）。更に、（ロ）の指令の下で、フランスで必要な法曹教育を経た者は、ドイツでも法曹としての有資格者として認められる。これは資格の融合ともいうべきものである。

③　以上は、弁護士による法的役務提供の域内単一市場化の事実であるが、EUはその後、2004年1月13日に新指令 Directive on Service in the Internal Market と 2004年2月9日に Report on Competition in Professional Services を作成、公表している。前者は、すべての職業について域内の完全な単一市場化を目指したものである。これに対し、フランスやドイツなど主要国の職業別労働組合 (trade unions) は猛反対をしている。もっとも、弁護士などの専門職は組合を結成できないし、一般的な新指令が直接影響するものではない。弁護士に関係するのは、後者の Report の方である。というの

---

[35] 上記答申中でも、要旨次のような記述がある。40年前に専門職の移動性を初めて取り上げたときは、不熟練労働者の域内移動が殆どであったが、今は、反対に専門職の移動が著しく増加した（2000年には全人口の0.1％、22万5000人が国を越えて移動した）。

は、各国で、同 Report に沿った国内的改革の動きが出ているからである。中でも有名なものに、イギリスの弁護士に対する政府の規制などの基本的考え方を論じた2004年暮れのいわゆる Clementi（国務大臣名）Report がある。

2. Brussels ⅠやBrussels Ⅱの管轄権ルールのあらまし

[4.6]（1）Brussels Ⅰ と Brussels Ⅱ、それぞれの適用範囲

① 2つの理事会規則は、EU法である。つまり条約でも、各国内法でもない[36]。このうち、Brussels Ⅰの適用が起きるのは、次の場合である（1 (1)）。
（イ）紛議が純粋に国内事案ではなく、何らかの渉外要素（foreign elements）を含む。
（ロ）公法的事案ではなく、民商事案件（civil and commercial matters）である。
（ハ）次の②の適用除外にあたらない。
（ニ）本規則発効後の（その手続国での）手続であること（66 (1)）[37]

（ロ）の民商事案は定義されていない。第1に、公法（public law）ないし刑事法（criminal law）案件ではないという広い意味である。公法の意味に絡んで、少なくとも歳入、税関および行政的事案は除かれる（1 (1)）。社会保障案件も同じである（1 (2) (c)）。当事者が国際機関、国、地方自治体であることと、公法的か否かということとも別問題である。

第2に、民事と商事の区別は全く意図されていない。フランスやドイツのように2つの法典を有する国、イギリスやスイスのように商事法（典）を特に区別していない国があるが、それらを包括する広い意味である。たとえば、フランスの商事裁判所の管轄権か否かという、国内司法制度上の区分とも関係ない。しかし、たとえば、夫婦や家族の財産が同族企業の事業のために使

---

[36] 他の条約中で、「これと同種の主題を扱う国際文書（international instrument）の締結国となった国との間では、その国際文書の効力を左右しない……」などの定めがあるときに、本規則がそこに含まれるのか否かが疑問とされうる（註31書 [6.9] 参照）。
[37] ニューヨーク仲裁条約と同じく手続開始時についての遡及効はないが、一定の要件（主として Brussels 条約との継続性の点）の下で判決についての遡及効はある（66 (1)）。

用されていたとして、その財産を巡る問題が解釈上、本規則の民商事案件かなど、境界的な問題は起こりえよう。

　国際法を通して広く使われているこの用語法と、その理由は、本規則と主題を同じくする後記のハーグ条約と全く同一である [4.12]。

② 本規則の適用除外は前出の刑事、公法問題に加え、次がある。
(イ) 人の能力、夫婦財産関係、遺言および相続 (1 (2)(a)～(b))
(ロ) 倒産法関係
(ハ) 社会保障法関係
(ニ) 仲裁判断関係

　上記(ロ)、倒産法関係には、前出のEU理事会規則No.1346/2000が適用される[38]。倒産法の章で更に述べる [6.6] [6.7]。また、(ニ) 仲裁判断関係の意味は広く解されている。仲裁司法機関が仲裁手続の各段階に絡んでくることから [7.5]、仲裁合意の存否、効否や、仲裁人の選定に係る争いも本規則の適用除外とされる (註7書 p. 794)。

　本規則の特色としては、これらを除く域内すべての民商事事件に統一的な管轄権を定めるとともに、それら案件での判決につき域内での承認・執行を保障する。これは域外に対しては差別となる、ブロック経済体制ならぬブロック司法体制である。

　域内法として、競合適用が問題となるものに、(a) 先行する他のEU法令 (Community instruments) とその下で作られた関連国内法令、(b) 加盟国での条約で遺言や扶養のような特定事案についての管轄権と判決承認に関するもの、がある (67)。同条はそれらの適用を妨げない (……shall not prejudice ……) とする。これとは反対に、本規則により失効するものとして、2カ国ないし多数国条約の長いリストも有する (69)。

　再言すれば、各国内法で自国の管轄権を定めている規定は、被告の国籍、市

---

38) 同規則は、倒産法事件での管轄権、適用法ルール、外国倒産手続の全EUでの承認・執行を規律する (註7書 p. 857)。

民権、domicil、その連結素が何であれ、失効して関係がなくなる（3(1)、(2)）。Annex I は、そのリストアップである。

たとえば、イギリスのコモンローの下での物（property）の所在ないしそれへの差押えや被告のイギリス国内での通過的所在による裁判管轄権の発生や、反対にその裁量的否定（不便宜法廷の法理）の修正・放棄である。また、フランスでは、フランス人原告による訴訟の被告に対して一般的な人的管轄権を認めてきたが、これも上記の線に沿って修正・放棄された（同上Annex I）[39]。

③　Brussels II とは、婚姻案件と親の責任案件についての管轄権および判決の承認・執行に関する EU 理事会規則（Council Regulation〔EC〕No.2201/2003、2003年11月27日）で、2000年の当初規則を廃止する[40]、わかり易くいえば、EU 域内での離婚裁判を一本化するものである。正式には、名称のとおり、親の監護権裁判も含まれる。

本規則も Brussels I と同じく、冒頭でアムステルダム条約中の同一条文に言及する。更に、原規則（EC）No.1347/2000 が同じ主題の1998年条約とほぼ同一内容であったことを述べる[41]。次に記すのが本規則の適用範囲に関する概略である。

(イ) その名称、形式にとらわれず、婚姻の解消すべてを広く扱う（離婚〔divorce〕、婚姻無効〔annulment〕、別居〔legal separation〕）。ただし、財産関係を除く（1(1)(a)）。

(ロ) 法定代理権などの子の保護に関する財産関係。例示的に次を含むとしている。監護（……custody and……access）、管理権（guardianship, curatorship……）、副代理人の選任権、フォスターペアレントや施設などの決定、

---

39) 管轄権の連結素としては、国籍（nationality）よりも domicil や住所に比重が移りつつあるとするものに、再外法402コメント e がある。

40) Council Regulation concerning jurisdiction and the recognition and enforcement of judgments in matrimonial matters and the matters of parental responsibility, repealing Regulation (EC) No.1347/2000、2000年5月29日。

41) Convention drawn up on the basis of Article K. 3 of the Treaty on European Union, on Jurisdiction and Enforcement of Judgments in Matrimonial Matters, OJ 1998 C221, pp. 1–26.

その他の子の財産の保護管理（1 (2) (a) ないし (e)）。一般の財産関係は、Brussels I によるため除かれる。子の取戻しは、1980年ハーグ条約による（11）。子の扶養も別である（5 (2)）。

（ハ）明文で次を除いている（1 (3) (a)～(g)）。親子関係の存否確認、養親子関係の成否、解消、子の氏名権、子の解放、扶養義務の存否、信託と相続。

　国際取引法の続編としての本書の主題からは、Brussels I が中心である。しかし、前註27のとおり、EU域内統合上で家事事件手続の統一的処理の重要性は取引法のそれ（Brussels I）に比肩する。そのため、本書では Brussels II と、それに対応するアメリカの手続（再外法）にも寸言する。

[4.7] (2) Brussels I による裁判管轄権の域内配分ルール

① 再び Brussels I に戻って、本規則の管轄権配分ルールの基本は、三段構えである。(a) 先ず原則的専属管轄権を定め（……shall be sued……）(2、3)、(b) 例外的・補充的な管轄権を許容（……may sue……）、§5、6 および 8 ないし 13 がそれを定め、(c) その他に絶対的専属管轄権ともいうべき規定（22、23など）を置いている。

（イ）上記 (a) の原則的配分ルールの基本は、被告乙の domicil のある B 国の裁判所である (2)。本条は人 (person) といっており、自然人に限っていない。つまり、法人についての domicil を観念している。アメリカのコモンローでできなかったことをやっている（[3.3] と対比）。しかし、domicil につき定義はしない。各国毎の根本概念であり、それぞれの制度と法史的背景を考えたからである。従って、係属裁判所毎に自国法を適用して法人であれば（ロ）の規準により判断する (59)。たとえ日本企業であっても B 国内に domicil があるとさえ判断されれば、B 国または他のメンバー国で訴えられる（2 (1)、3 (1)）。

　乙の domicil が自国内にないと B 国裁判所が判断すれば、それが存在すると疑われている地の他国法、たとえば C 国の法律を適用して管轄権

147

を判断する (4(1))。ただし、domicil を問題にしない絶対的専属管轄権 (上記(c)) の場合を除く (22、23)。しかし原則は、B国内に住所のある乙が、B国以外の加盟国の裁判所に訴えられることはない、である。例外は、上記 (b) と (c) だけである (3(1))。乙がC国民であったとしても、C国は、当然には、乙に対する管轄権を有しない（少なくともAnnex Ⅰに定める各国民訴法などには拘束されない）。ここでは既に、国家法より優先して、EU法が人間生活を規律する。

(ロ) 上記のとおり、本規則は法人についての domicil を観念し、それを基礎に上記の管轄権を決定する。domicil 決定のためには次の3つの異なる連結素がある。

　(a) 制定法上の所在地 (statutory seat)
　(b) 管理中枢 (central administration)
　(c) 主事業所 (principal place of business)

　　係属裁判所はこの中から自国の国際私法が指定するdomicilを決める (60(1))。しかし、事案が会社法上の内部問題であるときは、(a) が一律に専属管轄地となる (22(2))。法人の観念そのものがEU各国毎に同一ではないことによる不明確さがある。域内法としての立場から、緩やかな表現、"a corporation or other legal person or association of natural or legal persons" を用いる点にそれをみる。

　　係属裁判所がイギリスかアイルランドの場合、(a) のstatutory seat は、第1に登記上の事務所 (registered office) となる (60(2))[42]。

(ハ) 支店、代理店など (branch, agent, other establishments) については、その所在地も domicil として連結素となる (5(5))。この表現 (other establishments) も、各国内法の違いを意識し、緩やかである。しかし、他方で取引の相手方保護の見地があることから、アメリカ式の連結素、**事業を行う** (doing business) とは違い、ある程度の（商的な）団体性が必要

---

[42] 設立準拠法主義と呼ぶこともできるが、同条コメントは、アングロ・アメリカン法系がそれを、また、大陸法系は主に (b) ないし (c) に拠ってきたという。

とされる（註7書p. 795）。従って、ロンドンに管理中枢を持ちながらドイツで設立された日本企業甲社は、パリ支店に由来する管轄権に服するほか、その所在国の法人の従属法に関する国際私法のルール如何により、いずれかの域内他国の管轄権にも服しうる。

② 次は①で例外的・補充的な管轄地配分ルールと呼んだものである。上記の原則的専属管轄権ルール（被告のdomicil地）が各国内法より優先する本規則独自のものであるゆえに、例外的・補充的ルール（……may be sued）（そこへも訴えうる）は、本規則で明定するものに限られ、かつ狭く解釈される。

(イ) 先ず、国際取引で重要な、契約に絡む問題 (matters relating to a contract) については、義務の履行地 (the place of performance) の管轄権がある (5 (1) (a))。このため、義務履行地の解釈規定を置いている（同(b)）[43]。内容は Rome I (4 (2)) の特徴的給付理論と共通であり、わが国の国際私法改正要綱にも採り入れられているものである（NBL、819/51）。

(ロ) 契約義務以外でも次の補充規定がある (5 (2)〜(7))。
  (a) 不法行為については、有害事実の発生地 (where the harmful event occurred……) (5 (3))。「有害事実の発生」の意味は1つとは限らないから、2つ以上の国が管轄権を持ちうる[44]。
  (b) 扶養事件の管轄については、住所地または常居所地 (habitual residence) の語を用いて定める (5 (2))。
  (c) 刑事事件に絡んだ民事上の請求にあっては、その刑事事件の裁判所にも管轄権を与える (5 (4))。
  (d) 支店、代理店の営業に関する事件の管轄権は上述した (5 (5))。
  (e) 海商法絡みでは積荷の差押地という定めもある (5 (7))。

---

43) この結果、当事者間で別の合意がなければ、たとえばイギリスの薬品製造会社がエイズワクチンをポーランドの卸売会社に売った契約での争いでは、その薬品製造会社は、ポーランドでの訴訟を覚悟すべきことになる。
44) ドイツの会社のスイス山中の工場が汚染物質を流し、その被害がフランスの川の流域にいたオランダ人に生じたとすると、被告はフランスでも訴えられる。

(ハ) 主観的併合にあっては、併合して審理しないと、別訴でやることによって判決間に齟齬が生じる恐れがあるような（……so closely connected that ……to avoid the risk of irreconcilable judgments……）請求原因の場合にのみ、1人の共同被告についての上記管轄地で併合が可能となる。ただし、正当な管轄裁判所の審理を受けさせないようにするためにのみ試みられる併合請求を除く（6(1)）。

(ニ) もう1つ商的な事案で本規則が7条（§8〜§14）もの多くを割いて定めているのが、保険の事案での管轄権である。一方で保険会社からする申立での管轄権の選択を狭めるとともに（12）、被保険者、保険証券保有者、受益者（insured, policy-holder, beneficiary）の選択を多くしている（9、10、11、12(b)）。合意管轄の効力も、次により制限されている（13）。(a) 紛議の後に合意されるか、(b) より広い選択を被保険者、保険証券保有者、受益者に与えるか、(c) 契約当時に双方が同じメンバー国に domicil ないし常居所を有する保険証券保有者と保険会社間の合意による、そのメンバー国に管轄権を与える合意であるか、(d) 契約当時に双方が同じメンバー国に domicil ないし常居所を有するメンバー国内の不動産に関し、メンバー国に domicil のある保険証券保有者により合意されるか、または、(e) §14の定めるリスク保険に関する合意であるかである。

上記のとおり、本規則は、その発想、基本概念、用語法（操作用語）など、多くの点で1980年ローマ条約とも、また後記のハーグ条約（[4.12] 参照）とも、共通性・関連性を有するが、ほかにも共通原則がある。その1つが基本的人権の発想からする配慮で、(a) 消費者契約（15〜17）、および (b) 個別の雇用契約（labor contract）（18〜21）につき、それぞれ1章を割き、管轄の選択肢を多く認めている。

③ 第3のカテゴリ、絶対的専属管轄権とでもいうべきものには次がある。
(イ) 会社などの団体（前出の緩やかな言葉）のいわゆる内部問題（成立の効否〔validity of constitution〕、解散問題ないしその機関決定〔dissolution……deci-

sions of......organs〕の効否など）について、その団体の座（seat）の所在地（22 (2)）
(ロ) 商業登記簿などの公簿記載の効否問題については、その公簿のある地（22 (3)）
(ハ) 特許権など工業所有権の効否については、その申請地ないしその受理がなされた（deposit or registration......applied for）国（22 (4)）
(ニ) 不動産についてはその所在国。例外として、6カ月以内のリース権の場合、テナントが自然人であり、かつ地主、テナントともにメンバー国に所在する場合は、そのメンバー国も補充的に管轄権を有する（22 (1)）。契約に絡む問題であっても、同一被告に対する不動産に係る請求と結合される場合は、その不動産の所在するメンバー国の裁判所に収斂してもよい（6 (4)）。

以上のうち（イ）の団体の座（seat）の所在地がどこにあるかは、その法廷地国際私法による（22 (2)）。また（ハ）の絡みでは「ヨーロッパ特許権付与条約」[45] の下でのEuropean Patentsに係る手続については、European Patents Officeのほかに、申請人らのdomicilの如何に拘らず、各国も専属管轄権を有する。

④ 冒頭上記①の (a) 専属的、(b) 例外的補充的、(c) 絶対的専属的、の3つの法定の管轄権配分ルールに加え、なお、次のような定めがある。
(イ) 合意管轄（prorogation）の効力も原則として認められ、特に断らなければ、その合意は、専属管轄権（exclusive jurisdiction）と見なされる（23）。即ち、専属、非専属とも、当事者自治の範囲内で合意の効力が肯認されるが、前者にウェイトがある。合意管轄が認められるための要件は次である（23）。
  (a) (i) 少なくとも当事者の1人が加盟国にdomicilを有し、(ii) 特定の法律関係（particular legal relationship）につき、(iii) ある加盟国内

---

[45] Convention on the Grant of European Patents, Munich, October 5th, 1973.

の裁判所（court or courts）の管轄に合意すること。ただし、当事者が1人も加盟国にdomicilを有していない場合は、その合意された国の裁判所はその不受理を決定できるが、他の加盟国の裁判所がその不受理決定後に事件を受理することは自由である。つまり、この場合は本規則ではなく、いずれも各国内法の問題となる。

(b) 合意の方式性を巡り、書面性を軽くみたと思われるわが国の判例がある（[1.9] の註48事件）。これに対し、BrusselsⅠを含め、海外では書面と署名の重視が基本である。本規則での合意は次による。

（ⅰ）書面ないし当事者間での取引で慣行化した方法（23 (1) (a)、(b)）

（ⅱ）取引当事者が一般に国際取引で（in international trade……）守り、かつその種取引で広く知られる慣行に沿っていて、当事者がそれを知るか、また知るべきである方法（a usage……are or ought to have been aware……n such trade……widely known……regularly observed……）

によるもの（わが国、民訴法11参照）

　この国際取引に絡んだ慣行（usage）は補充規程である[46]（23 (1) (c)）。CISG（9 (2)）の文言と殆ど同じである。

(ロ) わが国の応訴管轄（民訴法12参照）に近い定めもある（24）。要件は、管轄を争う（contest jurisdiction）ためではない被告の出頭（general appearance）である。§22による絶対的専属管轄権の場合は除かれる[47]。

(ハ) 二重訴訟（lis alibi pendens）については第6章でも触れるが、本規則での関係条文は次である。第2日以降の受訴裁判所（B国）は、第1日の受訴裁判所（A国）の管轄権が明定されるまで、自らの手続を停止（stay）する（27、28）。ただし、保全処分の必要性は、本案の管轄権の問題と常

---

46) 更に、§23 (2) は、保存可能な電子的記録の電送を書面と認める。ECJの（第一審法廷）実務指示書（March 14th 2002, practice directions）も先ず電子的方法についての詳細な規則を定める。

47) アメリカのコモンローの下でのspecial appearanceの意味につき [2.9] の註50など参照。

に同一国でなければならないとは限らないから、B国裁判所も行いうる (31)。

[4.8] (3) BrusselsⅡによる管轄権配分の基準

① 本規則は、上記のとおり、離婚案件と親の責任案件の2つの管轄権で域内統一規則を定め、その下で他国の判決につき無審査での承認・執行体制を築く（アメリカの再外法でも管轄権と判決の承認・執行を一体的に定めている [5.7]）。

(イ) 先ず、婚姻解消に関する管轄権では、夫婦の常居所地 (habitual residence)、一方の現居所地である最後の常居所地、相手方 (respondent) の常居所地など、細かなルールが定められている (3(1))。

その最終順位にくるのが、申立人がその国民 (national) であり（イギリスとアイルランドではそこに domicil があり）、かつ申立直前に6カ月以上その地に居住していたことである。

(ロ) 親子関係についての管轄権の原則は、訴え提起時の子の常居所地である (8(1))。常居所地がない場合は、子の現存（......present......）地である (13)。

② 判決の承認・執行は、BrusselsⅠの下でのそれについては第5章で述べるが、本規則の下では次である。前出のとおり、メンバー国間では無審査 (without any special procedure) で行われるものとする (21(1))。逆に、判決を承認・執行できないのは法定の限られた理由のみによる。

(イ) 婚姻解消に関していえば、次である (22)。

(a) その承認・執行国の公序に明らかに反するとき (manifestly contrary to ......)

(b) 相手方に対する適切な通知を欠くまま相手方の出頭がなかったとき

(c) 同じ当事者間の他の判決と相容れないとき

(ロ) 親子関係については、次がある (23)。

(a) 上記の公序違反の場合

(b) 子に弁明の機会がないなど、判決国の手続の基本に反したとき

(c) いずれかの当事者につき適切な通知を欠くまま、その者の出頭がなかったとき

　これら（イ）、（ロ）のいずれでも、判決国の判決内容を再審査することはできず(26)、また管轄権を再審査することを禁ずる。また、管轄権を定める§3ないし§14適用の可否判断にあたり、公序違反を用いることは許されない(24)。特に、離婚等の判決が、承認・執行国の法律では許されないからとして、承認・執行を拒むことはできない(25)。

3. イギリス（ロンドンの High Court）と国際（商）取引紛争の処理

[4.9]（1）**民商事事件を扱う司法の仕組**（要約）

① 歴史的・伝統的に専属管轄合意を認めなかったアメリカ、そのアメリカで、契約当事者も、その締結地も、またその履行地も、全くイギリス・ロンドンに関係のない事件、その管轄合意の効力を認めたのが Bremen 事件（1972）であった [2.11]。国際取引契約中（殊に海上保険契約など）で、この種のロンドン専属管轄合意が多くみられる。その比率が何パーセントになるか、世界全体でも、日本だけでも、数字として利用できるものはない。しかし、経験上、かなりの率に上るであろうことは間違いない。そこに日本企業として、ロンドンの High Court について最低限の予備知識を必要とする理由がある[48]。

　イギリスでは、13世紀末までは地方の諸侯（lords）が司っていた裁判所も盛んであった。その後18世紀ぐらいまでは、それが王の地方裁判所として生き続けたが、次第に中央（ロンドン）の王の直轄する王室裁判所（royal court）に事件が集まるようになった。ロンドン（その High Court）への事件の集中は、国際的にも国内的にも歴史的理由があった。その間の3つのRの時期に古来のコモンローの流れは途絶えるかにみえたが、生き残ったとされる[49]。

---

48) ロンドンの法曹がこの法的ソフトのインフラを大いに誇り、自慢している点につき註31書 [1.8]、註41参照。
49) ルネサンス、宗教改革、ローマ・カノン法の継受のうち、ここでは最後の事象につき、

現在は、極く概括的にいえば、王室裁判所の流れを引く普通裁判所（ロンドンにあるHigh Courtならびにその地方支部）と、全国（といっても、スコットランドやManchesterなど2、3の都市は特殊で、別扱いであるが）約400の地区（district）にある郡（簡易）裁判所（county court）の2つが第一審裁判所である。現在のcounty courtは、かつての諸侯の裁判所（lords' courts）とは関係がない。

② 王室裁判所（Royal Court of Judicature）は、今でも女王が（少なくとも観念的に）支配する。わが国の民事訴訟法にあたるCPRも、女王勅令の形によって告示される。それにより、個別の事案がどのような請求であれば受付けられるかも定められる。15〜16世紀頃から次第に王の裁判所（コモンロー裁判所）とは別個に、大法官（Lord Chancellor）が代行して主宰する裁判所＝衡平法裁判所（Chancery Court）が発達してきた。この2つの裁判所は、19世紀後半に入るまで確かに異なる働き、役割を果たしていた[50]。

ニューヨーク州の1848年の同旨の法律によるのに似て、1873年以降の司法法（Judicature Act）によって、今ではそのような二分主義はない。事件の本来の性質が正法（at law）であれ、衡平法（in equity）であれ、1つの裁判所に訴え、審理してもらうことができる。

アメリカとは大きく異なるのが陪審制（jury）である。成文憲法を欠くイギリスには成文憲法上の陪審権（right to jury）はない。実務上も、民事事件は原則として陪審制ではない[51]。1人の裁判官による審理が原則である[52]。

　　次のような証言が残っている。「……16世紀の第2四半期には……法制史の連続性は重大な危機に陥っていた……」（F. W. Maitland『イングランド法とルネサンス』小山貞夫訳、創文社、1977、p. 24）「……当事者が争点を決定する、16世紀の終わりまでにChancery Courtも判例法体系になりつつあった」（W. S. Holdsworth『A History of English Law』小山貞夫訳、創文社、1977、pp. 109-110）。

50) この604年以来の大法官の役職は、裁判官の任命権を持つ閣僚であるほか、貴族で構成してきた上院の議長でもあり、そこから、立法、行政、司法の境目のあいまいさが指摘されていた。ブレア首相は、大法官の廃止を手始めに、改革に乗り出すという（2003年6月14日日本経済新聞）。今後は三権分立を明確にするため、憲法問題相は裁判官としての職務は引継がず、上院議長も別途選出する。政府は今後、独立した最高裁判所を設置するほか、裁判官の任命機関を新設するという。

51) 刑事のほか、民事の例外は、違法性の強い事件（詐欺、脅迫など）である。

イギリスの民商事事件に適用されるCPRは、Civil Procedure Act 1997の下で作られた規則であり、1999年4月に発効した。その下での補則としてPractice Directions（PD）がある。つまり、全国的に民商事事件はCPRとPDに則って進められる。

[4.10] (2) High Court 中の商事法廷 (Commercial Court) について

① イギリスの司法裁判所の区分は、その歴史の古さ故に、「整然としている」というのには程遠い。一審の裁判所としては、ロンドンにある裁判所 High Court と、各地に散在する郡裁判所に分けられる。両者の区別は、High Court が£15,000超の請求のみを受理するという、主として金額的な事物管轄の点にある（前者を高等裁判所と訳すと、二審の裁判所であるかのような誤解を与える）。

High Court は、大きく女王座部門（Queen's Division）と司法官部門（Chancery Division）とに分かれる。前者は、更に商事法廷（Commercial Court）と海事法廷（Admiralty Court）とに分かれ、後者は特許裁判所（Patents Court）と会社裁判所（Companies Court）とに分かれている。High Court 以外の裁判所に範囲を広げると、特殊部のようなものとしては、次がある。

(イ) 商業法廷 (mercantile courts)　これはCommercial CourtのようにHigh Court に1つしかないのとは異なり、王室裁判所支部や郡裁判所にも存在する。

(ロ) 技術・建設法廷 (technology and construction courts)　これも(イ)に同じである。一方、High Court だけにあるのは、ロンドンの司法と同名詞のような Commercial Court と海事法廷（Admiralty Court）と、特許とその他の知財権法廷（Patents and Other Intellectual Property Court）である。これらを、将来的には Commercial Court と合体させる計画も出ている。

② イギリスにおける17世紀頃の衡平法・商人法の正法への融合からして、商

---

52) 事件の種類、性質により、参与（referr, master）の補助を受けたり、またはそれに委任したりする場合もある。

London の High Court	Queen's Division	Commercial Court
		Admiralty Court
	Chancery Division	Companies Court
		Patents Court

表 4-1　High Court 内の分類

法などの実体法の分かれも、商事裁判所制度もなく、商事法手続も存在しない。High Court 中の Commercial Court での手続も一般の民事事件と同じCPRによって規律される。CPR中でもその58部（Part 58）が、商事事件の特性に合わせた要領を定める（つまり、Commercial Court 用といえる）。その特性とは、一方で、かつてのオレロン海商事裁判所の流れを汲んだ柔軟性であり、他方で、準備期日などでの綿密な手続的構成である（CPR58.3と関係〔PD〕）。この綿密な手続的構成が必要な理由としては、1970年から正式な常置法廷となったこの Commercial Court の取扱う事件の特徴がある。

その特徴の1つは、（イ）金額の巨大なことであり、他の1つは、（ロ）殆どの場合、当事者のいずれか一方に外国人（法人）が含まれることである[53]。イギリス（とその法曹）が、このロンドンの有する法的インフラをいかに誇りに思い、これを自信をもって維持しようとしているかを示す事実は数多いが（前註48）、次の（3）でみるとおり、契約絡みの事案で Commercial Court に思い切り広い管轄権を与える法律にもそれが示されている。Bremen 事件の二重訴訟の申立でも何の抵抗もなく受理され、かつアメリカよりも早く判決が下された [2.11]。

③　この商事裁判所と High Court 全体との関係は、東京地方裁判所とその民事8部との関係にやや似たようなものであろう。長年この種事件を手掛けてきた裁判官が配属される。しかし、Commercial Court が扱う範囲は、野心的に広い。それは、CPR 58.1 とその実務要領（PD）中で定める商事請求（commercial claim）であり、次に関する請求が入る（58.1(2)）。このリストは、正に国連の UNCITRAL の所管としての国際取引法の全目次に近い[54]。

---

53) Brussels I の下での判決の承認・執行事件も、High Court の管轄と定められている。
54) 前註31書 p. 22。

（イ）事業文書ないし契約（a business documents or contract）
　（ロ）物品の輸出入
　（ハ）物品の陸、海、空またはパイプラインによる輸送
　（ニ）石油、ガスその他の天然資源の開発
　（ホ）保険および再保険
　（ヘ）銀行と金融業務
　（ト）市場および取引所の運営
　（チ）商品の売買
　（リ）造船
　（ヌ）事業代理
　（ル）仲裁手続

　巨額事件に偏り勝ちなこの裁判所の範囲を補うため、ロンドンにも1994年に中央ロンドン郡裁判所（Central London County Court）が作られた。

[4.11]（3）High Court の管轄権と海外被告への送達など

①　High Court での審理は有効な送達があり、その確認（acknowledgement）があった後は、訴状（claim）、抗弁（defense）、再抗弁（reply）の順で手続が進められるが、送達について CPR は、（イ）国内、（ロ）EU メンバー国内、および（ハ）その他の３つに分け、Part 6 に詳細な定めをする。

　上記（ロ）EU メンバー諸国宛の送達には、EU 規則 No. 1348/2000（5/20/2000）が適用される（PD の A1.1）。この場合、同規則が、わが国なども加盟するハーグ送達条約（1965）や、また EU 域内で先行していたブラッセルズ条約よりも優先する。また、上記（ハ）、その他の域外諸国に所在する被告への送達を行うには High Court の事前許可を要する。ただ、それが旧大英帝国の領土である場合は、Singapore などを除き、事前許可を要しない。

　この許可は、契約の執行、取消、解除ないしその違反による損害賠償その他の救済で、次のいずれかの１つでも充たされれば、肯定される（CPR6.20(5)(a)～(c)、(6)）。

(a) 契約の締結地がイギリスの法域内であるか
　　(b) 契約の締結の本人は法域外にいたのであっても、法域内に所在ないしそこで取引する代理人により締結されたか
　　(c) 明示または黙示でイギリス法を適用すると合意しているか
　　(d) その契約違反が法域内で発生したか

　これらにより、実に広く適用の可能性があることがわかる。

② 　コモンローの下で人的管轄権が生ずる何よりも確かな理由は王の送達状が執行されることであり、そのための一番の近道はそこでの現存であった[3.2]。以上の歴史的背景から、イギリスに受領代理人がいる場合は別にして、現在のイギリス民訴規則（CPR）の下でも、海外に所在する被告宛の送達には、先ず裁判所の送達許可が必要である。そのため、イギリス法を準拠法とし、かつロンドンの裁判所を管轄裁判所とする契約には、しばしば訴状や呼出状の受領代理人選任文言が謳われる[55]。

　最三小平成10年4月28日判決、平成6年（オ）1838号では、香港の裁判所の訴状の域外送達の許可を得た上で、送達状が中立人の私的な依頼を受けた日本の弁護士を通して日本の相手方に交付された。最高裁は次のように述べて、この送達を法所定の要件（118.2）を充たしていないとしている（しかし、相手方が応訴したことで、結果的に香港の裁判所の管轄権は肯定された）。

　「わが国と当時香港につき主権を有していた英国は、いずれも『民事又は商事に関する裁判上及び裁判外の文書の外国における送達及び告知に関する条約』の締約国であるところ、本件のような被上告人らから私的に依頼を受けた者による直接交付の方法による送達は、右条約上許容されていないのはもとより、我が国及び英国の二国間条約である『日本国とグレート・ブリテン及び北部アイルランド連合王国との間の領事条約』（いわゆる日英領事条約）にもその根拠を見いだすことができない……送達は、同号所定の要件を満たさない不適法な送達というべきである。」

---

[55] アメリカでも州内に公私の代理人を置くことにより管轄権に服することになることは前記のとおりである（再抵44）[2.13][3.3]。

送達要件につき上記のような拡がりを認めていることからして、イギリス絡みの国際（商）取引に携る日本企業に対しては、大抵の場合、海外送達の許可要件が充足されよう。もっとも、これは海外送達の許可の可能性であって、それだけでは管轄権は生じない。管轄権を生じさせるためには、その日本企業が自ら出廷するなどで応訴管轄が生ずるか、イギリスに所在していて、その所在地で有効な送達がされるか、または上記の平成6年事件でいわれるような有効な海外送達がされること、が必要である。

この所在は、イギリス法ではほんの通りすがり（fleetinglyなもの）でもよいとされ、アメリカでのコモンローとも、EU諸国の多数例とも異なる。このため、ブラッセルズ条約は、イギリスにいる他の加盟国の住人（domiciliaries）に対するイギリスでの送達を基礎とする訴訟の管轄権の発生は、通りすがりのではなく、一時的な所在（temporary presence）であることとしている (3(a))。

③ 上記により送達のための要件が充たされて、日本企業がロンドンのHigh Courtに訴えられるとしたら、最後に次のいずれかの裁判管轄権の要件が必要である。

（イ）日本企業が契約への適用法をイギリス法とすることに合意しているなど、上記のCPR6.20の定める管轄権発生理由が存在する。

（ロ）イギリス法以外の他国法を適用法にするとの合意がなく、かつその契約が、イギリスと密接な関連を有する。

この場合も、訴額が前述の金額的制限以上であることが必要である。

その日本企業が仮にイギリス国内に所在していなければ、予めHigh Courtから上記のとおり、海外送達の許可を貰う必要がある（CPR6.19）。この許可の要件は、契約が上記①のように何らかの形でイギリスに絡んでいない場合には、次の事実の疎明が必要である（CPR6.20）。

（イ）イギリスに管轄権が発生する事実があるらしいこと

（ロ）事案がいわゆる訴えの利益を有すること

（ハ）更に上記イギリス、ロンドンが不便宜法廷ではないらしいことも衡量

される (CPR6.21)。

　CPR6.21の下で、管轄権を行使するか否かについては、裁判所に裁量権があり、いわゆる不便宜法廷（forum no conveniens）のほか、二重訴訟（lis alibi pendens）などが衡量要素に挙げられる。

④　主観的併合訴訟も、日本企業として気になる点であろう。アメリカのFRCP (20)、permissive joinderにあたるのがCPR Part19で、複数当事者とグループ訴訟（parties and group litigation）の見出しで、前半が原告の併合、追加を定める。追加のためには法廷の許可が必要である（19.4 (1)）。法廷の許可に加えて、PD (2.2) により、追加される当事者の同意書面が提出されるときに効力を生ずる。

　被告による反訴や第三者訴訟は、主にCPR Part 20.5が基本を定める。原告（claimant）の追加の場合とは異なり、被告の追加の場合には、変更後の訴状（amended claim form）の送達までは効力が生じない（当事者とならない）（PD 3.3）。「法廷の許可を得て」ということで、その裁量に属する衡平法的手続といえる。

⑤　手続の初期対応の１つとして、送達問題に加え、証拠開示も一瞥したい。イギリス版の証拠開示（disclosure）と文書閲覧（inspection of documents）を定めるのはCPR part 31である。小額事件（small claims）以外のすべての事件に適用がある（31.1 (2)）。part 31の定めは、わが国の民訴法や民訴規則から比べると比較にならぬくらい詳細で、アメリカの連邦規則（FRCP 26）に勝るとも劣らない。まず開示すべき文書の標準（standard）が決められている（31.6）。当事者が依拠し、かつ次のいずれかにあたるものをいう。（イ）その当事者にとって不利なもの、（ロ）相手方に不利なもの、（ハ）相手方を支持するもの、（ニ）その他PDの定めるもの。

　当事者は、自己の支配（control）下にあるこの標準開示文書提出のため相応の努力義務を負い（31.7 (1)）、努力の規準もまた決められている。（イ）その文書の量、（ロ）手続の性質と複雑さ、（ハ）それを取り出すことの難易度と費用などを参照して、相応か否かである（31.7 (2)）。

アメリカの連邦規則と同じように、これら文書提出の手続も細かく定められている (31.10)。ただし、規則は似ていても、他のヨーロッパ大陸に近い分、イギリスにはアメリカの証拠開示を巡る文化と哲学、証拠調べが裁判所という役所の仕事ではなく、当事者の権利と義務であるという文化がない。かえって、イギリスの法曹にはアメリカ式の事前開示の実務に対し否定的な評価もあるくらいである[56]。

4. ハーグ国際私法会議（HCCH）による新条約

[4.12] **(1) 本条約成立の背景**

① 2005年6月30日に成立した本条約、The Hague Convention on Choice of Court Agreements は、元来は、Brussels I の下でのEU域内と同じような判決移動の自由を全世界に齎そうとする理想の下で、アメリカの主唱により1992年にスタートした[57]。言葉を替えれば、アメリカは、Brussels I によるEU域内とEU外世界との差別に危機意識を募らせて、主導的立場で本条約作成のため本格的な運動をした[58]。

しかし、アメリカ対EUでは、すでに自分の城を構えてしまったEUが有利なことは論を俟たない。そのために、EUが本気になれないのに反し、アメリカの方がEUに合わせられ、第3章で見たような通過的現存（transitory presence）や物の差押え（attachment）を理由とする管轄権の発生と、裁量的な管轄権否定（forum non conveniens）の法理を放棄させられた。また、doing businessによる人的管轄権ルールも抑制された[59]。

---

56) いくつかのイギリスの論評を引用するものに、G. Born, *International Civil Litigation in United States Courts*, 3rd ed., Klumer, 1996, p. 848. なお、いわゆる民商事の証拠収集条約中で、国際司法共助の事前開示への適用を除外可能とした経緯につき [6.15] 参照。
57) このこともあり、同規則と重なり合う条文も少なくなく、かつ言葉遣いも一般的に共通である。また、本条約以前のHCCHの同種の条約については、ここでは割愛する。
58) 註2論文 (p. 926)。
59) ただし、doing businessによる管轄権の拡張は、列挙型制定法州でのそれにみる限

1980年にイギリスとの間の2カ国条約の形での国際管轄権合意が流産してからのアメリカが、HCCHによる本条約の成立に軸足を移したことは他にも証言がある[60]。EUとアメリカとの間のすれ違いの前に、本条約は結果的には次に見るとおり、BrusselsⅠから大幅な後退を余儀なくされた。

　一番大きいのは、判決移動の自由、即ち、画一的な外国判決の承認・執行の前提ともなる一般的な国際管轄権の配分ルールを盛り込むことができなかった点である。代わって、当事者による専属合意管轄が残った。これだけは、締約国間で尊重しようということになった。その下での外国判決の承認・執行だけは、辛うじてダブル条約の枠組みを保った。

　たとえば、甲と乙間にA国法廷への専属管轄合意（exclusive choice of court）があれば、（イ）A国の法廷は甲と乙間のその事件の受理を拒むことができない、（ロ）すべての他国（甲の住所地のA国だけでなく、乙の住所のあるB国を含め）の法廷は、その事件を受理できない、（ハ）A国の法廷の下した判決は、他のすべての締約国が承認・執行しなければならない。

　第2に、ここでの国際事件の当事者は、いわゆるB to Bのみに限られ、B to CにもC to Cにも適用されない。

　このように、外国判決についても外国仲裁判断と同じような国際的な承認・執行法制を一般的に築こうとの理想は達せられなかった。これが1世紀以上もの努力の末にHCCHが到達できた最大限である。管轄権の国際的配分と外国判決承認問題がいかに困難な問題であるか（逆に、Brussels条約やBrusselsⅠが如何に画期的といえるか）を語っている。

② 　わが国は、本条約の作成過程からわりあい積極的に係ってきた。CISGなど、実体法を定めた代表的な国際商事法条約に対するどちらかというと腰の引けた対応とは異なる。また、本件作業が行われていることを理由に、1996

り、著しく不当とは考えられない（［3.14］の註71参照）。このような論説も一面の真理であるが、EUが既に城を構えてしまって、当面EU外への拡張に乗気でないことが一番の理由であろう。

60) G. Born, *International Civil Litigation in United States Courts*, 3rd ed., Kluwer, 1996, p. 938.

年の現行民事訴訟法典の制定にあたり、国際裁判管轄に関する規定を設けなかったという経緯がある[61]。

1971年の同種の条約案が棚ざらしになった状態で、1990年代を通して準備され、1999年に一応の完成をみた元の条約案 Preliminary Draft Convention of 1999は、上記の一般的な承認・執行の国際法制を築くことを目指してきた。そのために、(アメリカの肝入りで) 請求の種類毎に色分けする考えに立って進めようとした。

たとえば、貸付金の取立訴訟での借入人の住所地の勝訴判決のように、どの締約国も一律に比較的承認し易い請求分野での管轄権は、これを白項目 (white list) として、世界中の締約国でその承認・執行を認めるなど、事件の法律的性質を3つに分類する方法を提案していた。

反対に、消費者による訴訟の法廷を企業所在地国[62]とするような black list では、どの国の裁判所にも管轄権が付与されず、従って、またそこでの外国判決の承認・執行はどの国にも許されない。中間の gray list では、管轄権の付与はその国の自由だが、判決の承認・執行は保障されないというものであった。換言すれば、white list と black list ではダブル条約といえるが、gray list ではいずれもが定められない[63]。

③ 結論からいえば、Brussels I 型の条約を世界的規模に拡げようとする当初案は、現時の国際社会の実情からは少しばかり理想的であり過ぎた。管轄権

---

[61] たとえば、法務省の担当官は、わが国が本件作業の開始当初から法制審議会国際裁判管轄制度部会を設けて、わが国が批准可能な合理的なルールの査定に向け積極的に関与してきたと述べる。更に、これが結局、国際専属合意管轄についてのみのルールに止まったことから、わが国における国際管轄権配分ルール全般のあり方についての検討を進める必要が生ずるとしている（NBL、800/103、4、2005年1月1日）。

[62] 本条約では、次の4つの場合に法人の住所がその国にあると、広くとっている（4(2)）。
(イ) その国に本店が所在する場合
(ロ) その国の法に基づき設立した場合
(ハ) その国に中央統轄地がある場合
(ニ) その国に業務の中心地がある場合

[63] 道垣内正人「ハーグ国際私法会議『専属管轄合意に関する条約案』」『国際商事法務』32/9/1164は、これをミックス条約として紹介されている。

についての各国毎の考え方に差があり過ぎた[64]。本条約の下では、専属合意管轄だけが、いわば white list に残った（管轄権を付与してはならないという black list のルールはなくなった）。どの国も、その合意を除き、管轄権の付与につき完全な自由を有する。その代わり、それが他国で承認・執行される保障もない。その意味で、B to B の専属合意管轄についてのみダブル条約ができ、それ以外は、すべて各国内法の自由という gray list になったともいえる。現状からは半歩前進という低い評価も聞こえてくる（後出の法制審議会議事録参照）。

しかし、国際（商）取引法としては少なからぬ前進といってよい。少なくとも、企業はＢ２Ｂ間での専属合意管轄により、紛争解決手段と場所の点でニューヨーク仲裁条約に近い予測可能性を与えられる。これは本書の第１章での問題提起の１つに応えるものといえる[65]。本条約案の外交会議での採択を予期して64カ国が集った席上で ICC の事務総長は、これを正しい方向と讃え、「ビジネスエキスパートはＢ２Ｂと専属合意管轄の範囲で管轄権および外国判決の承認・執行を同時処理するルールを確立するこの方針を支持している」と演説した。

ICC はまた、本条約審議の途中で世界の多国籍企業100社のアンケート調査を行ったが、うち40社が管轄権を巡る現行の不確定性が重要な経営判断を鈍らせたとの回答を報告している[66]。以上のとおり、本条約はＢ to Ｂ の専属合意管轄に関する限りダブル条約である。それは、Brussels I などと同じ構成（第２章、管轄権、第３章、判決の承認・執行）からもみてとれる（第１章は適用範囲、第４章は一般条項である）。

---

[64] 更に、知的財産権に絡む管轄権、インターネットに由来する事件に対する管轄権の配分、判決の承認の考え方など、新しい事態にどう対処するかでも合意が得られず、調整のため作業は事実上３年近くストップしたとされる。本条約は、その後の現実的妥協案として2004年４月にまとめられたものが基本である。
[65] 註63の、註２部分の本文参照。
[66] ICC（Commission on Commercial Law and Practice；CLP）によるリリース（2003年８月29日、パリ）。

[4.13] **(2) 本条約の適用範囲**

① 上記からも知りうるとおり、本条約の適用要件は次である。本条約自体は主体を当事者と呼んでいる。

(イ) 民商事事件 (civil, commercial matters) である (1 (1))。本条約の題名そのものであるが、これは、Brussels I や HCCH や UNCITRAL による他の条約と同じ理由、国毎に民商事を区別する法制度が異なるからである。即ち、公法、刑事法、家族法を除く法分野である。フランス、ドイツ、日本などは法典が別である。更に、フランス、イタリア、スペインのように、商事裁判制度を有する国もある。他方では、イギリス法の下では商事法 (commercial law) の定義も明確ではなく、かつその存在を疑問視する考えもある。しかし、次の②にみるとおり、すべての民商事問題がカバーされる訳ではない。

(ロ) 国際事件の意味は、第2章、管轄権に関連しての定義 (1 (2)) と、第3章、外国判決の承認・執行に関連しての定義 (1 (3)) とが区別される。前者の時的規準は、合意時ないし訴え申立時である。後者は、たとえば、同じイタリア人同士によるイタリア国内事件であっても、その判決をフランスで承認・執行したいというときは、本条約の問題となることを意味する。

(ハ) 管轄権合意が B to B の間でなされる[67]。

(ニ) 専属管轄合意 (exclusive choice of court agreement) である。合意の専属性については、これを拡げる方向の推定が働く (3 (b))。これは、専属管轄合意でなければ、二重訴訟の可能性を小さくする働きが大きく削がれることがある。

このように範囲を狭めたことによって、ようやく本条約として陽の目をみることができた。「特定の法律関係について……」の要件は、Brussels 規則

---

[67] B 2 B は、条約自身の言葉ではない。しかし、このように表現、紹介するのが一般である。たとえば、Ron A. Brand, ABA, ILPS, 2004 春レジメ。

や、ニューヨーク仲裁条約などと同じである。この合意は、書面による明確なものでなければならない (3 (c))。「……書面によるか、書面によって証明されるか、または情報保存機能のある何らかの通信手段」という同条の言葉は、Brussels I の23 (1) の言葉と同じである[68]。

この合意には、仲裁合意の場合と同じく契約全体との可分性 (severability) の法理が明定されている (3 (d))[69] [7.1]。

非専属的合意は本条約の主題からは外れるが、本条約上で全くその意味が否定されている訳ではない。仮に、非専属的合意を基に加盟国Aで下された判決であっても、そのA国が非専属的合意を基にする判決を承認・執行する旨宣言していれば、同じ宣言をしているB国も判決の国際的抵触を生じない限り、これ（A国判決）を承認・執行することが可能である (22)。なお、本条約は、本条約との先後に拘らず加盟国が加盟する他の条約の効力を妨げることにはならない (26)。

② 民商事に含まれる事柄でも、本条約による管轄権と外国判決の承認・執行の規律に服さない (carve-outされる) ものは、次である (2 (2))。

(イ) 自然人の地位と能力に係る事件（取引主体としてなら自然人もBとして本条約に含まれる）
(ロ) 家族法に係る事件
(ハ) 遺言と相続事件
(ニ) 海上物品ないし旅客運送に係る事件
(ホ) 原子力関係の責任に係る事件
(ヘ) 不動産の物権 (rights in rem) に係る事件
(ト) 公簿への登記・登録の効力問題、法人（会社）(legal persons; corporations) に関する特定の問題に係る事件

---

[68] 口頭合意でも、当事者の一方が書面で確認し、他方がそれを受取って異議を述べなければ、要件を充たすとされる（1999条約案資料79）。
[69] この絡みで、アングロ・アメリカン法系の約因 (consideration) がある。取引契約などの一部として管轄合意ができていれば、契約全体や他の部分が約因となりうるが、独立した管轄合意契約では、法域によりそれが問題となることがある。

（チ）著作権と著作隣接権を除く知的財産権に係る事件

　以上のうち、(ヘ)、(ト)、(チ) などは、Brussels I 中でも、法定（絶対的）専属管轄を定めていた [4.7]。本条約と同規則とは、その外延も内延も同じではないが、法理的にも背景的にも重なり合う部分が少なくない。(ロ) の拡がりは、Brussels I とⅡの境界線と同じではない。(ロ)、(ハ) には、ハーグ国際私法会議による条約が既に存在する主題が含まれる。また (ニ) については、いわゆるハンブルグ条約 (1978) があるが、それ以上に強い除外理由は、ハーグ・ヴィスビ条約 [1.11] の非加盟国が管轄権を行使することで、同条約中の強行規定の秩序が崩れるのを嫌ったことにある。更に、契約当事者の自治により専属管轄合意ができないものとして、

（イ）消費者契約（consumer contracts）(2(1)(a))

（ロ）集団的なものも含む雇用契約（employment contracts）(2(1)(b))

（ハ）その他の§2(2) に列挙する事項

　が挙げられている。本条約が適用されない今１つの法分野としての国際倒産法（cross-boeder insolvency）に係る事件については (2(2)(e))、全世界的には UNCITRAL のモデル法があるほか [6.1]、地域別にもいくつかの統一法制が存在する。ヨーロッパでのそれは、前出の EU 理事会規則 No.1346/2000である [4.4] [6.5]。また、そこまでかっちりしたものではないが、NAFTA 参加国間の統一的運用協定の動きもある。原子力関係事件についての専属管轄を定めた条約については前述した [1.9]。

[4.14]（3）本条約の要綱—わが国との係り—

① 　本条約での重要条文 (3、5、7、9) のうち、専属管轄合意の成立 (3) を除く、残りについて順次考察する。これらは、すべて加盟国の裁判所に対する裁判規範である。ダブル条約としての本条約の構成から、先ず管轄権配分ルールが問題となる。

　　（イ）国際訴訟において当事者の専属管轄合意に加盟国の国法（民訴法など）
　　　　上回る力を与えようとする中心的規定では、「……前項の規定により裁判

管轄権を有する裁判所は、その紛争が他国の裁判所で裁判されるべきであるとの理由によって裁判管轄権の行使を控えてはならない……」と定める (5 (2))。これは、不便宜法廷などの法理を有するコモンロー国に対し、特にそれを抑える強い意味がある[70]。

本条約は、国際間での裁判権（人的管轄権）（この2つの使い分けにつき [2.5] 参照）の分配ルールを当事者自治に委ねるとともに、そこでの外国判決の承認・執行について相互の保障を与える。その章立ては、一応ダブル条約の形をとっている。このルールは、(a) 事物管轄権および請求の価額に関する管轄権の国内規則、(b) 締約国の裁判所組織内での管轄権の分配には係らない (5 (3))。**国際**は2通りの意味に定義される (1 (2), (3))。

(ロ) 上記の積極的な意味での管轄権の定めに対し、消極的管轄権を定めるのが§7である。当事者が専属的管轄合意をしている裁判所の所属する締約国以外の締約国の裁判所は、同条の定める例外を除き、原則として訴訟を停止するか、訴えを却下しなければならない。

選択されなかった裁判所が申立を受理してはならない義務につき同条は、(a) ないし (e) の例外を列挙している。その中、7 (c) の表現は、「公序の基本原則に明らかに反する……」(manifestly contrary to fundamental principles of public policy) とかなり抑えられている。一般条項を入り込ませることは、どうしても避けられない面があろうが、一般条項は、国毎に同じではなく、使い方によっては本条約の本来的使命、その国際取引へのサポート制を大きく侵食しうる。ニューヨーク仲裁条約の解釈、運用におけるアメリカの最高裁のような国際的志向が試されよう [7.14]。その他、合意の効力に関する7 (a) についても、十分な詰めがなされたとはいえない状況である。

(ハ) 本条約は上記の限定的適用範囲の設定に加え、更に次のような場合に

---

[70] 註67ABAレジメ (p. 3)。

本条約の留保宣言ができるとして、柔軟性を加え、各国がより加入し易いようにしている。いわば、事項限定のopt-out条項といえる（前出の非専属合意に関する§22はこれと逆方向の柔軟性である）。

(a) 合意された国、当事者および事案との間に何らの絡みもないとき（合意管轄権の否定）(19)。

(b) 当事者の居住のほか、その事案の主な要素すべてが自国にのみ関係するとき（承認・執行の否定）(20)。

(c) 一定の特定事項に限って（合意管轄権の否定）(21)。

② 外国判決の承認・執行については、ニューヨーク仲裁条約（Ⅴ）の下での仲裁判断の承認・執行や、BrusselsⅠ（34、35）と同じく、承認・執行を拒める除外理由だけを掲げる(9(1))。BrusselsⅠやニューヨーク仲裁条約のそれとほぼ同じであるが、ここでも承認国の公序に明らかに反するという一般条項が除外事由に挙がっている(9(1)(e))。その上で、他（国）の裁判所がその外国判決につき実体に立ち入って再審理することを禁ずる(9(2))。ここでの外国判決の定義条文については次の点が論点となる(4(1))。

合意裁判所が暫定的保全処置（provisional, protective measures）を下せることは定められている（同処置はそれぞれの国家法の定めるところによる）。暫定的処置は、ここでの外国判決に含まれない(4(1)の但書)。

いわゆる先決問題（incidental questions）について、それが既判力の対象になるかは、大陸法国であるわが国では殆ど問題にならない。しかし、アングロ・アメリカ法系では、いわゆる反射効（collateral estoppel）の形で、判決の効力の及ぶ範囲が柔軟に拡がりうる。事物（issue）的にも、また当事者（parties）的にもそれがいえる。いわば、判決の効力の客観的および主観的拡張である。

このような反射効自体の法理上の難しさに加えて、本条約では法体系の違いからくる追加的困難が生ずる。第1に言葉の違いがある。

先決問題（incidental questions）というのも、preliminary issueの大陸法的翻訳語である。本条約は、この点についてはっきり否定できる線だけを定

める。つまり、先決問題が本条約の適用除外に含まれる限り、その問題についての決定は本条約による承認・執行の対象としない（10）。

③　本条約に対しては、上記のとおり評価が分かれるが、ビジネスや国際取引法の立場からは積極的に評価できる。限られた範囲にせよ、企業による国際社会での活動に伴うリスク処理につき予見可能性を著しく高めることが理由である。前出のようなEUの司法統合の恩恵から外れて、まして共通法の歴史もないわが国にとっては、むしろ国際社会での格好のトレーニングの場として、批准に向けて積極的に運動すべきとも考えられる。

しかし、わが国の現状の立法作業のあり方からすると、これは余り起こりそうもないシナリオであろう。というのは、法制審議会は、本条約の批准に対し消極的な答申を既に行っているからである[71]。そこでは、(EUがそのBrusselsダブル条約などの体制にも拘らず、本条約の制定にある程度乗気になったことの理由として、前出のアメリカによる管轄権の過剰行使を抑制する目的があったことを挙げた上で) 要旨次のようにいう。

「……範囲が限定されたものとなり……欧州諸国がこの条約を最終的にどのように評価するのか」予測困難となり、かつEUとして一本の行動をするかにつき「批准の要否などをめぐって意見が対立し、その域内での合意の形成に相当の期間を要することも予想され……」とした上で、次のように結論付けている。「批准の要否などの検討を開始することができるようになるまでには、なお相当の期間を要すると考えられ……条約が管轄合意に関する全世界的な統一条約としての役割を担うことが確実となった時点で、改めてわが国におけるこの条約批准の要否などの検討作業に着手することの方がより妥当であろう」。

そこには国際（商）取引の実務感覚とかけ離れた、事なかれ主義とでもいえる態度が窺われる。少なくともわが国法制が由来する西欧の法史との相関性という視点を欠いた考えのように思われる（前註66のICCの態度とはまるで

71）法制審議会、第146回会議（平成17〔2005〕年9月6日）議事録。

違った世界のもののようである)。

第 3 編

外国判決の承認・執行を含む
その他の国際民商事手続

第5章

主としてアメリカとEU域内の外国判決の承認・執行とその関連法制

1. EU域外での外国判決の承認・執行問題

[5.1] (1) ヨーロッパ以外での共通ルールの不存在

① ヨーロッパの外では、広く民商事事件一般をカバーするような裁判管轄権決定のための共通した規則もなく、また外国判決は、相変わらず外国判決であり続ける。そのため、これまでは、甲、乙間の民商事事件を巡って、A国とB国とが、ともに自国の裁判権を主張する管轄権の積極的抵触と、反対に、両国とも自国の裁判権の問題ではないとして訴えを受理しない消極的抵触とが生じている。前者では、二重訴訟の問題を生じ、後者では原告の権利の司法的保護を欠くことになる。また仮にA国で勝訴を得たとしても、B国でのすべての部分の執行が可能か否かも、また仮に可能であるとしても、そのための手続的な問題はどの程度のものかも予知できない。裁判権や手続上の共通ルールの不存在から、甲、乙間の事件でも、A国とB国それぞれ各別に裁判管轄権の有無を判断し、手続上の要件に適合すべきことになる。中でも(裁判権)人的管轄権が入口での最大の問題であった [3.2]。

その裁判管轄権は、判決の移動のために2回問題とされる。先ず、甲が乙をA国裁判所へ訴え、A国裁判所が直接的国際裁判管轄権を判断する問題が1回、次に、甲が勝訴判決を得たとして、判決執行のため、B国裁判所へ訴え出たときに、その勝訴判決の正当性の根拠の1つとして、B国裁判所が、A

国裁判所が果たして管轄権を有したと判断するかの2回目である[1]（間接的国際裁判管轄権）。その際、B国裁判所は、A国法によるのではない。B国の法律に照らして判断する。従って、2つの基準が一体的に決まっていることがベストである（国際間の管轄権配分ルールと判決の承認・執行ルールとを合一的に取決めようとする「ダブル条約」につき［4.1］）。

② 　20世紀に入ると、この国際法の状況改善の必要性が先進国社会で強く感じられた。しかし、ハーグ国際私法会議を中心とする障壁突破努力も、2度にわたる大戦等により長い期間にわたり停滞を余儀なくされた。第2次世界大戦後、ヨーロッパ評議会（The Council of Europe）が逸早く人権条約の下での公平な裁判を受ける権利の意味として（6(1)）、迅速な司法に加え、判決移動の自由を推進した。EUはその統合の全過程を通してこの判決移動の自由の実現を政策目標と掲げてきた[2]。EU 域内では今や前章の Brussels I と Brussels II がその司法統合の象徴的制度として存在する。Brussels I を国際民事手続に関する史上最大の成功例と称える声は前に紹介したが（［4.2］の註7）、Brussels I による域内判決の承認・執行法制をアメリカの各州間での判決の承認・執行法制に準えて、アメリカ憲法でいう全幅の承認（full faith and credit）に相当すると評した人もいた[3]。

Brussels I と Rome I のお陰で、EUなどヨーロッパ諸国間では forum shopping と適用法漁りの余地が大幅になくなったとされる[4]。確かに、EU内の諸国間での法廷漁りの余地が大きく減ったことは間違いがない。しかし、EU域外諸国とEU加盟国との間では何も変わっていない。域外諸国間の法廷

---

1) アメリカの太字法は、「国際間の管轄権配分ルールについては比較的に一致があるのに対し、他国判決の承認ルールについての一致はそれに及ばない。ただ1つ、被告に対する管轄権なしの判決を承認するルールはどこにもない」とする（再外481〜486序註）。
2) たとえば、近くは Resolution No.3 on the General approach and means of achieving effective enforcement of judicial decisions（Council of Europe, 24th Conference of European Ministers of Justice〔Moscow, October 2001〕）．
3) K. M. Clermont『国際商事法務』33/7/917、925（なお［4.1］註2参照）。
4) Roy Goode, *Commercial Law*, 3rd ed., Penguin, 2004, p. 1160, note 280.

漁りにしても同じである。そればかりか、史上最大の成功例と称えられるBrussels I も域外諸国に対しては判決移動の自由がないまま、何ら目新しい制度はなく、その間の段差が甚だしい。

　前述のとおり [4.3]、Brussels I の下で Brussels I と異なる各国の民事手続や伝統が修正・放棄された。たとえば、

(イ) イギリス、コモンローの下での物（property）の所在ないしそれへの差押えや被告のイギリス国内での通過的所在による裁判管轄権の発生や、反対にその裁量（不便宜法廷の法理）の否定である。

(ロ) フランスは、原告がフランス人であるすべての事件で、被告に対し原則的人的管轄権を行使する慣例であった。そのフランスの裁判所は、フランス人がドイツにいるドイツ人やイギリス人を相手に訴えようとしても、最早訴状を受理しない（できない）。しかし、

(ハ) 被告がドイツ人やイギリス人ではなく、日本人やアメリカ人になると、まるで違う。昔に戻って、広く人的管轄権を行使する。しかも、その日本人やアメリカ人に対するフランスの裁判所の判決により、ドイツは無論、域内のどこにある財産に対してもかかっていける。前註３論文は、これを「域外への差別」であると批判している[5]。

[5.2] (2) 外国判決に対するアメリカ法の態度

① 外国判決に対するアメリカの法制について、基本となる３点を挙げる。第１は、アメリカが、建国以来この点で成文法制を欠いたままできたことである（憲政上、国際法に最高法規〔supreme law of the Land〕、つまり裁判法規として連邦法と同じ意味と効力を与え、問題を連邦問題としているにも拘らず）。更に、外国判決の承認・執行では、多国間、２国間とも条約というものが存在しない（独禁法

---

[5] EUの域外差別は、司法制度から民生上の広い範囲に及ぶ。たとえば、観光地での入場料なども、域外人は倍以上の支払を義務付けられる。もっとも、日本やアメリカの企業もフランスの裁判所の判決により、ドイツやイギリスにある被告財産にかかっていくことが容易になった面はある。

絡みの行政・準司法的命令については、[5.6] ⑤のとおり他国の執行機関との間の相互協定もある)。

一方、国際仲裁判断となると、外国判決とは違って国際仲裁制度上の一大成功例とされるニューヨーク条約があり、その下での連邦法も存在する。存在するだけでなく、活発に利用されている。

第2に、このような連邦成文法の欠如から、こと外国判決の承認・執行の問題では、各州（判例）法が事実上の中心的法源といえるのが現状である。連邦は、外国人に対する人的管轄権の存否を決めるのに各州（判例）法に拠っていた [2.4]。外国判決の承認・執行法制でも同じで、州の判例法に多くを依存している[6]。

二元国家アメリカの場合、外国判決の承認問題は、ある程度判決の州際承認問題（全幅の承認）の延長と見うる。その意味で、両者を対比してみることが参考になる。州際での full faith and credit は、憲法秩序（Ⅳ、1）であった [2.8]。外国判決（foreign nation judgments）にはこの憲法体制は適用がない。にも拘らず、州際間の全幅の承認の影響からか、アメリカは外国判決承認問題で諸国中、最も緩やかな一般的規準を有するとされる（再外481〜486序註）。この緩やかさが、第3の指摘点である。

② このコモンローの伝統を定めるのが太字法である（再抵98）。註9書は、この点での太字法（判例法）の各州間の違いが驚くほど少ないという（p. 939）。その殆どは、Hilton v. Guyot 事件の判旨（外国判決の承認に対する緩やかなルール）をふまえた判例法である[7]（[3.10] の註54参照）。

Hilton 事件の最高裁は、外国判決の承認に関するコモンローの一般的ルー

---

6) その法理の中で、承認（recognition）の意味は、既判力（res judicata）に近く、公権による強制を意味する執行とは区別されている（再抵99〜102）。
7) Hilton v. Guyot, 159U.S.113 (1895). 上記にも拘らず、本判決はフランス法廷の実績に倣って、5対4でニューヨークで審理のやり直しを命じた。そこでは、フランスの裁判所がアメリカの裁判所による判決を執行していないというのが決定的であった。以前の州レベルの判例、「外国判決は単に一応の証拠となるにすぎない……(foreign judgments were only prima facie evidence ……)」を付け加えている。

ルを述べている。

「……管轄権を有する外国裁判所の前で十分かつ公正な裁判（……full and fair trial……）が行われ……被告が正式な手続により出頭し（after due citation…… of the defendant……）……その法廷にも法律制度にも何らの偏見その他の問題点がなく……国際間の礼譲からして、それに対し何ら妨げるものがなければ……この国において新たに裁判を行うべき理由は考えられない……」。Hilton 事件では相互主義を理由に、結論は反対に振れ、フランス判決の承認が拒まれているが、これはむしろ例外的である[8]。

アメリカの外国判決の承認・執行に係る法制の3大特徴は①のとおりである。そこで、どこの国とも関連条約を結んでいないアメリカとの対比で、EUの法制が対照的である。外国判決承認という主題で20世紀後半のダブル条約以来アメリカが強く意識してきたEU。そのEUは、この主題で Brussels I と Brussels II の2つの文書によりアメリカの州際での full faith and credit に近いものを域内で実現した。

アメリカも、1970年代にイギリスとの間で判決の相互承認・執行のための2カ国条約につき交渉したことがある[9]。しかし、合意できなかった。その後のアメリカは、ハーグ国際私法会議による多国間条約作成の方向に傾いていく［4.12］。なお、19世紀後半から国際間で一般的な友好通商航海条約を結ぶことが多く行われた。しかし、この種の通商航海条約を管轄権や判決の承認・執行を含む2国間条約と構成することは無理があろう[10]。

EU法制、Brussels II との対比を考えると、アメリカの太字法の紹介を、取

---

8) 太字法は反対に、「相互主義により規律されると述べた裁判所は連邦でも州でも存在しない」といっている（再抵98コメントe)。アメリカだけでなく、イギリスでも、即ちアングロ・アメリカン法系には、相互主義の伝統がない。
9) これは明らかにダブル条約と呼ばれた Brussels 条約によりアメリカが駆られたことでもある。なお再外481〜486序註や、G. Born, *International Civil Litigation in United States Courts*, 3rd ed., Kluwer, 1996, p. 938 参照。
10) いくつかの州裁判所の判決中では、このような構成をしたものがあるという（前註書 p. 939)。

引法(金銭判決)絡みのそれに限ることは、均衡を失することになる。しかし、国際取引法の続編としての本書としては、主に取引法上の金銭給付判決の承認・執行の考察を行い、家事事件での判決承認問題は、その後に簡述するに止める。

[5.3] **(3) 州際法と国際法の交錯**

① それに先立ち、関連法源(主に判例法)相互の関係だけを予め述べると、次のとおりである。

(イ) NCCUSLが作成したUFMJRA [5.5] が、題名のとおり対象を外国による金銭判決に限定するのに対し、太字法はより広い州際法の主題を扱い、他州の金銭以外の給付(作為、不作為)判決についても、執行(禁止)を命ずることができるという(再抵102)。

(ロ) 2つの再述法とUFMJRAとは、いずれも各州コモンローや制定法を集約したものであり、それゆえ、その間に共通性や言葉遣いの一致点がある。しかし、3者間では異なる文言も使われている。再抵法でいう金銭支払い以外の判決の典型は、特定履行に関するものであり、衡平法の世界である。再外法では再抵法と異なり、金銭給付判決に加え、地位確認判決(confirming the status of a person......)や物権の確定判決(determining the interests in property......)も加えている(481(1))。

再抵法の有効判決(valid judgment)とは、本来はコモンローでいうそれである(98は§92の規準を示す)[11]。そのため、特定履行(たとえば土地の引渡し)を命ずるB州の判決のように衡平法のdecreeの執行をA州が命じうるかについては、議論が分かれている[12]。憲法条文の言葉"judicial Proceedings"からは断言できないが、肯定するためには、それが、承

---

11) 再抵法92は全幅の承認の対象となる判決の規準を示すが、コモンローの法理からそこでの判決には、特定履行を命ずる判決を入れる余地が乏しい。
12) この議論は別言すれば、金銭給付以外の判決に全幅の承認(full faith and credit)が及ぶか、それとも憲法秩序(IV、1)から外れ、及ばないかの議論である。最高裁は、まだこの点を判断していない(102コメントc)。

認・執行州の法律の下で執行可能な判決といえる必要がある[13]。その点が肯定されれば、A州は同条によりB州の正法のjudgmentだけでなく、衡平法のdecreeをも承認・執行してよい（……may）（再抵99、100）。

② 国際法の太字法、再外法は、離婚（再外484）、子の監護（custody）（485）、扶養（support）（486）に関する他国判決についても定める。養子については定めないが、養子に関する他国判決であっても、公正手続などの一般的要件が充たされれば承認可能であるという（再外481〜486序註）。

2つの太字法の違いは、州際法　対　国際法のほかに、後者は、その規律する対象を離婚、子の監護、扶養と明確に特定して拡げているところにある（これに対し、前者は金銭支払い以外の行為〔……an act other than the payment of money〕と広い（102）。ただし、前者も、他国判決関係にも緩やかに準用されるし、§98など、そのための条文もある）。

外国判決の承認・執行は、連邦問題ではない。従って、連邦最高裁による審査は一般的には必要ではない（481コメントa）。例外は、連邦憲法に反するような場合、たとえば、適正手続（due process）違反や、判決が外交権への介入にあたる場合である。この外、再述判決法Restatement (2d) of Judgmentsは、他国判決承認のためのルールではないが、準用される面もありえよう（再外481〜486序註）。

③ 承認と執行とでは2つの異なる意味、効果、手続がある。第1に、アメリカの各州間では全幅の承認が憲法秩序であるが、執行は別の手続が必要となる。A州の勝訴者甲社が、B州で執行するには先ずB州の書記官（court clerk）から執行書（writ of execution）を貰い、執行吏（sheriff）をして執行させる（執行書により資産を差押さえられても乙社が支払わなければ、公売できる）。A州の判決そのままでは、B州の執行書を貰えないから、執行吏に執行させることができない。

---

[13] 再抵99の言葉はlocal law determines the method……judgment of another state……enforcedである。

では、どうすればB州でも執行できるか。UEFJA[14]に沿った立法を行っている州はそれにより、それ以外の州はその州の太字法ないし（それに近い）制定法により、他州（A州）判決の執行を可能にする。承認の効果が主として原判決国の法律によるのに対し、執行の意味、効果は、執行州（国）の法律によって規律される部分が主となる。

連邦裁判所間ではどうかというと、承認・執行の手続きを定める連邦法では、（元の）法廷の押印と「書記官および判事の証明」(attestation of the clerk ……certificate of a judge) とあり（28U.S.C.1738）、そうすれば、執行州での（正）法や慣行により（by law or usage）認められる full faith and credit の効果がフルに及ぶと述べている。

最後に、A国とアメリカのC州裁判所との間でも執行の意味、効果が執行州の法律によって規律される点はほぼ同じである。たとえば、A国において甲航空会社の責任を認める判決をアメリカのC州で執行する場合、請求権を有する当事者の範囲、損害の種類と範囲などはアメリカのC州法の下で決定されうる。これも、承認（既判力〔res judicata〕）と執行との区別の1つといえよう。

2. 外国判決に対するアメリカの基本法制と各州法の法源

[5.4] (1) 事業上の金銭給付判決に関する太字法、州制定法

① この点でも、基本的な州法レベルのルールを表した太字法 (black letter law) がどういっているかが出発点になる。§92〜102の序註では、それらが第一義的には連邦と州の間および州際のルールであるが、外国判決の承認問題でも原則的には当てはまるとしている（特別のコメントは別に加えるとして）。その

---

14) Uniform Enforcement of Foreign Judgments Act, 1964 のこと、UFMJRA にまぎらわしいが、こちらの foreign はアメリカの他州の意味である。そのため、こちらの方を State を頭に付けて州外国判決執行法 Foreign Judgment Enforcement Act と呼ぶ人もいる (D. J. Levy ed., *International Litigation*, ABA, 2003, p. 357.)

外国判決の承認のための基準、前出の太字法の緩やかな言葉は、[2.8] に記したとおり、「公正に争われた (……a fair trial in a contested proceeding……) 外国判決 (foreign nation judgments) ならば、直接の当事者および基礎となる請求原因に関し承認されよう (……will be recognized……immediate parties…… underlying cause of action……)」である (98)。そこでは取引法、家族法の区別はまだない。相互主義の文字も、法理らしきものも存在しない。

反対に外国判決の承認が拒まれる (べき) 場合について、太字法はいくつかのルールを定めている (再抵104ないし120)。それらは、管轄権や通知ないし弁明機会の欠如 (104)、裁判所の不適格 (incompetence)[15] (105)、終局的でない判決 (107)、§108ないし§114で色々な場合分けをした判決のその他の瑕疵がある。ただし、判決に至るまでの事実ないし法律の誤りは、§105の定め以外は拒否理由とならない[16] (106)。

注目されるのは、衡平法上の理由 (equitable relief) による原判決の否定である (115)。典型的には、原判決州での判決取得において詐欺 (fraud) (コメントd) や強迫 (同e) があった場合である。承認州の公序違反 (117) による否定には極めて抑制的である ([2.8] 註45参照)。なお、時効 (118)、政府の請求権 (120) なども理由として挙げられている[17]。原判決州で認められた請求権が、たとえ承認・執行州での時効期間を過ぎていてもよい。これと区別されるのが、判決そのもの (執行力) の時効である。こちらは、承認・執行州の法律により計られる (同 (2))。

ただ、承認・執行州が判決州よりも短い時効期間を定めることは、全幅の承認違反の恐れもあるとする (コメントb)。国際間でこの法理がどうなるか

---

[15] これはわが国の裁判所法などの違反 (誤り) を含む判決である。その他の誤りを含む判決は§106で扱う。そこでの違反の有無は、承認・執行州の法律ではなく、元の判決州の法律によって決定され、当事者は、そこで上訴により是正を求めるべきである。それも full faith and credit の要請とする (コメントb)。
[16] §98の下での外国 (foreign nations) 判決にも該当ありうるとする (106コメントa)。
[17] ここでも§105と同じく、元の判決州の時効法が適用されるとする (118 (1))。

は、§118もそのコメントも述べていない。以上、アメリカのコモンローを整理すると次がいえる。

（イ）わが国（民訴法118、民執法24）やドイツ（民訴法328）のような制定法は、少なくとも連邦レベルでは存在しない（条約もない）

（ロ）代わって存在するのが太字法ないし州制定法であり、それと共通の源を有する統一州法 UFMJRA である

（ハ）連邦裁判所も外国判決の承認・執行問題については、管轄権ルールについてと同じく、その所在する州のコモンロー（州法）による。

② アメリカにはBrussels ⅠやⅡで（また、その前身のBrusselsダブル条約で）定めているような外国判決の登録ないし確認（registration or validation by endorsement）などの手続を定めた法律はない。この点、外国仲裁判断とは対照的である〔7.12〕。そのために、承認や執行のためには、通常の訴えが必要となる。ただし、註20の統一州法により多くの州で簡易な申立が採用されている[18]。その場合も、無論、被告に対する人的管轄権が確立される必要がある。普通先ず考えられるのが、A国で甲社が乙社に対し得た勝訴判決を、乙社の資産があるアメリカのB州で執行のために申立てるケースであろう。その場合は、その資産の所在そのものが執行のための支えとなろう（再抵51、再外421(2)(k)）。それらの条文の意味としては、本来、その資産から生じた請求であることなどの制約がある。しかし、他州（外国）判決の執行との絡みでは、その資産が全米のどこにあろうと、勝訴者はかかっていけるとされる（再外481コメントh）。

太字法は、いずれも judgment というのみであるが（final judgment〔再外481〕、valid judgment〔再抵98〕）、両者とも、この範囲を広くとらえる。その形式を問わない。前記の太字法の3つの要件（再抵92）を充たせばよい。商事、行政、公租などの特別法廷の多いヨーロッパとアメリカとの間で、行政法廷（administrative tribunals）での判決などが一応問題となるが、一定の要

---

[18] なお、連邦裁判所間での簡易な執行手続（登録）につき〔2.8〕の註45参照。

件の下で一般的には認められている。一定の要件とは、そこでの手続が訴訟手続に近く、公正性、信頼性 (……fairness, reliability) のあることである[19] (再外481コメントf)。次のUFMJRAもany judgment……a sum of moneyと、判決の意味を広くとらえる (1 (2))。除くのは、税務訴訟判決、罰金判決および家事扶養判決である。

[5.5] (2) 統一州法（UFMJRA）[20] による外国判決の承認・執行

① 上記のUFMJRAとは、太字法 (判例法) を土台にしてNCCUSLによって1962年に作られた統一州法である。外国金銭給付判決の承認・執行の要件を定める[21] (4)。ニューヨーク州などの22州が採用する。国際が主題の本書での主役はUFMJRAであるが、UEFJA（註14）も間接的に必要となる場合がありうる（一旦ニューヨーク州内で承認された日本の判決を、更にテキサス州内で執行したいなどの場合）。

統一州法の題名は承認しか含まないが、その条文の言葉、full faith and creditが保障されている同僚州 (sister state) の判決と「同じ方法で (in the same manner) 執行できる」からは、執行もカバーしていることがわかる (3の第2文)。アメリカの外国判決への緩やかな態度を示す一端といえる。

前述のとおり、執行は承認を前提とする (3の第1文)。不承認の理由は列挙されている (4)。中でも原判決国が事物および人的管轄権を有したかの判断、間接的管轄権が問題である。間接的管轄権のうち、人的管轄権が肯定される

---

19) 公平中立でない法廷につき否定する（再外482 (1) (a)）。
20) Uniform Foreign Money Judgment Recognition Act (UFMJRA)。このUFMJRAに似て、まぎらわしいもう1つの統一州法に、Uniform Foreign Money Claim Act (UFMCA) 1989がある。アメリカでの判決、仲裁判断が外貨建て表示で、どの通貨にするかや、その換算時につき争いのあるときのルールを明らかにして、それらの判決、仲裁判断を出しやすいようにその要件を定め、債務者は、その支払時のレートでの支払義務を負うとした。この支払時レート説は国際的な慣行であるとする。逆に外貨建てでの金銭判決を米ドルに換算するための統一的方式も定める。
21) 同条が再述外国関係法 (482) や再述抵触法 (98) とほぼ同じような定めをしているのも偶然ではない。

のは、次のいずれかにあたるときである (5)。(イ) 送達のあるとき、(ロ) 一般的出頭のとき (appearance……other than protesting jurisdiction……)、(ハ) 同意しているとき、(ニ) その外国に domicil があるか、(ホ) 法人であって、そこに主事務所があるか、そこで法人化されたか、(ヘ) そこに事務所があり、かつ請求原因がそこでの事業から生じたものを含んでいたか、(ト) その外国に自動車ないし飛行機を運航し、請求原因がそのような運行から生じたか (5 (a)(1)〜(6))。

これらの統一ルールのほかに、各州は間接的管轄権事由を他にも定めうる (5 (b))。更に、いわゆる saving clause により、UFMJRA の定めない場合 (situation) での外国判決の承認もありうる (7)。

② そこで、たとえば日本で下された判決の承認・執行が、UFMJRA (4) の下で、どのような要件によりアメリカ、ニューヨーク州内の (連邦ないし州の) 裁判所で肯定されるかをみよう。積極的な要件は、(イ) その被告に対する人的管轄権がニューヨーク州に存在する、(ロ) その判決の承認・執行が終局判決で執行力がある (final and conclusive, enforceable) (なお、これは上訴の可能性のないこととは違う (2))。金銭給付判決に限られることは上述した。

消極的な要件として、次のいずれかの要件があれば、承認・執行が禁じられる (4 (a)(b))。

(イ) 被告への、「防御のための十分な事前通知」(notice……in sufficient time ……to defend) の欠如
(ロ) 日本の判決で人的管轄権ないし事物管轄権が欠陥していた
(ハ) 詐欺 (fraud)、不法ないしその他の手続上の不正
(ニ) ニューヨーク州の公序違反 (ここでは、manifestly contrary ではなく、嫌悪感の混ざった repugnant を用いている)
(ホ) 他の判決との矛盾
(ヘ) 管轄合意違反
(ト) 呼出状によって人的管轄権が発生したとされるケースで、著しく不便宜な法廷であった

などの事由により、ニューヨーク州内の裁判所は、その東京地裁の金銭給付判決の承認・執行をしないことができる。

③　UFMJRA も、相互主義 (reciprocity) を全く要件としていない。この問題は、国家法秩序と国際法との関係の基本に迫る問題である。他国の判決を完全に承認・執行する国内体制が一方の極になる。他の極には、そもそも「法的根拠もなしに、なぜ外国判決を承認・執行するのか」という否定主義がある（[3.10] の③参照）。

相互主義を無条約状態での国際法秩序とみて、相互主義に則ることも1つの考え方である。わが国ではドイツ法と同じで、相互主義が法律上の要件とされている（民訴法118④）[22]。Brussels I の下でも、EU 外の国との問題は、各国国内法の問題とされている（同規則4）。またEU非加盟国、スイス連邦国際私法は、外国判決および外国の裁判上の和解の承認・執行について定めるにつき、相互の保障を要件としていない[23]。このように判決の承認基準の国際的な思考方式は不統一で国毎に異なる。他州判決でもなく、全幅の承認の憲法秩序でもないのに、アメリカはなぜ緩やかな承認基準を持っているのか。これにつき、国際礼譲 (comity) とするものがある[24]。

[5.6] (3) 国際民商事判決の承認に関する日米法制上の2、3の比較

①　ニューヨークでの判決の執行をわが国で求められれば、アメリカの法制と

---

[22] ドイツと異なり、フランスは相互の保障を要求しない。ベルギーは実質審理をする権利を留保するが、常にそうするとは限らない。またオランダは条約がない限り全く保証しないとする（再外 481～486 序註）。

[23] Fed. Act on Private International Law は、外国判決の承認・執行の一般的要件として、（イ）管轄権の存在、（ロ）確定判決である、（ハ）障害事由の不存在、を定める (25)。また、障害事由としては、（ニ）スイスの公序との明白な矛盾 (clearly incompatible with Swiss public policy)、（ホ）送達などの適正手続違反を挙げる (27)。

[24] D. D. Siegel, *Conflicts*, West, 1982, p. 361. [3.10] 註 53 の Hilton 事件でフランスとの間で相互の保障を欠くとして承認を拒んだが、エリー事件後は、この要件を実体 (substance) の問題と考える（連邦裁判所は州法により裁判する）ことで、その例が考えられないという。

は異なり、「相互の保障」を吟味せざるをえない。わが国裁判所が民訴法（118条4号）の適用で、相手がアングロ・アメリカン法系であるからと、相互の保証要件につき区別してきたとは考えられない。ただ実際には、この相互主義は、近時の国際化の下でかなり緩やかに運用されているようにみられる[25]。中には、厳密な相互の保障を要求していないとみられるものもある[26]。

それらの判決で、「わが国裁判所のした……同じような条件……」と述べている辺りは、相互主義の法文から出たものであろう。しかし、判決の事実は、事件毎に多様でありうるので、「同じような条件」ということ自体、かなり大まかな設定ととらえるべきであろう。最高裁も上記昭和58年の判決中で、「同種類の判決」を規準としている[27]。

この種の考え方に近いものを、「部分的相互保障」といういい方もある。アメリカ法が相互の保障を要件としないから、専ら日本が国際法秩序の問題として自ら問題を掲げ、自ら答えているといえる。これに対し、相手国がたとえば中国であると、わが国との間の判決および仲裁判断についての相互の保障の問題が実務上も大きなインパクトを有する［7.9］。

② 外国判決の承認・執行に関する日米法制の比較での論点は、相互の保障だけではない。それ以外での1つが公序である。アメリカのコモンローでもそ

---

25) 判決国のわが国判決に対する承認条件が、わが国民訴法の定める条件と重要な点で等しければ足りるとの説（江川英人、法協50/11/61など）に近づいた判決として、次註の（イ）を挙げるものに、松岡博、国際私法判例百選（No. 172）p. 197がある。

26) （イ）Washington D. C.での判決の執行につき最三小昭和58年6月7日判決、判時1086/97、昭和57年（オ）826号
（ロ）香港の判決につき、最三小平成10年4月28日判決、判時1639/19、平成6年（オ）1838号
（ハ）最判昭和50年11月28日　民集29/10/154も、民訴法（118④）に反するようにもみえるが、同項の相互の保証を緩やかに解釈したものであって、不要とした訳ではなかろう。

27) 前註（イ）の判例、「アメリカ合衆国コロンビア特別行政区においては、外国裁判所の金銭の支払を命じた判決は、原判示の条件のもとに承認されており、その条件は、民訴法200条が外国裁判所の右と同種類の判決の承認の条件として定めるところと重要な点において異ならないと認められるから……同条4号所定の『相互の保障』の条件が充足されているものというべきである」

うであったように、一般原則である公序の定義付けは先ず無理である。公序の観念は国毎にかなり広狭があり、重心の位置も異なる。また、欧米では「明らかな違反（manifestly contrary……）が要件である中で、わが国では、「実質的な再審査禁止原則」（民執法24②）を根拠に、民訴法118③でいう公序を民法90条でいう公序より狭く解釈する考えがある。

　この問題は、第1に執行は執行州の法によるなど、承認と執行とを区別することから始めるべきであろう（[5.3] ③）。焦点を承認に絞ったとして、アメリカでも前出のように（[2.8]の註46）、州際間での承認拒否を厳しく狭める法理が示されていた（再抵117）。同僚州間の全幅の承認という憲法秩序がその根拠であった。

　国際間でこの太字法をそのまま比較する訳にはいかない。しかし、現実にはアメリカの裁判所が他国判決について公序を理由として不承認を乱用したとの形跡はない。むしろ、乱用をいましめる調子の方が基調といえた[28]。公序による不承認規準は厳格にすべしと判示するものもある[29]。

③　別の日米比較では、（イ）いわゆる欠席判決（default judgment）、（ロ）和解条項に対する違いがある。

（イ）適法な呼出しなどがなされた以上、アメリカは欠席判決を出頭判決と区別しない（再外481コメントc）。イギリスとは異なるとする。「必要な呼出し等を受け……」（118②）と定めるわが国も法文上の差はないが、実務では争うことも可能とされる。日本企業甲社が何らかの形で適法に呼出しを受けた場合の対応として3つがある。

　(a)　一般的出頭をする（管轄権を争わず、本案を争う）。

[28) due to potential abuse……の論調を引用するものにD. J. Levy ed., *International Litigation*, ABA, 2003, p. 354がある。この絡みで、「……公序理由はよく定義されていない」（……is not well defined……）というが、正しくは「よく定義することが困難」というべきであろう。

29) Laker Airways, Ltd. v. Sabera, Belgian World Airways, 731F. 2d909, 931 (D. C. Cir., 1984)では「拒否の規準は厳格……」（standard for refusing……strict）という。

(b) 出頭するが、管轄権を争う（限定的出頭）。
(c) 欠席する（この場合が、欠席判決となる）。

　UFMJRA も太字法も、(a) と (c) でそれぞれの判決の効力を区別しない。また、その内容の吟味に程度の差を設けない。

　わが国の実務とは異なり、アメリカは限定的出頭（special appearance）をかなり狭く解釈する考え方が定着している（[2.9] ②参照）。この絡みで、日本企業甲社が出頭して次のような申立をすれば、それらはいずれも管轄権を争ったこととは見なされず、一般的出頭（general appearance）とされてしまうことにも注意が必要である（再外 481 コメント）。

(a) 仲裁合意を理由にした手続の中止
(b) 不便宜法廷による却下ないし移送の申立

（ロ）アメリカには和解条項（わが国民訴法264、265、267）にあたる成文法も、コモンローも存在しない（たとえば divorce decree におけるような家事事件などでの例外を除き、少なくとも一般民商事手続において）。しかし、これは紛争解決手段としての和解の存在そのものを否定するものではない（判決の等価物としての和解が制度化されていないことのみを意味する）。

　それどころか、冒頭にも述べたとおり、日米とも訴訟の九十数パーセントは和解で終わっている。ここでも、アメリカは圧倒的に当事者主導型ないし当事者主義である。訴訟中であっても、当事者（代理人）間で和解条項を定め、それに沿って、取下げをする（dismissal with prejudice）。この取下げには、再訴されたら、簡易判決（summary judgment）の申立権で対抗できるという否定的効果があるが、積極的な執行力などはない（EU 規則につき [5.9] ①（ロ）参照）。

④　「間接的国際管轄権」を判断する上でも、直接的国際管轄権を判断するのと同じく、承認国の法令ないし条約に基づくことになるが、比較法学上の今1つの問題として、両者の規準や範囲が、（イ）同一であるか、（ロ）基本的には同一であるが、間接的管轄権の判断基準はより広くてよいか、議論が分かれる。

第5章　主としてアメリカとEU域内の外国判決の承認・執行とその関連法制

　アメリカが他国判決の承認につき緩やかな規準を有することからは、（ロ）説に含めうる。しかし、アメリカの法の支配、その基本的な主義・主張に反する判決に対しては、一転して規準は厳しくなる。独禁法や人権保障などの分野（一部の外国に関して）である。手続法であれ、実体法であれ、fair でないと判断されると、承認基準が、わが国や他国のそれよりも厳しくなることがありうる。判断基準が単なる広狭ではなく、法的価値の序列と結び付けられているかのようである。

　前②のとおり、承認基準と執行規準とは区別される面があり、その点で、わが国の民執法（24②）が「裁判の当否の調査をしない」というのは、事実や現地法の調査をしないということであるのは理解できるとしても、およそ、法の一般原則や条理に反するものまで調査しなくてもよいという意味であるか疑問がある。同様に民訴法の公序でも再審査禁止原則を不可侵視し、法的価値の序列を見失うことには疑問がある。平成5年、東京高等裁判所の判旨も[30]、公序に手続的公序が含まれるとの前提の下で、そこでの「手続的公序」により、「文明国に共通する民事訴訟の原則……」を比準としており、民法90条との広狭を比較している訳ではない[31]。

⑤　アメリカの先導で法の共通化のみられる今1つの分野、それが独禁法（antitrust law）である。第2次大戦前に独禁法法制を有したのはアメリカ以外では隣国のカナダのみであった。アメリカは世界で最も古く19世紀末近くに早くも独禁法を法制化した。その意味で、これはアメリカの法的発明であり、独禁法こそ最もアメリカ的な法制の1つといえる[32]。

　ヨーロッパでは1957年のローマ条約中に初めて同分野の規定がみられた。

---

30) 懲罰的損害部分を棄却した、東地平成3年2月18日判決、平成元年（ワ）1447号執行判決請求事件の控訴審である平成5年6月28日東京高判（平成9年7月11日）。
31) 判決の言葉がそれかどうかは不明であるが、国連憲章の一部を構成する国際司法裁判所（ICJ）Statute (38.1) の、文明国が認めた法の一般原則（general principles of law recognized by civilized nations）に由来するともみられる。
32) アメリカの法と知の伝統の中から特権とか圧倒的な権力への反撥例を並べることは難しくないとする（P. Areeda, *Antitrust Analysis*, 3rd ed., Little Brown, 1981, p. 49）。

現在、国連加盟国191のうちの100カ国、つまり経済的に自立する殆どすべての国が同法制を有する。そのうちの多くと、アメリカは相互協力協定を結んでいる。20世紀末以来この相互協定の意味が変わってきた。各国当局がアメリカに真剣に協力するようになったという[33]。Sherman法の域外適用が初めて問題となったのが前出の American Banana 会社事件、1909年である[3.10]。なぜ1890年という早くにアメリカに Sherman のような法律が、しかも産業界の利害と関係深い上院によって、作られたのか。不正競争防止法はコモンローとともに古く、13世紀に既に仲買人を取締まる制定法を成立させていた事実に遡るものであろうか（註32書 p. 48）。しかし、19世紀末近くからアメリカに出現した一連の独禁法、反トラスト法などを説明するのは、南北戦争後の**アメリカ社会の成立ち**という以外にない。それからすると、アメリカがこの法文化と原則を20世紀初めに先ず自らの裏庭、中南米に広めようとしたのは、割合自然な流れであった（[3.10]の註50参照）。

[5.7] **(4) 国際家事管轄権についてのアメリカ法の原則**

① 　Brussels Ⅱにあたるアメリカのルール、離婚、子の監護、扶養に関する外国判決の承認ルール（再外法484〜486）につき簡述する。そこでは、EU法の大きな影響とともに、それとの共通概念が採用されている（ただ、実施されている条約は必ずしも多くはない）。

　更に総括すれば、次の3点を挙げうる。
(イ) 管轄権と判決承認とを一体的に処理する、いわゆるダブル条約に近い承認ルールを採っている（[4.8] ①参照）。
(ロ) 管轄権ルールが、被告の現存（presence）という金銭給付訴訟手続とは

---

33) 2005年12月の WSJ 記事は、これを海外からのアメリカの司法当局への協力の伸長として描く。日本の2005年改正を真っ先に取り上げ（罰則の強化、公取委への強制捜査権付与、捜査協力者への司法取引制度の導入）、次いで3年前にEUがアメリカから強くいわれて同様の制度を導入したこと、第3に、同年イギリスも史上初めて価格固定行為を刑法犯化したとしている。

異なり、domicil、次いでヨーロッパ生まれの常居所地（habitual residence）という観念を連結素としている。

(ハ) 太字法でも、州際法の応用や準用の考え方が後退し、国際法である再外法、そして条約が前面に出てきている。

② 離婚の管轄権と判決承認との関係につき興味深い3分法をとる。

(イ) 管轄権の基本は、離婚時の夫婦のdomicilまたは常居所地であり、それによる判決承認である（......will recognizeという）（484 (1)）。

(ロ) 次は、アメリカらしい法廷漁りを許すもので、補充的な承認ルールである（......may, but need not recognizeという）（同 (2)）。例として、ハイチ（Haiti）とドミニカ共和国を挙げる。

　(a) 離婚時の夫婦の一方のdomicilまたは常居所地であるか（同 (a)）、または、

　(b) その法廷が夫婦の両方につき人的管轄権を有し、少なくとも一方の当事者が出頭し、かつ他方当事者が通知と弁明の機会を有したか（同 (b)）、を要件とする[34]。

(ハ) 第3に、§484 (2) (a)ないし (b)のいずれにもあたらないが、離婚時のdomicilまたは常居所地の国法の下で離婚が可能であったような場合には、アメリカの裁判所は、その離婚判決を承認してもよい（......may recognize）（484 (3)）。

この（ロ）や（ハ）（再外484 (2)、(3)）の離婚判決を**渡り者離婚**（migratory divorce）とも呼んでいる（コメントa）。

アメリカは関連ハーグ条約の作成作業には参加したが[35]、批准は1987年現在まだのようである[36]（再外484、ノート2）。同条約は不統一国条項を含んでおり（23）、アメリカはその条項により管轄州を指定できる（適用法〔choice

---

[34] このように当事者双方が関与（少なくとも一方が出頭）した手続ならば認める (2) (b)のルールはニューヨーク州などで行われている（同条コメントb）。

[35] Convention of 1 June 1970 on the Recognition of Divorces and Legal Separations.

[36] 2006年3月31日に閲覧時のHCCHのstatus tableにも載っていない（1975年8月

of law〕ルールについてのわが国での通説とされる間接指定説は、少なくとも本条約にその実例を求めうる)。

③　子の監護についての外国判決の承認・執行についての太字法の要綱は次である。外国での手続開始時に

(イ) その法廷地国に子の常居所があり、

(ロ) 子と監護者側の少なくとも1人とが、その法廷地国と顕著な関係にあるか、または子がその法廷地国に現存していて、かつ子の保護のため監護決定が必要とされた。しかも、手続開始の通知が両親および現に子を監護している人に与えられたこと (485 (1))。

本条はコモンローの太字法であり、かつ統一州法と連邦法[37]および国際的な法の原則に沿っている (同コメントa)。子の監護決定の適否が事情変更によって変わり易いため、元の法廷地国で、その後に必要となった変更を行っていなくても (そこに最早管轄権がなくても)、アメリカの法廷は、元の監護決定をした外国判決をしかるべく変更することができる (485 (2))。これは、子の奪い合い、訴訟の引き延ばしなどを視野に入れたものである (コメントa)。

常居所 (habitual residence) は、ヨーロッパでの条約で多く採用されるようになった用語であり、上記統一州法ではhome stateがそれにあたるとする (コメントc)。この法分野でもハーグ国際私法会議による条約があり[38]、アメリカは、これに1981年に調印、上院は1986年に批准決議をしたが、実施のための国内立法との絡みで1987年までは未批准である (同条ノート7) [39]。

④　扶養義務を命ずる外国判決 (……an order……for support) の承認・執行の要件は次のいずれかである。

24日発効、18カ国加盟)。
[37] 統一州法としては、Uniform Child Custody Jurisdiction Act (1979) が、また連邦法としては、ポピュラーネーム Federal Parental Kidnapping Prevention Act of 1980 (28U.S.C.1738A) がある。
[38] Convention of 25 October 1980 on the Civil Aspects of International Child Abduction.
[39] HCCHのstatus tableによれば (2006年3月31日閲覧)、1988年4月29日批准と記録されている (留保付き)。

(イ) 義務発生時の当事者双方の domicil ないし常居所地の法廷か、
(ロ) 命令を発した時の扶養義務者の domicil ないし常居所地の法廷による、または、
(ハ) 扶養権利者の domicil ないし常居所地の法廷により、かつ扶養義務者がその手続に出頭したこと (486 (1))。

ここでの扶養義務 (support maintenance) は、婚姻または親子関係いずれかを原因とするもので、その名称を問わない[40]。一括払い、分割払い、後払い、いずれの方法も含む。子の監護での定め (485 (2)) と同じように、外国判決の承認の修正 (modification) を可能とする。しかし、§485 (2) とは多少異なり、元の判決国法廷による修正を排除しない。子の監護と扶養という2つの異なる法律関係の性質の違いを反映している (再外486コメントb)。

扶養義務のような比較的新しい法律関係は、金銭給付判決とは異なり、アメリカの憲法秩序、同僚州による他州判決の承認・執行での full faith and credit の対象には含まれなかった [2.9] [5.3]。国際法の問題としても、金銭給付判決の承認・執行に比べ、その承認・執行でのルール作成が遅れていた。しかし、今や、これを認めるのが国際間のコンセンサスになってきて、アメリカもこれを太字法化した (同条ノート1)。現在では、すべての州が扶養義務の他国判決の承認・執行に関する統一州法[41]を採用するか、それに近い立法を行っている (同条ノート6)。

アメリカは、1987年現在、関連する国連条約[42]にも、また註44のハーグ国際私法会議の1973年条約にも加盟していない (HCCH の status table 参照)。そこで、各州が表に立っている[43]。これらは、タイトルの言葉どおり、

---

[40] 同コメントaは、alimony, maintenance, child support などを例に挙げる。
[41] Uniform Reciprocal Enforcement of Support Act (1979).
[42] 1956, UN Convention on the Recovery Abroad of Maintenance, 268U.N.T.S. 3.
[43] 連邦と州の二元国家であるアメリカでは、各州が条約 (treaty) を締結する外交権は否定されている (憲法Ⅰ, 10 (1))。ただし、各州は議会の同意を得て外国 (foreign power) と合意 (Agreement or Compact) を結ぶことができる (同 (3))。しかし、この treaty と Compact の差につき未だに明確に示したものはなく、政治の問題とされている (再外302コメントf)。

相互の承認・執行体制を前提にする。ニューヨークやミシガン州などが、カナダの諸州との間で相互協定を締結している[44]。また、非公式な取決めがイギリス、フランス、ドイツおよびメキシコとの間で結ばれている（同条ノート6）。

以上①ないし③を通して、いずれの場合も、アメリカの諸州で承認・執行のための判決を得るには、先ず被告に対する人的管轄権が必要なことは、金銭給付訴訟の場合と共通である。

3. 外国判決の Brussels Ⅰ の下での承認とイギリスでの扱い

[5.8] **(1) Brussels Ⅰ の下での判決の域内移動（承認）の自由**

① 　ヨーロッパ評議会の人権条約の下で標榜された判決移動の自由は、本規則の下でどう実現したか。本規則は2つの部分（section）に分けて、§32～37が判決の承認（recognition）を、§38～52がその執行を定める。

ここでの「判決」（judgment）とは、名称を問わず（whatever……called）広い意味を有する（32）。たとえば、訴訟費用に係るものを含む。わが国民訴法（118）の解釈もこれに近いが[45]、本条は明文を備えている。

本条の注目点は、終局判決（final）などの言葉がないことと、特定履行（specific performance）判決も含まれ、コモンローでの原則である金銭給付判決（money judgment）に限定していないことである。しかし、金銭給付判決以外の判決を加盟国イギリスに持参して承認・執行を求めることは、明らかな

---

[44] このような不統一法国間での provincial な判決の承認の相互協定の方式は、ハーグ国際私法会議による条約1973 Convention on the Recognition and Enforcement of Decisions Relating to Maintenance Obligations が採用するものである（ここではわが国の直接指定説も成立しそうである）。なお、わが国が加盟する Convention on the Law Applicable to Maintenance Obligations（国内法は昭和61年、法律84）は、適用ルールについてのものである。

[45] 最三小平成10年4月28日判決、判時52/3/853、平成6年（オ）1838号。香港の裁判所による訴訟費用負担命令だけでなく、それと一体をなす費用査定書、費用証明を「外国裁判所の判決」にあたるとする。

公序違反であり、できない。
② 加盟国（regulation state）で下された（従って、本規則の適用のあった）判決の移動要領は次である。
　（イ）他の加盟国の判決は、何らの特別の手続（special procedure）も要しないで承認される（33(1)）。これはダブル条約の下での実績（1973年から2002年）をふまえ、そこからの更なる飛躍である。殊に、その実体（substance）が再審理されることはない（36）。
　（ロ）上記の承認を妨げるのは、次の実体的ないし手続的除外事由にあたる場合のみである。本規則の目的・性格から、たとえば、(a)（ⅰ）の承認国の公序も、先ず相手方が争う必要があり、かつ厳しく解釈される。
　　(a) 実体的除外事由としては、
　　　（ⅰ）承認国の公序に明らかに反する（manifestly contrary to……）(34(1))
　　　（ⅱ）同国での同一当事者間での判決と矛盾する（34(3)）
　　　（ⅲ）他の加盟国ないし第三国で下された同一当事者間での、しかも同一の請求原因を含む以前の判決と矛盾し、かつその以前の判決が本規則の要件に不適合ではない（34(4)）
　　　（ⅱ）と（ⅲ）は、前述のドイツ民訴法§328の3項に近い。上記(a)（ⅰ）の例で承認国が自国の公序を不当に広く解釈し、不承認とすることに対する救済はECJへの申立である。
　　(b) 手続的除外事由としては、
　　　（ⅰ）被告に防御のための十分な時間と機会を与えないなどの適正手続違反（34(2)）[46]
　　　（ⅱ）本規則の管轄権規定（3〜23）違反など（35(1)）
　がある。
　（ハ）注目すべきは、承認のための特別の手続が定められていない点である。

---

[46] 本規則はダブル条約が単に「適切に」（properly）と定めていたために、紛争の種となった反省から、not served……in sufficient time……in a way that deprived a fair chance to arrange for……defense と細かく定めた。

どの利害関係人 (any interested party) も、その形式を問わず、外国判決の承認を申立てられる。たとえば、執行請求の申立の中で、その前提として承認を主争点となしうる (33(2))。他国判決の承認が前提問題となっている。本問題を訴求していても、その場で他国判決の承認がされうる。この場合、承認国の管轄権に関係なく、他国の判決の承認がなされたことになる (33(3))。Brussels Ⅰがこのように、承認と執行とを、少なくとも手続上では区別しない実際的態度をとることが注目される。

[5.9] (2) Brussels Ⅰの下での判決の移動 (執行)

①　以上の単純な (不要式の) 承認問題に加え、次のような執行手続規定がある。

(イ) 基本は、執行力宣言書申立 (application for declaration of enforceability) である (39)。その申立自体が承認申立ともなることは前記のとおりである。ここでも、申立人は利害関係人 (any interested parties) と広い (38(1))。この申立の細かい手続は執行予定国の手続規定に従うが、共通要件は次である (40)。

(a) 判決の写し (53)、および判決であることの証明書 (54) の提出により、執行力宣言書を発して、自動的に行われる (41)。この段階までは、相手方債務者への告知はない (41)。

(b) しかし、上記による執行力確認後は、その通知と元の判決の写しが相手方・債務者へ送付される (42)。相手方の上訴期間は、その後1カ月以内、ただし相手方債務者の住所が他の加盟国にある場合は2カ月以内で、これは不変期間とされる (43(5))。

(c) この上訴に対する認容は、上記の判決承認の除外事由 (34、35) のいずれかの条項にあたる理由でのみ、下されうる (45(1))。

本規則による判決移動の実効性向上は、関連する保全処分に対する緩やかな態度にみられる。その場合、本規則に縛られず、判決承認国の保全処分制度を利用して自由な申立が可能とする (47)[47]。

上記は判決の執行のための加盟国一般についての手続規定である。しかし、本規則は、いわゆる大英連合王国 (the United Kingdom of Great Britain) についての宣言書 (declaration) の手続を不要とし、代わって、執行のための登録 (registration) でよいとする (38 (2))。

(ロ) 本規則は、アメリカとは異なり ([5.6]③)、法廷での和解に対し和解国でと同じ条件で執行手続国での効力を認める (58)。ここでの和解は、わが国のそれ (民訴法264、265、267) に近い。即ち、その手続中で、かつ裁判所の承認を要する (……approved……in the course of proceedings……)。

本規則はまた、上記のかなり詳細な執行手続きの定め (38～52) に加え、他国の判決証明などを、そのまま自国の公式証明文書と同じに認め、執行力を与える旨の定めをする (57 (1))。

② 外国判決承認問題と管轄権の配分ルールの２つが交錯するのが、国際的二重訴訟である。ダブル条約の流れを受け継ぐ本規則の下では、例外的な場合であろうが、ゼロにすることはできない (アメリカの太字法が国内二重訴訟に許容的であることにつき [5.13] 参照)。本規則により管轄権が認められる２つ以上の国に訴えが競合して起こされた場合につき、本規則は、先着主義 (first come, first served rule) を採用する (本規則の下での補充的、許容的管轄権につき [4.7] 参照)。つまり、第１日に域内メンバー国Aに、第２日にメンバー国Bに、各申立があったとすると、メンバー国Bの裁判所は、先行する訴訟係属 (lis pendens) の状態をふまえ、手続を休止してメンバー国Aの裁判所の審理を見守り、審理が進むようであれば、訴えを却下する (27、28、29)。

ここでの「競合」とは、どこまでの範囲を指すのか。本規則は、それを関連訴訟 (related actions) とし、その規準を「別個の手続で進めた場合、矛盾する判決が生じる恐れがあるほど、互いに相互に密接に関連する訴訟である」とする (28 (3))。本規則はまた、訴訟係属についても定義をおき、原告

---

47) これは、外国判決債務者による判決承認国での新たな訴訟遅延戦術を挫く有力な対策とされる (Goode, Knonke, Mckendrick, Wool, *Transnational Commercial Law*, Oxford, 2004, p. 798)。

がその後に送達手続を怠ることを解除条件として、原則としては、訴状（ないしそれの等価物）の提出時であるとする（30 (1)）。

　こうして、EUは、域内全体として司法的同化を遂げつつある（一昔前の「外国判決」という感覚は薄れている）。

③　以上は、EU域内各国での取扱いであり、日本などの域外国に対してはこのルールは働かない。その場合、EU各国は、域外国に対してアメリカの長腕法に似た（そこでの原理型というよりは限定列挙型であるが）制定法を有する。たとえば、フランスは、前述の原告がフランス人である事件のほか、フランス国内で締結した契約義務の履行請求についてフランスの裁判管轄権を定める（code civil 14）[48]。また、日本企業が契約の準拠法をイギリス法と合意していれば、管轄合意がなくても、イギリスの裁判管轄権が認められる（CPR）[4.11]。

　EU域内各国は、本規則とは無関係に域外国の人（person）に対し従来どおり広く管轄権を及ぼしうる。その挙句に得られた判決は域内での移動が自由であり、前出のとおり域外国の人は、域内A国での判決により域内B国においてもいとも簡単に執行を受けることになる。その意味で域外国の人に対し差別的で厳しい。

[5.10] (3) イギリス司法とBrussels Ⅰおよびヨーロッパ司法裁判所（ECJ）との絡み

①　ECJは、EU域内の司法裁判所としてEU法の定める事案（中心は、共同体としてのEUの義務付け訴訟や差止め訴訟などの行政訴訟）につき、直接、第一審の管轄を有する[49]。各国は、自国が同意しなくても、その管轄権に服する。丁度、国内の行政庁が自国の裁判所の管轄権に服するのと同じである。この共同体裁判所としての性格に加え、ドイツなど加盟国裁判所は（イギリスの裁判所を含め）、ECJの制定した規則を守る義務がある（[4.3]の③）。またBrussels Ⅰの解釈などが問題となる事件では、予めECJの判示を求めることになる（CPR

---

[48] 日本の画家がフランスの展覧会屋につかまり、展覧会場への出品契約をした事件では、この規定により送達が可能であった。
[49] ECJの（事物）管轄権を定める基本になるのは、ローマ条約1957である（234〜239）。

のSchedule 1）。いわゆる事前判示（preliminary ruling）である（ローマ条約234、旧177）。そこでは、次の解釈問題が事前の判示の対象として挙げられている。

（イ）ローマ条約自体
（ロ）EU、ECB（ヨーロッパ中央銀行）、その機関が制定した法令
（ハ）理事会が創設した機関による法令

事前判示とは、域内国の司法機関において、これらの点が争点となる場合、それら各国の司法機関がECJの判示を予め求めうることをいう。その争点に関し各国の司法機関が出す決定が、各国国内法上の司法救済に結び付かないときは、更に進んで、その事件をECJへ移送しなければならない（ここでは一般判示と呼んでおく）。

2002年中にECJが扱った事件数477のうち、45パーセントにあたる216件が事前判示であり、一般判示を含むその他の事件が残りの261件である。また、事前判示の件数は20世紀末以降ずっと200件の前半で増えていない。一方、各国の司法機関が扱うEU法令が問題となる件数は毎年およそ1200件とされている[50]。

事前判示の件数が伸びないことの理由の1つとして、各国の司法機関が「明白性の原則」（doctrine of "acte clair"）（そのEU法令の解釈が既に示されていて、余り議論の余地がないとする見解）により、予めの判示を求めたがらない傾向が指摘されている。事前判示の多い国（年間50件近い）は、ドイツ、イタリア、オーストリアであり、イギリスは20件台である。

② イギリス法と大陸法のかなり深いところでの違いからして、両者のすり合わせで議論が生じたとしても不思議はない。現に、Goode教授は、この例示として1つの事件を挙げる。不便宜法廷（forum non conveniens）の問題である。事件では、イギリスと非メンバー国との関係では、この法理の裁量権が認められ、2つの間が一貫しないとして、反論・批判された（註4書p. 1084）。他のメンバー国の裁判所がより然るべき法廷であるとして、BrusselsⅠの下

---

50) EU委員会のウェブサイトより（これからすると、事前判示の利用率は約20パーセントといえる）。

でイギリスの裁判所が本来受理すべき事件の管轄権を拒むことはできない。これは事前判示にかけるまでもない問題であるとの批判である。

前出のEU委員会のウェブサイトでは、イギリスについては、事前判示に関するもの1件を含め、4件のECJ事件を引いている。うち1件は既述のイギリスの国内法、**計量法**の絡みである。残る2件のうち、1件は商標に関するEU指令[51]とイギリス国内法との関係の事件[52]、もう1件は、イギリスの移民法（1999）とEUの域内移動の自由およびヨーロッパ人権条約という2つの基本原理との間の相剋に関するものである[53]。

③　本規則の下で、イギリス国内ではメンバー国の判決が、単なる登録により承認が可能であることは上述したとおりである。しかし、ここでもイギリス法と大陸法の違いに注意が必要である。即ち、大陸法諸国にも配慮して（特定履行などの）金銭給付判決以外が認められるEU規則の下で、イギリスでは、金銭給付判決以外の判決の承認・執行が原則としてできない（34(1)）。なお、わが国法制の下でも、民事執行法（24）でいう外国判決は、「……強制執行に親しむ具体的な給付請求権を表示し、……給付を命ずる」ものである点で、民訴法のそれ（118）と全く同じではない[54]。つまり、右要件を充たす限りでは、金銭給付請求である必要はなく、アングロ・アメリカン法とは大きく異なる[55]。

イギリス法と大陸法との違いから生ずる判決の承認・執行の問題は、この特定履行判決だけとは限らない。判決に至る前提としての実体法の適用交錯でも問題は生じる。事件が契約を巡る紛議であったとしよう。本規則により

---

51) Directive 1989/104/EEC
52) Arsenal Football Club (2002) ECR1-10273. ECJでの関連事件としては、2002年11月12日C-206/101である。
53) Home Department v. International Transport RothGmbH, (2002) EWCA Civ. 158.
54) 東高平成5年11月15日判決平成4年（ネ）388号中の判示。
55) 前註事件では、わが国の公序違反で（民訴法118③）、結果としては執行が認められなかったが、そうでなければ、非訟事件にあたる「子の引渡し」についても、民事執行法（24）類推により、外国判決の執行が認められていた。

被告のdomicilのあるイギリスの管轄とされたとしよう。イギリスも加盟する1980年のローマ契約義務適用法条約により、その適用法は履行場所であるイタリア法になるとしよう。争点の1つが契約の成否で、かつ約因 (consideration) の欠缺であったとすると、イギリスの裁判所は国内事件とは異なり、イギリス法を適用して契約を強制不能 (enforceable) とするのでなく、イタリア法により、その契約の効力を認めざるをえないことになろう。

[5.11] (4) 域外外国判決のイギリスでの扱い

① 関連して、一般的に外国判決がイギリスでどう処理されるかにつき寸言する。BrusselsⅠ加盟国でもなく、国際条約もない域外国との間では、次の要件が充たされれば、コモンローの法理により承認される。

(イ) 金銭給付確定判決である。
(ロ) その外国裁判所が被告に対し裁判管轄権を有した。
(ハ) 手続中に詐欺 (fraud) その他の違法がない。
(ニ) イギリスの公序違反にならない。

いうまでもなく、これらの判断はイギリスの抵触法に照らして行われる。このうち (ロ) の中心的なものは被告の出頭である。

このほか、国務大臣が指定する貿易制限的外国法に基づき下される多重損害金 (multiple damages) を課す外国判決に対しても執行を拒む。これは、貿易権益保護法 (Protection of Trading Interests Act, 1980) によるもので、そのような執行判決請求事件の受理を禁じ (5(1))、また既にそのような金額を支払ったイギリスの被告 (これには、個人、法人を含み、イギリス人だけでなく、イギリスで事業を行う人も含まれる) に対し、その差額の請求権を与える (6(2))。

② BrusselsⅠ適用の有無を加えて上記を整理すると、いくつかの異なる段階が区別される。

(イ) BrusselsⅠ適用国からの判決の場合、前出の確認の手続も不要で、単なる登録でよい。
(ロ) 旧イギリス連邦諸国からの金銭給付判決であれば、登録により執行力

が与えられる場合もある[56]。

(ハ) BrusselsⅠ適用がない国、たとえば日本の判決の場合、上記のとおり執行判決の申立をする必要がある。そこには相互の保障（reciprocity）の要件はみられない。鍵となるのは、日本の管轄権がイギリス法により肯定されること、殊に被告がその訴訟で物理的に日本にいたか、少なくとも訴状の送達を受けたことである。それが充足されなければ、イギリスでの新しい訴訟手続をしなければならない。

上記（イ）、（ロ）、（ハ）のいずれでも、それが確定判決である限り、実体について再度イギリスで争うことはできない。

4. 国際二重訴訟や提訴対抗措置としての保全手続、訴え差止め

[5.12] (1) 国際的二重訴訟（international parallel proceedings）の問題

① 世界の法化の現状からは、各国の管轄権の抵触（jurisdiction conflicts）は避け難く、従って、積極的抵触である国際二重訴訟（international parallel proceeding）も避け難かった[57]（更に、次章でみるとおり、国際倒産〔cross-border insolvency〕は二重訴訟を含意する）。BrusselsⅠでも例外規定をおいていることからわかるとおり（27、28）、ダブル条約の管轄権配分ルールによっても、二重訴訟をすべて禁圧することはできない。また完全に禁圧すべきかに疑問もある。従って、現に起きた二重訴訟の処理原則を考えることが実際的な臨床的手法ということになる。

BrusselsⅠやBrusselsⅡにより司法統合の進んでいるEU内ですら、二重訴訟が生じることから知りうるのは、二重訴訟をめぐる法理としても、2種類あるということである。1つは、EU域内でのように、基本的には禁止原則に近い法理である。そこでは、画一的な管轄権ルールが存在するから、二

---

[56] Civil Jurisdiction and Judgment Act, 1982 (34).
[57] これを管轄権の現代拡張主義（expansive contemporary principles of jurisdiction）による現象という（註9書p. 459）。

重訴訟は一時的、例外的に存続できるのみである。問題は時間軸に沿ってのみ処理される（先着主義）。

　もう1つは、EUのような司法統合のない世界、即ち、残る全世界の国々の間である。そこでは、二重訴訟の誘引ともいうべきものが2つの点で働く。1つは、国際裁判管轄権を緩やかに受理するため、訴え易いか否かであり、他の1つは、いわゆる法廷漁りである（原告に有利な法律がある）。イギリス、ロンドンでは、法曹が国際訴訟対応インフラを誇っており（註59書 [1.8] 参照）、かつ現に Bremen 事件のように、二重訴訟でも躊躇うことなく受理している。第2は、たとえば、A国での訴訟が、B国での訴訟に比し、原告（ないし被告）に有利だとなれば、当事者が互いにA、B国に訴えを競って起こすことが助長される。

② 　国際二重訴訟についての Brussels I の上記の過渡的な容認や、次にみるアメリカの緩やかな容認原則に比べ、わが国ではこれに関する明文がなく、当事者は、僅かな事例をみて結論を予想するしかない（国内の二重訴訟に対してのみ明文がある〔民訴法142〕）。国際海上物品運送に係るハンブルグ条約などの個別規定以外に、前記の新条約の発効前で、国際的二重訴訟を規律する一般的な法令は存在しない現在[58]、これらの立法例や国際間の慣行を参照するしかない。

　わが国が非加盟のハンブルグ条約の下では、締約国のいずれかの裁判所（これを甲国裁判所とする）に訴訟係属があるときは、当事者間で乙国に同一理由 (on the same grounds) での訴訟を起こすことはできない。例外は、乙国での執行力が認められない場合のみである (21 (4))。たとえば、同一請求権に関してイギリスでは認められない特定履行 (specific performance) の請求をドイツで提起するという場合である。これはイギリスの裁判所による判決の前後に拘らずである[59]。

---

58) 1971年民事および商事に関する外国判決の承認および執行に関する条約は、調印国が数カ国しかないため未発効のままであった。
59) わが国がハンブルグ条約とハーグ・ヴィスビ・ルールズとの間の選択で後者を選んだ

ハンブルグ条約以外にも、個別条約文の中には、国際的裁判管轄権の配分規定をおきつつ、配分規定と外国判決の承認規定と二重起訴禁止規定法とを併置し、不合理が生じないよう手当てしているものがある。わが国が未批准のハーグ国際私法会議による1970年、離婚および別居の承認に関する条約などである（註35）。

[5.13] (2) アメリカでの考え方 (lis alibi pendens など)

① アメリカも、わが国と同じで、国際二重訴訟処理の点を含め、裁判管轄についての一般的国際的ルールを有しない（連邦法、各州法とも）。ただ、アメリカがわが国と違うのは、国内の各州間（そこに所在する異なる連邦裁判所間）で既に2世紀以上にわたり、二重訴訟の問題とその解決策に迫られ、わが国より長い経験を積んできている点である。経験に支えられた太字法は、「同一の請求についての訴訟も受理してよい (may entertain……an action on the same claim ……)」と、二重訴訟に緩やかなルールを謳っている（再抵86）。それも連邦裁判所間であれ、州裁判所間であれ、また連邦と州との間であれ、該当する（コメントa）。連邦と州とでは事物管轄が異なるのであるから、観念的に二重訴訟は成立しないが、多州民事件という例外がある。

そこには、BrusselsⅠの下での先着主義に近い考えがみられる。BrusselsⅠより更に強固な、全幅の承認のルールがあることを思えば、これは理解し易い（被告が二重に判決されることは、同ルールにより防がれている）。ということは、第2日に訴訟を受理した裁判所による手続休止 (stay) の原則である。太字法も上記のとおり、州際間とは異なり、他国との間の二重訴訟についてのルールを設けることはしていない。連邦法も含め、制定法も存在しない。従って、判例ということになれば、上記の太字法の応用問題となる。結論からいうと、明快なルールを編み出しているとは言い難い。

② 現状は、上記の各州間の二重訴訟についての3つの道具があるのみである。

点につき、國生一彦『国際取引法』有斐閣、2005、[8.5] 参照。

第1は、不便宜法廷（forum non conveniens）の法理であり、たとえばわが国での大韓航空機撃墜事件や遠東航空事件と、それと併行したアメリカでの訴訟にみるとおり、実際に使われている。前者では、二重訴訟は受理されたが、後者では訴えが却下された。

第2は、他法廷係属（lis alibi pendens）の法理であり、アメリカでの連邦裁判所同士でも、連邦裁判所と州裁判所間でも、用いられてきたものである。わが国の判例からこれに近い法理を探せば、制限説ないし原則的規制主義というところか。要は、外国の裁判所での審理に敬意を払い、訴訟を停止する（stay an action）考えである。

もう1つが他訴差止めの法理である。これは、アメリカの裁判所が、外国法廷での訴訟の継続や新たな提起が当事者にとって不便宜であるとして、これを差止めさせる方向に働く他訴差止め（anti-suit injunction）請求である。これは、わが国の保全処分に近い。ルクセンブルグでYに訴えを起こされたXが、ニューヨークの裁判所に反訴を起こし、同裁判所がYにルクセンブルグ訴訟の追行を禁ずるなどである。かなり強引な手法と思われるが、実際に少なからず用いられている。

[5.14] **(3) 他法廷係属（lis alibi pendens）の考え方との比較**

① 他法廷係属（lis alibi pendens）の法理は、不便宜法廷の法理を国際二重訴訟に適用したものである。その違いは、後者が一般に訴を却下（dismiss）するのに対し、前者は事件を中止（stay）するのが原則であるという点である。

一旦、外国法廷での判決にまで至れば、その承認・執行という、次の問題となる。そこでは、州際間の憲法秩序（full faith）ほどではないが、それに準じた緩やかな態度があることはみたとおりである [5.2]。

他法廷係属の法理を制限説に近いと述べたが、その要件等は、必ずしも明確に固まってはいない。外国判決の承認・執行についての緩やかな態度からすれば、基本的思想は、むしろEU域内と同じ時間軸中心の考え、その意味での制限説とみるべきであろう。

不便宜法廷の法理から派生した法理として、その要件は大まかにしかみえてこないが、効果が却下に結び付き易い不便宜法廷の法理とは違い、停止ないし中止であることはほぼはっきりしている。このように、外国で進行中の訴訟（別訴）の様子をみる関係で、アメリカの国内訴訟（本訴）の停止という柔軟な対応を可能にするところが、この**他法廷係属の法理**の特徴といえる。

　この問題について判示したのは連邦控訴裁判所レベルどまりで、連邦最高裁でまだ一度も判断されていない[60]。

② 　以上はコモンロー（判例法）であり、本訴中止の権限の根拠としては、「……裁判所は自身の、弁護士の、そして当事者の訴訟経済のため、事件簿（docket）にある事件につき内在的な処分権を有し、そこから生ずる法理である……」としている（後記の Landis 事件での最高裁の判示）。また NCCUSL の統一法 Uniform Interstate and International Procedure Act では、「……真の正義のため（in the interest of substantial justice）、事件が他の法廷で審理されるべき場合、裁判所は、訴えを中止ないし却下できる……」としている（1.05）。

　同条の見出しが不便宜法廷（inconvenient forum）であることからも、以上の２つの法理がコモンロー上の近い関係にあることが知りうる。不便宜法廷の法理が判例法であることから、同じく法定管轄権の行使に制約を加えるのにも、制約を（厳格に）制限的に適用したものと、反対に訴訟経済を重んじて緩やかに運用する流れとがある。２つの異なる連邦裁判所間での二重訴訟での最高裁のケースとして Landis v. North American Co., 299U.S.248（1936）がある[61]。

[5.15] **(4) 他訴差止め請求**（anti-suit injunction）

① 　二重訴訟で本訴を停止しようとする lis alibi pendens に比べ、本訴原告

---

60) Born は、「下級審判断の数も少ない」（few……decisions）と言う（註９書 p. 462）。
61) 事件は、公益事業持株会社法の効力を争って、公益事業会社が起こした訴訟に関する。そこでは、上記引用文に先立って、最高裁は本訴の停止のためには２つの訴因の当事

にとり遙かに強力な武器がこの他訴差止め請求である。アメリカの裁判所はこの法理の下で、外国法廷での訴訟の継続や新たな提起を差止める命令を当事者に出すことができる。

これは差止め命令の一種であり、なぜ裁判所（公権力）が私人に向かってこのような命令を出すことができるのかが問題となる。この点で契約上の救済（remedies）の１つとしての差止めの法理が参考になる[62]。とにかく、これが乱発とまでいかなくても、緩やかな基準で発令されれば、日本企業などをアメリカの裁判所に訴えたアメリカの原告にとって、日本企業などが対抗して日本などで起こそうとする二重訴訟に対する有力な武器となりうる。そうなれば、国際問題、外交問題に発展することは間違いない。法理の妥当な展開が期待される。

② 前出の lis alibi pendens より遙かに強力な手段であるから、同じ二重訴訟対策といっても、その要件がより絞られることは予想できる。現に、アメリカの籤業者 Scientific がコロンビア共和国で起こしていたコロンビア政府外郭団体宛の訴訟に対し、保険会社 Seguros がアメリカ国内で Scientific 宛に提起した事件がある[63]。事件では、２つの訴訟の間で、請求原因も当事者も同一でないとして、コロンビアで行われている他訴の差止め請求の申立が却下された。二重訴訟といえるためには、請求（claim）が同一でなければならない（別の救済が必要ではない）との法理（再抵86コメントa）による。

幸か不幸か、今のところ、他訴差止め請求の形をとった司法権の海外での行使は、余り自由奔放には行われていない。殊に、海外事件を多く扱う第２巡回（控訴）裁判所などは、先ず認めてこなかった。その結果というか、第２巡回裁判所などは国際二重訴訟をわりあい緩やかに認めようとする。わが国との対比上面白いのは、こうした anti-suit injunction に慎重ないし懐疑

者（parties to the two causes）も、争点も常に同一（issues identical）でなければならないとは必ずしもいえないとする。
62) 特定履行請求の反面としての差止めにつき、註59書［5.18］［5.19］参照。
63) Seguros Del Estado, S. A. v. Scientific Games, Inc.（11th Cir., 2001年8月20日）

的な裁判所が最もよく理由として挙げるのが、外交配慮（international comity）という点である。わが国の場合は、反対に、二重訴訟に対し厳しい制限説をとる論者の根拠が、むしろ国際協調である。

これに対し、ロサンゼルス地区などを抱える第9巡回裁判所は、anti-suit injunction に対してより寛容で、二重訴訟の存在そのものが、かなり十分な根拠を提供すると考える。後記の1974年の事件では、アメリカの証券法違反を理由に仲裁合意を無効と主張する Alberto 社が、相手方が仲裁手続の申立をすることを予め禁ずる決定の申請をし、下級審では認められている（preliminary injunction restraining the prosecution of arbitration proceedings）[7.14]。しかし、最高裁によって覆された。控訴裁判所（Circuit Court of Appeal）の段階でも、そのような自由派（liberal approach）と、反対に海外での他訴差止め請求に慎重な保守派（conservative approach）とに分かれている。前者は、当事者と請求原因が同じであり、かつ海外の訴訟を続けさせることが効率、スピードを損うと裁判所が思えば、国際的に差止め命令を発令できるとする。

③　後者の保守派の意見を代表する1つの事件として、Hans A Quaak v. KPMGB（March 8th 2004, 1st Cir., No.03-2704）がある。事件では、会計事務所 KPMGB（ベルギー法人）が、アメリカでの監査先の一社 L&H の倒産に伴い、不適切な監査をしたことを理由に本事件を含む多くの訴訟の被告として訴えられた。

KPMGB は、それらのアメリカでの事件で原告らによる文書開示の申立を受け、ベルギーの裁判所に「discovery の手続を進める者に対し罰金を課すよう」逆申立をした。同時に、アメリカでの訴訟中の文書開示命令に対しては、それがベルギー法違反であるとして、開示を拒むとともに、不便宜法廷として訴え自体の却下を申立てた。

控訴裁判所は、次のように議論を始める。

「……この種の事件では、裁判所は、他国の主権を損なうことなく、他国の相反する政策との間で適合的な方法を探さねばならない……しかも、最高裁

の判断が示されていない中、控訴裁判所の意見が2つに割れている中で……」

その上で、「……自らの人的管轄権の下にある者に対し、他国の法廷での手続を進めることを差止める権限を連邦裁判所が有することは、共通の基礎である（……power to enjoin those subject to their personal jurisdiction from pursuing litigation before foreign tribunals……common grounds）」としつつ、「……この権限の行使は緩やかであるべく、二重訴訟は、（国際礼譲も考えて）一般に同時進行が許されてよい……」とした。保守的アプローチを奨めた（commend）以前の独禁法事件に絡む二重訴訟から、要旨次の理由を引いている。

（イ）他訴差止め決定を出すことへの海外での反対の推測（rebuttable presumption against issuing international anti-suit injunction）

（ロ）国際礼譲により適う。

（ハ）利益衡量の必要

（ニ）それが注意深く、抑制して行われるべきこと（to be taken only with care and great restraint……）

第6章

その他の国際民事訴訟手続

1. 国際倒産事件とわが国法制

[6.1] **(1) 国際倒産法（cross-border insolvency proceedings）の必要性と発展**

① 「倒産」とは、経済的状態を表す日常用語であり、法的定義とは別ものである。たとえば、わが国では手形交換所による取引停止処分の現象が倒産の代名詞のように用いられている（銀行取引約定書5 (1) ②）。経済的状態という以上、国内と同じく、どこ（国際取引）でも生じうる。ここでの国際倒産とは、倒産のうち国境をまたぐ効果（cross-border effects）を有するものをいう[1]。

甲国のA社の乙国内支社と取引をしていたB社が気が付いたら、A社の乙国内資産（預金等）が急にすべて甲国に引き揚げられていたりする現象がある。1980年代以降、わが国から外国向けの直接投資が急増した。その投資家、企業の倒産の場面では、海外にある不動産、株式、船舶、航空機などを現地の債権者が差押え、強制執行などを行い、その絡みで訴訟事件も多発した。国際取引をする者も、この極限状態への対策を迫られる。そのため、前提となる法的枠組みを視野の隅に入れておく必要があろう。

倒産は、一種の火事場であり、力と悪が露骨な利得をしよう（損失を減らそう）とする世界である。債権者、債務者を問わず、力の強い者、ずる賢い者

---

[1] cross-border effects は、UNCITRALのモデル法、EU理事会（EC）規則No. 1346/2000 などに共通する表現である。

が巧く立ち回ることになり勝ちである。これは、商取引の世界では、ある程度計算されたことであるが、国内倒産であれ、国際倒産であれ、(商) 取引法の指導理念、公正さ (fairness) が働くことに変わりはない。不公正さは各自の計算に基づく国際貿易や投資を萎えさせる。

　国境をまたぐ効果を生ずる国際倒産 (cross-border insolvency) では、甲国では甲国法の下で平等な分配が図られているのに、乙国では、甲国倒産法の効果が及ばずに、債務者も債権者も資産、負債を勝手に処理・処分できるような事態を防ぐ手立てを考えなければならない。

②　数世紀にもわたり国際取引が行われ、従って国際倒産状況とも無縁ではなかった西欧社会。そこでも、この手立ての実現は20世紀末近くまではなかった。最大の理由は、国際倒産が一種の国際的二重訴訟の場合にあたるからである。2カ国以上の主権 (司法権) が絡むからである。

　国際倒産での当事者の公正と公平処理のため、EECでは1960年代から作業が始められたが、目覚ましい進捗はなかった (ブラッセルズ条約〔1968年〕が国際倒産を除外していることは前述したとおりである [4.6])。しかし、1990年代に入ると、国際倒産法での共通ルール作りの動きは各方面で盛り上がった。先ず、ヨーロッパ協議会 (the Council of Europe) が1990年に「破産の国際的側面に関する条約」を起草[2]し、また1995年にECも倒産手続条約を用意した[3]。その国際的二重訴訟の処理を含む国際倒産法の統一がEU内では既に現行法となった [6.7]。

　より広い舞台でも、次に述べる UNCITRAL のモデル法がある。アメリカ

---

2) The Convention on Certain International Aspects of Bankrupcyで、1990年イスタンブール条約とも呼ぶ。

3) 1995 EC Convention on Insolvency Proceedings. EC15カ国中、イギリスを除く14カ国が調印したが、主としてイギリスはジブラルタル問題のため調印せず、発効に至らなかった (Goode, Knonke, Mckendrick, Wool, *Transnational Commercial Law*, Oxford Press, 2004, p. 628)。EC条約案は、その考え方が殆どそのまま倒産に関する現在のEU理事会規則に引き継がれたばかりか、管轄権に関するEU理事会規則にも応用されて役立ったとされる (同上、p. 629)。

は、自らの厖大な倒産法を持つが、2005年の改正法第15章は UNCITRAL のモデル法に基づく [6.9]。EUの上記規則と UNCITRAL のモデル法との近似性を考えれば、今や国際倒産法の共通化がかなりの程度に達したといえる。その立法等を通していえるのは、国際社会での法の同化ないし司法並行現象（judicial parallelism）の進行である。

　米欧間での法史と法の成立ちなどの深いところの違いから、法令の基本構成まで同化することはなかなか困難であるにしても、いわゆる法律用語の同化には目を瞠るものがある。前にみた用語、国際管轄権の連結素の常居所地はその一例にすぎない。国際倒産法でいえば、今や倒産者、破産者（bankrupt）ではなく、債務者（debtor）が米欧間での共通語になっている。

③　UNCITRAL は、1997年に海外での並行倒産等を規律する各国国内法のモデルとなる「国際倒産モデル法」(Model Law on Cross-Border Insolvency) を作成した。前文がその趣旨を述べている。

　「……本モデル法は、国境を越える倒産事件を適切に処理することにより、次の諸目的を達成しようとするものである。(a) その倒産に関係する諸国の司法当局間の協力を促進し、(b) 貿易と投資にあたっての法的確実性を高め、(c) 公正かつ効率的な倒産手続により債務者も含む各国債権者などの利益を守り、(d) 債務者の資産（からの配当）を保護、極大化し、かつ (e) 財務的に難局にある事業を援うことで、投資と雇用を守る……」。

　UNCITRAL のこのモデル法は、同モデル法を採用するＡ国とＢ国間で、(イ) 互いに援助 (assistance) が必要な場合、(ロ) 同一債務者に対する手続が両国で競合する場合、および (ハ) 債権者等が、外国での手続に参加ないし開始を必要とする場合に適用されるとする (1 (1) (a) ～ (d))。

　原理的には、外─内（外国倒産手続の国内的処理）の国際倒産処理と、内─外（わが国内の倒産手続の国際的処理）とは、対称型である。しかし、外国倒産処理手続（決定）を承認するのは、こちらが自発的にやれても、相手国にこちらの手続の承認を一方的に強制することは、司法主権があるからできない。従って、両者は全く対称的な定めにはならない。

モデル法では、外―内の処理は第 2 章（外国代表によるアクセス権）、第 3 章（外国手続の承認と救済）による。そこでは、自国手続の定めであっても、その開始などが制約されている（28）。また内―外処理は、

(イ) 第 4 章、外国法廷、外国代表との協力の下でのモデル法採用国間の協力と調整（cooperation and coordination）

(ロ) 第 5 章、並行手続（concurrent proceedings）

という形と構成をとっている（外倒法の章構成は、モデル法とは大きく異なる）。協力と調整（殊に並行手続の場合の）といっても、これは条約でもなく、国内法としてであり、当の外国の対応如何により、無論その効果は限定されうる。しかし、モデル法は、「可能な範囲で最大限……協力すべし」（shall cooperate to the maximum extent possible......）と定めている（25 (1)）。

④　債務者の資産の 2 カ国以上での並存を根拠とするモデル法第 5 章（併行手続）は、国際倒産が国際二重訴訟であることを如実に示す。並行手続において決め手になるのは、次の 2 つである。

(イ) 資産が並存する 2 つ以上の法域での手続の先後関係という時間軸

(ロ) 債務者の**権益中枢**がいずれにあるか。

債務者の資産が現存すれば（......debtor has assets......）、時間軸が後であっても、併行手続（concurrent proceeding）は可能（......may be commenced only ......）である。その場合、法廷は、外国法廷との協力と調整を図らねばならない（......shall seek）（29）。上記（イ）、（ロ）の中で一番の決め手は、権益中枢か単なる「**拠点**」かである。後者となれば、それは明文で外国従手続とされる（モデル法 17 (2) (b)）。

[6.2] (2) UNCITRAL の国際倒産モデル法のわが国倒産法への影響

①　わが国倒産法については、近時の状況に対応できず、次のような問題が生じていると長く指摘されていた。

(イ) 破産法および会社更生法は、厳格な**属地主義**を採用しており、日本国内で開始された破産手続および更生手続の効力は国外にある財産に及ば

ず、また、外国で開始された破産手続および更生手続の効力は日本国内にある財産に及ばない点が先ず問題であった。
  (a) 旧法の下では、日本で破産宣告を受けた債務者の外国にある財産について、一部の債権者が強制執行を申立てるなどの方法で優先的に満足を得ようとして、破産管財人との間で上記海外事件のような争いを繰り広げた。
  (b) しかも、破産宣告後の海外における債権回収額を国内の破産手続における配当額に反映させる調整規定も整備されていなかったから、外国で抜け駆け的な債権回収を行った債権者も、国内の破産手続等において他の債権者と同じ割合の配当に与ることができた。

以上が旧破産法の定め、「日本に於て宣告したる破産は破産者の財産にして日本に在るものに付てのみ其の効力を有す、外国に於て宣告したる破産は日本に在る財産に付ては其の効力を有せす」(3 (1)、(2)) によるものである。会社更生法も、同旨の定めをしていた (4 (1)、(2))。

(ロ) このような**属地主義の下では**
  (a) 再建型の倒産処理手続が開始された場合、手続開始国以外の国にある財産で、事業を継続する上で必要不可欠なものに対し債権者が強制執行を申立て、これを強制換価することが可能であった。
  (b) 債務者は債務者で、財産を手続開始国以外の国で自由に処分することができ、費消・隠匿するなどの不正行為をした例があった。

平成11 (1999) 年にできた民事再生法は、日本国内で開始された再生手続の効力は国外にある財産にも及ぶとしていたものの、外国で開始された再生手続の効力は (原則として) 日本国内にある財産には及ばないとしていた (平成12年改正前§4)。

② 1997年12月に国連総会は、加盟各国に対し、上記モデル法を尊重した法整備を行うことを勧告する旨決議した。これは条約ではなく、モデル法であり、拘束力もない。しかし、わが国としては珍しい動きとして、モデル法に則り国内法の国際化、共通化に乗り出した[4]。それにより、倒産手続の効果を

手続国に限定する**属地主義**から、全世界の財産に及ぼす**普及主義**へと切り替えることになり、２つの方向で倒産法制を改正した[5]。

同モデル法では、二重訴訟の１つとしての国際倒産での管轄権を整序したものとして、外国の手続（foreign proceeding）を、債務者の**権益中枢**（centre of main interests）を連結概念として、主手続（main）と従手続（non-main）とに分けている（2(b)、(c)）。そこで、わが国でも次の国際倒産法制度を創設した。

（イ）外国で開始された倒産処理手続の承認という外―内の制度を創設し、国内における債権者の個別的な権利行使を禁止しつつ、国内にある財産の管理処分権を外国管財人等に移転させること等を可能とする法制。

　これは、UNCITRALモデル法と同じく、国の内外での主手続と従手続との考え方を導入し、従手続においても個々の債権者毎の処理に代え、外国倒産処理手続の承認という制度的処理を考えたものである。これは、外国判決の承認・執行制度の一種といえる。

（ロ）わが国で開始された破産手続および更生手続の効力を国外財産にも及ぼし、破産管財人および更生管財人の管理処分権をその財産に及ぼさせるとともに、同一の債務者について破産手続または更生手続と外国倒産処理手続とが並行して行われる場合には、管財人同士の相互協力や、一方の手続で受けた弁済（配当）額を他方の手続において考慮するなど、手続相互間で調整が行える法制。

　これは、上記（イ）とは逆の内―外方向ではあるが、いずれも相互主義に立って国際間で判決を承認する法制に準ずる手続といえる。

　この２方法のうち（イ）は、既往のわが国倒産法の体系に巧く接木するこ

---

4) もう１つの UNCITRAL モデル法のわが国による採用としての仲裁法につき [7.10] 参照。
5) しかし、今回の国際倒産に係る法整備は、単に属地主義から普及主義への切り替えの点だけではなく、次の第３項や第４項で述べるとおり、わが国法制の国際化、共通法化の点で大きな意義がある。

とが困難なため、「外国倒産処理手続の承認援助に関する法律」という単行法を制定する一方、(ロ)は、既往の破産手続および更生手続の効力および内容の変更でよいので、現行法の一部改正の形で整備が図られた。内容的には、UNCITRALモデル法の仕組みとも、EU理事会規則（EU）No.1346/2000とも、多分に共通するところがある。わが国の国際法制としては、進んだものといえる。これらの立法措置を受けて、最高裁は規則を制定している[6]。

なお、モデル法による立法に合わせて、国際倒産に係る裁判管轄権と贈収賄などの倒産犯罪の国外犯処罰規定の整備もなされている。

[6.3] (3) 外国倒産処理手続の承認援助に関する法律

① 本法（平成12年、法律129号。平成13〔2001〕年4月1日施行）は、モデル法の総則第1章に加え、主に第3章（ChapterⅢ）外国手続の承認と救済（recognition of foreign proceeding and relief）に対応する。本法の下での外国倒産手続の承認援助手続の基本的な流れは以下である。これらは国内手続であるので、本書のためには主として比較法学的な点を中心に簡述するに止める。外国倒産処理手続や外国管財人等の定義は、モデル法のそれとほぼ同じである(2)。外倒法は、前出のモデル法の**拠点**の定義を採用することをせず、外国主手続でないものを、すべて外国**従**手続とする手法を採っている（2(1)③、57(1)①）。

② 本法の第1章から第3章までの章立てもモデル法と変わらない。しかし、全体の構成や背景となる法理が共通という訳ではない。

外—内の承認手続は次の要領になる。

(イ) 外国管財人等はわが国裁判所に対し外国倒産処理手続の承認の申立をする（17(1)）。同条は、そのための国内的要件を特に定めない。かえって、国外的に、その債務者の住所、居所、営業所または事務所が当該倒産処理手続国に所在することが要件とされている（財産だけの所在は除かれ

---

6) 外国倒産処理手続の承認援助に関する規則（平成12年、規則17）とその後の改正。

ている)。モデル法の申立要件は外国管財人のその国での任命完了である (......has been appointed) (15 (1))。

　つまり、ここでは国際二重訴訟が緩やかに受付けられる。

(ロ) 外国管財人等による承認の申立を受けた国内裁判所は、その外国倒産処理手続が日本国内において援助を与える適格性を備えているか否かを審査し、適格性を備えている場合（申立要件を満たしており、承認棄却事由がない場合）、承認決定をする (22)。つまり、国際二重訴訟の併行処理である。

　この承認決定は、わが国がモデル法に則った立法をしたことによるものであり、条約によるものでも、また条約的相互主義の制約下でもない。また、外国倒産処理手続国がモデル法と同じ立法をしていることを要件にしている訳でもない[7]。この国内管轄権は東京地方裁判所にあるとされる (4)[8]。ただし移送が可能である (5)。

(ハ) §17 (1) の要件を充たし、更に、国内倒産手続競合の場合は§57 (1) を、他の外国倒産処理手続との競合の場合は§62 (1) を、それぞれ充たしていれば申立は承認される（そうでなければ棄却される）。またこれらの競合の場合でなければ、その棄却理由は法定されている[9] (21、22)。

(ニ) ある外国倒産処理手続につき国内での援助が上記（イ）ないし（ハ）により開始された後、

---

[7] 本法がモデル法に則っていることから、相互主義を要件としないことは、ある意味で画期的といえる。これは、本法の親国際法的な立脚、たとえば内外人平等原則 (3) にも表れている。反面で、内国の債権者が不利を被らないかの懸念があるが、これに対しては③の各種処分のための命令との関係で個別に手当てがなされている (31 (2)、35 (2)) （アメリカの場合、一般的な条文§1522を設けている [6.11]）。

[8] モデル法は、国際的承認に関する国毎の機能中枢を司る裁判所ないし当局 (court, courts, authority, authorities) を定めるよう要請する (4)。

[9] 本法もモデル法も、上記のとおり、承認申立国に債務者の財産が所在することなどの何らかの連結素があることを全く要件としない。これは、財産も所在しない国へ申立てることはないとの前提の、一種の省力的な規定の仕方である (21②は日本国内にある財産にその効力が及ばないことを棄却理由としている)。

(a) 承認の要件を欠くことが判明した場合は、その外倒法の援助手続は終了させられる (56(1))。外倒法援助手続の目的が達成された場合も同様である。
　(b) 国内にある財産を無許可で持ち出すなど、債務者または外国管財人に義務違反があったときは、承認取消決定がなされ、やはり承認援助手続は終了する (56(2) 以下)。

　本法は倒産法の分野に限られるが、外国裁判の国際的承認を認めるとともに、外国管財人等に直接わが国裁判所に援助のための処分等の申立権を与えたもので、その意味でも画期的なものである。

　以上の承認決定、他の手続等の中止命令、管理命令等については、それぞれ公告 (8、29、33)、登記 (9、10) 等の措置が講じられるようになっている[10]。
③　外国倒産処理手続の承認決定がなされた場合の処分として、
(イ) 裁判所は必要に応じて、援助のための次の処分を行うことができる。これらの処分は、利害関係人の申立または職権のいずれでも、更に承認決定の先後に拘らず、かつ外国倒産処理手続の目的を達するために必要と認められる範囲で、行うことができる。
　(a) 強制執行等の手続の中止命令、取消命令および禁止命令ならびに訴訟手続および行政手続きの中止命令 (28)、担保権の実行、競売手続の中止命令 (27) など
　(b) 債務者の国内での業務や財産についての弁済、処分などの債権者の個別的権利行使の禁止 (25)
　(c) 上記により、一旦発せられた強制執行等禁止命令は、当該債権者の申立により、「不当な損害」の発生を理由に解除することができる (30)。また、債務者の業務や財産についての弁済処分などをいきなり禁止する代わりに、それらの行為を予め裁判所の許可に実務で用いる決定を

---

10) 会社法（平成17年7月26日、法律86号）に伴い、本法の登記関係 (9、10) や承認管財人による債務者の子会社等の調査など (41) に対応する改正がなされた。

出すことも可能である (31)[11]。

(ロ) この間の必要に応じ、承認決定以前にでも、つまり保全処分として、これらの決定を下すことができ (25(2)、26(2)、27(2))、更に、決定前に債務者の国内業務や財産につき管理命令や保全管理命令を発しうる (32、51)。これらの処分に関する規律が極めて弾力的に定めてあるのは、本法のこれらの定めが外国主手続か否かを区別しないことにも一因があろう。

(ハ) 更に、外国倒産処理手続の一方的な進行から国内債権者を保護するため、承認決定を受けた手続の債務者または外国管財人が国内財産の処分や国外への持ち出し等を行うには、裁判所の許可を得なければならない。この義務に違反した場合、援助の承認は取消され、刑事罰を科しうるものとしている (31、69)。

[6.4] **(4) 外倒法とモデル法との違い**

① 本法とモデル法との間には背景的な違いがある、と述べたが、その点につき要約する。

(イ) 先ず、承認決定の出し方が異なる。モデル法が決定条文中で、外国主手続または外国**従**手続を区別して出すよう求めているのに対し (モデル法17(2))、本法は、その区別を承認決定の要件に絡ませない (17(1))。第5章で国内手続との競合の場で2つを区別して処理する (57以下)。EU規則は、モデル法以上にこの区別を強く出し、先ず**権益中枢**の在り場所での管轄権規定を置き (3)、そこでの決定につき域内での自由移動 (承認) を保証し (16)、次いでその承認国での**従**手続 (secondary proceedings) を定める (27)。

モデル法とEU規則で、上記のように外国倒産処理手続を**主手続**と**従手続**とに区別する分水嶺は、共通的に**権益中枢** (centre of main interests) である

---

11) 債務者の国内財産などについての管理命令が出される相手は承認管財人と呼ばれる (32)。

が、両者とも、この新語を定義しない。本法では「主たる事務所」としている。ただ、EU規則の先駆者であるEC条約（註3）の作成者らは、この用語が次の意味であると報告していた[12]。

「債務者がその管理業務を経常的に行っていることから、第三者がそれと確認可能である場所（……place where the debtor conducts the administration of his interests on a regular basis and is therefore certainable by third parties……)」

モデル法の従手続に結び付く連結素となる言葉は「**拠点**」（establishments）であり、権益中枢以外の拠点があるといえるためには、物品ないし役務的要素を備えた通過的でない経済活動[13]（……non-transitory economic activity with human means and goods or services）の場所であるとされる（2(f)）。

(ロ) 上記第3項③の各処分の出し方でも違いがある。モデル法は外国倒産処理手続の承認が**主手続**のそれであれば、自動的にそれらの各処分の効果を発生させる（20）。その上で、外国管財人の申立により、（その他の手続であっても）それらの処分を命ずることができると、二段構えになっている（21）。これに対し、本法では、職権でも可能ではあるが、個別的である。両者のこの違いの背景としては、つまるところ、モデル法が**権益中枢**を連結概念として国際管轄権ルールを考えるのに対し、本法は、わが国を中心として手続を眺めている点に帰する。これが、EU規則になるより鮮明で、第1に、権益中枢がメンバー国にあればその専属管轄権が確立し、そうでなければ同規則の適用そのものがない。第2に**権益中枢**が所在したメンバー国での手続の効力は全世界に及ぶとする（前文11と本文3(2)）。

② 承認決定要件でも、モデル法の言葉や構成（17(6)）とは多少異なる。モ

---

12) この言葉が新語であることから、実務により、更に明確化される必要があろうとしつつ、主として本店とか主な執行事務所（CEO基準）など、意思決定の中枢場所と考えられるとする（註3書p.630、なお、[2.12] 参照）。これには、アメリカ法のdoing businessの不明確な拡張への反対提案の意味も込められていようか。
13) 以上の権益中枢（center of main interests）も拠点（establishment）も、次のEU規則中での定義と1字1句違わない。

223

デル法は、明らかにアメリカの法制や EU の Brussels I でみたような判決の相互承認での緩やかさの考えに立っているのに対し、外倒法がそうした考えにより裏付けられているとの感じはない[14]。更に、これをよりよく物語るのが公序 (public policy) 問題である。モデル法が例外 (exception) として定め (6)、その言葉は上記の欧米法制と同じ「明らかな違反」(manifestly contrary......) であるのに対し [5.6]、本法では「明らかな……」がなしに、単なる違反が棄却理由として挙げられている（棄却しなければならないと規定されている (21③)）。

③　このように、本法は、国際倒産処理を内外で整合的に行おうとするものであるが、そのための方法として、外—内の処理で他に適用される条約等のない限りは、外国倒産承認援助手続という継ぎ手により国内で国際倒産処理を実現しようとするものである[15]。

（イ）同一の債務者についての国内倒産処理手続または他の外国倒産処理手続の承認援助手続が競合したときにも、外倒法による国内手続優先か、外国主手続優先かなどの原則を採用して、優先する一個の手続のみが進行するよう決定できる (59 (1)、(2))。

（ロ）上記のとおり、本法は外国倒産処理手続承認の決定それ自体に具体的な効力を伴うものではない。国内裁判所が援助のため必要処分を行って初めて、国内財産に対し具体的効力が及ぶ。外国主手続（債務者の事業の利益的中心のある国での手続）の承認がなされた場合、諸効果の当然発生を定めるUNCITRALの上記モデル法とも、また前述のEU規則とも異なる処理方法である。

④　モデル法もEU規則も、自国内の外国倒産処理手続そのものまで統一化しようと考えている訳ではない。本法も、民訴法の原則的適用を謳う (15)。明

[14) モデル法は承認し易いように3つの推定条文を設けるが (16 (1) ないし (3))、本法にはそれを欠く。
15) モデル法は、モデル法採用国が当事者となる他の条約等の効力を損なうものではなく、それら条約等が優先して効力を有するとする (3)。

記されていないが、国内倒産手続自体にわが国倒産法が適用されることは当然の前提となっている。国内倒産手続が開始決定されている場合、本法が適用されて外国倒産処理手続の承認手続にいけるのは、その外国での手続が**主手続**であるなどの要件が備わる場合のみである (57(1))。

承認手続に国内の倒産実体法の適用があるのか、あるとして、わが国の法律かの問題がある。本法はこれにつき定めない。たとえば、担保権の優先権、取戻権、否認権などの問題がある。EU 規則は総則中でこれらの実体法上の問題が、その外国倒産処理手続国の法律によることを明定する (4～15)。その定めは、総則 (4(1))、第三者の物権 (5)、相殺 (6)、所有権留保 (7) などと、法律関係毎に個別的で相当に詳細である。本法にこの種の定めはないが、これらの問題は、債務者の財産が日本国内にあるか否か、あるとして外国の倒産処理手続の効力が及ぶか否か (21②) などとともに、わが国実体法の適用によって決すべきこととなろう[16]。

[6.5] (5) モデル法に伴う破産法改正、会社更生法の一部改正と民事再生法

① 国内の倒産処理手続は、いわゆる倒産諸法に分かれている。改正破産法は、第11章を設けて、外国倒産処理手続との二重訴訟の場合の特則を定めるとともに、次の条文により (2) ②に記した**属地主義**から**普及主義**への方向転換を図った。

(イ) 破産手続の効力は、破産財団の範囲が破産宣告当時の破産者の一切の財産とされ、外国にある財産にも及ぶ (34(1))。内―外手続の併行処理のためには、手続開始の外国債権者への通知が必要であるが (モデル法14)、わが国の外倒法中の対応条文中には外国債権者という言葉はない。わが国倒産法中の債権者には外国債権者も含むとの理解で手当てされている (たとえば破産法32 など)。

(ロ) 次により、外国で弁済を受けた一部の破産債権者と弁済を受けていな

---

[16] 最高裁の調査によれば、本法施行後の本法の下での5年間 (2005年12月末まで) の事件数は、2003年中に1件 (既済) という。

い他の破産債権者との間の公平を図った。民事再生法 (89) と並行的な措置である。並行的な手続でのこのような調整はモデル法第5章 (28～32) に沿っている。

 (a) 破産手続への参加は、内外人平等の原則に立って (3)、破産宣告時の内外債権の弁済前全額につき認められるが (109)、

 (b) 議決権の行使が認められるのは、外国にある破産者の財産から弁済を受けた債権額を差引いた額である (142 (2))。

(ハ) 海外と日本とで破産手続が同時に係属する並行倒産状態が生じた場合、上記の第11章の下で

 (a) 破産管財人と外国管財人との間で相互に必要な協力や情報の提供をすることとされる (245)。注目に値するのは、この協力と交信で、その目的のための（最高裁ないし法務省のような）所定の機関または裁判所が直接に外国や外国代表との間で行うことを認める点である（前出の外倒法 (4) とモデル法 (4) との絡みを参照）。

 (b) 債務者について外国で破産宣告があった場合には、その債務者に破産の原因たる事実があると推定し (37)、

 (c) 破産管財人と外国管財人とが、それぞれの手続に参加している破産債権者を代理して、他方の手続に参加することができるようにした (247)。

② 総則的規定の変更としては、次がある。

(イ) わが国は前出のとおり [5.6]、外国判決や外国仲裁判断の承認・執行一般では、現在も相互主義を採っていた（民訴法118④、民執法24③）。

 しかし、国際倒産では、相互主義を廃めた（外倒法3）。理由として、国際協調の理念からみてどうかという点と、また破産手続調査のため係属裁判所に過度の負担を強い、更に国内債権者による外国人や外国法人に対する破産申立を制限することにつながること等がある。その後の立法である会社更生法や民事再生法において相互主義は採用していない。

(ロ) これまで破産事件の国際管轄については規定がなく、いわゆる逆推知説が有力で、破産事件の国内管轄の規定から逆に推知するとしていた。

こうした解釈論には法的安定性、透明性の点で問題があったので、今回、次につき日本国の管轄権規定を包括的かつ専属的に新設した (4〜6)。

(a) 債務者が個人である場合、日本国内にその営業所、住所、居所または財産を有するとき、

(b) 債務者が法人、社団または財団である場合、日本国内にその営業所、事務所または財産を有しているときに、

各申立ができる旨明らかにするとともに (4(1))、

(c) 国内で請求可能な債権の所在地を日本と見なした (4(2))。

これらは、次のEU規則の管轄権に対する定めに共通するところがある。モデル法は、管轄権 (jurisdiction) という言葉では特に定めないが、債務者 (debtor) の「**権益中枢**」(center of main interests) での手続か、**拠点** (establishment) における手続か、という区別で管轄権を定める。即ち、**権益中枢**が管轄権の連結素となり、その所在地の手続が外国**主手続**となる。

本改正は、一般的国際民商事管轄権を定めるものではなく、単に倒産手続に限定されるが、初めて一種の国際民商事管轄権条文を定めた (外国判決の承認ルールに加え、管轄権配分ルールの点でも国際的規定をおいた) といえる。今後のわが国の国際法制の方向性を示すものとして参照価値があろう。

(ハ) **属地主義**から**普及主義**への方向転換の結果、賄賂の供与、収受に絡む犯罪も、管財人等の職務執行について利害関係を有する者が外国に所在することもあるため (276(3))、詐欺破産、特別背任罪および収賄罪について国外犯処罰規定を新設するとともに (276(1)、(2))、両罰規定の適用対象とした (277)。

③　会社更生法の一部改正においても、上記破産法のそれと並行的な手当がなされている。

(イ) それぞれ次の条文がある。

(a) 属地主義の撤廃に関連して、内外人平等原則が定められた (3)。

(b) 外国で弁済を受けた更生債権者と更生担保権者と他の債権者との公平平 (137)。

(c) わが国の国際管轄を肯定するには、会社が日本国内に営業所を有すること (4)。

(d) 国内の更生手続と外国倒産手続とが並行する場合につき、第10章 (242～245) により対応した。内、外の協力規定 (242)、外国の更生手続開始原因存在の推定 (243)、外国管財人による申立権等 (244)、および内、外の管財人による相互の手続への参加権である (245)。

(e) 管財人等の特別背任、贈収賄で国外犯処罰規定 (264) を設けるとともに (274)、一定の範囲のものにつき両罰規定の適用対象とした (275)。

(ロ) 民事再生法の場合は、その制定時から既に属地主義の撤廃などの手当がなされており、平成12年改正では国際管轄規定の手当がなされた (4、5)。

2. 国際倒産手続法を巡る EU 理事会規則

[6.6] (1) EU 域内倒産手続の統一法

① EU 域内すべてで国際倒産手続を１つの法律として定めるのが倒産手続 EU 理事会規則[17]である。ヨーロッパ地域の一般民事手続に関するブラッセルズ条約 (1968年) を引き継いだ EU 理事会規則 No.44/2001 も、その守備範囲から倒産手続を除外していた ([4.6]②)。ブラッセルズ条約の穴を埋めるための倒産手続条約は1995年11月に一旦調印されていたが (註3)、批准・成立に至らず、その間、EU 条約 (1997年 Amsterdam 条約) を経て、本規則の作成に至った (原案は1998年に作成された)。発効は、2002年５月31日である。

本規則は、上記の発効日から後に EU 加盟国内で開始されるすべての集団的倒産手続 (collective insolvency proceedings) に適用され (1 (1))、EU 加盟国間で結ばれた同一主題の２国間や多国間協定など、既存の条約や協定に

---

17) Council Regulation (EC) on insolvency proceedings. (No. 1346/2000 〔2000年５月29日〕〔OJL160、2000年６月30日〕)

とって代わる[18]。ただし、イギリスがイギリス連邦（Commonwealth）加盟国との間で結んでいる既存の取決めや、他の加盟国が域外国と個別に結んでいる既存の取決めにとって代わるものではない。

② 本規則は民商事一般の管轄権等に係る Brussels Ⅰ や家事事件での Brussels Ⅱ と同じ原則（ダブル条約の考え方）に立って、EU域内での倒産手続の統一を目的とする。両者は個別執行、集団執行の関係にあることから、実際にも密接に関連、競合しつつ適用されることになる。UNCITRALのモデル法とは異なり、管轄権規定から始まる (3)。同規定の下、1つの加盟国で開始された手続での裁判所による決定は、他の加盟国がその実体に立ち入ることなく、直ちに承認することになっている (16 (1))。それにより、国際倒産で多くみられるいわゆる法廷漁り（forum shopping）や、国境を越えた資産の移動（逃避）や、逆に債権者による早い者勝ち的な処分を回避しようとするものである（33節からなる長い前文〔preamble〕の (4) で法廷漁りなどに触れている）。域内での倒産手続の統一を目指す一方で、モデル法と同じ流れで、必要に応じ他の加盟国内での第2（従）次的手続（secondary proceedings）の開始の途も開いている (16 (2))。

[6.7] **(2) EU規則の下での手続の大要**

① 本規則はEUとしての包括倒産法であり、適用範囲は極めて広く、その下での当事者と機関、管轄権の定めは次のとおりである。

(イ) アメリカの1978年改正破産法と同じく、倒産主体（同じくdebtorと呼ぶ）は、個人、法人、消費者、事業者を問わない（同破産法とは異なり、本規則は debtor の概括的な定義すらしない）。手続の目的も清算、整理、更生その他の類似のものを含む。ただし、保険会社、信用機関（credit institutions）、

---

18) 本規則はこの集団的倒産手続（collective insolvency proceedings）を倒産主体の部分的または全体的剥奪で、かつ管財人の任命を招来する（……entail the partial or total divestment of a debtor and the appointment of a liquidator）手続と定義する (1 (1))。

投資信託などには適用がない（9(1)）[19]。労働契約についても同じである（10）。

(ロ) 手続の中心となる管財人的な機関は、国により、手続の種類により、拡がりがあるところ、これを清算人（liquidator）の一語で括った上、それを人または団体（person or body）とし、またその機能（function）を、債務者（debtor）が失う資産を管理ないし清算し（to administer or liquidate）、またはその事務管理（administration of his affairs）を監督（supervise）することであるとする[20]（このような清算人リストは、各加盟国毎に用意され、本規則の付属文書となる）。ただし、従手続とはいわず、第2次手続と呼び、当初の手続は単に手続（proceedings）または主（main）手続と呼ぶ（27）。

② 本規則による管轄権は、債務者（debtor）がその**権益中枢**（center of main interests）を有する加盟国裁判所にあり、法人など（a company or legal person）にあっては、反対の立証がない限り、その登記上の事務所（registered office）所在国裁判所である（3(1)）。逆に、この**権益中枢**が加盟国内にあることが本規則の適用の要件である。

以上の管轄権ルールにより手続を行う加盟国の国法が、その手続すべてに適用される（4）（債務者、資産の定義から手続の要件、たとえば未履行双務契約の効果などを含む手続の効果、債権者の定義、請求権の性質とその範囲など）。

並行する各国間の手続を進めるにあたって、瞬時のズレも公正を妨げうるため、清算人任命書の他国における有効性のための公証不要など、同時手続（synchronized proceedings）確保の工夫がなされている（19）。手続の大まかな流れは次である。

(イ) 先ず、加盟国の国内法により然るべき申立がなされ、裁判所が審理し

---

19) 金融決済および証券決済システムに関する1998年5月19日EU指令による。
20) UNCITRALのモデル法では外国代表（foreign representative）と呼ぶ（2(d)）。註3のEC条約では、倒産管理人（insolvency administrator）の語で括っていた（同書p. 628）。

て開始決定をし、清算人の選任が行われる。

(ロ) 清算人は、国内法の定める保全措置を行うことができ、その対象は国外資産にも及ぶ。典型的なのは、国外へ逃避した資産の取戻しなどで、その為の国外での訴訟追行権も有する (18)。逆に、他のメンバー国内で一部でも弁済を受けた債権者は、その国の実体法に反しない限りそれを返還しなければならない (20)。

(ハ) 開始決定の公告は、その手続国に加え、清算人の依頼により債務者の資産のある他の加盟国でも行われる (21) (ただし、この公告が、その開始決定の他の裁判所による承認の先行要件とはされない)。

(ニ) 域内の知れたる債権者には他言語による書式に則った通知がなされる (40)。更に、清算人は開始決定と、その決定を他の加盟国内の土地登記、商業登記などの公の登記へ記入するよう求めることができる (22)。

[6.8] **(3) より高い統合度**

① 加盟国による手続開始決定は、主手続、従手続とも、域内すべての加盟国内で承認されると定める (16 (1))。そのため、他の加盟国で何らの手続を要せずに、同一効力が生ずる (……with no further formulations produce the same effects……) (17 (1))。判決の効力の点で、モデル法やアメリカの新法、一連のわが国法とも異なる。EUの統合度を反映したより高度な関係である。この例外は、

(イ) その加盟国の公序に明らかに違反するか (26)、

(ロ) 個人の自由ないし通信の秘密を犯す

場合のみである。そのため、他の加盟国内の債権者や売主も、開始決定国内の債権者と同じ地位になる (ただし、域内の債権者と売主の各国法の下での物上担保権〔5や7〕などの権利は別である) (20 (1))。

　他の加盟国での手続開始を知らずに支払をなした加盟国の支払人は、その支払が清算人になされるべきであったとしても、保護される (24 (1))。この善意か否かの判断では、しかし、公告の時期の前後によりそれぞれの推定が働

く（24(2)）。

② 前述のとおり、わが国の外倒法とは異なり、A国での倒産手続開始決定は個別の中止、管理命令を必要とせず、自動的にB国内の強制執行にも影響が及ぶ。A国の当該法廷は開始決定に加え、関連する命令や決定（judgment）を出すことも自由であり、それがまた域内全土で承認される（25(1)）。承認されるだけでなく、Brussels Iによって執行力も与えられる（同条）。

(イ) 配当などについては、域内全土で平等に行うべく配当表（consolidated account of dividends）が作られる。前出の抜け駆け債権者はその回収したものを清算人に返戻しなければならない（20(2)）。

(ロ) 第2次手続の申立は、その国の国法で認める人によって可能であるが（29(b)）、第1次手続の清算人は、第2次手続の申立を更生計画にするのか、和解、整理にするのか、それとも清算にするのかを決定できる（31(3)）。

(a) 第2次手続は、申立てる国の法律に従う（28）。

(b) その範囲は、その国に所在する資産の範囲内に限られる（3(2)）。

(c) 手続の終結についても、主手続の清算人の同意が必要とされる。

(d) 主手続の清算人と第2次手続の清算人とは、債権届出に関することなどで、互いに情報交換と協力義務を負う。

(e) 必要に応じ、第2次手続の申立を主手続より以前に行うこともできる（3(4)）。

③ 本規則についても、EU委員会は2012年を手始めに、5年毎にその実施状況をEU議会宛に報告することになっている（http://europa.eu.int/scadplus/ から）。

以上、（イ）UNCITRALモデル法、（ロ）それに基づくわが国の外倒法、（ハ）EU理事会規則の3つを並べ比較して、興味深いのは、（ロ）と（ハ）には共通して（イ）になかった規定があり、それが大きな位置を占めている点である。それは公簿への登記、登録（registration in a public register）である。これに対し、（イ）では外国債権者への通知（notification to foreign creditors）

がある (14)。

3. アメリカの連邦破産法改正法

[6.9] (1) アメリカ倒産法改正の概要

① アメリカでは最近連邦破産法の乱用を防ぐための法律が成立した[21]。

周知のとおり、アメリカでは破産(倒産)法は連邦の管轄事項である(憲法Ⅰ、8(4))。現行法は、一世紀以上昔の19世紀末の旧破産法(Bankruptcy Act of 1898)の改正のための新法として1978年に成立し、破産裁判官の配属や最高裁の規則等の制度整備を待って、1980年代初めに実施された。今回の立法までの間にも次のような少なからぬ改正を経ている。

1884年　管轄と破産裁判官との身分等を定める[22]

1886年　破産裁判官の数を増やすとともに、全米のすべての地区(judicial districts)に国選の管財人(United States Trustees)を配置

今回の乱用防止消費者保護改正法(以下、「乱用防止法」という)は、成立から180日以内の2005年10月17日から(同日申立事件から)適用されるため、前日までの申立件数は前年比急増したとされる。改正点は、次の広汎な分野にわたる。

(イ) 消費者関係での資力テスト、教育など[23]

(ロ) 扶養義務の保護と消費者に対する債権者による乱用防止関係の整序と保護

(ハ) 小規模会社関連規定

---

21) [2.3] ②のClass Action Fairness Act of 2005とともに第109連邦議会で成立し、2005年4月20日に大統領が署名した法律のポピュラー・ネームはThe Bankruptcy Abuse Prevention and Consumer Protection Act (P. L. 109-8) である。

22) アメリカの1978年連邦破産法については、國生一彦『手形研究』経済法令研究会、No. 355〜362に連載)があり、うちNo. 362は1984年改正法を扱っている。

23) 新法の消費者関連の改正点に焦点を当てた紹介記事として、松下淳一、NBL、819/3 がある。

（ニ）倒産自治体関連規定

（ホ）税務関連規定

（ヘ）国際倒産関連規定

（ト）家族農業と漁業関連規定

（チ）従業員健康保険組合関連規定

（リ）消費者信用法の変更関連規定

　以上の（イ）と（ロ）につき簡述した後、第2項で、国際倒産関連規定について簡述する。

②　1978年法（11.U.S.C., 以下、単に「法」という）には消費者という言葉はまだなかった（註22『手形研究』No. 362、p. 72ほか）[24]。1984年改正法は、正面から消費者信用（consumer credit）の概念を採用した。今回の乱用防止法は、消費者の文脈上の債務者（debtor、以下「D」という）に対して、次のような制約などを加えている。

（イ）手続の柔軟性または規準生活費や教育との絡みで

　(a) Dの同意によるChapter 7からChapter 13への変更（convention）が可能となった（101）。

　(b) 悪意（bad faith）ないし全状況（totality of circumstances）などの証明で乱用による却下（dismissal for abuse）が可能となった。

　(c) 平均収入以上（above median income）のDにつき、資力テスト（means test）を行い、乱用を推定する（月収からIRS〔国税庁〕が定める基準生活費を引いて、それを無担保債権額との比率ないし差引き金額〔6,000ドル以上〕をみるなどの方法で）（101）。

　(d) Chapter 13の下での返済計画（plan）の確認申立に信義則（good faith）が要件として加えられた（102）。

　(e) 総則中に消費者教育などの条文（105～107）が加わっている。

---

24) 1978年法のChapter 13は、定収入ある個人の債務調整という言葉を用いる（前出『手形研究』No. 360、p. 64）。

(f) 債権者が消費者作成の一定の相応な返済計画に同意しないとき、裁判所は20％までのカットをすることができる（201）、（202）
(ロ) 家族生活保護義務への手当として、
  (a) その義務を定義した上で（101）、それら家族生活保護義務を非免責の債務とするとともに（法523(a)(5)）、無担保（一般）債権中の最優先債権とした（212）。
  (b) この絡みで、自働的停止効（automatic stay）の及ぶ範囲が狭められた（213）。即ち、子の監護、DV、離婚などによる自働的停止効の除外項目が、破産財団の中の財産分割を生じさせない範囲で増やされた（214）。他方、
  (c) 扶養に絡む債務、および扶養以外でも、協議和解した婚姻財産上の債務（marital property settlement obligations）は免責されない（non dischargeable）（215）。更に、
  (d) 義務履行（in payment of obligations）の範囲内にある権利変動（transfer）は否認できない（256）。
  (e) Chapter 11、12および13の弁済計画（plan）の確認規準（standards for confirmation）にこれら扶養義務の優先的支払を含め、その全額弁済を含まない計画は確認されえないルールとした（256）。
(ハ) 乱用を対象とする改正点には次のようなものがある。
  (a) 前回申立から1年以内の申立については、自働的停止効が原則30日間しか認められない。例外は、今回申立が善意（good faith）であることの疎明（showing）がある場合である（302）。
  (b) 今回申立が物上担保権者による担保権の実行を妨げ、遅らせるなどの目的であると判断されるときは、裁判所は、自働的停止効に対抗する命令（in rem order）を発することができる（法362(b)、303）。
  (c) 更に、Chapter 7を申立てる個人債務者Dは、購買物担保（pmsi）[25]に

---

[25] 購買物担保（purchase-money security interest；pmsi）や購買債務（purchase-money obligations）につき、國生一彦『改正米国動産担保法』（社）商事法務研究

つき占有を保持することができない場合を加えた (法521)。第1回債権者集会から45日以内にDがその関係債務を確認するか、その物品上の債務を弁済するか (法722)、をしない場合である。この絡みで、Dが関係債務の確認、買戻しなど一定の行為をする旨の声明を届出なければ、購入物担保品やリース物品が破産財団から外され、自働的停止効も消滅するよう改められた (法362、305)。

以上からも窺い知れるが、乱用防止法の方向には、硬軟両様のものがある。これは今回に始まったことではなく、1984年改正法でもいわれていたことである[26]。

このほか、法人ないし企業倒産関連の改正も多数の細かな点にわたるが (たとえば、Chapter 11 の下での債権者委員会の構成の変更が US Trustee を通して行いうるようになった)、割愛する。

[6.10] (2) 国際倒産法関連の改正—アメリカ始動の手続—

① 国際倒産法関連の改正では、これまでの条文 (法304) を廃めて、新章、Chapter 15 (Cross-border Insolvency) (1501〜1532) が加えられた (改正法801、802)。

新設のChapter 15の骨格 は、UNCITRAL のモデル法を採り入れ (incorporateし) たものである (1501)。従って、外—内の国際倒産での承認などと、内—外での海外との共同・調整の双方の規定を有する。倒産法とは別に承認援助法を分けるわが国の立法方式とは異なる。

(イ) 言葉遣いも、略英文のモデル法どおりか、またはモデル法の影響を受けていて、EU理事会規則とも共通性がある (次例)。

会、2001、p. 175 参照。
26) 前出『手形研究』No. 362 で次のように書かれていることが参考となろう (p. 72)。「個人の債務者Dに対しより厳しい規定を設けるものと、他方、Dの保護を十分なものにしようとするものの2通りが区別でき……前者……には①累次の申立の制限、②第7章申立権濫用の規制、③Dの義務の明定ないし増大、④免責の制限となる事由の追加、⑤co-debtor stay (これについてはNo. 360、p. 66を参照) からの除去事由の

(a) 国際倒産 (cross-border insolvency)
　(b) 外国代表 (foreign representative)
　(c) 外国主手続と従(非主)手続 (foreign main and non-main proceeding)、ただ、アメリカは他国に先がけて ancillary proceeding の言葉を持っていたので(旧法304)、それも残している(1504)。
　(d) **権益中枢** (center of main interests) (1516 (c))

　このほか、債務者はdebtor (1502 (1)) であり、また拠点 (establishment) (同(2)) の定義も同じである (しかし、管財人はtrusteeである〔1502 (6)〕)。
(ロ) 他の条約等の優先 (1503)、明らかな公序違反による外国手続承認の拒否 (1506) なども定める。更に本章の解釈にあたっては、国際性と海外法制との調整をも謳っている (1508)[27]。

② アメリカでの手続は、**主手続、従手続**のいずれもありうる (1511 (a))。
(イ) 先ず、外国代表は外国手続の承認の申立を直接アメリカの裁判所に行える (1509 (a))。この申立をしたことによって、アメリカの裁判所に一般的に人的管轄権が生ずることにはならない (1510)。ここでの外国代表とは、アメリカでの申立をすべくその外国で任命された人をいう (1515 (a))。
(ロ) 上記の申立は、一定の形式的要件を欠いていなければ承認される (1516)。その反面でアメリカの裁判所は、そこでの文書等を正当なものと想定することができる (1516)。その上で、その外国手続が上記の債務者の**権益中枢**がある国か否かの区別により、**主手続、従手続**のいずれかとして承認される (1517)。
(ハ) この承認を経て、外国代表は、アメリカの裁判所でその債務者のため、またはその債務者に対し、自発的ないし非自発的申立をすることができ

　　緩和、⑥プランの下での弁済開始の厳格化等が挙げられ……」。
[27] 「裁判所は、その国際的源を考え、他国制定法との調和のある適用をすべく……」(the court shall consider its international origin……need to promote……consistent with……similar statutes adopted by foreign jurisdictions……) という言葉である。これは、殆どモデル法どおりの言葉で、わが国の法文では省かれている言葉であ

るほか (1511)、その事件に関し広く訴訟追行の資格を得 (1509 (b) (1))、他の救済の申立ができる一方 (同 (2))、アメリカの裁判所はそれに礼譲と協力で応えなければならない (同 (3))。

(ニ) 反対に、アメリカでの事件の管財人等 (trustee or examiner) は、アメリカの裁判所からの授権により、法541条の下での破産財団 (estate) につき外国で適切・必要な行為をすることができる (1505)。

[6.11] (3) 外国始動の手続

① 外—内の処理としては、次を規律する2つの条文の流れがある。(イ) 法304の下での実績を引継ぐ形で海外債権者によるアメリカでの連邦破産手続開始および保全手続、(ロ) 外国倒産処理手続の承認。

(イ) 法304の流れ

 (a) アメリカでの破産手続申立について、海外債権者は広く国内債権者と同じ権利を認められている (1513 (a))。債権の優劣は、海外か国内かによって影響されない (法507、726 (b))。ただし、外国の租税債権などには前項のモデル法 (3) のとおり、個別条約 (租税条約等) の優先適用がある (前註15参照)。

 (b) 債権者への通知が必要とされるときは、国内債権者と同じく、海外債権者に対しても通知をしなければならない (1514 (a))。その際の通知は、個別債権者の住所への通知が原則であるが、他により適切な方法があると裁判所が判断するときは別である (同 (b))[28]。

(ロ) 外国手続の承認関係の条文は次である。

 (a) 承認の手続、要件と効果 (承認決定) (1515～1518)

 (b) 承認に伴う保全的性質のものを含む救済 (1519)

 (c) その外国手続が主手続である場合の効果 (1520)、主手続であるか否かに拘らず与えられる効果 (1521)

る (1508)。
28) 送達に係る後註36参照。

(d) そのための要件に絡んで、関係者の利益の保護 (1522、1523)

なお、承認を受けた外国代表は、アメリカ国内の連邦、各州いずれの裁判所事件であれ、介入することができる (1524)。ここでも、個別の保全ないし差止め手続、要件および効果の考えに立っている。

(ⅰ) 上記 (a) のうち、外国代表によるアメリカでの承認申立のための要件はわが国外倒法と同じく、特に定めない。形式的要件だけであり、外国裁判の承認一般に必要とされる文書と同種、同程度のものが、その英訳文とともに必要である (1515 (b)、(c))。これらの文書の正統性 (legitimacy) についてアメリカの裁判所には一応の推定力と依存が保障されている (1515 (a)、(b))。この絡みで、EU 規則 (3 (1)) と同じく、Dの登記上の事務所（ないし個人の場合は、常居所〔habitual residence〕）が**権益中枢**であるとの推定力も与えられている (同 (c))。

(ⅱ) 前述のとおり、UNCITRAL のモデル法や EU 規則と同じく、アメリカでも一定の要件を充たせば、**主手続**ないし**従手続**としての外国裁判の承認は必須 (must) である (1517 (a)、(b))。ただし、アメリカの公序の明らかな違反は除く (1506)。決定は可及的速やかになされるが (同 (c))、反対にアメリカの破産裁判所は然るべき修正、終了権を失うものではない (同 (d))。

(ⅲ) 一方、外国代表も、アメリカの破産裁判所へのその手続承認の申立後も、その後の変化等を引続き届出る必要がある (1518)。

② アメリカの裁判所は、承認の申立から承認に至るまでの間に外国代表からの申立により、各種の保全命令を発するなど必要な措置をとることができる (1519)。救済措置は、執行停止、その外国代表への管理委託、その他の幅広い範囲にわたるもので、限定的ではないが (1519 (a))、外国手続を妨げないこととされ (同 (c))、外国代表がアメリカの破産裁判所の命令を得ることによって、更に補充的な措置が可能となる (1521)。

これら外国手続の承認に伴う法律効果には、アメリカ国内にあるDの財産についての自働的停止効 (法 361、362)、権利移転に係る制約条文 (法 363、

549、552) などが含まれている (1520 (a))。ただし、アメリカの破産裁判所が上記の保全的性質を含む救済措置を命令するには、Dと債権者など利害関係人すべての利益が十分に保護されることを条件とする (1522 (a))（わが国との違いにつき前註7参照）。アメリカの破産裁判所は、そのために自らの裁量で適切とする担保の提供を含む様々な条件を付すことができる (1522 (b))。

(イ) 以上の措置は、モデル法やわが国の外倒法 (19、25、51など) の立場と同じであり、EU規則（承認により自働的に、かつ域内すべてに停止効が働く方式）とは異なる。しかも、その要件はわりあい厳しく、緊急性 (urgency) を必要とし、差止め法 (injunction) 一般の法理が適用される (1522 (e))。しかも、暫定的救済であるとしている (同 (a))。

(ロ) 逆に、正式承認が出たときには、それら保全命令は失効する (1519 (b))。

(ハ) この保全命令によっても自働的停止効のうちの一定のもの (法362 (a) (6) (7) (17) と (27)、362 (b)、362 (n)) は差止められない (1519 (f))。

4. 裁判前の国際司法共助

[6.12] **(1) 送達の形式（通知）的機能と国際的適正手続の要請**

① 被告に対する訴状の送達や証拠調べなどでの国際間の協力が、ここでいう国際司法共助 (international judicial assistance) である。

わが国での国際司法共助の件数は、一種の輸入超過の状態にある。国際収支に絡んで、ソフトウェアの特許権や著作権の輸入超過がいわれるが、司法（訴訟）の利用でも、わが国は入超（?）といえる。

即ち、外国からの送達、証拠調べの嘱託をわが国が受託する件数の方が、その反対のケースよりも多い。民商事事件では、わが国が外国に嘱託する件数の5倍以上の嘱託受託件数があり、かつ国際化を映して急伸しているといわれる[29]。中でも、アメリカでの訴訟のため、わが国で deposition をとる件数は、その逆より遙かに多い。更に国際訴訟の結果、わが国判決の執行を外国で求めるケースよりも、逆のケースの方が多い。わが国の現行法制によ

る司法文化が高々100年超の歴史しかないことから、ある意味で当然といえよう。

　国際司法共助は、今日、世界の殆どの国で国際訴訟を有効に開始するための関門である。しかし、送達に対する考え方には大幅な差がある。大陸法諸国での送達は（昔のイギリスでのように）公的な性格で厳格に観念されている（わが国もその系統に属する）。これに対し、アメリカでは、訴状の送達は極めて簡単にとらえられ、原告代理人が使送便や郵便により行うものととらえられている。

　アメリカの適用法ルール（choice of law rules）では、送達は手続の問題として法廷地法（lex fori）、つまり自州の法律の問題である。しかし、海外となると、条約等がFRCPや各州の送達法を代置するから、条約等に適合しなければならない。さもなければ、たとえその訴訟で勝っても、その判決の承認・執行が覚束ないことになり、それだけに、アメリカ人からみて海外への送達は国内法だけの問題ではなく、海外被仕向け国の法律に縛られてくる「大仕事」と考えられている。

②　アメリカ（コモンロー）での送達が、昔から簡単であった訳ではない。むしろ、廷吏（sheriff）がある種の令状[30]をもって物理的に被告を捕らえ、法廷に引立てるという大変大袈裟なものであった。この物理的捕捉のルールは、18世紀中に廃止され、18、19世紀を通して、裁判所の廷吏やmarshalが訴状とともに呼出状（service of process）を被告に交付する方式に変わっていった[31]。

　1983年のFRCPの改正で、大幅な変更をみせた送達は、最早、裁判所の廷吏などによる必要もなくなり、原告が訴状の送達も負担することとなった。更に、その後（1993年）の改正で、送達の形式的意味は一段と薄れ、代わってより実質的な意味の適正手続（due process）の要件が重視され、それが前

---

29) 石川明・小島武司編『国際民事訴訟法』青林書院、1994、p. 86の表参照。
30) その令状の名はcapias ad respondendumというラテン語であった。
31) G. Born, *Internal Civil Litigation in United States Courts*, 3rd ed., Kluwer, 1996, p. 759.

述の現代管轄権概念としての送達法の核心である [3.8]。

　現代の送達法は、物理的な送達だけでは管轄権を生じさせないが、FRCP (4) の方式は、未成年者などへの送達方法を区別して定めるなど (4 (g))、この実質的な適正手続 (連邦憲法修正Ⅴ) の要件を充たす送達法とされている[32]。とはいえ、送達の形式的な意味 (訴え申立の事実と、その要旨を被告に知らせる通知機能) は残る。

③　1993年改正による海外被告宛の送達法は、上記の実質的な適正手続の要請にも沿い、個人宛と法人宛とを区別する[33]。

(イ) 個人宛のルールは、大きく分けて次の3つである。

　(a) ハーグ送達条約など国際間の妥当な取決めに従う方法 (4 (f)(1))。FRCPは同送達条約を重視し、その名を特定的に言及する。それを付属書 (Appendix Ⅰ) として再生していることで、同条約を自力執行型的に扱うものといえる。同条約でいう民商事 (civil and commercial) は、定義はされていないが、他の HCCH の多くの同名を含む条約と同じ趣旨で用いられている [4.13]。

　(b) その外国の法令ないし外国裁判所の定める方法 (4 (f)(2))。相手国が送達条約加盟国でないなど、§4 (f)(1) の方法が利用できないか、または送達条約とは異なる他の条約がある場合は、その条約が許す他の方法 (alternative mechanism)。2国間領事条約などで相手国が認める方法は、その代表的な場合といえる。

　(c) 裁判所の定めるその他の方法で国際間の申合せに反しない方法。これには、海外に domicil がある被告がニューヨークに所在しているとか、そこに受領代理人を選任している場合などが含まれる。

(ロ) 会社などの法人宛の海外送達法も基本的に個人の場合と同じである。上記 (a)、(b)、(c) のほか、原告が訴状を郵送するときに、正式な送達

---

32) 註31書 p. 771。
33) Notes of the Advisory Committee to FRCP 4 (f) は、国際化時代に対応して一方で送達の前提となる管轄権存在の推定を強めたとする。

の受領権を放棄するよう被告に要請することができる (4(d)(2))。この送達への異議権放棄は、協力する海外被告に安い手続費用を可能にする1993年改正の精神に沿っている。このほか、法人の役員 (officer) ないし取締役がニューヨークなどにいる場合、その者への送達が可能である。子会社に対する送達も日本の親会社に対する有効な送達とされうる[34]。

④　上記 (c) の「裁判所の定めるその他の方法で国際間の申合せに反しない方法」の中には、公示送達も含まれる。その裁判所の区域内にいる被告に対する、張り紙と公示 (posting and publication) による送達である。これは被送達国で認められることが前提である[35]。公告による送達は判例法により、被告の「居所不明かつ相当な方法で知り得ない」場合にのみ、適正手続の要請に反しないで行うことができる。国際 (渉外) 事件でこの方法を有効と認めた例としてSEC v. Tome, 833 F. 2d 1086 (2nd Cir., 1987) が挙げられている[36]。

人的管轄権が生じるために、送達以外にいかなる要件が必要か。いわゆる連邦のロングアーム法 (4(k)) については前述した [3.15]。またその基礎ルールとなる各州法も、たとえばニューヨーク州のロングアーム法が、かなりきめ細かい利益衡量のルールを定めたものであることをみてきた [3.13]。被告A、原告B間に管轄合意があったとしても、Bは、A宛に送達がなされたことを、Aの受領印とともに宣誓供述書により提出しなければならない (4(1))。

---

34) 註31書p.764。更に、一定の事実を認定した上でVolkswagenに対する送達がその100パーセント子会社宛に行われたケースで、送達条約を問題とすることなく、有効であるとしたVolkswagen AG v. Shlunk, 486U.S.694 (1988) がある。この点は、単なる子会社（たとえ100パーセントでも）の所在だけでは管轄権を生じさせないことの問題との対比で興味深い。ただし、[3.6] 註28のAeroglobal事件参照。
35) この点も含め、アメリカの国務省 (State Dept.) は、海外送達に関する情報を、本省のウェブサイトと通達 (circular) により、また各国駐在大使館などが、提供している (D. Levy ed., *International Litigation*, ABA., 2003, p. 9)。
36) 英文の International Herald Tribune 紙がヨーロッパの金融界で広く読まれている新聞としてSECが同紙に行った公告について（註31書 p. 771）。

[6.13] (2) わが国とアメリカ連邦法の訴状送達手続

① 前項（1）はアメリカ側の国内法の管見である。これをわが国との間の2国間の具体的な訴状送達手続でみるとどうであろうか。送達に関するわが国の現行法制と実務については他章のテーマと同じく、多くの参考書が利用可能であり[37]、ここでは、主としてアメリカ側の視点からの付言に留める。

わが国と同じで、アメリカの連邦法の下でも、送達が管轄権の生ずる基本となるほかに、2つの意味を有する（FRCP12(a)(2)）。答弁書提出期間の開始日と（わが国民訴規則79参照）、時効中断（tolling limitation）である（わが国民法147）。わが国と違うのは、呼出状（summons）は原告（その代理人）が用意し、裁判所の書記官（clerk）は、それに印を押すだけで、前述のとおり、送達も原告の責任である。Bが原告でニューヨークの連邦地裁に訴えた場合、東京の被告Aに対しsummonsが訴状写（copy of complaint）とともに送られる（FRCP4(c)(1)）。被告が海外にいる場合の送達方法についてのFRCPの定めは、前述のとおりである（4(f)(1)、(2)、(3)、4(h)）。

[3.2]でみたとおり、アングロ・アメリカン諸国では、被告がその法域内にいれば、訴状を直接手交して有効な送達が可能な場合がある。現に、家事事件ではあるが、たまたまオハイオ州内のホテルにいた当事者をつかまえて、送達人がパスポートを確認して英文の訴状を渡したことで、事件が裁判所に係属したとして争われた事件がある[38]。

② 東京地裁でわが国のAとアメリカ、ニューヨーク州のB間の訴訟を行うには（一般民事訴訟法のおさらいになるが）、Aは、東京地裁へB宛の訴状を提出し、それがBに送達される必要がある（民訴法133、138、民訴規則58）。ところが、訴状の有効な送達方法が国によって異なる上、国際司法共助が国家間の問題で、本来的に条約マターとなることから、上記の民訴法の条文で定めただけでは機能しない。条約や相手国との取決めと国内法との絡みを整理しておく

---

37) たとえば小林秀之『国際取引紛争』新版、弘文堂、2000年。
38) 東高平成9年9月18日、平成8年（ネ）2484号執行判決請求事件。

必要がある。

　相手国であるアメリカ側が送達や証拠調べの嘱託を受け入れるためには、多国間条約ないし日米間の条約（場合により、その実施のためのアメリカの国内法）が必要である。わが国に関係するこの種の条約は2種類に区別される。

(イ)　多国間条約としては、上述の「送達条約」のほかに「民訴条約」がある[39]。民訴条約締約国が、送達条約にも加盟している場合、訴状等の送達は、送達条約の定める方式が適用され、民訴条約の定める方式は適用されない（後者のIを詳しく手続的に簡素化して定めたものが、送達条約である）。現在、民訴条約による送達実施国は少ない。

　　民訴条約と送達条約実施のための国内法としては、「民事訴訟手続に関する条約等の実施に伴う民事訴訟手続の特例等に関する法律」（昭和45年、法律115号）および同法と同名の規則（以下、各「特例法」、「特例規則」という）がある。特例法の立法があることから、わが国は同条約等を、自立執行型としては扱っていない[40]（アメリカにつき［6.12］③(a)参照）。

(ロ)　2国間の取決めの問題として、日米領事条約（1963年調印、1964年7月批准、8月1日発効）と日英間の同種の領事条約（Treaty of Consulate）が存在する（いずれも領事関係に関するウィーン条約1963に影響を受けている）。日本からアメリカへの送達では、この条約の下でいわゆる領事送達が可能である。日米領事条約により、アメリカのニューヨーク州内に所在するB宛の送達の場合、東京地裁から在ニューヨーク日本（総）領事に嘱託して送達する（条約17(1)(e)(i)など）。アメリカは送達条約のみの加盟国であるが、国務省の実務上、訴状の送達等を海外にいる領事などに行

---

39)　「民事訴訟手続に関する条約」（1905年条約の改訂版）Convention Relating to Civil Procedural Matters, 1945（昭和45年、条約6）と、「民事又は商事に関する裁判上及び裁判外の文書の外国における送達及び告知に関する条約」Convention on the Service Abroad of Judicial and Extrajudicial Documents in Civil or Commercial Matters, 1965（昭和45年、条約7）。

40)　自立執行型について、國生一彦「条約の国内法的効力」『国際商事法務』33/10/1349参照。

わせることをしていない[41]（例外は、国などが被告である場合など特殊な場合で、国務省から個別に指示する）。ニューヨーク州での証拠調べが必要なときも、同じく在ニューヨーク日本（総）領事に嘱託して行うことができる（[6.14] ③（ロ）。なお、ロンドンの High Court による日本企業宛の送達問題につき［4.11］②参照）。

5. 訴訟中共助としての証拠調べ

[6.14]（1）**アメリカ以外の国との間（国際間での）証拠調べ**

① 国際間での証拠調べに関しても、アメリカとアメリカ以外の大陸法国との間には、考え方に次のような差が存在する（イギリスの場合、かなりアメリカに近い綿密な手続が定められているが、哲学が異なる点は前に述べた［4.11］）。大陸法国では、一般的には証拠調べで裁判所に主導権がある（ないしは、アメリカほど全面的な当事者責任ではない）。従って、訴訟係属直後の証拠調べは原則として考えられない。わが国でも平成15年改正までは訴訟係属直後の証拠調べは原則として考えられていなかった（民訴法163～165参照）。

アメリカの場合、訴訟係属直後に trial に備えた事前開示（pretrial discovery）に始まって、その範囲、方法などもすべて当事者（その代理人）間のやりとりの中で決められ、進められる。証拠の収集は、基本的に裁判官ではなく、当事者の権利であるとともに義務でもある[42]。代理人（attorney）は裁判所のオフィサー（office of the court）として、収集に必要ありと書記官に代わり令状（subpoena）に署名して発しうる（FRCP45 (a)(3)）。

このアメリカ式の（当事者による、無限定の）証拠調べの基本として、この方式こそが、紛争の公正かつ効率的解決を導くとの信念がある。この考え方が、

---

41) 註31書 p. 765。
42) 註31書では、フランスとドイツでの証拠調べの事例を挙げつつ、そこでは私人による証拠調べを許す制度がなく、本文のアメリカの例とは対照的に、原告代理人も被告代理人も当事者の知らない証拠の探求をすることがない。その反面、裁判所（官）が主になり、証拠を探求し、かつ篩い分けるとする（p. 847）。

現在のアメリカの訴訟の指導理念である。もっとも、それが建国以来のもので、ずっとこの考えできたというものではない。19世紀末近くから存在したが、特に20世紀の半ばぐらいから急速に勢力を増してきた（1890年代に既にアメリカの弁護士のドイツ国内での証拠調べ―尋問に対しドイツが抗議をしている）。

② 上述の訴訟哲学の下では、勢い、域外での証拠調べに対しても、一方的に強い姿勢がとられ勝ちとなるが、ここでは先ず国際間での取決めに従った海外での証拠調べの方法一般について考察する。

訴状の適法な送達があって、A国の裁判所に訴訟係属があり（Cを原告とし、Dを被告とする）、某国内での証拠調べ（たとえば、人証につき尋問）を必要とするとき、A国が嘱託国となり、司法共助を求めることになる。

証拠調べでの国際司法共助を求めるには、A国の裁判所からB国の裁判所宛の公式の依頼状（letter rogatory）の方式によることが国際的に確立している。これにより、B国の裁判所は、その管内の関係者から依頼に沿った供述や文書を入手し、それをA国の裁判所へ送付することになる。

条約（多国間ないし2国間）、その他の取決めがなくても、必要に応じ個別的依頼により国際司法共助が行われる。この場合は、全くB国（の裁判所）の任意の協力となる。供述にしても、その方式（宣誓したか否か）も、B国の法令に従う[43]。更に、これらのやりとりは、一般にA国とB国の各外交当局の手を経て行われるから、時間がかかる手続となる（EU内のように規則で直接裁判所同士のやりとりがなされるのは、例外的である）。

③ わが国は、いわゆる民商事の証拠収集条約には未加盟である[44]。従って、対外的には民訴条約、国内的には「外国裁判所ノ嘱託二因ル共助法」（明治38年）（以下、「共助法」という）が働く場合がある。先ず、考えるべきは、相手国が民訴条約締結国か否か、否として、次は日米間のように何らかの2国間条

---

[43] 公式依頼状に応じて入手した証拠（たとえば、要約書であったり、宣誓のない供述書）の証拠能力につき、FRCPは特則を設けている（Rule28（b））。

[44] 外国における民事又は商事に関する証拠の収集に関する条約（Convention on the Taking of Evidence Abroad in Civil or Commercial Matters, 1970）

約その他の司法共助に係る取決めが存在するか否かである。

相手国も民訴条約締結国であるという場合。
(イ) 先ず、相手国の司法当局に依頼してやって貰う方法がある(条約1)。わが国が嘱託国であるとして、その順序は、裁判所→わが国の(外交当局)駐在領事→相手国の指定外交当局→相手国の裁判所、となる。外国での証拠調べの嘱託は裁判長が行う(民訴規則103)。

次は、相手国が異議を述べないという条件下でのみ可能な、わが国の相手国駐在領事が直接相手国内で人証につき尋問する。もし相手国がこれを拒否するか、正式外交ルート以外は受付けないことを宣言していれば、上記の経路で、その相手国の国法の許す範囲内での証拠調べをやって貰うしかない(条約6(2)、9(3))。
(ロ) 証拠調べの範囲は、証人尋問、当事者尋問、検証、文書の検証、審尋、鑑定人の指定などである。相手国は、次の場合を除き、その嘱託された証拠調べを実施する条約上の義務を負う(条約11)。
   (a) 嘱託関係書類の真正が立証されない場合
   (b) その実施が当該外国の司法権に属しない場合
   (c) その実施が当該外国の主権または安全を害する場合
(ハ) 証拠調べを実施する場合の必要な要件は次である(条約10)。
   (a) 嘱託書および添付書類につき、受託当局が用いる言語または両国間で合意する言語による翻訳文
   (b) わが国の外交官、領事官または当該外国の宣誓した翻訳者の翻訳証明
(ニ) この他、わが国は民商事の証拠収集条約を批准していないので、同条約の下での共助は利用できないが、具体的な事件毎に外国当局への依頼や交渉で適当な取決めをし、自ら実施したり、外国当局に実施して貰うことは可能であり、かつその例も少なくない(送達の場合も同じ)。具体的な事例として、いわゆるロッキード事件に関する日米間の協定(1976年)がある。しかし、相手方の応諾[45]が前提である。
④ 他国から司法共助としてわが国の証人調べを求められる場合はどうか？

丁度、上記③と反対方向の場合である。この場合も、2、3の場合分けが可能かつ有意義である。
(イ) 相手国が民訴条約締結国である場合は、その相手国からの依頼を受けてわが国の司法当局（地方裁判所）が行う。その場合は、一般的に次の要領で進められる。
　(a) 日本に駐在するその相手国領事官から日本の指定当局（外務大臣）を経て日本の地方裁判所が嘱託を受ける（嘱託書は相手国領事官による日本語の翻訳証明つき）。
　(b) わが国の地方裁判所は、わが国の民訴法に従い証拠調べを実施するが、嘱託書で相手国が特別の方法による実施を要請している場合、わが国の法律に反しない限り要請に応じる（条約14）。
　(c) その場合、当事者の呼出しを除き、類似の請求において用いられるのと同様の強制方法によって受託事項を実施する。必要があれば、証人の不出頭に対する制裁、証人の勾引、証言、宣誓拒絶に対する制裁もある（条約11）。これには当該地方裁判所を受訴裁判所と見なして、不服申立に関する民訴法の規定が適用される（特例法9）。
(ロ) 相手国が2国間条約など司法共助の取決めのある国なら、その相手国の依頼を受けて、わが国の司法当局（地方裁判所）が行う。日米領事条約でカバーされる場合の司法共助は次である。
　(a) 相互の保障があることを要件として、日本の地方裁判所が共助法の定めにより行う（共助法1、1の2）。
　(b) 嘱託書については、上記（イ）がほぼ当てはまる（共助法1の2）。
　(c) 証拠調べは、わが国の民訴法に従って実施される（共助法3）。
　上記は、日本の地方裁判所での手続であるから、代理人となれるのは弁

---

45) わが国は、20カ国以上との間で交換公文などにより2国間の取決めがあるとするものに註37書（p. 158）。筆者の経験では、このような取決めもないネパール宛の共助依頼は、たまたま同国の政変まがいの時機にあったためか、何らの応答も得られなかった。

護士のみである(民訴法54)。

(ハ) これに対し、領事条約のない国の領事官に対しては、領事派遣国の国民については相互主義を要件としてこれを認めるが、同国民以外には認めない扱いとなっている。

[6.15] **(2) アメリカの国内法(FRCP)と日米領事条約との接面**

① AとBによる日米間の訴訟の場合、ニューヨーク州のBがそれに同意したとすると、日米領事条約により(17(1)(e)(i))、わが国のニューヨーク駐在領事が直接ニューヨーク州内で人証につき尋問する方法が可能かつ有益であろう。わが国の領事官が直接行うことが許される場合の規律は次である。

(イ) 日本法に従って行われ、領事館長またはその指定する領事が裁判官の執務を行い、その者より下級の館員で館長が指定する者が裁判所書記官の職務を行う。

(ロ) 証人の呼出しには強制力を伴うことは許されず、任意に応じた者に限られる。

(ハ) 宣誓については、日本法上宣誓義務を負う者(民訴法201(2)項以下により宣誓義務を負わない者以外の者)に対して、その者が拒否しない限り宣誓を行わせる(ただし、その者が日本国民であったとしても、偽証罪〔刑法169〕は、国民の国外犯を定める同法3に含まれないから、罪の適用はない)。

② 反対に、ニューヨーク州のBが同州内で申立てた事件のため、アメリカ側から証拠調べの要請をわが国が受ける例が多い。その場合、アメリカの証拠調べ哲学[46](その無限定性等)は大陸法に拠ったわが国の証拠調べに関する哲学と大きく異なる。令状という強制力を伴う証拠調べでは、とりわけ当事者に大きな衝撃を与えうる。

---

[46] アメリカ式の証拠調べの支持論としては、広汎な事前開示(pretrial disclosure)の効能として、(イ)争点整理がより進む、(ロ)trialで利用したい情報に広く接し、調べる機会がある、(ハ)実際に、そこからtrialで利用する証拠特定の糸口が生まれる、とするものがある(註31書p.843)。

第6章 その他の国際民事訴訟手続

　ただでさえ、アメリカ式の証拠調べの範囲の広さと方法の多様さは、わが国のみならず、ドイツやフランスの当事者、代理人をも驚かしてきた[47]。それでも、本書の中心、契約上の紛議などで行われる開示 (disclosure) は、関税法、独禁法違反など、国際経済法絡みの事件と比べれば、まだましである[48]。証拠調べの範囲について、FRCPは、秘匿特権ある事項以外の、一切の事項 (……any matter, not privileged……) について開示を求められるとする (26 (b)) [49]。また、方法についても、(イ) 口頭諮問による宣誓供述 (deposition upon oral examinations) (30)、(ロ) 質問状による宣誓供述 (deposition upon written questions) (31)、(ハ) 文書開示 (production of documents) (34)、(ニ) 人の身体、心理検査 (physical and mental examinations of persons) (35)、などが当事者のために利用可能である。これには、非当事者 (non-parties) に対するものも含まれる (この点での各州制定もほぼFRCPどおりになっている)。

　利用頻度の高いのは、上記 (イ) と (ハ) であるが、問題は、自発的協力が得られない場合、非当事者に対しても令状 (subpoena) が出されうる点である (31、34～36)。具体的には、各連邦裁判所毎のルールがあるが、基本的に国境によって制限されず (FRCPは海外についても特に制限を設けず) (34 (a))、かつ第三者 (non-party) についても同じである (同 (c))。協力しない相手方に対しては、申立により、管内 (district) とその100マイル内に所在する相手方につき当該連邦裁判所に委託して subpoena を発行して、その提出を強制できる (45 (a) ～ (d))。この令状に従わなければ、法廷侮辱罪となるほか (45 (e))、自己に不利な認定にもつながりうる (37 (c))。これには相手方が開始命令に従わなかったことを陪審員に知らせることを含む (37 (c) (1)) [50]。

---

47) 註31書p. 847は、ドイツやフランスの法曹による批判論文に言及する。
48) 註31書p. 845は、一般の契約、不法行為事件とは違う分野として、trade regulation, patent, securities fraud, product liability を挙げ、企業活動に関するものを含む数千万の文書提出が長期にわたって要求されるのが典型的であるとする。
49) 事前開示での請求リスト中の情報が、証拠能力を欠くなどで trial には出せない情報であっても、それから trial で出せる別の証拠への相応の糸口となる情報であれば、許される (Rule 26 (b) (1))。
50) ニューヨーク証券取引所元CEO、Grasso氏はSECによる尋問中で150回以上も自

法人の相手方の所在には、支店、営業所、事務所も含む。更に、連邦裁判所の実務上は、この令状の及ぶ範囲という点で、役員、取締役などもその企業並みに扱われるから（一般の従業員は非当事者とされる）、その所在もないことが必要である（註31書p. 868）。さもなければ、条約によるまでもなく、アメリカの法令（FRCP）による強制が有効となる。

③　当事者が予め文書提出方式の discovery について合意している場合、当事者間での文書による証拠合意（Stipulations Regarding Discovery Procedure）の形で、自由な手続により自由な範囲で証拠収集を行うことができる（FRCP 29 (2)）。日本企業は、この証拠合意に対し十分な用心を払うことが大切である。たとえばアメリカの不動産を売買しようとする日本企業は、媒介契約を現地のブローカーと結ぶことになるが、その書式には、仲裁条項とともに証拠調べ一切につき連邦法の定める方法を予め合意する例が多い。それにより「……FRCP の定める証拠収集に合意する……」ことになり、上述の広汎な証拠開示に自ら協力義務を負うことになる。この点を理解しつつ、予め技術の科学的鑑定機関を定めるなど、日本企業がこの証拠合意を有利（公平）に活用することは可能である。

　前記のとおり、証拠調べは圧倒的に当事者、代理人の主導で行われる。しかも、その間に和解、示談で終わる率の高いことを考えると、trial 前の段階でのこの開示問題についての双方代理人の交渉が、実践的に大きな意味を有するともいえよう[51]。しかし、わが国の国内で行う場合、これらは以下にみるとおり条約ないしわが国法令が許す範囲でのみ可能となる。

　己負罪を理由の証言拒否をしたという（憲法修正Ⅴ）。検察官が被疑者の証言拒否についてコメントできない刑事手続とは異なり、民事手続においては、この証言拒否は事実の審理者による証拠として利用可能である（http://www.lawprofessors.typepad.com/2006/06）。

51) 交渉が巧くいかなければ、一方の代理人は開示強制のため、また他方の代理人はその開示を拒む保護措置のため、裁判所へ各申立（motion）をすることになる。

[6.16] (3) アメリカとの間の実践的問題、殊にアメリカが嘱託国の場合

① 後述のように(註61)、アメリカは外国における証拠調べに対して積極的である (再外442(1)(a)は制定法ないし裁判所規則による授権を前提にこれを肯定する)。そのアメリカとヨーロッパとの間で証拠調べがスムーズにいくようにと、アメリカはいわゆる民商事の証拠収集条約 (註44) の制定を、HCCH に働きかけるのに一番熱心であった。

同条約制定会議では、正に大陸法とは異なるアメリカの訴訟哲学との摺り合わせが求められた (註31書 p. 895)。現在、アメリカと西ヨーロッパ諸国を中心とする20カ国ほどが加盟している。しかし、同条約は加盟国が事前開示への不適用 (除外) を宣言することを可能にしており、アメリカにとって、今１つ使い勝手のよいものとならなかった[52] (同条約23)。もっともアメリカは、外国での手続のためのアメリカ国内での事前開示であっても、寛容な定めをする (Uniform Interstate and International Procedure Act, 3.02 (b))。

② 前述のように、日米間と日英間には領事条約があり、日本に駐在するアメリカやイギリスの領事官が直接に証拠調べを行うことが認められている。そこで、アメリカの領事官がわが国で行う証拠調べの許容範囲が問題になる。先ず、アメリカ側の手続法である FRCP に従い、次の４つのいずれかの方法による必要がある (28 (b))。

(イ) ２国間ないし多国間条約による方法

(ロ) 個別の依頼状 (letter rogatory ないし証拠収集条約のいう letter of request) による方法

(ハ) アメリカの法律ないし当事者の外国法によって宣誓供述を司れる人の前への呼出による方法

---

[52] 結果的に、殆どの加盟国が事前開示への不適用 (除外) の宣言を定めた同条の宣言を行った。前書は、同条 (23) の導入がイギリスの示唆によるものであったとし、かつ、その採択は、事前開示による証拠が trial 前にでも利用可能なものであるとの大陸法国の一部の誤解に基づいていたという (註31書 p. 899)。

(二) 裁判所が宣誓供述を授権した人の前への呼出

　本書の中心、契約上の紛議などで行われる開示 (disclosure) は、第2章で述べたような関税法、独禁法違反など、国際経済法絡みの事件とは異なり、途方もない規模ではない（前註48）。上記のうち、わが国の場合、専ら（イ）によるものである。これらの方法を当事者として行わせるためには、無論、日本のＡに対しニューヨークの裁判所の人的管轄権が認められることが先決問題である [2.5]。

　日米領事条約（17 (1) (e)）によれば、派遣国の領事等は、相手国内の者すべてにつき、次ができる。

　(a) 派遣国の裁判所のために、その者に裁判上の文書を送達すること
　(b) 派遣国の裁判所その他の司法当局のために、その者が**自発的に提供する証言**を録取すること
　(c) その者に宣誓を行わせること

　上記が条約の定める、アメリカの領事官が直接証人調べを行うことができる範囲である。そこに記されるとおり、被告Ａは、証言を強制されない。あくまで自発的にするのみである。これが現実には十分理解されないで、証言させられている例がないであろうか。仮にそうであるとすると、いわゆるアメリカ特有の、範囲がやたらと広い文書提出命令（以下で述べるような、discovery）や、陳入的な deposition の問題となる[53]。上記 (b)、(c) の結合体ともいうべき宣誓供述（証言）録取書は、日本国内にある領事館内で頻繁に行われている（東京では混み合って、部屋を取るまでに待つので、札幌、福岡など他所の領事館で行うなど）。

③　日本人が正しい理解なしに、アメリカの領事官と弁護士などの前で宣誓させられて、供述させられた場合、上記領事条約違反として、後に判決の承認・

[53) この広汎で一方的な (broad, party-directed) 事前開示に対してはアメリカでも多くのアメリカの法曹による批判、非難の声が挙がったとして、Brazil, Adversary Character of Civil Discovery, 31 vand, L. Rev. 1295 (1978) などを引用する（註31書 p. 845）。

執行が否定されうる。

(イ) なぜなら、上記 (b) のとおり、あくまで**自発的**な場合しかできないのに、強制力があると誤信して、または事実上の強制力が働き、条約の言葉から乖離しているからである。

(ロ) 証言と並んで、やはり大きな問題にされるのが、文書提出である。これも、真実発見には当事者が互いに相手の懐の中まで手を入れることが一番という訴訟哲学に由来する。アメリカ国内の実務ではこの文書提出の範囲がいき過ぎて、やたらと広い。しかし、これは前出のとおり、あくまでアメリカの国内法の効力としてである。国際間では上記のとおり、条約などの国際法と相手国の法令により制約される。

　日米領事条約の下では、「公文書の写しまたは抜粋」のみ、提出を要求できるのだが (同条 (1) (f))、そして日米領事条約を離れては、日本法の下で裁判所の手続として行うしかないのだが (民訴法219、220)、ここでも事実上の強制力が働き、アメリカ式の乱獲主義的文書提出要求が行われることがある。日本国で現実の文書提出が条約に反して行われているとすれば、それもまた違法な証拠収集として手続の瑕疵となり、民訴法 (118③) 違反となりうる[54]。

(ハ) 国際訴訟に熟練したアメリカの弁護士は従って、十分に日本人の相手方に説明し (優秀な法廷通訳を雇う)、納得の上で (その旨日本語で自筆させ)、証言を録取したり、文書提出をして貰ったりする。しかし、日本の民訴法 (118) の説明までする弁護士は少ないと思われる。今日、多くの日本企業は英語をかなり自由に操れるために、上記のような練達の弁護士でも通訳や翻訳文なしに済ませたりするとしよう。日本企業側も「わかった」というであろう。しかし、上記のとおり、日米領事条約上は正しく

---

[54] 最三小昭和58年6月7日判決、民集37/5/611、昭和57年 (オ) 826号 (執行判決請求事件) は、旧民訴法200条3号について、要旨「外国裁判所の判決の内容のほかその成立もわが国の公序良俗に反しないことを要するとしたものと解すべきである」と判示する。

ない。アメリカでの訴訟だけで終わり、差押えるべき資産もアメリカにあるというとき、アメリカの弁護士は日米領事条約違反のことまで言ってくれない。

[6.17] (4) 証拠調べの域外への拡張と blocking statutes

① 証拠調べについてのアメリカ法と他国の法律との基本的考え方の違いから、アメリカが自国の方法（およそ範囲、種類を問わない開示ルール）を一方的に域外でも実施しようとすれば、大きな摩擦が生じる。そのことは当然のなりゆきであり、現に激しい摩擦が生じた。普通の契約や不法行為事件ならば、（飛行機事故などは別にして）その資料は質量ともある程度予想の範囲に止まるが、域外適用条文を持っており、独禁法、通商法、知的財産権法、証券法などの連邦法違反事件での対象文書の範囲や量は莫大であり（註48）、先述したアメリカの FRCP のルールを当てはめると、相手方企業の負担は想像を絶する規模になる。そこで各国は、この種事件に関する司法権の一方的な行使を、自国司法権（主権）への侵害と考え強く抗議した。

② これらの抗議は、先ず、他国からアメリカへの正式な外交文書（diplomatic notes）の形で示された[55]。1950年代の後半から1960年代にかけて、アメリカの（殊に独禁法絡みの）事件に係る証拠開示命令に対し、そうした諸外国からの外交文書が多く出された。たとえば、カナダ外相からアメリカの大使宛に1979年に出された外交文書では、証拠開示の対象となっている情報がカナダのウラン情報安全法[56]により保護されていること、アメリカの裁判所が

---

55) 2005年7月4日日本経済新聞によると、わが国政府は、独禁法絡みの事件で、ドイツ、スイスと共同して自国の司法権に対する侵害であるとして、事件でのアメリカの司法権の行使の抑制を促す外交文書を送ったという。事件は中米エクアドルのエンパグラソ社がビタミン剤のカルテル行為を主張、アメリカの独禁法違反を理由にWashington D. C. の控訴裁判所に申立てていた。一審では訴えを棄却したが（2003年1月）、最高裁は差戻し（2004年6月）、控訴裁判所で更に審理中という。なお、1916年アンチダンピング法に対抗する損害回復のためのわが国の特別措置法につき [3.9] ②註43参照。

56) 註31書p. 851、Uranium Information Security Regulations, Can. Stat. O. & Reg.

第6章　その他の国際民事訴訟手続

当事者の求めるままそのような証拠開示命令を発し、その違反につき FRCP に定める罰則を課していることは、一般に行われている国際法に反しており、かつカナダ・アメリカ間の外交関係に著しい悪影響を与えていること、などと断固たる反対を述べている57)。

③　これらの外交文書の後を追うようにして各国が採った措置が、阻止法ともいうべき blocking statutes である。たとえば、アメリカの隣国で、最大の貿易相手国のカナダでは、1985年から1990年にかけて、連邦、ケベック州、オンタリオ州が、いずれもこの blocking statutes を立法した58)。このほか、フランスは、1980年代の刑法改正で、外国での訴訟ないし行政手続の証拠となるような商工業、金融ないし技術的情報を要求することも、調査ないし開示することもすべて禁じ (1A)、そのような要求を受けた人は、直ちに当局に通告するよう義務付けた (2)。スイスは戦前 (1934年) からこれに近い刑法を有する (273) 59)。イギリスの貿易権益保護法については先述した [5.11]。

④　カナダのウラン情報安全法との絡みで、カナダ外相の前記の抗議文にも拘らず、アメリカの裁判所が文書開示命令を発し、それに対する抗弁が問題となった事件がある60)。そこでは、ウェスチングハウス社が多くの発電会社との間で、ウランを一定価額で供給する長期契約を結んでいた。1970年代に、ウランの価額が急膨したとき、ウェスチングハウス社は、事情変更の原則 (impracticability) の理由により発電会社へのウランの供給を拒んだ。他方で、ウラン製造業者に対しては、ウランの価額を操作するため談合しているとして独禁法違反訴訟を起こした。

76-644（P. C. 1976-2368）。
57) 同上書 p. 852。
58) 連邦法は、popular name が The Foreign Extraterritorial Measures Act (R. S. C. Ch., F-29, 1985)、ケベック州法は、The Business Concerns Records Act (R. S. Q. Ch., D-12)、オンタリオ州法が、The Business Records Protections Act (R. S. O. Ch., B-19, 1990) である。
59) 同条では、外国当局などへの提供のために製造工程ないし事業に係る秘密を調査・入手することや、それを提供する行為を刑罰をもって禁ずる。
60) In re Uranium Antitrust Litigation 480 F. Supp. 1133（N. D. I., 1979）。

この絡みでウェスチングハウス社は、カナダのウラン製造業者に対しても、その所持する文書の開示を求め、製造業者がそれを拒むや、裁判所の開示命令を請求した。あるカナダのウラン製造業者は、アメリカに子会社があり、裁判所の開示命令は、その在米子会社に向けられていた。開示命令の前提要件、同社に対する裁判所の人的管轄権、は充足していた。

第2の関門は、その所在場所に拘らず文書がその製造業者の在米子会社の支配下にある（……person must have control over the documents……location of the documents is irrelevant……）といえるか否かであった。在米子会社が、カナダの親会社にある文書についての支配権（control）を有するか否かの問題である（殊に、その親会社が文書の国外移送を禁ずる取締役決議をしていたり、すべての取締役がカナダに居住している事実の下で）。

裁判所は、しかし、結論として、開示命令を出せると判断した。しかも、カナダにはまだ blocking statute の制度はなかったが、一般論として、blocking statutes によったとしても、開示命令の執行は妨げられないとしている[61]。この事件は、在米子会社により事業を展開するわが国親会社企業にとっても参照価値があろう。

[6.18] (5) 連邦民訴手続（FRCP）の近時の改革

① discovery や deposition の乱用に対しては註53のように、アメリカ国内でも早くから苦情が上がっていた。このような証拠の拡張的開示原則は、それまでのコモンローを大幅に変える画期的な変更として1938年に導入されていた。以来半世紀以上にわたり、上記ルールは大改正なしにきたが、次第に乱用（abuse）の非難が上がった[62]。

(イ) このため、連邦民訴法改正委員会が設けられ、連邦議会による民事訴訟

---

61) 註31書 p. 858。
62) 註31書 p. 871は、連邦裁判所が外国でその外国法に反してまでも証拠の収集を命じることは比較的近年までしなかったが、近年これを改めたとして、前者の基礎として再述抵触法（第1）(94) を、また後者の基礎として再外442コメントfを引用する。

の迅速化法を受けて、1990年前後に屢次の改正がなされ、連邦民訴規則 Rule 26 ないし 37 に次の変更が行われた。
  (a) いき過ぎた開示 (excessive discovery) を防ぐため§26 (g) や§26 (c) に末文を設ける、
  (b) 開示の必要性や回数その他の要件を無制限としていたのを、§26 (b) に (2) を加え、適当な抑制を加え、
  (c) 少なくとも進行準備期日の21日前までに当初開示についての協議を義務付ける (26 (f))。
  (d) プレトライアルでの開示計画を義務化し、§26 (g) により代理人弁護士が開示申立文書にサインすることを要求し、かつ申立事実が不実であった場合に裁量により制裁を課す。
(ロ) これらの改正は、開示手続を更に明確にした。
  (a) 当事者は当初開示 (initial disclosures) で自らその訴訟で依拠しようと欲する文書のカテゴリ、所在、所有者などを予め開示する (26 (a) (1))。これには鑑定証人とその供述書が含まれる (26 (a) (2))。
  (b) この当初開示から訴訟が trial に進んでいくときは、§26 (a) (1) と (2) による開示に加え、trialの30日前までに証人や宣誓供述書や書類 (document) の項目と概要を開示する必要がある (26 (a) (3))。
  (c) 他方当事者は14日前までに反対を表示する義務を負う。
(ハ) 上記の乱用対策を定めた条文の言葉としては、次がある。
  (a) 当事者による開示請求の範囲は無限定だが (26 (b)(1))、裁判所が裁量により制限できる (2)。その命令は、depositionや質問状 (interrogatories) の回数、長さを制限するものでありうる。また、次の理由でその頻度、範囲を制限することも可能である。
    (ⅰ) 必要以上に重複的であるか、他により負担の少ない手段がある。
    (ⅱ) 訴訟手続中でその情報を得る十分な機会がある。
    (ⅲ) その情報が事件のため有する必要度、訴訟額、当事者双方の資力等とを勘案し、相手方の費用や負担が、その必要性との対比で大きい。

(b) discoveryの相手方などの申立により、その相手方を保護するため次の命令を発することもできる（ただし、そのためには相手方が discovery の申立人との間で真摯に話し合ったか、話し合いの努力を示す必要がある）(26 (c))。

　　　(ⅰ) discovery の不許可
　　　(ⅱ) 時、所の特定を含め、条件つきでのみ許可
　　　(ⅲ) 申立以外の方法によってのみ許可
　　　(ⅳ) 特定の問題についての明示の許可
　　　(ⅴ) 裁判所の認めた者の立合以外、つまり第三者の立合の禁止
　　　(ⅵ) deposition について特定の時まで裁判所が封印

　なお1993年改正FRCPは、当事者の開示請求なしに開示すべき事項を裁判所が採用することを可能とした (26 (a))。

② これらの措置の結果、今やアメリカでの民事訴訟も著しく短く、かつ被告の負担も軽減されるに至った。[2.3] で言及した Class Action Fairness Actもこの流れに入ると思われる。外国での証拠調べに関するFRCPの関係条文の改正については前にも触れた。このほか、1980年には、外国人への喚問 (subpoena) を定めていた条文を廃止している (37 (e))。

　わが国の企業は、日本で事業をしているだけでは、アメリカの裁判所による強制的な証拠調べに従わされる法的根拠は存在しないが、製造物責任で訴えられる場合は別である [3.4]。その場合、そもそも管轄権が及ぶのか、それに答えるための証拠調べ (jurisdictional discovery) についてFRCPは特則を定めないが、ある程度の証明があれば、裁判所は証拠調べ (開示) を命じられるとする (註31書p. 860)。なお、jurisdictional discovery については [3.5] ②参照。

[6.19] (6) EU域内での証拠調べ手続の統一

① EU 域内での管轄権と判決の承認・執行に係るダブルの司法統一のうち、Brussels ⅠとⅡおよび倒産処理の域内規則、ならびに民商事の送達については前述した。ここでのEU理事会規則No. 1206/2001（2001年5月28日）は、

その司法統一の一環として証拠調べ手続での域内統一を齎すとともに、それ以前の重複する条約にとって代わることを意図する (EU加盟国のうち11カ国は、註43の1970年3月18日のハーグ条約に加盟していた)。EUは、証拠調べ協力規則を作るにあたっては、前年成立したいわゆる送達規則 No. 1348/2000 の原則を加盟国間の連絡手段その他でも応用した。

本規則は、2001年7月1日に発効し、2004年1月1日から実施された。その間、2003年7月1日までに各加盟国はEU委員会に各国の裁判所の名称、組織、場所などのリストと、それらを束ねる中央官庁を届出る手続を経た (EUの司法ネットワークにつき [4.4] 参照)。

② 本規則が働くのは次の要件、手続によってである。
(イ) 加盟国A (デンマークを除く) の裁判所が他の加盟国B (の裁判所) に対し民、商事事件 (civil and commercial matters) に関する証拠に関し直接依頼する。この依頼は、現に係属する事件に関して利用するためにのみ可能である。このように、異国の (第一審) 裁判所間での直接の依頼 (requests) が可能となったことが注目される (ただし、これをスムーズに行うことを可能にするのは、各加盟国が予め指定し、届出た中央官庁の働きである)。
(ロ) 依頼の方法には2通りあり、1つは、いわゆる証拠調べの嘱託であり、他の1つは、加盟国Aが加盟国Bに出向いて自ら直接証拠調べを行うことに関する依頼である。
(ハ) 依頼書の必要かつ十分な内容は、依頼の種類毎に決められており、本規則とともに用意されたAからJまでの書式 (依頼状、受領状等の) に記載して行われる。
(ニ) 依頼状の言葉は、被依頼加盟国Bの公用語のうちの1つまたは予めB国が受付けに同意している他のもう1つの国語 (another language) である。いずれも、最速の交信手段によるものとされている (must be transmitted by……swiftest……)。
(ホ) 被依頼加盟国Bの裁判所は、受領から90日以内に証拠調べなどを実施する (90日以内が見込めない事情があるときは、書式Hによりその旨通知する)。

(ヘ) 依頼の内容には音声、映像記録を用いたものも含めることができる（その場合にのみ、両国間で実費の授受が必要かつ可能となる）。また、ビデオ会議の形も利用可能である。
(ト) 依頼を拒む範囲と理由も予め決められている。本規則の定める範囲から外れるもの、司法機能には含まれないもの、不完全な依頼、被調べ人が拒否権を主張する場合、である。
(チ) 依頼するA国の当事者、裁判所側は、調べに立ち会うことができる。

③　本規則は、メンバー国間で、更に、2、3カ国協定などを結ぶことを妨げない。また他のEU立法例と同じく、本規則の下での実施状況を定期的にEU委員会に報告することになっている。EU委員会は、2007年1月1日を初めとし、5年毎に本規則の実施状況につきEU議会と閣僚理事会および経済社会委員会宛に報告する。

第7章

国際民商事紛争のための国際仲裁制度

1. 仲裁による国際紛争の解決

[7.1] (1) **国際商事仲裁の意味**

① （商事）仲裁は必ずしも国際仲裁とは限らない。事実、中国、アメリカ国内（各州間）、EU 域内では（商事）仲裁が活発に利用されている。しかし、国際仲裁の占める大きさは、国内仲裁に劣らない。国際取引をする商人（社）の多くに、商事仲裁に頼ろうとする動機があるのは何の不思議もない。国際取引にあっては、異なる文化、遠隔の異国、異なる人種、言語、慣行などから、ただでさえ争いが生じ易い。しかも、一旦争いが生じたら、勝敗に拘らず、その収拾は大変だからである。

UNCITRAL 創設のきっかけとなった国連決議（2102XX、1965 年 12 月 20 日）でも、7 つの国際取引法 (the law of international trade) 分野の柱の1つに国際商事仲裁 (international commercial arbitration) が挙げられている[1]。その主眼が国内商事仲裁にあるものを含め、商事仲裁のための各国の立法例は多い。UNCITRAL の策定したモデル法（[7.8] ③ (チ) 参照）は、国内仲裁法

---

1) 仲裁合意自体は取引 (transaction trade) とはいえないかもしれないが、仲裁契約が契約の他の部分から独立した私法上の特殊な契約であるとする可分性 (severability) が国際法として定着している（わが国の同旨の判例・学説につき判時 1926/128 参照）。なお、UNCITRALによる国際取引法上の分類としての国際仲裁契約について次項参照。

制のある国を念頭に、国際商事用特別法として用意された。49カ国で国際商事仲裁法のモデル法となり、共通化（ハーモニゼーション）を齎した（ただし、わが国ではこれにより、「仲裁法」ができた）。UNCITRAL のモデル法に対し必ずしも好意的でなかったイギリスでも、モデル法を受けた形の新仲裁法（The Arbitration Act 1996)は条文上国際仲裁に旧法とは異なる比重をおいている（85〜87)。

仲裁は、訴訟、調停（ADR）などと並ぶ、3つの紛争解決方法の1つであるが、当事者が交渉次第で取引当初から自由に手当できる点で、訴訟、調停と区別される特徴がある[2]。しかし、他方で、仲裁と調停との併行利用が世界的に拡がってきている。後出のAAAでもそうであるが、「仲裁人にとって和解をすすめることの重要性」の認識が高まってきたといえる。その背景には、仲裁手続の効率化と当事者によるその効率的利用、「安い仲裁」志向がある。現象的には、「仲裁を申立てて一応時効中断をしたら、もういい。後は話し合いで」である。これは、わが国だけでなく、世界的、国際的にも共通する現象である。このため、申立件数中、仲裁判断までいくのは半分以下の低い水準である。たとえば、AAAでは45パーセント超が取下げ（その理由は和解か）、後出の中国（CIETAC）や韓国（KCAB）でも、20〜30パーセントで和解による仲裁判断が下されているという[3]。

このような傾向の中でも、仲裁の予防的、安全措置的性格が、上記の国際取引のリスク対策と結び付き易いことは誰しも認めることであろう。現に、国際商事仲裁に関するアメリカの代表的判例は、この予防性、安全措置性を

2）わが国で家事事件以外に、多少とも商事法に関係ある紛争の仲裁による解決を定める仲裁機関には、建設工事紛争審査会、公害等調整委員会、指定住宅紛争処理機関、電気通信事業紛争処理委員会などが挙げられ、いずれも官主導で、それぞれ根拠法律がある（その立法理由は、個別法律毎に同じではない）。商事仲裁契約とも、殊に国際商事仲裁契約とも、更にイギリスのCIArbとも、その背景が異なる［7.18]。

3）第8回国際商取引学会（2005年10月30日、拓殖大学）で立石孝夫氏はスライドで、CIETACや韓国KCABでの和解比率とAAAでの取下げ比率の差を指摘された（同学会年報2006. 8/83)。なお訴訟手続中の和解に判断力、執行力を与える日本の制度との違いにつき［5.6］③（ロ）参照。

引いて仲裁合意に強い支持を与えてきている（[7.14] の親仲裁性参照）。
② UNCITRAL のモデル法は、国際商事仲裁を次のように定義する（1 (3)）。
(イ) 当事者の事業所（places of business）が異なる国にあるか、
(ロ) 当事者の事業所のある地が、仲裁地、主な契約義務の履行地ないし紛争の主題（subject matter of dispute）の最密接関連地（most closely connected place）のいずれかと異なる国にあるか、ないし
(ハ) 当事者が仲裁契約中で仲裁の主題が2カ国以上にまたがると明示で合意している。

一方、外国仲裁判断の承認・執行に係るニューヨーク条約（1958年）は、(a) その仲裁判断が外国で下されたか、(b) その国の国内判断とは考えられないか、のいずれにも適用される（I、1）。これら2例とも、仲裁の国際仲裁への括りが緩やかである。「国際」についてのこのような柔軟性は、CISG をはじめとする多くの国際条約や原則（UNIDROITの原則など）にもみられるところである[4]。

しかし、仲裁が国際か国内かの区別は、解決規準となる法的枠組みに大きな差を生じさせる。そもそも、仲裁判断（arbitration award）が法律に拘束されるされ方と、その度合とが違う。前者は国家法に限られない。殊に、ヨーロッパでは、相互間の往来の長い歴史の上に築かれた法史を通して、国際取引慣行（international trade usage）を重視し、国際法、それもソフトロー（soft law）と呼ばれるものの規範性に対して親和性がある [7.4]。

③ 国際商事仲裁と国際訴訟（外国判決）との対比でよくいわれるメリットは、外国仲裁判断の承認・執行の容易さである。ニューヨーク条約は、加盟国が134カ国もあり、加盟国の1つ、甲国内で得た仲裁判断は、難易の度に差があるにせよ、原則として残り133カ国のどの国に持っていっても執行することができる。ニューヨーク条約の加盟にあたり相互主義を宣言したとしても、加盟国間では、それ以上の要件はいらない。そこから、特定の国、たとえば

---

4) 國生一彦『国際取引法』有斐閣、2005、p. 216、p. 229。

中国のように外国判決の承認・執行で厳格な相互主義を採る国との間では、仲裁判断の承認・執行法制が特に有効であるといえる [7.9]。

　このように、国境を越える執行を可能にしている1958年ニューヨーク条約は、史上最も（簡素で）成功した条約の1つとされている[5]。もっとも、133カ国のどこでも執行判決を求められるというのは、相手方にとっては時に困難が生ずる（不便宜法廷の法理との絡みにつき [7.16] 参照）。

[7.2] (2) 仲裁条項の国際法的位置付け

① 　国際商事仲裁（international commercial arbitration）の当事者は、仲裁条項（arbitration clause）などの合意をして仲裁制度を起動させる。その重要性は、上記の予防法学的意味だけではない。それは一般の国際取引上の合意とは異なり、公的機関の管轄権を排除する働きを持つ。そこから、仲裁合意を、私法上の特殊な合意（契約）とする考えが有力である[6]。その結果、管轄権がある裁判所も受訴することができず、訴えを却下しなければならない。従って、合意は明確でなければならない（書面性の要求がある）。中でも、

（イ）対象—紛争の範囲を明確にする、

（ロ）排他的な紛争解決手段であることを明確にする、

（ハ）仲裁手続と場所および仲裁規則を明定する、

ことが柱となる。

　仲裁合意は仲裁手続を起動させるだけではない。それに由来する仲裁判断

---

5) Goode, Kronke, McKendrick, Wool, *Transnational Commercial Law*, Oxford, 2004, p. 944 は、"……one of the world's most successful……and……shortest" という。

6) わが国では仲裁条項が主張されると、訴訟法上の「妨訴抗弁」となり、（他国の）裁判所が受訴できないから、これを訴訟契約の1つであるとし、そうであれば、「手続法は法定地法による」（当事者の自由にならない）との考え（切口）が有力である。この考えでは、たとえば、日本法を契約全体の準拠法と定めていたとしても、ニューヨーク州内で仲裁が行われることで、仲裁条項だけが毛色の違う訴訟契約とされ、当事者の意図から離れることになる。アメリカでは仲裁条項は契約法の一種とするのが基本的理解である（G. Born, *International Civil Litigation in United States Courts*, 3rd ed., Kluwer, 1996, p. 993）。なお、註1参照。

が準判決としての力を持つ（その効力を争っても、執行判決により履行を強制される）。これは当事者の特別仕様による公的制度（司法権）の利用である。この意味で拡大された私的自治は、更に、進め方、手続にまで及ぶ（仲裁法26（1））（モデル法15～17参照）[7]。後出のScherk-Alberto事件でアメリカの最高裁は、仲裁合意を「特別な管轄合意の型……」であって、「争いの場（sites of suit）だけでなく、手続も定めておくもの……」と述べている [7.14]。別異の有効な合意がなければ、手続法は仲裁地の手続法（lex arbitri）に従うことになる。この他、ICCやAAA、ロンドンのLCIAなどの仲裁機関に依頼するときは、それらの定める手続の進め方で枠がはめられることがある。

このように、広い範囲にわたり当事者自らが関与して紛争解決を統御しようとする仲裁は、その豊かな自主性で調停などのalternative dispute resolution（ADR）と並ぶ。しかしADRとは違い、当事者は仲裁判断に拘束される[8]。もっとも、仲裁合意は、契約中に含まれているもの（仲裁条項）も、その契約から区別され、分離したものとされる。両者の性質の違いは、たとえ

---

7) 当事者は、仲裁人ないし仲裁廷の構成までは合意するが、具体的な手続について合意するところまでは、まだ実務上十分に行われていない。近時、仲裁制度の運用が次第に複雑化し、かつ手続の負担が訴訟並みに重くなる傾向があるといわれるが（註6書p. 990）、仲裁手続も当事者が自由に決められる点が省みられていない。

8) 平成16（2005）年秋国会で成立したいわゆるADR法（平成16年、法律151）の下での運用実績はこれからであるが、ADRを行う機関の公正性・信頼性確保が先ず焦点となる。この点で、次の工夫がなされている。
　（イ）認証を申請するか否かは紛争解決事業者の任意とするが、認証の要件については、公正・適確に業務が行われることが確保されるよう、政省令等を通じて詳細な審査規準を示す。
　（ロ）認証要件の立案作業にあたっては、適切な手続実施者が選任されること等が明記されるが、手続実施者のうちに弁護士が含まれない場合には、手続実施者が重要な手段段階で弁護士の助言を受けることができること等、公正かつ適確な手続の実施のために必要な体制をとる。
　（ハ）認証の結果として、名称の独占に関する規定、弁護士でない者による手続の実施に関する規定を設けるほか、時効中断、訴訟手続の中止および調停前置に関し、それぞれ、民法などの特例を設ける。
　（ニ）執行力の付与については、付与した場合の弊害の発生を懸念する意見があることを十分配慮し、対象となる当事者の範囲、請求権の範囲および価格などを限定することを含め、更に幅広い意見も踏まえた上で結論を得る。

ば適用法ルールにも表れる。契約義務に係る適用法ルールを定めるローマ条約は、EEC諸国で契約全体につき働くが、仲裁合意（agreement to arbitrate）部分に適用されるのは、各国の国際私法である（同条約1(2)(d)）。

② 上記のように強い独立性を与えられる仲裁（条項）合意であるが、仲裁（条項）合意の効力が、初めから全く問題なく認められた訳ではない。殊に、コモンロー裁判所が19世紀全体を通してこの種の合意に対し疑いの目を持って臨んだことは前述のとおりである [2.10]。この歴史的背景から、イギリスの旧仲裁法（1950年）は仲裁に対し制限的な役割しか与えていなかった。裁判所に対しては、逆に大きな干渉ないし関与権限を与えていた [7.18]。

当時のコモンローでは、仲裁判断前ならば、仲裁合意はいつでも撤回可能（revocable）とされた。このため、当事者は不利な仲裁判断が見込まれるようになると、仲裁合意を撤回し、契約違反として名目的損害金（それまでの手続費用）を払って、釣針から解放されえた。また、現存する紛議についての仲裁合意と将来起こりうる紛議についての仲裁合意とが区別され、後者は、それのみでは執行不可能で（unenforceable）、訴えられなかった[9]。

③ 仲裁手続の長・短所については、随所で言い尽くされた感じもあるので、極く簡単なまとめだけを記す。先ず、長所として、（イ）実務上、取引の相手方との管轄権合意が困難なことが少なくないが、当事者の国とは異なる第三国の、しかもその国の司法制度（法廷）とも、また国法とも、異なるからと、合意され易い余地がある、（ロ）（相手方がアメリカの場合、特に）陪審のような予想外に大きく振れる結果となる確率が小さい、が挙げられる。

短所としては、（イ）審級制による再吟味がないことに加え、それだけに仲裁人らが思い切った幅をとるよりも、足して2で割る式の結果に陥り勝ちであること、（ロ）合意当事者間のみで、一連の取引の川上、川下には働かない（別に訴訟が必要になる）ことがある（もっとも、この点は、コモンローでは告知

---

9) Corley, Shedd, Holmes, *Principles of Business Law*, 13th ed., Prentice Hall, 1986, p. 29.

に似た vouch-in の制度が利用可能な場合もある）[7.17]。

　この他、仲裁との組み合せで、その前段に、専門家（experts）による鑑定や、当事者双方に影響力を持った関係者による調停に合意することも、時にはおすすめである[10]。一方で、同一仲裁人が仲裁と和解（調停）とを管掌することに対しては、仲裁人への不信の元ともなりうることが指摘されている[11]。和解中の自らに不利な陳述が後の手続でそのまま資料とされる懸念があるためである。そればかりか、コモンロー手続の特徴、強い当事者主義からすると、2つの手続は、ある程度分離した形にならざるをえない。後出のわが国仲裁法の下では同じ仲裁人が調停手続も行いうるが（38（4））、これはUNCITRAL のモデル法にはなかったわが国の法的風土に則したものであろう（註3書 p. 89 参照）。

[7.3] **(3) 仲裁合意の要件と効果**

① 　仲裁合意が、このように取引法としてのみならず、公権力の発動を左右しうる大きな効果を齎す私法上の合意であるところから、条約その他では、合意の条件を厳しく定める。先ず書面契約性は、ニューヨーク条約（Ⅱ、1）、UNCITRAL のモデル法（7）、同じく UNCITRAL の仲裁規則（Arbitration Rules）(1.1)、汎米仲裁条約（Inter-American Convention on International Commercial Arbitration）(1) など、殆どすべての条約等で定められている。UNCITRAL のモデル法の定めは詳しい。

　（イ）ある当事者間での契約であるか否かを問わず、特定の法律関係（defined

---

10) E. D. Gulland et al.,『国際商事法務』33/3/314 は、これを trouble shooter と呼んでいる。しかし、各国の民商事（手続）法で既に専門家（experts）による鑑定を要求する例が少なくない。物品の瑕疵に関する争いでは、たとえば、イタリア民事訴訟（手続）法（裁判所任命の expert）やアルゼンチン商法（476）などがある。
11) この傾向は当事者主義の原則が強いほど強く、たとえばデラウェア州裁判所の行う調停（ADR）では、A判事が調停を行うと、その不調後の訴訟手続はB判事が司るという具合に分離が原則である (Metropolitan Corporate Counsel, 2006年5月号、カバーストーリー)。

legal relationship)から生じ（う）るすべて、ないし特定の紛争（all or certain dispute）につき、

(ロ) 契約の一部としての条項（arbitration clause）として、または別の合意書でもよい（7 (1)）。

書面契約性の要件は、他の条約等と同じく、柔軟に定められている。

(a) 当事者がサインした書類（documents）中に合意が含まれるか、

(b) 合意の記録を示す手紙、テレックス、電報ないしその他の電気通信手段によるか、

(c) 争いに関する文書のやりとり中で、一方の当事者が仲裁合意の存在に言及し、他方がそれを否定しないか、ないし

(d) 仲裁合意を含んだ書類（documents）への言及が契約中であり、その契約は書面であって、かつそれへの言及に、一体化の言辞を含んでいること（make the clause part of the contract）。

② 仲裁を起動させられるのは、私人間の合意のみ、次の例文では、Party AかParty Bのみである。何人も裁判を受ける憲法上の権利があり（a day in court）、国が仲裁を強制することはできない。Party AやParty Bの後者／承継人（successors/assigns）も、前者の仲裁合意を根拠に、訴訟ではなく仲裁判断をとりにいけるかの疑問がある。アメリカのFAAの下での判例には、代位をした保険会社を当事者にするものなどもある。連邦コモンローとしても[12]、契約上の地位の譲渡や承継は肯定される。これに対し、イギリスでは、1999年の「第三者権利法」以後は可能とされる[13]。

今1つの論点は、Ｂ２Ｃ取引の付合約款中で一律に事前仲裁合意を定めることができるか、その効力が否定されないかである。この点につき、アメリ

---

[12] 仲裁合意の当事者以外への波及効果の説明として、引受（assumption）、代理（agency）など6つを挙げる（D. J. Levy ed., *International Litigation*, 2003, ABA, p. 190）。なお、FAAの下での仲裁合意法が連邦コモンローを形成する点につき[7.13] ②参照。

[13] Contracts (Rights of Third Parties) Act 1999. なお、同法の立法経緯につき註4書p. 138参照。

カでは連邦最高裁が証券業界の定めた標準約款中の仲裁合意を合法とし、有効と判断した (後出の Shearson American Express 事件)。州際商業を理由とするアメリカの国内仲裁法の問題であるが、最高裁はFAA (第1章) に拠りつつ、そこでも仲裁に好意的な同国の政策に言及している。そして、その一般的な仲裁重視の政策を上回る政策意図を連邦議会が持っていたことの立証負担は、同約款の無効確認を請求する側にあるとしている[14]。

③　契約上の紛争に関する仲裁条項の一例には、次のようなものがある。

In the event of a dispute or difference arising, if Party A and Party B fail to settle the same by negotiation and if the dispute or difference between the Parties relates to:

(イ) a matter which is specified in the Agreement to be subject to arbitration; or

(ロ) a matter which touches upon the validity, construction, meaning, performance or effect of the Agreement, or the rights and liabilities of the Parties or any matter arising out of or connected with the Agreement;

then such dispute or difference shall be referred to a board of three independent arbitrators.

UNCITRAL はモデル法の条文 (1 (1)) に絡んで、モデル仲裁条項 (model arbitration clause) をも発表している[15]。

---

14) Shearson/American Express Inc. et al. v. McMahon et al., 482 U.S.220 (1987).
15) Any dispute, controversy or claim arising out of or relating to this contract, or the breach, termination or invalidity thereof, shall be settled by arbitration in accordance with the UNCITRAL Arbitration Rules as at present in force.
 (a) The appointing authority shall be...... (name of institution or person);
 (b) The number of artibrators shall be...... (one or three);
 (c) The place of arbitration shall be...... (town or country);
 (d) The language (s) to be used in the arbitral proceedings shall be......

[7.4] (4) 国際仲裁判断は何を基準に下すか（増大する soft law の役割）

① 仲裁手続が準拠すべき手続法については、既述のとおり、(イ) 当事者の合意した手続（典型的に ad hoc の場合）、(ロ) 仲裁廷所在地の手続法、(ハ) 仲裁機関の規則（典型的に常設国際機関の場合）が競合する。申立書、答弁書の書式、提出の方式、時期、証拠開示、手続途中の準備書面などの具体的な事柄である。アメリカ企業との契約中での仲裁の定めでは、AAA の規則によるとし、かつ連邦の FRCP によって認められる証拠開示がすべて可能とするものが少なくない。この種の合意をした日本企業は訴訟の場合と大差ない弁護士費用を覚悟した方がよい（統一仲裁州法 RUAA によるとした場合も同じ）[7.12]。

② 仲裁判断が実体的に何を基準にすべきかについて、衡平と善は例外であり、(殊に、アングロ・アメリカン法系で) 法的基準に拠るべきことは知られるとおりである。法的基準についても、第1に当事者の選択が大きい（モデル法28）。必ずしも国家法や条約（国際法）に限られないことは、前述のとおりである。国際契約法 (lex contractus) ないし soft law と呼ばれる原則、規則などが含まれる。このうち、国際商事法のリステイトメントとも呼ばれる UNIDROIT の原則が ICC の仲裁実務上も特に重視され、DOCDEX Decisions や Unilex info などの事例集が西欧社会で有力なデータバンクと目されている。

ここに、国の法廷と仲裁廷の境に、はっきりとわかる線がみえる。片や国の機関として、国際間の立法管轄権で仕切られ、国際私法およびその国の渉外法（万人法など）に規束される。そこでは少数の条約以外は、常にいずれかの国家法を（国際私法を通すか否かの違いは別にして）適用しなければならない。

他方、国の機関ではない国際仲裁廷は、国の国際私法にも渉外法にも縛られることはない（仲裁人は法廷法〔lex fori〕を持たない）。ある実務家は、「……司法機関による仲裁判断の吟味 (review) は、通常その実体判断中の公序違反などの限られた範囲にのみ及び、適用された実体法採用の適否には及ばない……」と述べ、仲裁人は実体法選択につき原則的な自由を有すると主張する[16]（確かに、ニューヨーク仲裁条約の仲裁判断承認拒否理由 (V) 中には実体法採用

の適否は含んでいない)。彼は、更にフランスの1981年新民訴法の定めを援用する[17]。このような実体法採用自由の原則を論拠として彼は、UNIDROIT の原則が広く当事者の期待に沿う普遍的な法原則であることを ICC の事件簿のデータベースから導いたと述べている。

以上の違いが2つの仲裁規則にもはっきりとした差になって表れている。UNCITRALのはモデル法も仲裁規則も、「……しかるべき国際私法によって決まる法律 (law) を適用すべし……」と定めるのに対し、ICCの仲裁規則は、「……仲裁廷が適切とする法の原則を適用すべし……」(……tribunal shall apply the rules of law which it determines to be appropriate) と定めている。この「**法の原則**」(the rules of law) が soft law、殊に UNIDROIT の原則を観念したものであることは、いうまでもない。これに対し、モデル法は、当事者の合意を欠く場合の実体法につき、仲裁廷が妥当とする国際私法を適用して決定される法律としている[18] (28 (2))。また、わが国の仲裁法は、最密接関連地の実質法を適用すべしとする (36 (2))。

2. 仲裁制度の司法機関による監督

[7.5] (1) 仲裁廷 (仲裁機関) の選定、構成を巡る争い

① 仲裁合意をしただけでは、将来紛争へ備えたというだけである。どのような仲裁機関による仲裁判断であれ、それに強制力を与えるのは、今のところ世界に割拠する主権国家しかない。そこで、国際商事仲裁の場合は、国内仲裁とは異なり、誰 (いずれの機関) が強制力を与えるかの問題がある。またそこに至る3つの段階、3つの (国) 土地が問題となる。その各段階で争いは生

---

16) フランス、パリの弁護士、Y. Derains, ICC の ICA Bulletin, 2002, p. 9.
17) そこでは、「法の原則 (rules of law) につき当事者の合意のない場合には、仲裁人が適切とする法の原則により……」と定められている (1496)。
18) このモデル法の言葉は、ヨーロッパ国際商事仲裁条約 (European Convention on International Commercial Arbitration) (1961) の条文 (VII (1)) に由来するが、その条文の言葉は、後記の1996年のイギリス仲裁法の条文につながっている (46 (3))。

じうるし、生じている。各段階で(公的)司法機関の関与が必要となっている。

(イ) 仲裁合意(国)地

(ロ) 仲裁機関所在(国)地(仲裁判断の地)[19]

(ハ) 仲裁判断を執行する(国)地(外国仲裁判断の承認・執行の地)

　(イ)では、仲裁合意の存否、効否などを争う中での関与である。司法機関は契約の特定履行(specific performance)として仲裁を命ずるか、逆に自ら判決等をすることになる。この争いは時に、(ハ)仲裁判断の承認手続中でも蒸し返される。

② 　上記(ロ)の仲裁廷ないし仲裁人は、当事者の選定を基本とする。国の機関である必要はないし、実際にも自治的に私的機関が選ばれる例が多い。しかし、私的機関といえども、その判断に執行力を与える必要があるところから、どんな機関でもいいという訳ではない。それを決めるのは、それぞれの国の仲裁法制度になる。

　(ロ)で当事者間による仲裁機関の共同選定ができなければ、申請等により、裁判所による仲裁人の選定など、公的監督、公的要件が加わる。仲裁人の選任上の争い(仲裁法17参照)や、仲裁廷の構成を争うなど、仲裁廷自身の内部で片付かない場合も同じである。

　国際仲裁機関にも、常設機関と、当事者の定めにより都度構成される一時的(ad hoc)な機関がある。大型・特殊な案件では ad hoc 仲裁廷が設けられる例が多い(不本意な当事者は、この選定作業で引延し作戦に出たりし勝ちである)[20]。選任につき註15のような UNCITRAL の規則を合意していれば、少しは助けになる。その他は、常設機関の利用が効率的である(それらの中には、ICC の ICA のように内部統制システムが整い、進行や手続についても規律が働くものがある)[21]。

---

19) Goode 教授は仲裁の座(seat of arbitration)の法律という意味の仲裁地法(lex arbitri)と仲裁機関の存在する地ないし仲裁を行う地(place of [conduct of] arbitration)とを区別し、前者が仲裁手続法を支配するという(Roy Goode, *Commercial Law*, 3rd ed., Penguin, 2004, p. 1170)。

20) 3人制の仲裁廷が普通であり、各当事者が選定した仲裁人(これは大体、自国民である)2人による第3の仲裁人の選任手続が特にもめる。

③　どの国の国際仲裁機関を選定するかの判断では、先ずニューヨーク条約加盟国に所在する機関が望ましい。同条約の相互主義が働く（Ⅰ、3）。更に、国際商事仲裁の意味をよく理解している国での選定がよいとされる[22]。

　A国の甲とB国の乙の間で、甲が申立人となる場合はB国、乙が申立人となる場合はA国、に各所在する仲裁廷（機関）といった合意がなされる例も実務では散見される。この種の交互的管轄の定めがどこまで実際の紛争処理上、互いの当事者にとり有利であるか疑問があるとの見方は前に示したとおりである［1.8］。また、専門家によるこの点に対するコメントも余りみられないが、契約交渉の中で仲裁条項を定める中で、この交互的仲裁廷の合意を奨める例がある。それにより、相手方が話し合いによる解決のための交渉をより重視し、努力するようになるであろうとする（前註10書 p. 318）。

[7.6]（2）仲裁合意、仲裁判断の効力を争う

①　第3段階においては、仲裁判断の効力が俎上に上る。仲裁判断の取消、ないしその逆の執行決定（確認）である。外国判決についてと同じく、実体に立ち入っての再審理禁止のルールがある（仲裁法45）。つまり、実体判断については仲裁機関が決定権を持っており、国の司法機関といえども破ることができない。仲裁判断に備わったこのような権威がどこからくるのか。Goode 教授は3つの説に言及する[23]。

　仲裁人の行う実体判断は、アングロ・アメリカン法系では法的規準が考えられている。UNCITRALのモデル法でも、当事者による合意準拠法の場合

---

21) ICCの国際仲裁法廷 ICA は、自ら仲裁廷として行為する訳ではなく、このような仲裁廷に対する監督・統制機関として機能している。仲裁廷は事件を受理すると、ICAに対し処理要項（terms of reference ; TOR）により報告する。
22) たとえば、仲裁法廷の自律性を尊重するなどの仲裁廷重視ではなく、司法機関の監督（介入）しやすい国などは避けた方がよいという（註19書 p. 1175）。
23)（イ）国法システムとは独立した仲裁合意独自の力、（ロ）直には仲裁合意によるにしても、最終的には国法の力、（ハ）文明国に共通の仲裁という自律的な法文化の力（註19書 p. 1178）。

を含め、法規による解決を第1とし、当事者の明示の授権の下でのみ、衡平と善 (ex aequo et bono) を用いるとする (28)。これに対し、ICC の規則では**法の原則** (rules of law)、soft law が考えられていた [7.4]。

この段階での争い（主張）は、後の具体的事件にみるとおり、一方が仲裁判断（金銭の給付命令など）を執行するため、その確認を求めるのに対し（そのためには、外国判決の執行を求めるのと同じく、被告に対する人的管轄権が必要となる）、他方は仲裁判断の効力だけでなく、仲裁合意まで遡って、その効力を争うことが多い。その主張には、「仲裁可能性 (arbitrability) の否定」と呼ばれるものも多く含まれる [7.14]。

専門性を生かした仲裁として好評を得ている例に、世界知的財産機構 (WIPO) による商標とドメインネームに係るオンライン仲裁制度がある[24]。アメリカのAAA（註51）もオンラインの仲裁・調停申立を受付けている。

② 第2段階に戻り、法廷の構成を理由にニューヨーク条約の下で仲裁判断が取消された例がある（V(1)(d)）。ルクセンブルグ法人のエンサイクロペディア社（EUSA社）とデラウェア州法人エンサイクロペディア・ブリタニカ社（EB社）間の事件である[25]。

二審の裁判所 2nd Cir. は、ニューヨーク条約の取消事由があるとした一審裁判所 (S.D.N.Y.) の判断を支持し、仲裁判断の確認を求めたEUSA社の申立を棄却した。事件は、EB社が1995年にEUSA社宛のロイヤリティの支払を止めたことから起きた。契約中の仲裁条項には、3人の仲裁人の資格（語学力その他）、その選任手続、仲裁地などにつき、かなり詳しく定めていた。一番もめた第3の仲裁人選任手続でのトラブルは、余りにも混み入っているため省略するが、結局、仲裁地ルクセンブルグでの2人の仲裁人による仲裁判断が得られたとして、EUSA社によってその仲裁判断がニューヨークの法廷に提出された。判旨の中から重要なポイントだけを拾うと、次がある。

---

24) 註4書 p. 184。
25) Encyclopaedia Universalis S. A. v. Encyclopaedia Britannica, Inc., March 3rd 2005, 2nd Cir., No. 04-0288-cv.

「……ニューヨーク条約（V、1、2）のいずれかの該当性があるとして、仲裁判断の執行に反対する場合、その立証責任はそれを主張する当事者にある……この立証責任は重い……（burden is a heavy one......）国際仲裁寄りの公序（strong public policy in favor of of international arbitration......）の下では、国際仲裁判断の否定事由は非常に限られたものとなり、その吟味は厳しくなされる……それにより国際仲裁の2つの政策目的、効率的な紛争解決、長期かつ高価な訴訟の回避が妨げられないように……である……」

結論としては、しかし、この重い立証責任が充たされたとして仲裁判断の確認を否定した。

3. わが国の国際商事仲裁法制

[7.7]（1）**わが国と国際商事仲裁法制、活用されるか**

わが国国際商事仲裁法の実務は年間数十件のレベルに停滞しており、近隣諸国との対比でも著しく少ない。その理由につき様々な議論がある（後記）。

① わが国の外国仲裁判断の実施（執行）面に関係する法制としては、（イ）その成立後間もなく加盟したいわゆるニューヨーク仲裁条約、（ロ）国内立法の新仲裁法（平成16年、法律138）、（社）日本仲裁人協会の設立（2006年3月1日）など、国際民商事仲裁の効用を高められる道具立ては一応整った[26]。この（イ）ないし（ロ）により、外国仲裁判断の日本国内での承認・執行の途が開かれている。外国判決の実施面では、民訴法（第118条）と民事執行法（第24、22条）しかないのとは対照的である。この他、わが国と2カ国間で仲裁に関する定めを含んだ条約を締結している国は、アメリカ、イギリス、中国、韓国を含め少なくとも20カ国ある[27]。

---

26) ニューヨーク条約は、外国仲裁判断の承認・執行に関する国連条約（昭和36年、条約10）(United Nations Convention on the Recognition and Enforcement of Foreign Arbitral Awards, New York, June 10, 1958) である。
27) これらの2カ国条約のうち、韓国との間では日韓投資協定（平成14〔2002〕年3月、

国際間の開発投資に絡んでは、「国家と他の国の国民との間の投資紛争の解決に関する条約」、いわゆるICSID条約 (the Convention on the Settlement of Disputes Betweem States and Nationals of Other States 1965) (わが国も1967年に批准〔条約第10号〕) と、その下での投資に伴う紛争の仲裁による解決のためのICSIDセンターがある。国際復興開発銀行、世界銀行 (the World Bank) の一部としてアメリカ、ワシントンD. C.に設けられた。このICSIDセンターによる仲裁判断には、独自の執行力が与えられる (条約53、54)。ここでのNationals of Other States とは、私人の投資家でありうる。本条約の下で投資家の属する国家は、被投資国に対し請求権を行使したりすることができない (27)。被投資国は、その判断が自国の最終判決であるかのように、これを執行しなければならない[28] (54 (1))。このセンターには、ICC、AAAやLCIAなどの常設機関と同じように、仲裁人名簿などが常置される (12)。

②　アメリカとは異なり、わが国は今日に至るまでニューヨーク仲裁条約に対応する国内立法を行ってこなかった[29]。この事態の解釈として、2通りのものが考えられる。

　第1に、同条約が自力執行型条約と考えられているからとの解釈 (アメリカの場合、適時の立法府の不作為は、その条約が自力執行型であることの推定事由とされている)[30]。第2に、自力執行型か否かははっきりしないが、同条約とモデル法

　　ソウル) によるものがある。一方の国と他方の国の投資家間の投資に係る紛争については、投資国間の紛争解決条約か、またはUNCITRALの仲裁規則 (1976) により、その関係機関ないし両当事者が合意する仲裁機関に付託すると定める (15)。また、わが国とアメリカとイギリスとの間には、それぞれ2カ国条約が結ばれているが、それらとニューヨーク仲裁条約との間の違いは実質的なものとはいえない。

28) アメリカでは、FAAがこの判断の執行には適用されない旨明文がある (28U.S.C.1650 a (a))。
29) この間、今日まで同仲裁条約が直接適用可能条約であるか否かが問題となった事件はないのではないか。アメリカのFAAが同条約を自力執行型として扱っている点につき[7.13]　②参照。
30) 國生一彦『国際商事法務』33/10/1356の註15参照。なお、この点で、旧民訴法 (800、802)でいう仲裁判断には、外国と内国とを区別しないとの説明もあるようであるが、他方で同じ民訴法 (管轄権本文) につき、元来内国しか適用を考えていないと説明することとどう辻褄をつけるのか。また「仲裁判断は……管轄裁判所に預けおくべし

とは、たとえば仲裁判断の承認・執行に関する条文1つとっても殆ど同じ言葉からなり、かつモデル法に則った仲裁法ができた今日では、わざわざ国内立法を行わなくても用が足りるとするもの。第3に、後述のような仲裁制度のわが国での利用の低調さ、関心の低さがあるから深く考えられてこなかったとの説明[31]。

しかし、今や仲裁法（本法）が成立し、本法が外国仲裁判断の承認・執行を排除していないことから、両者の競合関係が問題となる。具体例として、ニューヨーク、モスクワ、ルクセンブルグ、スイスなど、外国での仲裁判断がAのために下されたとしよう。仲裁判断は、X万米ドルの支払だったとしよう。Bが任意に履行しないため、Aとしては、B（その財産）の所在するわが国で、その仲裁判断の承認・履行を求めねばならない。その場合、わが国裁判所は同条約と本法のうち、どちらを適用して判決することになるのか。

仲裁判断が他の加盟国でなされていれば、わが国にはその承認・執行の義務がある一方（Ⅲ）、仲裁判断を下したのが、同条約の非加盟国である場合は、裁判所はどうすべきか（相互主義を宣言した同条約の下では、その承認・執行を拒むべく、しかし、本法の下では、特にそうした制約はない（45））。同条約の救済規定（saving clause）により救われて、本法が承認・執行を与えることになろうか（Ⅶ、1）。

いずれにせよ、第1段階の仲裁合意の効否を巡ってであれ、第2段階の仲裁廷の構成や手続を巡ってであれ、また第3段階の仲裁判断の効否を巡ってであれ、わが国で国際商事仲裁が司法の場で争われた事例は極めて少ない[32]。

……」（同法（799（2））とする条文の意味はどうなるのか、疑問がある。司法試験委員会の作成する新司法試験用のいわゆる「六法」で本条約の登載を予定する他、櫻田嘉章、道垣内正人編『Conflict of Laws』有斐閣、2005は、これを自力執行型とする（「わかりやすさ等のため……」の国内立法とされている）(p. 5)。

31) 国会審議でも戸叶委員が他国の状況についての政府の研究不足を指摘している（第38国会審議での衆院外務委員会議録24, p. 4)。当時の状況からは、国際仲裁に関する情報不足、勉強不足も已むを得ないというべきか。
32) 最一平成9年9月4日、判時1633/83、平成6年（オ）1848号損害賠償請求事件は、その意味で稀な事例といえるが、その判旨には2点で疑問がある。第1は、被告に対

③　ニューヨーク仲裁条約には、外国仲裁判断の執行を容易にする方向で、次の原則が採用され、短いが、力強いルールを宣明する。わが国を含む加盟国（裁判所）は、

（イ）原則として当事者の仲裁合意の効力を認めねばならず（Ⅱ、1）、

（ロ）そのような仲裁合意に沿って仲裁判断を行うよう仕向けなければならず（Ⅱ、3）、

（ハ）他の加盟国の仲裁判断を承認・執行しなければならない（ⅢとⅤ）。

その上で、同条約は、内国仲裁判断の承認と執行に課される以上の実質的に厳しい条件を外国のそれに課す二重（執行）命令（double exequatur）の原則を禁ずる（Ⅲ）。また、相互主義を必須とはせず、締約国のオプションを原則とした（……may on the basis of reciprocity declare……）（Ⅰ、3）。しかし、わが国も（コモンロー上は相互主義を採らないアメリカまでも）、条約上で相互主義の留保を宣言している（Ⅹ、1）[33]。

ニューヨーク条約加盟国間では、2つの先行する同類のジュネーブ条約が失効する[34]（Ⅶ、2）。本条約がこれらの先行2条約より優れているからで、中でも後者の下では、締約国の管轄権に服する旨の仲裁合意がある者との間で

する不法行為（詐欺など）を理由とする請求につき被告が代表者（判旨の言葉、しかし、アメリカの法人には制度としての代表者は存在しない）であるというその法人との契約中の仲裁条項が主題とする法律関係に関すると同じ紛争とした点。第2は、交互管轄合意［1.8］の仲裁版にあたる条項であるところ、管轄（手続法）に関するその合意をそのまま実体法にまで及ぼし、アメリカの仲裁法を適用するとした点である。もし、第1点の考えなら、第2点まで含めて、アメリカでの仲裁廷の判断に委ねられるべしとして仲裁を命ずる、より親仲裁性のある決定でもよかったのではなかろうか（アメリカでは仲裁廷の判断に前提問題を含めるケースが少なくない。たとえば後出のContec v. Remote SolutionやDean Witter Reynolds事件がある）。

33) これを受け、国内法的に相互主義を定めるのが、9 U.S.C.201のn. 29である。この応用で裁判所は、合意中でたとえばイランなど非加盟国（non-Contracting state）での仲裁を定めているときは、合意の履行の強制をしない（命じない）運用とされる（D. J. Levy ed., *International Litigation*, ABA, 2003, p. 192）。

34) 国際聯盟時代のジュネーブ条約（1927）とジュネーブ議定書（1923）（Geneva Protocol on Arbitration Clauses of 1923 and the Geneva Convention on the Execution of Foreign Arbitral Awards of 1927）。

下される仲裁判断だけが執行可能であった。これに対し本条約の下では、たとえ上記のように相互主義を採っていたとしても、その加盟国間では、それ以上の要件を必要とせず執行が可能となる[35]。

もう一点、国会審議で問題となったのが、同じく同条項中の文言、「国内法上、商事と認められる法律関係……のみへの適用」（Ⅰ、3）(……considered as commercial under the national law……) である。つまり、自国の法律により商事とされる法律関係から生じた問題（differences）にのみ条約の適用を限ることを宣言することができる（Ⅰ、3）[36]（ただし、ケベック州を除くカナダは、この商事か否かの判断をカナダ連邦の法律によるとする）。不動産に関する仲裁判断は、カテゴリー的にこの商事関係外の問題とされる。各国の国内法により民商事の区別に差があることから、本条項は、その適用範囲を見え難いものにしうる。わが国もこの条項の削除を主張したようであるが、先行したジュネーブ２条約からの流れとして入っている（註31国会審議録）。

[7.8]（2）ニューヨーク仲裁条約と関連事項の要約

① 実際の事例の多寡は別として、わが国裁判所が、国際仲裁合意が存在する事案（matter）で訴えを受理したときは当事者一方の申立により、（訴えを却下し）事案を仲裁に付さねばならない（Ⅱ、3）。また、他の加盟国による仲裁判断の拘束力・執行力を承認しなければならない（Ⅲ）。その際、前述のとおり国内事案よりも重い手続上、金銭上の負担を課してはならない（Ⅲの末文）。執行・承認されるのは、本条約以前に下された外国仲裁判断を含む[37]。

承認・執行のための実際の手続とその要件等は次である（Ⅳ）。

（イ）正当に認証された仲裁判断の原本（duly authenticated original award）か、

---

[35] この点は、上記の国会審議でも同委員からの質問に対する答弁中でも述べられている。
[36] 適用対象となるのは仲裁判断であり、ADRなどの調停や仲裁判断中の中間決定や専門家の決定（expert's determination）であってはならない。また、仲裁合意の対象は、明確な１個の法律関係でなければならないが、その法律関係に関しては一切の争点が含まれうる。
[37] Roland Loewe, Pace International Law Reviews, Vd. X (1998) 79-88.

正当に証明されたその謄本（duly certified copy）と、合意書（agreement）の原本か、正当に証明されたその謄本（Ⅱ）。これには法廷地国の公用語への正式翻訳（公の、もしくは宣誓した翻訳者、または外交官ないし領事官による証明）が必要である。

(ロ) 本条約の下では承認・執行されるのが原則であり、条文は承認・執行されない消極的要件のみを限定的に定める（Ⅴ、Ⅶ）。別言すれば、承認・執行を拒めるのは、適用法令による当事者の無能力（incapacity）、通知と防禦の機会などにおける、適正手続の欠如、争いの主題が合意の外であるもの、外国仲裁判断の違法ないし瑕疵の最終的に有効成立していない外国仲裁判断（Ⅴ、1の(a)ないし(e)）、法廷地国の法律により解決できないか、法廷地国の公序（public policy）に反するもの（Ⅴ、2(a)、(b)）のみである。

(ハ) ある加盟国A国で拒む理由ありとされても（may refuse）、B国へ持って行って、B国の国内法の定め、ないしその2カ国条約が定める承認・執行要件を充たせば、その下で執行判決を得ることは可能である（Ⅶ、1）。

② 以上のほかにニューヨーク仲裁条約には次の特色がある。

(イ) その名のとおり、外国仲裁判断の承認・執行であるが、この外国の範囲は、原則として加盟国（Contracting State）間の意味である。非加盟国のそれについては、その非加盟国が相互主義の扱い（reciprocal treatment）を与える範囲内で適用する（Ⅰ、3）。外国の仲裁判断でなくても（ある加盟国にとって国内仲裁判断であっても）、その中身が国内問題でないもの、たとえば、外国人同士の争いなどにも適用になる（Ⅰ、1の後文）。

(ロ) 問題の性質が仲裁により解決可能な（arbitrable）ものである[38]。ニューヨーク仲裁条約では、これを仲裁による解決可能な（capable of settlement by arbitration）としている（Ⅱ、1）。仲裁判断の承認・執行に絡んでも、

---

38) 註6書p. 1016は、大抵の国がこの仲裁可能性のない法分野を有するとする。親仲裁性の否定される分野は国により異なるが、労務問題、知的財産権、競争法などを例として挙げる。

同様の言葉が用いられている (V、2 (a))。アメリカでこの意味の**親仲裁性**を争った事例は多く、不正競争防止法、海上運送法、知的財産権法ないし証券法 (アメリカでのいわゆる1933年法違反の不実表明や詐欺などの主張がある事案) を根拠とするものなどがある [7.14]。

(ハ) 当事者間の問題は、必ずしも契約上のものである必要はない (Ⅱ、1)。たとえば交通事故などの不法行為などでも、当事者が仲裁による解決を書面 (書面には、電信、手紙のやりとりなどによっても成立したと認められる点は前出のとおり) で合意していればよい。

(ニ) 外国仲裁判断を下したのが、ad hoc の仲裁人 (法廷) であるか、常設仲裁機関であるかは問わない (Ⅰ、2)。

③ わが国国際商事仲裁法制からは離れるが、外国仲裁判断の承認・執行に係る条約や原則など、国際商事仲裁を巡る次のような公私の国際団体による多国間取決めとルールが存在する[39]。

(イ) 国連事務総長によるこうした取組みに向けた勧告、国際商事仲裁法のハーモニゼーションと統一化促進のため取るべき手段 (仲裁報告、1966年) Steps to be taken for Promoting the Harmonization and Unification of the Law of International Commercial Arbitration: Report of the Secretary-General of the United Nations, 1966

(ロ) ICC の仲裁規則 (1998年パリ) Rules of Arbitration of the International Chamber of Commerce (Paris, 1 January, 1998) とその下での国際仲裁法廷 (International Court of Arbitration ; ICA) がある。

(ハ) ロンドン国際仲裁廷の国際仲裁規則[40] (1998年ロンドン) International Arbitration Rules of the London Court of International Arbitra-

---

39) これらの多くは、常設機関の創設を授権する一方で、その運営、つまり判断形成に至るルール作りをも定める。
40) 仲裁機関に関するルールには、上記 (ハ) のように、ロンドンでの常設国際仲裁機関にのみ適用を予定するものと、(ロ) や (ニ) や (ト) のように、広く各国の NGO としての仲裁廷ないし当事者たる商人らが採用することを予定したものとがある。

tion, London（1 January, 1998）(LCIA)

上記（ロ）と（ハ）での対比で興味深いものの1つに、仲裁手数料（fees）の問題がある[41]。

(ニ) アメリカ仲裁協会国際仲裁規則（1997年ニューヨーク）American Arbitration Association (AAA) International Arbitration Rules as amended and in force（1 April, 1997）

(ホ) 国際商事仲裁に関するヨーロッパ条約（1961年ジュネーブ）European Convention on International Commercial Arbitration-Geneva（21 April, 1961）

(ヘ) 国際商事仲裁に関する米州条約（1975年パナマ）Inter-American Convention on International Commercial Arbitration（Panama, 30 January, 1975）。本条約が、アメリカではFAA第3章として、ニューヨーク仲裁条約（第2章）と同一法中に並んでいる。

(ト) 国際商取引法委員会仲裁規則 UNCITRAL Arbitration Rules-New York（28 April 1976）

(チ) 国際商取引法委員会国際商事仲裁に関するモデル法（1985年ニューヨーク）UNCITRAL Model Law on International Commercial Arbitration（New York, 21 June, 1985）

UNCITRAL自身は常設の仲裁廷を設けないが、上記（ト）は、広く一般に利用されている（註27参照）。（チ）が多数国による国内法の基礎として採用されていることは述べた [7.1]。

[7.9] (3) 中国とわが国間の承認と執行の問題

① 民事訴訟に関する中国とわが国間の相互関係につき寸言する。中国は、判決の相互承認・執行に関し、ヨーロッパ、旧ソ聯邦の各国など28カ国との間で同種の2国間条約を結んでいるものの、わが国との間にその種の2国間

---

41) ICCのICAが金額スライド制であるのに対し、LCIAは仲裁人1日当たりいくらの計算である。

条約はない。1971年の民商事事件での判決の承認・執行に関するハーグ条約には加盟していないが、1958年のニューヨーク仲裁条約には加盟して（1986年）、翌年発効している。また前出の民訴条約、送達条約に加え [6.13]、1998年に民商事の証拠収集条約にも加盟している。なお、中国の民訴法典（238）により、条約の効力が民訴法典より優先する。

　上記の2国間条約の不存在に加え民訴法典が相互主義（reciprocity）の要件を謳っているところ、中国側はこの相互主義を法制度の問題というよりは、実務、実績の問題と解釈した（両国間には相互に判決を承認・執行した実績がなかった）。その結果、中国最高裁は、1995年に日本との判決の承認・執行が認められないとの下級審の判断を支持するルールを公表した。いわゆる五味明事件で商事上の債権・債務に関する。

② 　その後は、日本は勿論、2国間条約を結んでいない他国の企業も、中国企業との間の契約では、専ら仲裁条項を盛り込む実務が行われるようになった。民訴法典の上記の解釈に絡んで、仲裁判断については相手国もニューヨーク条約に加盟していれば、相互主義の要件を充たすとの法制度の問題としての解釈が通っているようである（現に、日本の仲裁判断が中国で認められた事例も存在する）。

　国内事案も含めると、中国の市などの主な行政区には仲裁廷の枠組みがあり、全国的にその数は相当数に上る。一般に大都会にはある程度法律の素養のある仲裁人が登録されているが、田舎ではそうでもない。もっとも、日本企業などが多く利用するのは、中国国際経済貿易仲裁委員会（China International Economic and Trade Arbitration Commission；CIETAC）であろう。そこでは多くの仲裁人が法律知識、経験を備え、評価も高いとされる（註3書p. 194、玉莉論文）。

③ 　香港はニューヨーク仲裁条約に加入していたが、1997年の主権返還に伴い、中国の特別行政地域（SAR）となったことから、その後の扱いに不分明な点が生じていた（たとえば、1997年以前ならば、2つの異なる法域間ということで、一方で下された仲裁判断は、本条約により、他方での承認と執行が確保されていた）。こ

のため、2000年1月、中国の最高人民法院と香港政府 (SAR) とは、相互主義を基礎にした協定を結んだ (The Supreme Court's Arrangement on the Reciprocal Recognition and Enforcement of Arbitral Awards Between China and Hong Kong)。この言葉のとおり、この協定は仲裁判断のみをカバーし、判決については未だに相互承認・執行のための取決めがないという。

[7.10] (4) わが国仲裁法の意味、珍しい UNCITRAL のモデル法採用

① 司法制度改革の一環としての仲裁法制では、わが国としては思い切った措置が採られ、仲裁法が制定され (平成16年、法律138)、平成16 (2004) 年3月1日より施行された。1つには、旧法の母国、ドイツ自身を含め、世界49カ国、法域 (2004年4月16現在) が UNCITRAL のモデル法に則って法整備を行う中で、わが国も放置しておけなかったこともあったと思われる。本法は、旧民訴法[42] (明治23年、法律29) 第8編 (その後平成8 〔1996〕年の現民訴法制定時に、旧法第7編、公示催告手続と合わせ、公示催告仲裁手続法という略名の別法とされていた) を UNCITRAL のモデル法 (1985年) に沿って大幅に充実させたものである。

　国際民商事紛争の解決策を主題とする本書で、本法に言及するのは、本法が国際 (商事) 仲裁を排除しないとしているからである[43]。モデル法が第1条「適用範囲」で、原則としての「国際商事仲裁」への適用を謳い、更に「国際」の意味についても定義しているのとの比較で、腰の引けた態度ともいえる[44]。本法の立法方針、省庁間の分掌がどうであれ、モデル法に則って

---

42) 旧法は、1877 (明治10) 年制定のドイツ民事訴訟法を殆どそのまま移入していた (翻訳的継受)。なお、国内事件であるが、本法下の事件として東地平17年 (ワ) 14441号 (平成17年10月21日) 判決がある (註1参照)。
43) 本法は、決して国際の語を用いない (ニューヨーク仲裁条約とは異なり、国会審議との絡みではモデル法は、法務省の単独所管である)。「排除しない」という表現は、本法の条文の言葉「……仲裁地が日本国外にある場合……」(3 (2) (3)、8 (1))、その他 (44 (1)、45 (1) (2)) などに由来する。従来は、外国仲裁判断と国内仲裁判断の区別も学説上問題となっていた。このように、本法は、専ら仲裁地の所在によって区別する。

作られた本法には、国際仲裁を前提にする内容がしっかりと残っている[45]。珍しく言語について規定している他 (30)、仲裁地を定め (28)、更に仲裁判断が準拠すべき実体法と、その選定のための国際私法のルールも定めている (36(1)(2))。

　ニューヨーク仲裁条約 (Ⅰ、1) も、前記のように、承認・執行判決の申立国以外の国で行われた仲裁判断か、もしくは、その申立国で国内仲裁判断とは考えられない仲裁判断を、条約の適用対象となる外国仲裁判断とする (たとえば、日本国内でニューヨーク州法を準拠法として当事者の権利を確定しようとした仲裁判断は、この基準では日本からみて外国仲裁判断ということになる)。前者は、従来の論評の立場では「手続地説」と、また後者は、「準拠法説」と、各呼んでいたものである。

② 　本法は、「国際」の言葉を欠く点以外に、モデル法のタイトル中で国際 (international) と並ぶもう1つの言葉「商事」(commercial) も用いない[46]。逆に、モデル法は、商事 (commercial) について広い意味を与える[47] (1(1) の脚注2)。代わって、本法は専ら「民事」を用いる (2(1)(2)、14(1)、なお、45(1)では「民事執行」を用いる)。

---

44) モデル法は、反対に国際商事仲裁を念頭に、つまり、国内仲裁法の存在する各国を念頭に作られている。たとえば、アメリカの場合、連邦では戦前からのFAA（第1章）が、また各州では統一州法に基づくものが多数を占める。
45) 適用される実体法に関する条文で興味深いのは、(イ) 当事者の合意を第1に優先している (36(1)の第1文)、(ロ) そこでの当事者による指定は原則として実質法のみである（いわゆる反致主義を採る現行法例 (32) と反対）（同第2文）、(ハ) 合意を欠く場合に最密接関連地法の適用を義務付けている (36(2))、(ニ) 当事者の契約に拘束される旨の定めに次いで、慣習の考慮を義務付けている、点である。いずれも、モデル法典 (28) とほぼ同じで、(ニ) は、usage of trade の訳語である（註4書 p.135 参照）。
46) 結果としてイギリスの仲裁法 The Arbitration Act, 1996 と同じであるが、その理由は異なり、イギリスの場合は、民商事の区別がないことから、そうなるのに過ぎない。わが国の場合、ニューヨーク条約との絡みで「商事」要件に対し反対があったことは前述した。
47) 同註は、商的性質の関係から生ずる事項を広くカバーするとして (……wide interpretation so as to cover matters arising from all relationships of a commercial nature……)、いくつか取引を例示する。

確かに、民事法の他に商事法（商法典）を有するわが国では、この区別のないイギリスなどと違い、これは気になる点である。しかし、これは、商事取引を排除する意味ではなく、行政事件など公法的なものとの区別が中心であろう。以上から、本法とモデル法との差異は、そのタイトルの違いにも拘らず、大きなものとは考えられない。ここに我々は国際間の法の同化の顕著な一例をみることができる[48]。

なお、付則第3条では、消費者との仲裁合意につき特則を定めている。

本法が外国仲裁判断の承認・執行のための定めをしているところから（45）、かつわが国が1958年ニューヨーク仲裁条約に加盟しているところから、前出のような競合問題もある。

③　本法の下で外国仲裁判断に確定判決と同一の効力を与える執行決定を拒めるのは、一定の事由があるときだけである（45(2)①〜⑨）。

この要件は、モデル法（35、36）、ニューヨーク仲裁条約（V）とほぼ並行的な内容である。従って、「申立当事者がその国で国内法により、またはその国が加盟している2カ国条約ないし多国間条約により、有すべき承認・執行をえられる権利を侵すものではないこと……」と定めるニューヨーク仲裁条約の承認・執行要件に差し支えることはない。

法文は、①から⑦の事由につき、「当事者のいずれかが……存在を証明した場合に限る」としているが、立証責任の配分をしない（一般の実体法規に対し中立的である）。

そこで、ニューヨークで入手した仲裁判断の承認・執行を東京地裁へ申立てた場合、当事者の能力に係る事由（45(2)①②）などは消極要件として、当然、仲裁判断の効力を争う相手方代理人が立証することになろう[49]。ニュー

---

[48] 前註45の（iv）のとおり、わが国の法令で国際慣習（法）に（それも当事者間の合意に次ぐ、第2の法源として）言及すること自体、画期的といえる（なお、現代世界の「法の同化」につき前註4書p.39参照）。

[49] この立証責任は、国際仲裁に好意的なアメリカの公序からして、重く厳しいものだとしている 註23のニューヨークでのエンサイクロペディア事件参照。

ヨーク州法の定める「必要な通知と争う機会を与えられなかった」(③④) や、仲裁判断が仲裁条項の合意事項の範囲外 (⑤)、仲裁廷の構成や仲裁手続のニューヨーク州法違反 (⑥) についても、同じである。

[7.11] (5) 仲裁とわが国の社会と文化

①　わが国では商事仲裁案件一般の数が著しく少ない。国際商事仲裁となると更にこれが著しい。これには文化的なものが考えられる（仲裁判断を争ったわが国での公表例が1件であるのに対し、ニューヨークでは三菱自動車など何件かの日本企業に絡む事例がある）。註31のニューヨーク仲裁条約審議時の国会答弁では、国際商事仲裁協会が設立されてからの11年間（1950～1960年）で同協会による国際仲裁判断が22件と記録されている（うち、アメリカ関係5件、イギリス関係3件）。この計数は古いが、2002～2004年においても、年間10数件から20件の低水準に止まっている（JCAA）。

これに対し、次に述べるアメリカのAAAでは、国内、国際を併せ年間20万件以上の案件がある。興味深いのは、同じ東アジア地域の中国や韓国である。年間それぞれ800件（CIETAC）、300件弱（韓国商事仲裁法院；KCAB）ある。この違いは何によるものであろうか。よくいわれるのは、「中国では知的財産権侵害が多い……契約を巡るトラブルが多く、訴訟社会到来の可能性があり……その権利意識は日本人よりもアメリカ人に近い……外国企業に対する訴訟が増えている……多くの日本の家電メーカー、自動車メーカーは訴訟の洗礼を受けている……」である[50]。

これらは社会（企業）の文化的違いを示すものといえないであろうか。JCAAに永らく勤務した人はいう。

---

50) 第8回国際商取引学会（2005年10月29日、拓殖大学）での射手矢好雄氏発表レジメp.1。ついでに記せば、ウィーン売買条約1980 (CISG) の適用事例の数において、中国はドイツ (224) に次いで世界で2番目に多い207件を記録する。その大半が判決ではなく、CIETACによる仲裁裁判である（CISGについてのpace大学データベースより）。

「日本人は争いを世間にさらけ出すことをとても嫌う。自社の『評判、体面に傷がつく』式の考えがある。対外的な姿勢のみでなく、対内部でも、関係部署だけで内密に処理しようとする慣行がある。そのため、万一、トラブったときは、直接相手方と内々に話し合い、示談で済まそうとする……。この裏返しともいえることも多く経験した。契約作成段階で仲裁条項の挿入を奨めようものなら、『とんでもない、これからいい関係を作っていこうというときに、破談の話を勧めるのか』と一喝されてしまう」。

　「みっともない」として表立った紛議に蓋をしてしまうこの文化と関連するのが、職業としてのわが国での仲裁人の問題である。件数が少なく、収入も少ないから、成り手が少なく育ちにくい。逆に、専門家も少なく、制度の充実もないから盛んになれない、「鶏と卵」の関係も考えられる。

② 　少ない件数にも拘らず、20世紀半ば以降3つの仲裁機関が存在している。

(イ) 　ICCによる規則と、その下での国際仲裁裁判所 (International Court of Arbitration；ICA)。ICC は、本部集中方式のため、日本からの新受件数が何件あるか日本では知ることができない。上記のパリ国際商業会議所 ICC の日本委員会は、直接に仲裁事件の申立を受付ける訳ではなく、パリの本部にある国際仲裁裁判所 (ICC—ICA) が申立を受付ける。

(ロ) 　ICC による仲裁機関に似たような名称であるが、別の常設機関、日本商事仲裁協会 (Japan Commercial Arbitration Association；JCAA) がある。日本商工会議所内に戦後設けられた (社) 日本商事仲裁協会 (2003年1月1日より前は、国際商事仲裁協会という名称) は、国際、国内の商事紛争の解決、中でも仲裁のための機関として活動している。日本商工会議所と関連する団体で、紛らわしいが (同じビルの1階違いに事務所がある)、前身は、1950 (昭和25) 年日本商工会議所を中心に経済団体連合会など経済7団体が発起人になって、日本商工会議所内に設置された国際商事仲裁委員会である。主に国際商事紛争の解決を図り、外国貿易を促進して、わが国の産業経済の確立に資するための機関として年間15〜20件程度の新受件数がある。原則として UNCITRAL の仲裁規則によっており、

2003年6月末の社団の社員数は780である。

(ハ) やや特殊なものとして、前出の東京海事仲裁協会（TOMAC）がある [1.9]。1921（大正10）年設立の（社）日本海運集会所（The Japan Shipping Exchange, Inc.）内にあり、自らの規則により同集会所の傘下運送人（代理人）が発行する船荷証券から生ずる一切の紛争につき、同協会による仲裁が義務付けられている[51]。

4. アメリカの国際商事仲裁法制

[7.12] **(1) 国際商事仲裁を巡る連邦法（FAA）と各州法**

① ニューヨークが国際商取引に占める地位からして、仲裁制度の第1段階の仲裁合意がニューヨークにおいてなされたり、第2段階の仲裁廷をニューヨークのそれに求めることも多い。AAA[52]が仲裁廷として実際に果たしている役割も小さくない[53]。ニューヨークの判例数も実に夥しく、それらをみると、仲裁合意を巡っても実に様々な争い方があるものだと感心させられる。ICCやLCIAによる実務とともに、アメリカの仲裁法制とAAAの実務を知ることは、アメリカの国内問題としてだけでなく、むしろ国際商取引の場で実務上仲裁がどう機能しているかを知る上で、大きな意味を有する。

この点での特徴は連邦最高裁が一貫して示してきた国際仲裁重視の考え方である。最高裁の**親仲裁性**といってもよい。それは以下にみるとおり、管轄問題を含む仲裁廷の権限を広くみることに始まって、外国仲裁判断をできるだけ緩やかに承認しようとの態度にまで至る。

---

51) なお、前註4書 p. 247 参照。
52) The American Arbitration Association, Inc. は、ニューヨーク州法上の非営利法人（1926年設立）。アメリカ国内に34カ所とアイルランド、Dublinに事務所を有する。
53) 仲裁と調停、ADRを扱うが、後者がより増える傾向にある。2002年の扱いは23万件、これまでに300万件以上を処理している。8000人以上のexpertsの氏名を揃えている（ABAとも連携している）。

291

(イ) 仲裁に係る司法制度でも、連邦と州の二元主義に立って考える必要がある。連邦法は次にみるFAAで、その事物管轄を海事、州際商業、国際商事などの分野に絞っており (1)、一般の仲裁事件は (ロ) の各州法により規律される。といっても、州際商業の範囲は広く、FAAの守備範囲もそれに応じて広い。しかし、その分野に含まれなければ、そのような仲裁判断の執行手続は、州法により州裁判所が管轄権を有する。ただ、仲裁手続法と裁判所の管轄問題とは別であり、多州民事件であれば、連邦裁判所の管轄権になりうる[54]。

(ロ) 各州法としては、NCCUSLが統一法 (Uniform Arbitration Act；UAA) を公表しており、次が指摘できる[55]。UAAは1956年の作成時、次の点でコモンローから離れた。(a) 紛争が生ずる前の仲裁合意の効力を肯定し、(b) 仲裁人に原則として裁判官と同じ権限を認め、(c) 具体的には、保全処分 (provisional remedies) を行うことができ (仲裁人選任前には裁判所が行える)、複数の手続を併合する (consolidate) こともでき、懲罰的損害 (puni-tive damages) や弁護士費用の支払も命じられる。

(ⅰ) 基本的に当事者が変えうる補充法 (default rule) を定める。州によっては、仲裁契約 (合意) に公証人の面前での確認を要求する例も多い。

(ⅱ) 3人の仲裁人による仲裁廷の場合、イギリス式とは異なり、多数決というのが一般的。

(ⅲ) 仲裁判断 (award) は、明確かつ最終的な内容でなければならない。

(ⅳ) 仲裁判断書を裁判所へ提出 (file) し、期間中 (20日間など) に反論 (ex-

---

[54] この絡みで、FAAが州裁判所にも適用されるか否かの問題があり、これを肯定した最高裁の判例としてSouthland Corp. v. Keating, 465U.S.1, 10 (1984) がある。FAAが州裁判所にも適用になると判示して、FAA (1925) 第1章、9 U.S.C.1～16に、新しい息を吹き込んだ。

[55] 2000年に改正され、現在49州で採用されている (Revised Uniform Arbitration Act〔RUAA〕は、たとえば、ニューヨーク州の民事訴訟法第75章、デラウェア州法10～17章、ハワイ州民訴法 Chapter 658A などに反映され、先述のとおり、FRCPと同じ証拠開示を定める)。

ception）がなされなければ、判決、執行命令（writ of execution）となる[56]。

(ⅴ) 裁判所は、実体（merits）には立ち入れない。反論は、仲裁廷の構成とか、仲裁判断不能などの事由に限られる。

(ⅵ) 執行力付与は、1年以内の裁判による。

前出のとおり、アメリカでの仲裁契約はしばしば証拠（開示）合意を含み、かつ「FRCPの定めに従う……」など、それをフルに援用する。こうなると、仲裁だからといって、証拠（開示）上の当事者（弁護士）の負担は全く変わらない。アメリカの弁護士費用のうちに証拠（開示）が占める割合からして、仲裁は決して安上がりとは限らない。

[7.13] (2) ニューヨーク条約と連邦法（FAA）

① ニューヨーク条約を受けた連邦法 Federal Arbitration Act, 1947（FAA第2章）は、適用範囲を最大限広くとっている。元のFAA、即ち現在の第1章（Chapter Ⅰ）は、条約より早く1925年に作られていた[57]。

ニューヨーク条約を前提としないFAA第1章（総則）では、仲裁合意を、前項（1）のとおり、海事取引または商取引を示す契約中の書面による定め（written provision in any maritime transaction or a contract evidencing a transaction involving commerce）やその後の仲裁合意としている（9 U.S.C.2）。第2章の適用外で、第1章の下での仲裁合意でしかない仲裁合意は、条約問題ではない。

条約締結前後の事情から、アメリカが自国内での国際仲裁判断の執行体制の確立および国際的制度統一に熱心であったことがわかる。立法経緯を映す

---

[56] 註9書p. 31。これは改正前であり、現在はFAAと同じ用語 "confirmation" である。
[57] FAA第2章（Chapter Ⅱ）は、アメリカが1970年に承認したニューヨーク条約を国内法化したものである。タイトル表示は9U.S.C.（201～208）である。
同法（FAA第3章）（Pub. L. 101-369）は、また同種の汎米条約である Inter-American Convention on International Commercial Arbitration, Panama, 1975 とニューヨーク条約との関係をも規律している（FAA, 305）。

議会の議事録中では、「……訴訟の煩わしさに代わる救済手段として……」、「……仲裁合意が守られるべき規準を統一すること……」といった趣旨が述べられている[58]。

　ニューヨーク条約はアメリカ人同士には適用されないが、(イ) 外国の不動産に絡む、(ロ) 外国での執行に絡む、その他 (ハ) 外国とそれなりに関連する問題であれば、それが契約上か否かに拘らず、商事法関係から生じた仲裁合意に適用がある (FAA202)。ここでのアメリカ人には、それが法人であれば、アメリカで設立されるか、アメリカに主事務所が所在するものが該当する。

　他の締約国の判決の承認・執行が州法による州裁判所の問題となるのに対し、その国での仲裁判断の承認・執行はアメリカにとって国際法上の義務となる。従って、ニューヨーク条約の下での事件は、金額の如何に拘らず、「条約の下での事件」として連邦の管轄とされる (204)。もっとも、この事物管轄があるからといって、人的管轄権まで生ずるものではない。しかし、ニューヨークでの仲裁に合意していることでも、ニューヨークの連邦裁判所の管轄権への同意があるとされる。州裁判所から連邦裁判所への一般の移送が申立から30日以内に制限されるのに対し、ニューヨーク条約の下では、trial 開始までならいつでも移送可能と緩やかである (205)。

　連邦仲裁法 (FAA) の下での大きな国際紛争では、どの連邦裁判所にも管轄権 (venue) が認められるが (204)、ニューヨーク (S.D.N.Y.) での仲裁判断の執行判決請求事件が多い。

② 　上記に該当する仲裁判断は、ニューヨーク条約の要件 (ⅤとⅦ) により承認・執行される (207)。同法は、これを、審理 (examine, investigate) などではなく、確認 (confirm) と呼ぶ[59]。FAA第2章は、仲裁合意の強制効力を積極的に肯定する第1章中の条文 (2) を準用する (208)。その一方で同条中の

---

58)　Scherk v. Alberto-Culver Co., 417U.S.506 (1974) からの引用。
59)　ここでの言葉は、"……shall confirm the award unless it finds……the grounds for refusal……specified in the Convention" である。

いわゆるsaving clause（註60）も準用されるため、後出のような争点（ニューヨーク州のコモンロー契約としての）も持ち込まれる［7.17］。

ニューヨーク条約との関係でFAA第2章条文をどう読むかであるが、ニューヨーク条約の一定の条文を自力執行型とし、その他で補充的に国内立法を行っているとの位置付けがある（それを、ニューヨーク条約の"reprint"という判例がある）。本法が仲裁判断の確認拒否の理由を独自に定める代わりに、註59のとおり、「条約中に定める理由」に言及しつつ定めていることが根拠として挙げられる。

その場合、条約と、それを補充する国内法との関係が問題となる。国際仲裁合意の解釈についていえば、合意は、商事契約の一種とされるが（註1参照）、契約法一般とは異なり、連邦（私）法により規律されると考えられる。連邦法（FAA）上で「有効……執行可能」と定めていることが根拠となる[60]。アメリカの伝統的法制から離れ、連邦コモンローとしての契約法の分野を認めたともいえる[61]。もっとも、同条は「……州法上の撤回理由も働きうる……」とのsaving clauseを有し、州法による補充を排除するものではない。つまり、仲裁合意の無効、取消の法理（州法としてのコモンロー）を巡り、契約法一般が補充的に働く。現に、仲裁合意の効力をニューヨーク州契約法の光に照らして争い、その上に立って仲裁判断の取消を求めたケースが少なくない［7.17］。

③ ニューヨーク条約の条文（他国の仲裁判断の確認拒否理由）は、UNCITRALのモデル法（36）と全く同じ言葉である（Ⅴ）。

---

60) ……a written provision……or an agreement in writing to submit to arbitration in……shall be valid, irrevocable, and enforceable (save upon such grounds as exist at law or in equity for the revocation of any contract) である（FAA (2)）。このenforceableも、仲裁合意の特定履行（訴訟を行えと）を命じることの根拠となる。

61) 註36書は、本条により連邦の実体法（仲裁契約法）の創設が意図されているとする（p. 995）。なお、UNCITRAL設立のための国連総会決議（1966）やイギリスのHigh Court内のCommercial Courtの扱う商取引としても、仲裁が1つの項目として立てられている［4.10］。

(イ) 契約当事者に仲裁条項を含む契約の、適用されるべき法に基づいた不能や無効
(ロ) 仲裁手続や仲裁人任命での正当な通知の欠如
(ハ) 仲裁付託条件に反する仲裁判断や仲裁機関の権限外の決定事項
(ニ) 仲裁契約や準拠法に基づかない仲裁裁判所の構成
(ホ) 適用法の下でその仲裁判断が終局的ではない
(ヘ) 公序違反
(ト) 係争物が、性質上その国の法律の下での仲裁により解決しえない（arbitrability がない）。

　特に注目されるのは、（ヘ）公序違反で、双方とも国際的に支配的な表現、「明らかな違反……」（manifestly）の言葉を欠く点である。しかし、以下の運用でみるとおり、少なくともアメリカでは、外国判決と区別して外国仲裁判断に「明らかな……」を否定する傾向はみられない（かえって後註69書のような反対のコメントがある）。

　FAAは、いつまでに仲裁合意を強制するための特定履行請求の訴えを起こすべきかにつき定めない。裁判所は、「だからといって連邦議会が無期限を意図したものではない……」とした[62]。

5．FAAとニューヨーク条約の下で実際にどう争われたか

[7.14]（1）**親仲裁性**（仲裁可能性〔arbitrability〕がないとの主張の扱い）

① 　アメリカの証券法 the Securities Act, 1933 の下での不実表明ないし詐欺を理由に仲裁合意の効力と、その下での紛議の仲裁への付託自体の適否が争われた代表的な例が、前註58のScherk v. Alberto 事件である。正に上記の（ヘ）にあたる公序違反を理由に仲裁判断確認を拒むべしと主張された。衛生陶器などのメーカー、原告のAlberto-Culver 社（デラウェア州法人）

---

62) National Iranian Oil Co. v. MAPCO International, Inc., 983 F. 2d 485 (3rd Cir., 1992).

は、ドイツの同業者 Scherk（スイス在住で、ドイツやリヒテンシュタインなどに衛生陶器絡みの会社を所有）との間で Scherk の事業買収契約を結び、取引が行われた（契約は、1969 年にウィーンで締結され、closing はジュネーブでなされた）。約 1 年後 Alberto-Culver 社は、Scherk の商標権に他人の権利との関係上問題があることを発見し、取引の解消を求めた。その有力な根拠が上記の証券法違反である。下級審が Alberto 社の主張（仲裁合意は、仲裁不能な内容を含む）を認めたのに対し、最高裁はこれを覆し、FAA（201）により合意を有効と判断した。

　その理由としては、本件事案の高度な国際性（契約の交渉、締結、実行の場所や当事者の性質など）からして、「取引にあたって当事者が予め適用法や手続を特定して紛争を予防・解決する仲裁の必要、合理性が極めて高い」としている。それとニューヨーク条約の締結が必要とされた理由や、FAA の立法理由とを結び付け、上記の結論を出している。

　これに対し、Alberto 社は Wilko v. Swan, 346 U.S.427（1953）を援用したが、それとは契約の交渉、締結、実行などが、はっきりと違うとした。Wilko では、同じく証券法が問題となったものの、全くのアメリカの国内取引であった[63]。

　なお、裁判所は、Bremen 事件[64]を引きつつ、要旨こうもいっている。

　「2 期前、当裁判所は、……管轄合意はアメリカでは問題にされないという法理を覆した……予め管轄合意をすることで、このようなすべての不確実性をなくしておくことが国際取引では必須の要素（an indispensable element in international trade……）である……仲裁合意というものも、要は、特殊な管

---

[63] 前註 14 の 1987 年の Shearson/American Express Inc. 事件 [7.3] でも、付合約款で予め仲裁合意を定める証券業界の慣行を、証券法（Securities Exchange Act of 1934) 29 (a) 違反で無効（証券法違反は、仲裁可能〔arbitrable〕ではない）とする主張を退けている。その中で、Wilko 事件当時の司法による仲裁に対する不信（judicial mistrust）の中で、Wilko 判決の前提が正しいとしても、そのような前提は今日では当てはまらないと判示している。

[64] 407 U.S.1 (1972). [2.11]

轄合意の型というべきであって……その争いの場（sites of suit）だけでなく、その手続をも定めておくものである。このような合意の効力を否定することは、Alberto社に神聖な約束を踏みにじることを許すだけでなく、すべての紛議がアメリカの法律によって解決されねばならぬという考えの横行を許し、その結果、世界市場で取引することを困難にしよう……」（4人の反対意見がある）。

② 上記のScherk-Alberto事件を強力に援用したのが三菱自動車事件である[65]。そこでは、三菱自動車が販売契約中の仲裁合意を強制する（compel）ことを命ずる決定を求めてアメリカの裁判所へ申立てた。被告のクライスラー社（Chrysler International S. A.）（スイス法人）は、基礎となる契約中にアメリカの独禁法（Sherman Act）等に触れる問題を含んでいるとして、仲裁可能ではない（not arbitrable）と主張した。控訴裁判所が一審の判断を覆し、反独禁法の問題は仲裁可能な法の範囲外だとしたのに対し、最高裁は、それも仲裁可能であるとしたのが本件である。

最高裁は、その理由中で、（イ）国際礼譲、外国法廷ないし多国間法廷（transnational tribunals）への敬意、（ロ）紛争予防手段に与えられるべき確実な予見可能性などを挙げ、結論としてSherk判決を引いて、「……当事者によって自由に交渉された法廷の選択に好意的な推定（連邦政策）は、……ここで更に挺入れされる……」（reinforced）と述べている。

親仲裁性は、仲裁廷の権限をも広く認める。仲裁開始の前提として、当事者間での信義則による交渉、調停（good faith negotiation, or mediation）などが定められている場合に、この前提が充たされたか否かも裁判所ではなく、仲裁廷によって判断されるべきとする[66]。

仲裁可能性（arbitrability）は、消費者保護法の絡みでも争われる。前註14の事件の流れを受けて、消費者がB to C契約中の仲裁条項（付合約款）の効

---

65) Mitsubishi Motors Corp. v. Soler Chrysler-Ply mouth. Inc., 473U.S.614 (1985).
66) Howsam v. Dean Witter Reynolds, Inc., Sup. Ct. No.01-800, 2002. 12. 10. ここでは、時効期間が終了したか否かの前提問題も仲裁廷によって判断されるとした。

力を争って州裁判所に訴求した[67]。アメリカでよくみる光景である。この事件でも消費者契約に仲裁条項がスタンダードとして採り入れられていた。そこには、更に、クラス・アクション型の仲裁をも禁ずる旨の条項が定められていた（no-class action arbitration clause；NCAAC）。このNCAACが不当（unconscionable）か否かという疑問である。

　事件では、この疑問は、2つの法律問題としてその解決が求められた。1つは、NCAACの不当性（unconscionability）を断ずるのは、州裁判所か、それとも仲裁廷か。もう1つは、FAAの下での連邦（契約）法がどこまで不当性という州法（コモンロー契約）の法理を左右するかである。

　第1の問題で最高裁は、South Carolina州最高裁とは反対に、NCAACを含んだ仲裁合意の仲裁可能性の問題は、仲裁廷によって判断されるべきであるとした。また、第2の問題で、州法によりNCAACが不当（unconscionable）とされる場合でも、FAAが州法を排除（preempt）して、NCAACを有効としてよいかについては、前註60のsaving clause条文を利用して、「州法がその合意をunconscionableであるとしているとして、その州法を尊重することが、FAAを尊重する原則に背理していない……」とした[68]。

③　公序の働く範囲が国の内外で異なることを視野に、明らかな違反（manifestly contrary to……）でなければ承認を拒むべきでないとするのが国際的な法の一般原則であることをみてきた［5.4］［5.8］。Folsom教授ら[69]は、Fotochrome事件を引用して、アメリカの裁判所がニューヨーク条約についてもそういう立場を採っているとする。「ニューヨーク条約に基づく（仲裁事件における）公序による制限は狭く解釈され、（仲裁判断の）執行が法廷地国の最も基本的な道徳や正義の概念を害する場合にのみ適用される」[70]。更に、同じ2nd Cir.の事件から、裁判所は「……本条約の適用を回避するために他の条

---

67) Green Tree Financial Corp. v. Bazzle 123 Sup. Ct. 2402 (2003).
68) H. L. R. 117/410 (Nov/2003).
69) R. H. Folsomほか著、柏木昇ほか訳『アメリカ国際商取引法』木鐸社、1992、p. 271。
70) Fotochrome Inc. v. Copal Co., Ltd., 517 F. 2d 512 (2nd Cir., 1975).

約中の制限を利用しようとする工作に対して……」も、「非常に慎重な態度を取ってきた……」ともいう[71]。

同書中 (p. 270) で表記された今１つの事件でも、アメリカの海運法の優位を理由に仲裁合意を否定しようとする主張が排斥された。事件では、マサチューセッツ州内の果物屋がモロッコから果物を輸入した。しかし、運送中に果物が傷んだとし、保険会社に請求して、保険金が支払われた。そこで、果物屋と保険会社が、ともに船主と運送人に対し損害賠償を求めた[72]。この船（パナマ船籍）は、日本の船会社から裸傭船していて、その船荷証券には、東京の東京海事仲裁協会（TOMAC）による仲裁という、例の仲裁条項が入っていた。

これに対し保険会社らは、アメリカの海上物品運送法（46U.S.C. Chapter 28：Carriage of Goods by Sea Act）（COGSA）を引いて、仲裁合意の実施に障害があると主張した。日本で仲裁をする破目になれば、その不便さと費用の点から、それらを差し引き正味で十分な満足が得られない。つまりは、その分だけ船主の責任が限定されたと同じことになり、結果としてCOGSA条文の元になったハーグ・ルールズの片面的強行規定違反になるという。これに対し、船主のM/V Sky Reefer側は、この法律解釈に反論した。下級審も、船主の主張を認め、最高裁も下級審の決定を支持している。そこでは、先ずCOGSAの条文（3 (8)）の保険会社側の解釈を正しくないとした上で、さらに国際法、国際取引につき述べている。

（条文は）「……船主の責任（債務を弁済するための義務）を述べたものであり、法廷とか手続をいっているのではない……（FAAの下での仲裁合意の効力をCOGSAにより否定すべしとの保険会社の主張は）……皮肉にもCOGSAがFAAと同じく国際条約に由来し、その点でハーグ・ルールズと同じ土台の上に立っていることを想起させる。アメリカの法廷が原告のいうままに（原告の不便さを理由に）

---

71) Parsons & Whittemore Overseas Co., Inc. v. Societe Generale De L' Industrie Du Papier (RAKTA), 508 F. 2d 969 (2nd Cir., 1974).
72) Vimar Seguros y Reaseguros, S. A. v. M/V Sky Reefer, 515U.S.528 (1995).

仲裁場所を外国にしている合意を認めないで、また島国的不信ゆえに外国の仲裁人が法を運用をすること (insular mistrust of foreign arbitration to apply the law) を拒んでCOGSAを解釈することは、アメリカの国際合意に反する」[73]。

　これらの事件を通して、合意内容が法廷地強行法規 (公序) に違反するとして仲裁可能性のなさ (non-arbitrability) を理由に仲裁合意の無効が主張された。ニューヨーク条約の言葉 (Ⅱ、1やV) にその条文上の根拠がある。事案に仲裁性 (arbitablility) がないとして仲裁合意の執行力 (enforceability) を争うとともに、一旦下された仲裁判断の効力をも争っている。

[7.15] **(2) 仲裁合意と国際二重訴訟、可分性 (severability) の問題など**

① 第4の事件は、アメリカと韓国間の二重訴訟の例でもある[74]。この事例は上記 (1) ①ないし③と異なり、仲裁合意の存在と効力そのものを否定しない。表面的には仲裁合意の当事者性が争われたこの事件で、裁判所はその点自体も仲裁廷の問題であるとして訴えを却下した。つまり、結果的に、仲裁を命ずる決定を出したに等しい。その意味でやはり**親仲裁性**の流れといってよい。

　1999年に韓国のHango電子は、アメリカのContec L. P.と制御機器 (remote control devices) の製造販売契約を結んだ。Hango 電子がその後Remote Solutionと社名変更をし、一方Contec L. P.は、Contec LLCへの組織変更と合併を経てContec Corp.となった。2000年と2002年にContecは、その取扱っていた制御機器が特許を侵害しているとして第三者から訴えられた。1999年契約には、このような場合Hango電子がすべて弁償する旨の定めがあったので、Contecは費用すべてを自動債権としてRemote So-

---

73) Goode教授は、アメリカは以前は海運法に絡む争点を仲裁可能性の点で問題有りとしてきたが、これと反対のイギリスでの判例の影響の下で、これを改めたとする (註19書p. 1177)。
74) Contec Corp. v. Remote Solution Co., February 15th 2005, 2nd Cir., No. 04-0382.

lutionからの輸入代金支払債務との間の相殺を主張した。

　そこで Remote Solution は韓国の法廷に出訴した。一方、Contec は、1999年契約中の仲裁条項により、ニューヨークでAAAによる仲裁を申立てるとともに、N.D.N.Y. へも訴え出た。申立の趣旨は、仲裁せよとの命令および韓国での訴訟の却下ないし中止命令（anti-suit injunction）であった［5.15］。ニューヨークの訴訟でRemote Solutionは、Contecは1999年契約の当事者ではなく、仲裁条項を援用できないと主張した。これに対し、Contec は、その問題、つまり、両者間に仲裁条項が有効に存在するか否かもひっくるめて、それは仲裁廷の判断すべきことであるとした。

② 　N.D.N.Y. は、大要次により、Contec の訴えを却下した。

　契約は、「……すべての争いは、AAAの商事仲裁規則 (Commercial Arbitral Rules) によって解決され……と定め、同規則は、仲裁条項の範囲や効力の点も含め、管轄問題 (issues of jurisdiction) は、仲裁に服すると定めている。これが Remote Solution も合意した定めである……」。

　2nd Cir. もこの一審の判断（却下）を支持した。そこでは、AAAの商事仲裁規則を引いている。「……仲裁人は、仲裁条項の存否、範囲ないし効力の点を含め、自らの管轄権の存否とともに、決定権がある (7 (a))」。

③ 　以上の4事件とも、当事者は、自らの合意にも拘らず、先ず司法の場に駆け込んで、仲裁合意の効力を争っている[75]。その中で、仲裁可能性を争うことは、仲裁廷の管轄権 (jurisdiction) を争うことを含む。このように、仲裁廷の管轄権が問題になる場合に備えて、上記のAAAのものを含む多くの仲裁規則や国内法は、仲裁廷が自らの管轄権を自ら決することの権能を定めている。モデル法もその例に漏れない (21 (1))[76]（わが国の仲裁法23参照）。

　この仲裁廷の「能力―能力」問題は、元を辿れば、仲裁合意の執行力（en-

---

[75] これらの違法性主張は、公序の主張といってもよいが、前述のように仲裁可能性のなさ (non-arbitrability) の主張でもある（註6書 p.1016参照）。

[76] このような規定やこの点を巡る論点を大陸法では"Kompetenz-Kompetenz"（能力―能力論）と呼ぶ（註6書 p. 997）。

forceability) に至る。そこでいわれるのが、契約その他の部分の効力に問題があったとしても、仲裁条項の効力は、それによって影響を受けないという仲裁合意の可分性 (severability) 論である。この論は、国際商事仲裁法の常識となっており (前註6書p. 996)、わが国の仲裁法にも規定されている (13⑥)。

[7.16] (3) 仲裁判断の「確認」と不便宜法廷の法理

① ニューヨーク条約の下での仲裁判断の「確認」(confirmation) という簡易な訴訟手続において不便宜法廷の抗弁が出された事例がある[77]。

(イ) 同事件では、連邦仲裁法 (FAA) と、アメリカの連邦外国主権免責法 (FSIA)[78]との絡みも問題になった。申立人、控訴人 (モンデ社) は、オーストラリアのRAC社を親会社とするモナコ法人の再保険会社で、被申立人、被控訴人は、ナフトガス (ウクライナの天然ガス輸送業者) とウクライナ政府である。話は、1998年にロシアのAOガスプロム社とウクライナのAOウクラガスプロム社間の天然ガス輸送 (後者のパイプラインを使用した輸送) 契約から始まる。

この輸送契約の対価として、AOウクラガスプロム社は、天然ガス2.3億立方メートル分を取出す権利を有した。AOガスプロム社によれば、AOウクラガスプロム社は、この権利を超える天然ガスの取出しを行ったという。そのため、前者は、その損失補填のためソーガス保険会社から保険金の支払を受け、ソーガス保険会社は、控訴人再保険会社モンデ社からさらに支払を受けた。モンデ社は、上記の輸送契約中の仲裁条項を足がかりに、モスクワの国際商事仲裁廷に1999年4月に仲裁を申立てた。他方、被申立人ナフトガスは、AOウクラガスプロム社から同年7月その契約上の地位の譲渡を受けた。

2000年5月、3人の仲裁人からなるモスクワの仲裁廷は、約9000万

---

77) Moskowitz v. Coscette, November 15th 2002, 2nd Cir., No. 01-7947, 9153.
78) Foreign Sovereign Immunity Act of 1976, 28U.S.C.1602 et seq.

ドルをソーガス保険会社に支払うようナフトガスに命じる仲裁判断を下した。これに対し、ナフトガスはモスクワ市裁判所にこの仲裁判断の取消を求める訴訟を起こした。申立理由の中心は、(a) モンデ社もナフトガスも契約当事者ではない、(b) 仲裁廷が仲裁合意どおりに構成されていなかった、(c) 仲裁判断はロシアの公序に反する、というものであった。モンデ社も、上記モスクワの仲裁判断の確認（confirmation）を求めてモスクワ市裁判所およびニューヨーク州内の裁判所（S.D.N.Y.）へ出訴した（2000年9月）。つまり、二重訴訟である。モスクワ市裁判所はその後、これを確認する判決を下している。

　ニューヨークの訴状でウクライナ政府の代理人ないし同一体（alter ego）であったとして、仲裁判断中では当事者とされていなかったウクライナ政府も被告に含めていた。モンデ社の請求原因は、(a) 仲裁判断の確認、(b) ナフトガス社を完全に支配しているウクライナ政府に対しても、全く同一の請求が認められるべきこと、ないしは (c) ウクライナ政府がナフトガス社とのjoint venturerとして、同社と同一の責任があることの3つであった。

（ロ）これに対し、ウクライナ政府らは請求棄却を求め、そのための抗弁ないし積極的主張としては、(a) ウクライナ政府にはFSIAの下での外国主権免責がある、(b) ニューヨークは、被告らにとり不便宜法廷（forum non conveniens）である、(c) ウクライナ政府に対するモンデ社の請求原因は、そもそも体を成していない、であった。これに対し、モンデ社は主張した。

　「……そもそも、仲裁判断確認の訴訟手続には不便宜法廷の抗弁は働かないし、またウクライナもアメリカも、ニューヨーク条約の当事国なのだから、そして、同条約は、加盟国ならどの国でなければならぬと特定していないのだから、どの国の法廷であれ、訴訟を受理すべきであり……」。

　一、二審ともナフトガス社側の抗弁をいれて、ウクライナの法廷での

確認手続を奨める趣旨で、訴えを却下した。

その中で、連邦地裁（S.D.N.Y.）は、仲裁訴訟手続での外国主権免責による問題と不便宜法廷の法理の適用につき判断し[79]、控訴裁判所は、それをさらに裏付けた。次いで、不便宜法廷の法理については、同法理が手続法の問題であり、「手続法は法廷地法による」というニューヨーク条約の条文に留意しつつ、ナフトガス社の不便宜法廷の抗弁を理由ありとした。

これに対し、モンデ社は、ウクライナでの汚職問題や自国を被告とする訴訟の扱いに対する偏見などの否定的要因を主張して猛烈に反論したが、裁判所はそれらの要因にも言及しつつ、ウクライナを適切な法廷とした。この議論中で、控訴裁判所は次のとおり説明する。

(a) たしかに、ニューヨーク条約では7つの理由だけを挙げ、これは仲裁判断を拒みうる理由を限定列挙したものであるという点は間違いない（Ⅴ、1、2）。そこには不便宜法廷の法理は含まれていない。

(b) しかし、不便宜法廷の法理は実体法ではなく、手続法の問題であることは確定している[80]。

この限定列挙が確認訴訟での法廷地手続法をも排除するものかの点につき控訴裁判所は、条約の条文（Ⅲ）「……その仲裁判断を与える地の手続法によって……」に言及し、これは確認訴訟にもそれぞれの加盟国の法廷地手続法が適用されることを当然の前提に、そのように定めたものだとし、それが上記の限定列挙の趣旨に反しないとする。

「……そのような法廷地手続法に対する唯一の制約は、国内仲裁判断についてよりも、外国仲裁判断の確認をより負担の重い手続としないということのみである……」

---

[79] 国際法の下での仲裁合意が適用される契約の当事者である国などには外国主権免責がないことを定めた28U.S.C.1605(a)(b)(B) を引用（ウクライナも同条約（Ⅲ）を承認しているとして）。

[80] Am. Dredging Co. v. Miller, 510U.S.443 (1994) を援用する。

[7.17] (4) 仲裁判断の確認訴訟とニューヨーク州契約法

① Moskowitz事件は、ニューヨーク条約の条文（V）の7つの限定列挙について述べ、仲裁判断の確認を求められた裁判所がそれ以外の理由により確認を拒めないことを明言した。これは、ニューヨーク条約の条文を一体化（ないし再印刷）した連邦法（FAA）の第2章の言葉（207）である。しかし、同章は第1章を準用するところ（208）、第1章（10 (a)）は「……仲裁人が法の明らかな無視をした場合（when exhibited a manifest disregard of law……）」にも仲裁判断の確認を拒めると定める。この点が争われた事件がある[81]。

判旨は、先ず、この第1章10 (a) の仲裁人による法の明らかな無視を、普通の間違い以上の間違い（something beyond and different from a mere error）であることの必要性と、この立証負担が「明らかな無視」を主張する側にあることを力説する。次いで、いくつかの2nd Cir. の先例、ニューヨーク州契約法に拠りつつ、主観的（仲裁人がどの程度正確に理解していたか、理解した上で、その適用を意図的に軽んじたか）と、客観的（問題となるニューヨーク州契約法が十分に明確に定義されているか）、の2要素から分析している。

事件では、ニューヨーク州の契約法中の「予備的合意」とその損害賠償法が核心であった。ダイハツは、仲裁人が同法の明らかな無視を犯したと主張した。Westerbeke 社との間の販売契約（CSA）中ではダイハツが将来開発される新商品のうち一部につきWesterbeke 社に対し第1拒絶権（right of first refusal）を与えていた（3 (2)）。CSA の第1拒絶権にも拘らず、それ以前の経緯からダイハツが、新しい艇外エンジンにつき、Westerbeke 社に第1拒絶権行使の機会を与えなかったことから紛争となった。この第1拒絶権につき、ダイハツがそれを単に合意しようという合意（agreement to agree）であるとして、(損害賠償上の) 法的効力がないと主張したのに対し、仲裁人らは結論として、期待損失（expectancy damages）についてダイハツの損害賠償責

---

81) Westerbeke Corp. v. Daihatsu Motor Co. (2nd Cir., August 28th 2002).

任を認めた。

　当事者間には、事実については大きな主張の違いはなく、専らCSAの解釈、契約法への当てはめが問題になっていた。即ち、第1拒絶権のニューヨーク州契約法の下での解釈問題で、ダイハツ側は、それを専ら、予備的合意 (preliminary agreement) [82] としたのに対し、Westerbeke社は、それを先行要件つき契約 (agreement on conditions precedent) だとし、ダイハツがWester-beke社に第1拒絶権行使の機会を与えるなど然るべく対応した上で、両社間で売買条件などが固まってさえいれば、確定契約になるとした点である。仲裁人もこの立場に立っていた。この違いは、損害賠償責任がコモンローでいう期待利益まで含められるのか、それとも信頼利益のみかの差に結果する。

② もう1つ、法律の明らかな無視を理由に仲裁判断の確認を争った事例がある。上記①と同じく、S.D.N.Y.による判決から控訴し、同じ2nd Cir.による判決である[83]。同じように、FAAの「法の明らかな無視」を理由としていた。ここでも、ニューヨーク州の契約法（損害賠償法）が争点である。その冒頭で2nd Cir.は、次のとおり述べている。

　「この法理（法律の明らかな無視による仲裁判断の確認の拒否）をわれわれは滅多に行使しない……(a step we very seldom take……) 仲裁人が法律を理解しつつ、はっきりした法規の原則を明らかに無視することを選んだといえる必要があり……」。

　事件を取り上げる理由は他にもある。1つは、アングロ・アメリカン法系に特有の争点効ないし参加効 (collateral estoppel) であり、他は、仲裁告知 (vouch-in) である[84]。後者は、わが国の訴訟告知に近い（民訴法53、46）。仲

---

82) agreement to agree と preliminary agreement との関係および第1拒絶権と予備的契約 (preliminary agreement) ないし letter of intent との関係につき註4書 [4.14]。
83) Duferco International Steel Trading v. T Klaveness Shipping S. A., June 24th 2003, 2nd Cir., No. 02-7238.
84) 争点効と既判力 (res judicata) の違いにつき、既判力 (res judicata) は、請求の

裁手続の当事者が補助参加人（vouchee）を手続に呼び込むことにより、自己の責任を vouchee に振ることができる。不参加者に責任を振ることができるためには、当事者は vouchee の権益を十分かつ公正に代表する（must be able to represent......fully and fairly......）必要がある。

この要件を充たせば、voucheeには、後の訴訟において反射効に似た法理が働く（bound......in any subsequent litigation by principles analogous to collateral estoppel......）。vouch-inは、アングロ・アメリカン法系の特徴である判決効の柔軟な拡張と結び付いている。

事件では、バラ積貨物船 Aristidis 号のイタリアの港（Taranto）での破損に係る損害賠償責任を巡って争われた。Dufercoは、Aristidis 号の船主からタイム・チャーターをした Klaveness から航海チャーター（voyage charter）契約をしていた。船主、Klaveness 間の charter-party には、いわゆる safe-berth warranty が入っており、同じ条項はDuferco、Klaveness間の voyage charter 契約中にも港名を特定して入っていた。船は、そのTaranto港での鋼材の積荷作業中、高波などにより、錨などの碇泊設備が損傷した。

契約中の仲裁条項により、ロンドンで船主とKlaveness間の仲裁が行われたが、その手続において、Klavenessは、Dufercoを手続に呼び込むvouch-inを行った。Dufercoは、しかし手続に参加せず、ロンドンでの仲裁ではKlavenessに対し数千万円の損害賠償責任が決定された。

Klaveness は次いで、Duferco 相手にニューヨークでの仲裁を申立てた。仲裁の趣旨は、ロンドンでの仲裁で自社に課された数千万ドルの損害賠償債務プラス契約に基づく弁護士費用など、ロンドンでの仲裁費用の支払請求であった。

Duferco は、ロンドンでの仲裁の事実そのものは争わなかった。争ったの

趣旨とでもいえようか、claim すべてに及ぶ。つまり、主張されなかったissue（イコール請求原因に近いか）であっても、それによって妨げられる。これに対し、主張されたissueだけを妨げるのが争点効（collateral estoppel）とされる。(James & Hazard, *Civil Procedure*, 2nd ed., Little Brown, 1977, p. 532, 563.)

は、safe-berth warrantyという同じ契約文言であっても、タイム・チャーターと航海チャーターとの性質の違い、そこからくる契約上の損害賠償の範囲、責任の大きさが違うという法律論であった。特定の港（specific port）を指名で入れている航海チャーターの下では、その港で予見可能な状況から生じた損害賠償については責任を負わないというのが、海事法の原則だと主張した。Taranto港では、この時期、季節的高潮（seasonal swell）が予見可能であったからとして、自社の責任を否定した。その上で、このような特定港での予見可能性論までを展開できなかったKlavenessは、ロンドン仲裁廷でDufercoの利益を「十分かつ公正に」代表できたとはいえず、従って、参加効（collateral estoppel）が働く理由を欠き、ロンドンの仲裁判断には縛られないとした。

　ニューヨークの仲裁人は2対1で割れたが、Klavenessに有利に判断した（損害賠償の転嫁は肯定したが、弁護士費用などの転嫁は認めなかった）。そこで、Dufercoが、この仲裁判断の取消（vacatur）を訴求して、ニューヨークのS.D.N.Y.に申立てたのが本件である。一審（S.D.N.Y.）は、仲裁判断には取消されるほどの明らかな法の無視はないとし、二審も、仲裁判断を「……もっともらしい読み方をすれば、それなりに法律の範囲内である」（……any plausible reading……fits within the law will sustain it……）と述べて、これを支持した。その理由中では、先例なども引用し[85]、この「明らかな法の無視」による仲裁判断の取消は厳しく制限される（severly limited）としている（取消を認めた4つの先例を挙げ、うち3つは、仲裁人の権限踰越の問題であり、そもそも「明らかな法の無視」の法理を発動する必要がなかったとしている）。

　このとおり、2nd Cir.が代表するアメリカの司法は仲裁判断の取消に著しく自己抑制的で、ニューヨーク条約の締結やFAA（第2章）の立法経緯に忠実であることがわかる。正にGoode教授のいう「**親仲裁性管轄**」といえる。

---

85) Gov't of India v. Cargill Inc., 867 F. 2d 130 (2nd Cir., 1989).

6. イギリスの仲裁法制度

[7.18] (1) 仲裁法制度の変遷

① イギリス、ロンドンには、既述の国際法協会（ILA）やLCIAやロンドン海事仲裁人協会（The London Maritime Arbitratiors' Association）に加え、数多の主要業界団体を基礎とする協会があり、仲裁を行っている。中でも穀物飼料貿易協会（The Grain and Feed Trade Association；GAFTA）が有名である[86]。同協会は、内部に仲裁機関と規則を備えており、多くの事件を扱ってきている。これは、わが国との文化の違い、社会の**親仲裁性**とでもいえようか。その例証は上記の GAFTA 等による仲裁に限られない。"CIArb"の構成員1万1000人の四十数パーセントは建築士、十数パーセントは会計士、その他工学技術者、医師などが占めるという[87]。正規の仲裁人は僅か4パーセントという。

これは法曹以外の社会一般がいかに訴訟外の紛争解決に関心があるかを示す。前述のわが国の文化（仲裁も著しく不振の背景）と好対照である。しかも CIArb の統計では、訴訟と仲裁の近年の落ち込みに対し、仲裁以外のADR件数が著しく伸びているという[88]。

② こうした民間の仲裁機関の存在とその盛行とは裏腹かつ上記の社会学的観察とは対照的に、イギリスは法制上仲裁に厳しかった。それを示すのが1975年改正前の仲裁法 Arbitration Act, 1950 である[89]。

---

86) ILA や海事仲裁人協会については、前註4書 p. 15 参照。
87) The Chartered Institute of Arbitrators, London, March 1st 1915設立、1945年NPOとして法人化。（社）日本仲裁人協会と同じような公益法人とされる。
88) CIArb の機関誌 Arbitration, 71/4（2005年11月）のEditorialは、「仲裁と訴訟に代わるADR」につき論じ、仲裁と訴訟はイギリスで減り続けようとする。
89) デラウェア州でも前註55採用前の1950年代初めまでは、未履行（executory）の仲裁合意は、当事者によりその旨の通知をするか、仲裁合意に反する提訴の形で撤回可能であり、かつ仲裁判断前には特定執行ができなかった（not specifically enforceable）（デラウェア州法10～17章5701の註）。

(イ) 有効に締結された仲裁合意も撤回可能であって、相手方への通告により
または当事者が訴訟を申立てることにより、仲裁人の権限を奪う判断を
することができる（その場合、裁判所が自由裁量を有する）。
(ロ) 3 人の仲裁人による場合、 2 人の arbitrators による多数決ではなく、
3 人目の仲裁人である umpire の決定による。
(ハ) 仲裁廷による仲裁判断（award）は、裁判所の決定を経て執行力が与えられる。
(ニ) award に理由を付す必要がない一方、不服申立の途もない。裁判所がそれを取消せるのは、表面的な法律の誤りがあるときのみである。

　イギリスは、国際商事仲裁に関するヨーロッパ（ジュネーブ）条約と同議定書（ジュネーブ）に加入していたが [7.8]、日本より遅く、1975 年に上記のニューヨーク仲裁条約に加盟した。これに伴う法改正の下で、イギリスの裁判所の仲裁に対する厳しい態度は変わった。即ち、それまで、国内では仲裁手続を中止（stay）するか否かは自由だったが（1950 年法 4 (1)）、それができないこととなった（改正法 1）。次の 1996 年新法は、これをより現代化した。

[7.19] **(2) イギリスの新仲裁法の要点**

① 　条約加盟に伴う 1975 年改正の後、仲裁法制度を大幅に変えたのが、1996 年仲裁法である。UNCITRAL のモデル法に相当程度歩み寄る形になった[90]。しかし、歩み寄りの途中ではイギリス法の方が「よりきめ細かい」(greater sophistication) とか、「モデル法の言葉は広すぎる」(broadly formulated provision) とかと、イギリス法特有の厳密さと慣行重視主義などによる抵抗が強かった[91]。

---

90) 同法は産業貿易省（DTI）が中心となって作られた。DTI の諮問委員会は、モデル法が国際商事仲裁に焦点を絞っていることなどで、当初これに批判的であったといわれる（註 19 書 p. 1169）。
91) J. Beatson, D Friedman eds., *Good Faith and Fault in Contract Law*, Clarendon, 2002 では、この反論は、モデル法だけでなく、CISG にも浴びせられたとする (p. 5)。

新法は、モデル法とは異なり、国際商事だけでなく、国内・国際双方を広くカバーするとともに、仲裁に対する古いコモンローの制限的態度を改めた。即ち、仲裁での当事者の大幅な自治であり、司法の介入の極小化であり、仲裁（人）の公正さ（fairness）の規準設定である[92]。その最たるものを挙げれば、（イ）当事者がそれを許容すれば、モデル法並みに法律によらないで（ex aequo et bono）仲裁判断ができること（46 (1) (b)）、（ロ）仲裁判断に最終的な拘束力を与える点である（69 (1)）。

仲裁判断に不満な当事者も、その実体を争って裁判所に訴えることはできない。他の法系では当然とされるが、コモンローの仲裁に対する以前の態度からは刮目すべき変化である。仲裁判断が最終というのは、公序が問題にならないなどの範囲での実体についてであって、管轄権についての形式（呼出状の送達）、実質（適正手続）的審査にまで及ぶものではない。

② 新法の下での仲裁についていくつかの点に付言する。
（イ）手続的な点として、
　(a) 仲裁判断は仲裁人がサインした書面性の要求がある（23、24）。
　(b) 仲裁判断によるイギリス国内での執行のためには、簡易な手続、即ち、執行許可の申立（application for leave to enforce）でよい（66）[93]。
（ロ）実質的な問題として、Goode 教授はいくつかの論点整理を行っている。
　(a) 第1は、当事者と仲裁人との関係であり、これは契約関係（日本法では委託にあたる）の問題とされる（註19書 p. 1186）。次に、
　(b) 仲裁人には職務上の守秘義務があるか否かであるが、仮に、選任契約中で明定していなくても、黙示の合意があるとする。例外は、国が当事者であったり、公共の利益に関する情報である（同 p. 1187）。
　(c) 第3に、仲裁による心証形成など証明の程度の問題がある。これには、訴訟に適用される証拠法の適用問題（民訴手続の証拠法がそのまま働き、仲

---

92) イギリスでの仲裁人は当事者の利益の代弁者、代理人的色彩がある。
93) 前述のとおり、仲裁事件はロンドンの High Court の管轄である［4.10］。

裁人がそれによって拘束されるのか、それとも自由なのか）があるが、仲裁人の自由心証であるとする（同 p. 1188）。

③　新法は、仲裁人の公正さ（fairness）を定めた（33（1））。両当事者への接触、情報提供、発言機会といったことの平等など、イギリス法的具体性を示す。仲裁合意の可分性（severability）をも定める（7）。それにより、仲裁人は、契約本体の効否の争いが、自らの権限の先行要件となるという「能力—能力」問題の循環に対決しなくても済む（註76参照）。今１つの問題は公序である。不正競争防止法、証券法違反などが、仲裁可能性（arbitrability）に深く結び付いた争点となることは、前出のアメリカでのいくつかの判例でみた。不正競争防止法違反の主張が典型的に示すように、仲裁可能性の問題は複雑な法理を含む（このため新法もこれを正面から定めない）。

　先述のとおり、イギリスの司法権は、EU法の問題については、一般にECJの決定に縛られる［5.10］。不公正競争法と仲裁との関係につき、1982年以来ECJは、「仲裁人はEUの競争法を尊重しなければならない」と判断している。この文脈でイギリスの仲裁人の直面する設定は、３つくらい考えられる。

(イ) 当事者がEU法の適用に合意している。
(ロ) 合意はないが、国際私法によりEU法を国内法としているその国の法律として適用される[94]。
(ハ) EU法をイギリスでも有効として適用する。

　このうち、最も生じやすいのは、当事者いずれかが（それを有利として）、EU法の適用を主張する結果として、仲裁人がEU法の不公正競争法を考慮せざるをえないというケースであろう。

---

94) 契約義務が争点になっていれば、1980年ローマ適用法条約そのものか、またはそのイギリスの国内法 the Contracts（Applicable Law）Act, 1999 が適用される。

参考文献・引用文献一覧

American Law Institute (ALI), *Restatement of the Law, 2d Contracts*, 1979
American Law Institute, *Restatement of the Law, 2d Conflict of Laws*, 1971
American Law Institute, *Restatement of the Law 3d, the Foreign Relations Law of the United States*, 1987
American Law Institute, *Restatement of the Law, 2d, Torts*, 1965
Beatson and Friedmann, *Good Faith and Fault in Contract Law*, Oxford, 2002
Corley, Shedd Holmes, *Principles of Business Law*, 13th Ed., Prentice-Hall, 1986
David D. Siegel, *Conflicts in a nutshell*, West Publishing, 1982
David J. Levy, Ed., *International Litigation*, ABA, 2003
E.A. Farnsworth, *on Contracts*, 3rd Ed., Vol 1, Aspen, 2004
E.A. Farnsworth, *on Contracts*, 3rd Ed., Vol 2, Aspen, 2004
E.A. Farnsworth, *on Contracts*, 3rd Ed., Vol 3, Aspen, 2004
Gary B. Born, *International Civil Litigation in United States Courts*, 3rd Ed., Kluwer Law International, 1996
Goode, Kronke, McKendrick, Wool, *Transnational Commercial Law*, Oxford, 2004
Helmut Coing, *Epochen der Rechtsgeschichte in Deutschland*, C.H. Beck,1967
James & Hazard, *Civil Procedure*, 2nd Ed., Little Brown, 1977
J. von Staudingers, *Kommentar zum Burgerlichen Gesetzbuch mit Einfuhrungsgesetz und Nebengesetzen*, Zweites B., Sellier-de Gruyter, 2001
K. M. Clermont 『国際商事法務』33/7/917、925 など雑誌多数
National Conference of Commissioners on Uniform State Laws (NCCUSL), *Uniform Commercial Code*, 2005 Ed., 2005
P. Areeda, *Antitrust Analysis*, 3d Ed., Little Brown, 1981
Roy Goode, *Commercial Law*, 3rd Ed., Penguin Books, 2004
石川明・小島武司編『国際民事訴訟法（青林教科書シリーズ）』青林書院、1994
岩沢雄司『条約の国内適用可能性』有斐閣、1985
國生一彦『国際金融法務読本』東京布井出版、1988
國生一彦『国際取引法』有斐閣、2005
小林秀之『国際取引紛争』（第3版）弘文堂、2003
高桑昭『国際商取引法』有斐閣、2003
長瀬二三男『国際私法の解説』一橋出版、2003

法令、条約、判例索引

法令表示は現行法のみ（たとえば、CISGに対する意味で、ULIS、ULFISは含まない）。ただし、未発効だが、HCCHによる法廷選択合意条約（2005）のみは掲載した。また、条文の表示は、原則として数字までとした（たとえば、II、3（5）の形まで。その下の (a)、(b) などは省略、ただし、FRCPなどのように、(a)、(b) などが (1)、(2) などより上位の表示形式の法令にあっては例外とした）。

法令の部

I. イギリス

Civil Jurisdiction and Judgments Act 1982	
3	137
34	204
Civil Procedural Rules（CPR）	33,123,156,159
Part 6	158
6.19	160
Part 19	161
6.20	34,160
6.20 (5)、(6)	158
6.21	161
19.4 (1)	161
20.5	161
Part 31	161
31.1 (2)	161
31.6	161
31.7 (1)、(2)	161
31.10	161
58.1	157
58.1 (2)	157
Civil Procedure Act 1997	156
Contracts (Applicable Law) Act 1999	313
Contracts (Rights of Third Parties) Act 1999	270
European Community Act 1972	137
Judicature Act 1873 et seq.	155
Practice Directions（PD）	156–157
A1.1	158
2.2	161
3.3	161
Protection of Trading Interests Act 1980	
5 (1)	203
6 (2)	203
The Arbitration Act	264,287
23	312
24	312
46 (1)	312
46 (3)	273
66	312
69 (1)	312
85～87	264
The Weights and Measures Act 1985	137

II. カナダ

The Foreign Extraterritorial Measures Act (R.S.C.Ch., F-29, 1985)　257
Uranium Information Security Regulations, Can. Stat. O. & Reg. 76-644 (P.C. 1976-2368)　257

オンタリオ州
The Business Records Protections Act (R.S.O.Ch., B-19,1990)　257

ケベック州
The Business Concerns Records Act

(R.S.Q.Ch., D-12)	257

III．中　国

民訴法典	
238	285

IV．ド　イ　ツ

BGB	134
90	20
ZPO	
62,VI	130
328 (1) ①	130,184
328 (3)	197

V．EU法・EU指令

Council Regulation No.44/2001 (Brussels I)	11,13,26,34,100,130-132,138-139,157,162-163,165-166,168,196,228
前文 (3)	136
(4)	136
1 (1)	144
1 (2)	144-145
1 (3)	136
2	147
2 (1)	147
3	147
3 (1)	146-148
3 (2)	146
3〜23	197
4	187
4 (1)	137,148
5	147
5 (1)	24,138,149
5 (2)、(4)	149
5 (2)〜(7)	149
5 (3)、(5)	148-149
6	147
6 (1)、(4)	150-151
8〜13	147
8〜14	150
9	150
10	150
11	150
12	150
13	150
14	150
15〜17	150
18〜21	150
22	147-148
22 (1)、(2)、(3)、(4)	148,151-152
23	34,147-148,151
23 (1)	26,152,167
23 (2)	152
24	152
27	152,199,204
28	152,199,204
28 (3)	199
29	199
30 (1)	200
32	196
32〜37	196
33 (1)	197
33 (2)、(3)	198
34	170,198
34 (1)、(2)、(3)、(4)	197,202
35	170,198
35 (1)	197
36	197
38〜52	196
38 (1)、(2)	198-199
39	198
40	198
41	198
42	198
43 (5)	198
45 (1)	198
47	198
53	198
54	198
57 (1)	199
58	199
59	147
60 (1)	148
60 (2)	148

66（1）	144	前文11	223
67	145	1（1）	228
69	145	2（f）	223
Annex I	146,148	3	222
Court of First Instance, Rules of Procedure 2006/08/23	137	3（1）	239
		3（2）	223,232
ECJ Statute, 2005	137	3（4）	232
EU Commission Regulation No.1869/2005	139	4〜15	225
		4	229-230
EU Council Decision No. 2001/470/EC establishing a European Judicial Network in civil and commercial matters (OJL 160 p.19)	140	4（1）	225
		5	225
		6	225
		7	225
EU Council Regulation No. 1206/2001（証拠調べ）	139,260	9（1）	230
		10	230
EU Council Regulation No. 1347/2000	139	14	232
		16	222
EU Council Regulation No. 1348/2000（送達）	139,141,158,261	16（1）	229,231
		16（2）	229
EU Council Regulation No. 2201/2003（Brussels II）	13,130,139-140,146,168,192	17（1）	231
		17（2）	222
		17（6）	223
1（1）	146	18	231
（2）	147	19	230
（3）	147	20	231
3（1）	153	20（1）	231
3〜14	154	20（2）	231
5（2）	147	21	231
8（1）	153	22	231
13	153	24（1）	231
21（1）	153	24（2）	232
22	153	25（1）	232
23	153	26	232
24	154	27	222
25	154	28	232
26	154	29	232
EU Council Regulation No. 805/2004	139	31（3）	232
		40	231
EU Council Regulation on insolvency proceedings No.1346/2000（OJL 160）（域内の国際倒産法）	139,145,213,219,228,237	EU Directive 1989/104/EEC	202
		EU Directive 2004/80/EC	139
		EU Directive 77/249/EEC	142
		EU Directive 89/48/EEC	142

EU Directive 98/5/EEC	142
EU Council Regulation 2003/8/EC	139
EU Directive on Service in the Internal Market（January 13 2004）	143
EU指令5/9/1998	230

Ⅵ. フランス法

Code Civil	
14	200
刑法	
1A	257
2	257
新民訴法（1981）	273
1496	273

Ⅶ. 日　本

ADR法（平成16年、法律151）	267
外国裁判所ノ嘱託ニ因ル共助法（明治38年）	247
1	249
1の2	249
3	249
外国倒産処理手続の承認援助に関する規則（平成12年、規則17）とその後の改正	219
会社更生法	
3	228
4	228
137	227
第10章（242〜245）	228
242	228
243	228
244	228
245	228
264	228
274	228
275	228
会社法	221
外倒法	219
2	219
2（1）③	219
3	220,226
4	220,226
5	220
8	221
9	221
10	221
15	220,224
17（1）	219-220,222
19	240
21	220
21②	220,225
21③	224
22	220
25	221,240
25（2）	222
26（2）	222
27（2）	222
27	221
28	221
29	221
30	221
31	222
31（2）	220
32	222
33	221
35（2）	220
41	221
51	222,240
56（1）	221
56（2）	221
57（1）①	219-220,225
57以下	222
59（1）（2）	224
62（1）	220
69	222
刑法	
169	250
憲法	
77	38
98（2）	29,42
仲裁法	218,277,286
2（1）、（2）	287

3 (2)、(3)	286		4①	50
8 (1)	286		12	152
14 (1)	287		46	307
17	274		53	307
23	302		54	250
26 (1)	267		118	131,184,196,255,277
28	287		118②、③	40,189,202,255
30	287		118④	187-188,226
32	287		133	244
36 (1)、(2)	273,287		138	244
38 (4)	269		142	205
44 (1)	286		163〜165	246
45	279		201 (2)	250
45 (1)、(2)	286-287		219	255
45 (2) ①〜⑨	288-289		220	255

破産法

3	226		264	190,199
4〜6	227		265	190,199
4 (1)、(2)	227		267	190,199

民訴規則

32	225		58	244
34 (1)	225		103	248

民執法

37	226		22	277
109	226		24	184,202,277
142 (2)	226		24②	189,191
245	226		24③	226

民法

276 (1)、(2)、(3)	227		85	20
277	227		86 (2)	20
第11章	226		90	189

法例

33	36		147	244

民事再生法

4	228		412	6
5	228		414	6
89	226		415	6

民事訴訟手続に関する条約等の実施に伴う民事訴訟手続の特例等に関する規則 245

VIII. アメリカ

民事訴訟手続に関する条約等の実施に伴う民事訴訟手続の特例等に関する法律(昭和45年、法律115)　245

憲法	37
Ⅰ、1	38
Ⅰ、8 (2)	92
Ⅰ、8 (3)	69
Ⅰ、10 (1)、(3)	195
Ⅱ、2	53

9　249

民訴法

Ⅲ、2	41,53-56	101	234
Ⅳ、1	58,178,180	102	234
Ⅵ	41	105～107	235
修正Ⅰ	89	201	235
修正Ⅴ	93,97,123	202	235
修正Ⅵ	37	212	235
修正ⅩⅣ	69-70,93,95,109,113,123	213	235

連邦法（title 表示）

8U.S.C.1101	69	214	235
9U.S.C.1～16	292	215	235
9U.S.C.2	293	256	235
9U.S.C.201	280	302	235
9U.S.C.201～208	293	305	236
28U.S.C.1257	42	801	236
28U.S.C.1330	54	802	236
28U.S.C.1331	42,53	11U.S.C.303	235
28U.S.C.1331 (1)	54	304	236,238
28U.S.C.1332	55,114	361	239
28U.S.C.1333	54	362	236,239
28U.S.C.1334	54	362 (b)	235
28U.S.C.1335	98	363	239
28U.S.C.1337	54	507	238
28U.S.C.1338	54,114	521	236
28U.S.C.1339	54	523 (a) (5)	235
28U.S.C.1343 (3)、(4)	54	541	238
28U.S.C.1350	54	549	240
28U.S.C.1351	54	552	240
28U.S.C.1404	125-126	Chap.7	236
28U.S.C.1441	55	722	236
28U.S.C.1602	303	726	238
28U.S.C.1650 (a) (b)	278,305	Chap.11	235-236
28U.S.C.1738	58,182	Chap.12	235
28U.S.C.1963	58	Chap.13	234-235
28U.S.C.2071	58	Chap.15 (1501～1532)	215,236
28U.S.C.2072	38	1501	236
46U.S.C.Chap. 28	300	1502 (1) (6)	237
50U.S.C.2407	107	1503	237

連邦法（popular name 表示）

		1504	237
The Bankruptcy Abuse Prevention and Consumer Protection Act of 2005 (P.L.109-8)(2005年アメリカ連邦破産法改正法)	233	1505	238
		1506	237
		1508	237
		1509	237,238

1510	237	(8U.S.C. 101 et seq.)	69
1511	237	Sarbanes-Oxley Act of 2002	74
1513	238	Securities Act, 1933	39,119,296
1514	238	22	39,102
1515	237,239	規則10-b	102

Securities Exchange Act of 1934

1515〜1518	238	29 (a)	297
1516	237	Sherman Act	104,192,298

1517　　　　　　238　　**連邦法民訴規則**

1518　　　　　　239　　Federal Rules of Civil Procedure (FRCP)

1519	238-240		37,96,293
1520	238	4	242
1521	238	4 (c) (1)	244
1522	220,239-240	4 (d) (2)	243
1523	239	4 (f) (1)、(2)、(3)	242
1524	239	4 (g)	242
Carriage of Goods by Sea Act	300	4 (h)	118,244
3 (8)	300	4 (k)	243
Class Action Fairness Act of 2005 (Pub. L. 109-2)	44,56,233	4 (k) (1) (B) (C) (D)	97-99
Employer's Liability Act (Railroads) 1908 (45U.S.C.51)	62	4 (k) (2)	118-119
		9 (a) (c)	40
Federal Automobile Dealer's Day in Court Act	70	12 (a) (2)	244
		12 (b) (2)	121
Federal Arbitration Act		14	98
Chap. I (1925)	292-293	19 (a)	98
Chap. II (1947)	293-294	23	39
Chap. III (Pub. L. 101-369)	293	23 (a) (b) (c)	45
2	294-295	26	43,161,259
10	306	26 (a)	260
201	297	26 (b)	44,251
202	294	26 (c)	259-260
204	294	26 (g)	257
205	294	28 (b) (d)	37-38,247,253
207	294,306	29 (2)	252
208	294,306	30	44,251
305	293	31	251
Federal Parental Kidnapping Prevention Act of 1980 (28 U.S.C. 1738A)	194	34	251
		34 (a) (c)	251
		34〜36	251
Foreign Sovereign Immunity Act of 1976	303	35	251
		36	44
Immigration and Nationality Act of 1952		37	259

37 (c)	251	3.02 (b)	253
37 (e)	107,260	**各種再述法**	
39 (b)	38	再抵法	10,34-35
45 (a) (3)	246	2	11
45 (a)〜(d) (e)	251	6	67
77	58	6 (2)	71
Appendix I	242	10	51,82

統一州法

UCC		11	84-85
		12	84
1-205	43	14〜23	84
1-301	21	24	84
UCC-2	5-6	24 (1)	24,50
2-601	6	24 (2)	82
2-615	6	25	24,93-94
2-701〜725	6	27〜52	82
5-109	121	27	83
Revised Uniform Arbitration Act 2000		28	84
	272,292	28〜40	83
Uniform Arbitration Act 1956	292	31	99
Uniform Reciprocal Enforcement of Support Act, 1979		32	72
	195	35	72
Uniform Child Custody Jurisdiction Act, 1979		35 (1)〜(3)、(2)	88
	194	36	89,91
Uniform Foreign Money Claim Act, 1989 (UFMCA)		37	90-91
	59	41	50,83
Uniform Foreign Money-Judgment Recognition Act, 1949 (UFMJRA)		42	83
		42 (1)	85
	59,185	43	85
1 (1)	59	43〜51	92
1 (2)	185	43〜52	83,85
2	186	44	67,85-86,94
3	185	45	85
4	185-186	46	85
5	186	47	86
7	186	47 (1)、(2)	87-88
Uniform Enforcement of Foreign Judgments Act, 1964		47〜50	50,86
	60,182	48	88
Model Choice of Forum Act		49	85
3 (1)	62	49 (1)、(2)	88-89,93
Uniform Interstate and International Procedure Act		50	71,89-90,93
	126,208	51	86,92,184
1.05	127,208	51 (2)	92

52	86,92	312	67
80	62,64	312 (1)、(2)	67
81	85	585	34
83	84	再外法	7,10
84	84,123,127	102 (1)、(2)、(4)	42–43
86	209	103	42
90	39	211	68
92	180,184	212	69
92〜102	182	213	69
93	58–60	302	195
94	59,258	402	103
95	60	402 (1)	80,101
96	59	403	103
97	59	403 (2)	84,103
98	59,178–181,183–185	403 (3)	103
93〜98	61	411〜416	52
99	181	421 (1)、(2)	79–81,83–84,184,253
99〜102	178	423	103
100	181	442	258
102	180–181	442 (2)	107
104〜120	183	481	184
104	183	481〜486	178–179,181,187,192
105	183	481 (1)	180
106	183	482	185
107	183	484	181
108〜114	183	485	181,194
115	183	485 (1) (2)	195
117	35,58,183,189	486	181,195
118	183	486 (1)	195–196
118 (1)	183	484 (1) (2) (3)	193
120	183	その他再述法	
120 (2)	183	Restatement of Judgments, 1942	
142	35		59–60,181
143	35	Restatement of the Law, Torts 2d, 1964	
291	70–71		11
292	71	402A	90
292 (1)	71	**各州法**	
296	68,70	**デラウェア州法**	
297	68	(Corporations, Commercial & Trade, Courts and Judicial Procedure)	
301	67,71		
302 (1)	67	8-101 et seq.	72
311	67	8-124	71

8-341 et seq.	72
8-371	72,87
8-379	72
10-3104	113
12-3801、3803	73
15-106	73
15-1001	73
Chap. 10-17	292
(Title 10) 5701	310

ニューヨーク州法（C.P.L.R.）

Gen. Oblig. Law 5-1401	66
5-1402	66
301	114,117,121,122
302 (a) (1) ～ (3)	109,114,117-118
901	39
Chap. 75	292
The Franchise Dealers Act	70

ハワイ州法（R.C.P.）

Chap. 658 A	292

イリノイ州法　　　　　　　　108

アラバマ州法（R.C.P.）

4.2 (a) (2)	111

IX．その他の国家法

スイス

Fed. Act on Private International Law 25	
	187
27	187

刑法

273	257

イタリア民訴法　　　　　　269

アルゼンチン商法

476	269

条約・モデル法・ソフトローの部

I．非加盟条約

Convention of June 1 1970 on the Recognition of Divorce and Legal Separation　　　　　　　　193,206
23　　　　　　　　　　　　193

Convention of October 25 1980 on the Civil Aspects of International Child Abduction　　　　　　　194
11　　　　　　　　　　　147
Convention of Third-Party Liability in the Field of Nuclear Energy, 1960, Paris　　　　　　　　27
Convention on the Recognition and Enforcement of Decisions Relating to Maintenance Obligations　196
Convention on the Taking of Evidence Abroad in Civil or Commercial matters 1970　　　247-248,285
23　　　　　　　　　　　253
the Hague Convention on Choice of Court Agreements 2005　　162

1 (1) (2) (3)	166,169
2 (1) (2)	167-168
3	168
3 (b) ～ (d)	166-167
4 (1) (2)	164,170
5	168
5 (2)	169
5 (3)	169
7	168-169
7 (a) ～ (e)	169
9	168
9 (1)、(2)	170
10	171
19	170
20	170
21	170
22	167,170
26	167

UN Convention on Contracts for the International Sale of Goods, 1980 (CISG)　　　　5-6,9,11,14,163
UN Convention on the Carriage of Goods by Sea, Hamburg 1978
　　　　　　　25,30-31,205-206

8	30
21 (1)	30-31

(2)	30-31			13,135
(3)	30	Maastricht Treaty		140
(4)	31	1		141
(5)	30	2		141
22 (1)	31	3		141
(3)	31	13		141
(4)	31	14		141

UN Convention on the Recovery Abroad of Maintenance, 1956 (268 U.N.T.S.3)   195

North American Free Trade Agreement 1992 (NAFTA)   14
Treaty of Rome, 1957 (EE条約)   191
    234〜239   200-201

II. 地域条約

Amsterdam Treaty   135,140,228
61   136
65 (4)   136
67 (1)   136
249 (2)   138
Brussels Convention on jurisdiction and the enforcement of judgments in civil and commercial matters, 1968
    100,130,134,138,158,160,214,228
3 (a)   160
Convention on the Grant of European Patents, Munich 1973   151
Convention on the Law Applicable to Contract Obligations 1980 (Rome)
    32,34,135,140,313
1 (2)   268
4 (2)   34,149
7   34
15   32
European Convention on International Commercial Arbitration-Geneva
    284
Inter-American Convention on International Commercial Arbitration, Panama 1975   284,293
1   269
Lugano Convention on jurisdiction and the enforcement of judgments in civil and commercial matters 1988

III. 加盟条約

Convention for the Unification of Certain Rules Relating to International Carriage by Air, Montreal 1999
    27,30
33 (1) (2)、34   30
49   30
Convention for the Unification of Certain Rules Relating to International Carriage by Air, Warsaw 1929 as amended by the Hague Protocol to the Warsaw Convention 1955
    27-28
28 (1) (3)   27,30
32   29
Convention on the Service Abroad of Judicial and Extrajudicial Documents in Civil or Commercial Matters 1965
    158,245,285
Convention on the Law Applicable to Maintenance Obligations   196
Convention Relating to Civil Procedural Matters, 1945   245,285
1   248
6 (2)   248
9 (3)   248
10   248
11   248-249
14   249
UN ICJ Statute (38.1)   191

UN Convention on the Law of Treaties
1969 Vienna 14-16
27 100
31 15
UN Convention on the Recognition and Enforcement of Foreign Arbitral Awards, New York 1958
24,144,178,266,277,285,288
Ⅰ、1 265,282,287
Ⅰ、2 283
Ⅰ、3 275,280-282
Ⅱ 282
Ⅱ、1 18-19,269,280,282,301
Ⅱ、2 18-20
Ⅱ、3 281
Ⅲ 279-281,305
Ⅳ 281
Ⅴ 170,280,282,288,294-295,301,306
Ⅴ、1、2 277,282-283,305
Ⅶ 282,294
Ⅶ、2 280
Ⅹ、1 280
The Convention on the Settlement of Disputes Between State and Nationals of Other States 1965 (ICSID条約)
12 278
15 278
27 278
53 278
54 278
54 (1) 278
the Convention Supplementary to the Paris Convention, 1963, Vienna 27
The Hague-Visby Rules, Protocol to Amend the International Convention for the Unification of Certain Rules of Law Relating to Bills of Lading 1968 25,30,205
the Joint Protocol relating to the Application of the Vienna Convention and the Paris Convention, 1988 27
1992年改正油田汚染損害民事責任損害に関する国際条約（International Conventions on Civil Liability for Oil Pollution Damages） 27
1992年改正油濁汚染と損害の弁償のための国際資金設立国際条約（1992 International Conventions on the Establishment of an International Fund for Compensation for Oil Pollution Damages 28
日英領事条約 159,245
日韓投資協定 277
日米領事条約 245
17 (1) 245,250,254-255
領事関係に関するウィーン条約（1963）
245

Ⅳ. 国際モデル法（UNCITRAL）

Model Law on Cross-Border Insolvency, 1997 215,218-219,236
1 (1) 215
2 230
3 224,238
4 226
6 224
14 225
16 (1)～(3) 224
17 (2) 216
20 223
21 223
25 (1) 216
28～32 226
28 216
29 216
第2章 216
第3章 216
第4章 216
第5章 216
Model Law on International Commercial Arbitration
25-26,263,273,284,286
1 286
1 (1) 271,287

1 (3)	265
7	269
7 (2)	26
15～17	267
21 (1)	302
28	276
28 (2)	273
35	288
36	288,295

UNCITRAL's Arbitration Rules
　　　　　　　　　　　273,278,284
1.1　　　　　　　　　　　　269

V. soft law

American Arbitration Association(AAA) International Arbitration Rules as amended and in force(1 April, 1997)
　　　　　　　　　　　　　　284
International Arbitration Rules of the London Court of International Arbitration, London (1 January, 1998) (LCIA)　　　　　　　　　　283
Principles of European Contract Law, 2003 (PECL)　　　　　　5-6
　5：107　　　　　　　　　17
　Chap.8, Chap.9　　　　　　6
Principles of International Commercial Contracts, 2004. (UNIDROITの原則)
　　　　　　　　　　　5-6,9,273
　7.1.1.　　　　　　　　　　6
　7.2.5.　　　　　　　　　　6
　7.3.1.　　　　　　　　　　6
　7.4.13.　　　　　　　　　　6
Rules of Arbitration of the International Chamber of Commerce (Paris, 1 January, 1998)　　　　273,283

判例の部

Ⅰ. 日　本

最三小昭和50年11月28日判決、判時819/ 412、昭和45年（オ）297号（チネサダ号事件）　　　　　　　　　22,26
最三小昭和50年11月28日判決、民集29/ 10/1554、昭和45年（オ）297号　188
最三小昭和58年6月7日判決、民集37/5/ 611、昭和57年（オ）826号（執行判決請求事件）　　　　　　　　　255
最三小昭和58年6月7日判決、判時1086/ 97、昭和57年（オ）826号　　188
東地昭和62年6月23日民24部中間判決、判時1240/33、昭和60年（ワ）10312号（大韓航空機撃墜事件中間判決）
　　　　　　　　　　　　　15,29
東地平成3年2月18日判決、判時1376/ 79、平成元年（ワ）1447号　　191
東地平成5年1月29日判決、判時1441/ 41、昭和53年（ワ）2576号（不当利得返還等請求事件）　　　　　　　36
東地平成12年9月25日判決、判時1745/ 102、108、平成5年（ワ）15476号
　　　　　　　　　　　　　　15
東高平成5年11月15日判決、平成4年（ネ）388号　　　　　　　　202
東高平成5年6月28日判決、判時1471/ 89、平成3年（ネ）703号　　191
最二小平成9年7月11日判決、民集51/6/ 2573、平成5年（オ）1762号　40
最一小平成9年9月4日判決、判時1633/ 83、平成6年（オ）1848号（損害賠償請求事件）　　　　　　　　　279
東高平成9年9月18日判決、判時1630/ 62、平成8年（ネ）2484号（執行判決請求事件）　　　　　　　　　244
最三小平成9年11月11日判決、判時1626/ 74、平成5年（オ）1660号　　99
東地平成10年3月30日判決、判時1658/ 117、平成6年（ワ）12067号　15
最三小平成10年4月28日判決、判時1639/ 19（52/3/853）、平成6年（オ）1838号　　　　　　　　　159,188,196
最二小平成13年6月8日判決、判時1756/ 55、平成12年（オ）929号　　92

名古屋地平成15年12月16日判決、判時 1854/63〜153、平成7年（ワ）4179 （中華航空エアバス事件） 15,29
最二小判平成17年7月15日、金商判1222/ 24、1229/42、平成16年（受）1611号 113

II. アメリカ

Aeroglobal v. Cirrus. et al., Sup. Ct., Del., March 23rd 2005, No.101/266, 2004 95,112,243
Allstate Ins. Co. v. Hague, 449U.S.30 (1981) 95
Am. Dredging Co. v. Miller, 510U.S.443 (1994) 305
American Banana Co. v. United Fruit Company, 213U.S.347 (1909) 104,192
Asahi Metal Industry Co. v. Superior Court, 480U.S.102 (1987) 110
Asakura v. City of Seattle, 265U.S.332 (1924) 70
Boyd v. Grand Trunk Western R.R., 338 U.S.263 (1949) 62
Burger King Corp. v. Rudzemiez, 417 U.S.462 (1985) 114
Butler v. Beer Across Am., February 10th 2000, N.D. of Ala. 83F. Supp. 2d 1261 111
Carbon Black Export, Inc. v. The S.S. Monrosa, 359U.S.180 (1959) 62
Carbon Black Export, Inc. v. The Monrosa, 254 F.2d 297 65
Click Kam Choo v. Exxon Corp. 764 F. 2d 1148 (5th Cir., 1985) 55
Contec Corp. v. Remote Solution Co., February 15th 2005, 2nd Cir., No.04-0382 301
Cornell v. Assicurazani Generali, S. p. A. (No.97 Civ.2262, 2000 ほか, S.D.N.Y. March 16th 2000) 121
Davis v. Farmers' Co-op. Equity Co., 262 U.S.312 (1923) 92
Dow Chemical Co. v. Castro Alfaro, 786 S.W. 2d 674, 1990 57
Duferco International Steel Trading v. T Klaveness Shipping S.A., June 24th 2003, 2nd Cir., No. 02-7238 307-308
Encyclopaedia Universalis S.A. v. Encyclopaedia Britannica, Inc., March 3rd 2005, 2nd Cir., No.04-0288-cv 276
Erie Railroad Co. v. Tompkins, 304U.S. 64 (1938) 32,47
Fotochrome Inc. v. Copal Co., Ltd., 517 F. 2d 512 (2nd Cir., 1975) 299
Gov't of India v. Cargill Inc., 867 F. 2d 130 (2nd Cir., 1989). 309
Grace & Co. v. Rubber Workers, 461U.S. 757 (1983) 33
Grandinger v. Pioneer Life Ins. Co., July 21st 2004 (S.D.N.Y.), 2004 cv 1191 (GBD) 114
Green Tree Financial Corp. v. Bazzle 123 Sup. Ct.2402 (2003) 299
Griffin v. McCoach, 313U.S.498 (1941) 48
Gulf Oil Corp. v. Gilbert, 330U.S.501 (1947) 123-124
Hans A. Quaak et al. v. KPMGB (March 8th 2004, 1st Cir., No.03-2704) 107,210
Hausman v. Buckley, 299F. 2d 696 (1962) certiorari denied, 369U.S.885 69
Hess v. Pawlowski, 274U.S.352 (1927) 89
Helicopteros Nacionales de Colombia v. Hall, 466U.S.408 (1984) 116
Hilton v. Guyot, 159U.S.113 (1895) 105,178,187
Home Ins. Co. v. Dick, 281U.S.397 (1930) 36,104
Home Ins. Co. v. Morse, 87U.S.445 (1874)

法令、条約、判例索引

Howsam v. Dean Witter Reynolds, Inc., Sup.Ct. No.01-800, 2002.12.10.　298
Hunt v. Lac D'Amiante Du Quebec (Sup. Ct. of Canada, November 18th 1993, 4S.C.R.289)　39
In re Sealed Case, 832F. 2d 1268 (D. C. Cir.,1987)　92
in re Unteweser Reederei GmbH. 428 F.2d 888, 906 (5th Cir., 1970)　64
In re Uranium Antitrust Litigation 480 F. Supp. 1133 (N.D.I.,1979)　257
Insurance Corp. of Ireland, Ltd. v. Compagnie des Bauxites de Guinee, 456 U.S.694 (1982)　91
Intermountain Ford Tractor Sales Co. v. Massey-Ferguson, 325 F. 2d 713 (11th Cir., 1963)　113
International Shoe Co.事件　88,108
International Shoe Co. v. Washington, 326U.S.310 (1945)　107
Keeton v. Hustler Magazine, Inc.,465U.S. 770 (1984), Kulko v. California Superior Court, 436U.S.84 (1978)　115
Kahn Lucas Lancaster v. Lark International, July 29th 1999, 2nd Cir., No.97-9436　18
Klaxon Co. v. Stentor Elec. Mfg. Co., 313 U.S.487 (1941)　48
Kools De Visser v. Citibank, N.A., No.95-7209　48
Laker Airways, Ltd. v. Sabera, Belgian World Airways, 731F. 2d909, 931 (D. C. Cir., 1984)　189
Landis v. North American Co., 299U.S. 248 (1936)　208
Louisvill & Nashvill R. P. Co. v. Mottley, 211U.S.149 (1908)　53
Mannai Ins. Co. v. Eagle Star Life Assurance Co. (1997)　17
McGee v. International Life Insurance Co., 355U.S.220 (1957)　88
Mercer v. Sheraton Ins'l Inc., 981F. 2d 1345 (1st Cir., 1992)　51
Merrill Lynch,......Inc. v. Curran, 456U.S. 353 (1982)　97
Mink v. AAAA Development LLC, 190 F. 3d 333 (5th Cir., 1999)　112
Mitsubishi Motors Corp. v. Soler Chrysler-Ply mouth. Inc., 473U.S.614 (1985).　298
Moskowitz v. Coscette, November 15th 2002, 2nd Cir., No.01-7947, 9153　303
Mullane v. Central Hanover Tr. Co., 339 U.S.306 (April 24th 1950)　94
National Equipment Rental, Ltd. v. Szukhent, 375U.S.311 (1964)　63
Northrop Grumman Overseas Service Corp. v. Banco Wiese Sudameris, S.D.N.Y. No.03 Civ. 1681 (LAP) September 29th 2004　119
Omni Capital International v. Rudolf Wolff & Co., 484U.S.97 (1987)　97
Parsons & Whittemore Overseas Co., Inc. v. Societe Generale De L'Industrie Du Papier (RAKTA), 508 F. 2d 969 (2nd Cir., 1974)　300
Paquette Habana事件　42,105
Perkins v. Benguet Consolidated Mining Co., 342U.S.437 (1952)　87
Pennoyer v. Neff., 95U.S.714 (1878)　101
Piper Aircraft Co. v. Reyno, 454U.S.235 (1981)（パイパー飛行機事件）　124,126
Piraeus Bank, S. A. v. Bank of New York Co., No. 02-Civ. 1285, S.D.N.Y., 2002. 9.19.　88
PT United Can Co. v. Crown Cork & Steel Co., No.97-7252, 2/25/98, 138F. 3d 65 (2nd Cir. 1998)　51
RLS Associates v. United Bank of Kuwait (2nd Cir., August 19th 2004, No. 03-9112)　17

331

SEC v. Banca della Svizzera, CCH 98.
　346S.D.N.Y.,1981　　　　　　　　102
SEC v. Texas Gulf Sulphur, 258 F. Supp.
　262, S.D.N.Y., 1966　　　　　　　102
SEC v. Tome, 833F. 2d 1086 (2nd Cir.,
　1987)　　　　　　　　　　　　　243
Seguros Del Estado, S. A .v. Scientific
　Games, Inc. (11th Cir., 2001年8月20
　日)　　　　　　　　　　　　　　209
Scherk v. Alberto-Culver Co., 417U.S.
　506 (1974)　　　　　　　63,296,298
Shearson/American Express Inc. et al.
　v. McMahon et al., 482U.S.220 (1987)
　　　　　　　　　　　　　　　271,297
Steel Co. v. Citizens for a Better Envir't.
　523U.S.83 (1998)　　　　　　　　56
Stewart Organization, Inc. v. Ricoh Corp.,
　487U.S.22 (1988)　　　　　　　125
Sun Oil Co. v. Wortman, 486U.S.717
　(1989)　　　　　　　　　　　　　32
Sumitomo Shoji America Inc. v. Avag-
　liano, 457U.S.176 (1982)　　　　70
Swift v. Tyson, 10L. Ed.,865 (1842)
　　　　　　　　　　　　　　　　　46
the Bremen v. Zapata Off-shore Co., 407
　U.S.1 (1972)　　　　　64,125,154,297
the Paquette Habana, The Lola, 175U.S.
　677 (1900)　　　　　　　　　　101
Timberlane Lumber Co. v. Bank of Amer-
　ica N.T. & S.A. 2d 549 (9th Cir., 1976)
　　　　　　　　　　　　　　　　　104
Unterweser Reederei GmbH v. Zapata
Off-Shore Company, (1968) 2 Lloyf's
　L. Rep. 158 (Ct. App.)　　　　　65
Vimar Seguros y Reaseguros, S.A. v. M/
　V Sky Reefer, 515U.S.528 (1995)
　　　　　　　　　　　　　　　　　300
Volkswagenwerk Aktiengesellschaft v.
　Beech Aircraft Corp., 751 F. 2d 117,
　120-22 (1984)　　　　　　　　　116
Volkswagen AG v. Shlunk, 486U.S.649
　(1988)　　　　　　　　　　　　243
Westerbeke Corp. v. Daihatsu Motor Co.
　(2nd Cir., August 28th 2002)　　306
West-Fair Electric Contractors et al. v.
　Aetna Casualty & Surety Company,
　et al., No.94-7558, 1995年2月23日
　　　　　　　　　　　　　　　　　48
Wilko v. Swan, 346U.S.427 (1953)
　　　　　　　　　　　　　　　　　297
Zippo Mfg. Co. v. Zippo Dot Com, Inc.,
　952F. Sup. 1119 (W.D.Pa., 1997)
　　　　　　　　　　　　　　　　　111

Ⅲ. イギリス

Arsenal Football Club (2002) ECR1-
　10273 (ECJ関連2002年11月12日C-
　206/101)　　　　　　　　　　　202
Collins v. Sutton London Borough Coun-
　cil (2002), CMLR, p.1461～1500 (メー
　トル法殉教者事件)　　　　　　137
Home Department v. International Trans-
　port RothGmbH, (2002) EWCA Civ.
　158　　　　　　　　　　　　　202

事項索引（和文）

事項索引は、本書の主題を中心として大見出しの下に小見出し（インデント）を分類し、有機的・体系的にかつ（多少の表現の差はひとまとめに）柔軟に組織した。ただし、すべての大見出しが索引の対象となっている訳ではなく、対象外の大見出しは、〔　〕で表示してある。

ア 行

域外（立法権（ないし）司法権の拡張、拡大）　　　　　　　　99-100,102,256
　　域外管轄権　　　　　　　　　　39
〔領〕
　　域外適用（行使）
　　　　　12,21,35,101,103,105-106,192
　　域外立法　　　　　　　　　　103
移送　　　　　　　　　55,126,294
(法の) 一般原則、(法の) 原則
　　　　　　　　7,9,34,42,189,276,299
親子関係　　　　　　　　　33,153

カ 行

外交文書　　　　　　　　　　256
〔外国判決（他国判決）〕
　　外国判決の承認と執行
　　　　　11,13-14,22,28,59,105-106,129,
　　　　　131,136,146,153,157,163-167,169-
　　　　　170,175,177-179,181-184,186-188,
　　　　　192,194-196,198-199,202,206-207,
　　　　　218,226,241,254,266,294
　　外国判決の登録（確認）　184,294
開示　　　　　　　　　251,254,259
　　開示命令　　　　　　　107,258
　　事前開示
　　　　　　38,102,162,246,251,253-254
　　文書（の）開示（提出）
　　　　　10,39,161-162,251-252,254-255,257-
　　　　　259
家族関係、家事事件、家族法
　　　　　　79,139-140,147,166-167,229

家事事件（判決）　　　　　　180
離婚、子の監護（保護）（親の責任）、
　　扶養、相続、夫婦財産、遺言
　　　142,144,146-147,148,153,181,192,194-
　　　195,233,235
可分性　　　　　　　　　167,302,311
〔管轄（権）〕
　　一般人的管轄（権）　　81,97,104
　　管轄（権）配分ルール
　　　　　3-4,12,33,147,151,163-164,176,199
　　管轄（法廷）合意（管轄の定め）（法廷
　　選択）
　　　　　12,22-29,32,34-35,62-64,66,150-151,
　　　　　163,166-167,170-171,186,267-268,
　　　　　275,280,298
　　間接的裁判管轄権
　　　　　　　　　　11,130,176,186,190
　　事物管轄（権）、物的（主題による）
　　　管轄（権）　　54,156,169,185,206
　　人的管轄（権）
　　　　　10,42,49-50,52,55,61,72,79,82-86,
　　　　　92,94-98,100,111-114,118-119,121,
　　　　　146,159,162,169,175,177-178,184-
　　　　　186,193,196,237,243,254,258,276,294
　　専属裁判管轄権
　　　　　　　　23,29,55,148-152,223
　　専属的合意
　　　　　22,31,62,65,154,163-166,168-169
　　直接的裁判管轄権　　11,130,175,190
　　特殊的人的管轄（権）　　　　98
　　長腕法　　→ロングアーム法
　　非専属裁判管轄権　　　　　53
　　非専属的合意　　　　22,61,167

333

法廷漁り		124,176,193,205,229
韓国商事仲裁法院		289
既判力		59,170,178,182,307
参加効		45,307,309
強行法・規則（違反）		32,34,168,301
競争法		52,282
共同訴訟		98
金銭給付		192
金銭給付判決（「判決」もみよ）		
		180,195-196,202-203
金銭支払請求		60
クラス・アクション（集団訴訟）		
		39-40,44-45,56,121,299
権益中枢		216,218,223,227,230
管理中枢		148-149
拠点		216,223,227
現存		50,81,83,85-87,99,131,153,192
居住		50,84,131,170
居住者		80,115,119
住居（住居）		50-51,83,99,135,146
主事務（業）所		68,148
常居所		
		83,149-150,153,193-194,215,239
所在		80,131,160,230
非居住者		
		39,84,90,93,107,109,113,117
通過的（一時的）（存在・居住・所在・現存）		
		80-81,84,131,146,162,177
（公式）委嘱状（依頼状）		247,253
公序（公共の利益）（違反）		
	32-36,40,48,58,62-64,66,71,131,153-154,	
	169-170,183,186-189,191,197,202,224,	
	231,237,255,272,277,282,288,296,299,301-	
	302,304,211	
公正な（公正な手続の）（公式に争われた）		
裁判		179,183
国際慣習法		14,31,42-43,84,101
国際合意		42
〔国際渉外事件〕		
国際家事（離婚、子の監護、扶養など）		
判決		146,153-154,185,193-194
国際私法　→抵触法		

国際仲裁　→仲裁		
国際倒産　→倒産法		
国際商事仲裁判		4
国籍		50,62,68,85,99,145-146
国民		153
雇用（労働）契約		150,230
婚姻		33,146,153

サ　行

最密接関連（地）（性）の		
		24,67,70-71,265,273
詐欺		84,102,155,186,227
（資産の）差押え		132,146,149,162,181
差止め（請求）（訴訟）（中止命令）		
		12,102,121,209,221,240,302
〔事業〕		
事業活動		87,109
事業行為		50,108
事業法人		66-67
事業を行う（営む）		
	25,50,67,72,80,83-84,86,88,92-93,108,	
	112-113,117,119,122,148	
時効		95,127,183
時効期間		127,183
時効中断		244,264
時効法		34-35
執行書		181
執行命令		293
執行吏（廷吏）		181,241
市民（州民）（権）		50,62,69,80,83,99,145
州際私法		31,47,95
州際商業		74,87,92,94,271,292
主観的併合（第三者訴訟）		161-162
出廷		160
出頭		
	61,63,83,85,114,123,152-153,179,189-190	
一般的出頭		186,189-190
限定的出頭		190
準拠法		25,32,34
準拠法合意		32
証券詐欺		39
証券法、証券業、証券取引		

11,35,39,52,97,99,101-102,107,118-119,
256,271,283,297,313
証拠
　証拠開示
　　38-39,43,79,107,161-162,256,272,293
　証拠合意　　　　　　　　　　　　　252
　証拠収集
　　43,102,124,246-247,253-255,285
　証拠調べ（の嘱託）
　　38,102,240,245-253,256,260-261
　　嘱託書　　　　　　　　　　　　　249
　　宣誓供述（書）録取書
　　　　　　　　　　243,247,251,253,259
　消費者　　　　　　　　　　229,234,288
　消費者契約　　　　　　　　150,168,299
消費者（保護）法　　　　　　　46,233,298
書記官　　　　　　　　　　　　　181-182
自力執行型
　　　　　　15,19,29,101,242,245,278,295
親族法　　　　　　　　　　　　　　　81
請求原因
　　35,37,40-41,53-54,58-60,87-88,92,98,
　　106,108-109,121,183,186,209,304,308
製造物責任（法）　　　　　71,89-91,93,110,260
全幅の承認
　　35,58,60,94-95,130,176,181,183,189,206
相互（の保障、の承認）
　　　　　　58,169,187-188,196,204,249,286
相互主義
　　59,106,131,179,183,187-188,218,220,226,
　　250,265,279-282,285
送達
　　72,94-95,97-99,101-102,104,118,158-161,
　　186-187,240,243-244,248
　　召喚状　　　　　　　　　　　　　119
　　（外国からの訴状）送達
　　　　　　　　　　　　240-241,244,247
　　送達（の嘱託）　　　　　　　　　245
　　公示送達　　　　　　　　　　　　243
属地主義　　　　　　　　　　216-217,225,228
阻止法　　　　　　　　　　　　　39,257
訴訟係属　　　　　　　　　　　　　199

タ　行

第三者訴訟　→主観的併合
多州民事件
　　　　　　　45,47,53,55,96-97,114,125,292
他訴訟差止め（請求）　→二重訴訟
ダブル条約
　　130,134-135,163-165,168-169,176,179,
　　184,192,197,199,204
他法廷係属　→二重訴訟
中国国際経済貿易仲裁委員会　　　　285
〔仲裁・国際仲裁〕
　親仲裁性　　　　　283,291,298,301,309-310
　仲裁可能性
　　　　　　　　276,282,297-299,301-302,313
　仲裁契約　　　　　　　263,265,292-293,296
　仲裁合意
　　23,31-32,48,63,145,167,190,263,265-
　　270,273-274,280-281,288,291-293,
　　295-298,300-302,304-305,311,313
　仲裁条項
　　23,25,266,271,275-276,280,285,296,
　　298-300,302-303,308
　仲裁廷（仲裁機関）
　　42,272-275,279-280,283-284,289-
　　292,296,298-299,301-304,310
　仲裁手続
　　14,63,145,158,264,266-267,272,289,
　　296,305
　仲裁人　　　　　　　　　　　276,283,311
　仲裁判断
　　4,24,63,145,163,178,184-185,188,264-
　　265,267-268,272,274-283,285-286,
　　289,291-293,295-296,301,304-305,
　　309,311-312
　（外国）仲裁判断の承認（確認）・執行
　　127,170,226,265-266,274,277,279-
　　280,282-283,288,294-296,303-307
　仲裁約款　　　　　　　　　　　　　19
通過的（存在、所在など）　→現存
（友好）通商航海条約　　　　　69-70,179
通知（と聴聞の機会）　　　93-94,98,131,154

聴聞の機会（弁明の機会）（防御のための機会）
 51,61,94-95,98,153,183,186,193,197,238
抵触法
 11,25,33,47-49,57,67,71,79,82,84,95
 国際私法
  10,15,25,32-34,82,135,148-149,151,268,272-273,313
適正手続（「公正な」もみよ）
 51,61,66,94-95,97-98,107-108,110-111,113,116,122,131,181,187,197,242,292
  適正手続条項 51,100,115
  適正手続の要請 243
適用法ルール（適用法の選択）
 4,11,14,21,23,34-35,46,63-64,66,83,85,135,140,241,268,296
  適用法漁り 176
東京海事仲裁協会 26,291,300
（国際）倒産法 3,168,215,236
  国際倒産
   213-214,216,224,226,228-229,234,236
当事者主義（当事者主導型） 38,190
当事者自治 21,23,28,62,64,169
通りすがり 160
特定履行請求
 63,180,196,202,204-205,209,274,296
独禁法（反不公正取引法）（反競争法）（反トラスト法）（不正競争防止法）
 12,21,35,39,43,46,54,97,99,101,104,118,177,191-192,211,251,254,256-257,283,298,313

ナ　行

（国際）二重訴訟
 25,30-31,102,126,152,157,161,166,175,199,204-206,208-211,214,216,218,220,301,304
  他訴訟差止め（請求） 207,209,211
  他法廷係属 207-208
日本商事仲裁協会 290
（社）日本仲裁人協会 310

ハ　行

ハーグ国際私法会議
 14,23,31,164,168,175,179,194-195
陪審（員、制）陪審権 37-38,41,155
反射効 170
〔判決〕
  簡易判決（手続） 190
  金銭給付（請求）判決 185-187,192
  欠席判決 61,189-190
  判決（の）移動（の自由）
   3,9,129,139,162-163,176-177,196-198
非居住者　→現存
普及主義 225,227
不統一法国（条項） 193
不便宜法廷（の法理）（「移送」もみよ）
 12,24,35,56-57,65,84,122-123,125-127,146,160-161,169,186,190,207-208,266,303-305
法人格の否認（の法理）（法人格を否認）
 113,116,119
法廷漁り　→管轄権
補充法（任意規定） 5-6,292
補助的法源 7
保全（措置）処分 152,170,198,231,239

マ　行

ミニマム・コンタクツ（意味のあるコンタクツ） 90,92-93,108,115

ヤ　行

有体物（物）の所有、使用ないし占有、不動産の所有（所在）
  83,86,92,108,131,146,151,167
ヨーロッパ評議会 13,129,176,196,214
呼出状（令状）
 51,84,94-95,97,99,186,241,244,246,250,253

ラ　行

（国際）礼譲
 51,103,105-106,126,179,186,211,298
連結素（連結概念）（連結環）

34,66,68,70-71,82-83,85,146,148,215,218,223
連邦問題　53-54,181
ロングアーム法
25-26,39,88,90,97,99,106-109,113,117-118,243

ワ行

和解（条項）　6,189-190,264,269

事項索引 (欧文)

AAA　　267,272,276,278,284,289,291,302
ALI　　12,64,89
anti-trust (anti-monopoly)　　191
[appearance]
　　general appearance　　61,152,190
　　special appearance
　　　　61,114,152,190
[arbitration]
　　arbitrable, arbitrability
　　　　276,282,296-298,301-302
　　arbitral awards　　286
　　arbitration agreement　　18-19,63
　　arbitration award　　265
　　arbitral clause　　18
　　arbitration clause　　266,270
　　arbitration proceedings　　210,271
　　severability (divisibility)
　　　　167,263,303
attachment　　132,162
award　　281,293-294,311
blocking statutes　　→ discovery
[business]
　　business (do business operation)
　　　　50,72,87,108,111,117
　　business corporation　　66
　　(carry on, transact) doing
　　　　26,80,83,85,88,112,119,122,148,162,223
cause of action　　59
centre of main interests, centre of (central) administration　　148
choice of court　　22,163,166
choice of forum (forum selection)
　　(exclusive, non-exclusive)　　163
　　choice of forum agreement (forum selection agreement)　　22,25,166
choice of law (rule)
　　　　4,11,14,21,25,64,66,83,193,241
　　choice of law agreement　　63

choice of law clause　　21
　　most sinificant relationship　　70-71
CIArb　　310
CIETAC　　285,289
class action　　39,56,299
Clementi Report　　144
CLOUT　　14
comity　　103,106,187
　　international comity　　105,126,210
confirm　　294
confirmation　　303-304
conflict (of laws) (conflicts)
　　　　11,25,57,82
consumer (protection) law, consumer contract　　168
Council of Europe　　13,129,176,214
default rule　　292
diplomatic notes　　256
(disclosure)　　254
　　initial disclosure　　38,161,259
discovery
　　　　39,43-44,51,54,91,210,252,254,258-260
　　blocking statutes
　　　　39,100,103,107,256-258
　　deposition
　　　　44,102,240,251,254,258-260
　　discovery (inspection) of documents　　161
　　double convention　　130
　　due process
　　　　51,62,94,97-98,107-108,181,241
　　due process clause　　→ notice
　　jurisdictional discovery　　89,91,260
　　pretrial discovery　　246
　　(production of documents)
　　　　38,251
dismissal with prejudice　　190
documents　　10

339

ECB 201
ECJ 135,138,200-202
[enforcement of foreign judgments]
    reciprocity 59,187,204,280
    recognition and the enforcement of (foreign) judgments 132,134,136
employment contracts 168
EPA 14
establishment (s) 148
family (law) (matters) 13,81
    custody, guardian (ship) 146
    divorce 146
    maintenance 195
federal question (jurisdiction) 53-54
forum non conveniens
    35,51,55,84,127,161-162,201,207,304,308
    removal 55
forum shopping 124,176,229
fraud 186,203
Friendship, Commerce and Navigation (FCN), Treaty 70
full faith and credit
    58,60,94-95,130,176,178,182-183,185,195,207
HCCH
    14,130,162-163,166,193-195,242,253
ICA 283-284,290
ICC 165,267,272-273,276,278,283-284,290-291
ICJ
injunction 240
    anti-suit injunction 207-211,302
    preliminary injunction 210
[international]
    cross-border insolvency (proceedings) 4,168,204,213-214,237
    international agreements →treaty
    private international law →conflict
interrogatories 259
interstate commerce 74,87,92
JCAA 289-290
[judgments]

collateral estoppel 45,60,170,307,309
    default judgment 61
    money judgment 196
    res judicata 59,182,307
    summary judgment 190
[jurisdiction]
    diversity jurisdiction case 44,53-54,96,125
    exclusive jurisdiction 22
    general jurisdiction 72,81,98,104
    (judicial) jurisdiction rule 51,62
    personal jurisdiction 43,50,56,84,211
    subject matter jurisdiction 53,56,96
jury (jury system, right to jury) 37,155
KCAB 289
labor (law), labor contract 150
LCIA 267,278,284,291,310
letter rogatory, letter of request 247,253
limitation (statute of) 35
long-arm statute 39,61,107
    extra-territorial (jurisdictional) 101
    minimum (meaningful) contacts 92-93
    reasonable (relationship) 80,94
    reasonableness 82
measures 170
NCCUSL 64,180,185,292
notice 98,186
    due process clause 100
    notice (and) opportunity to be heard 61,93,98
(physical) presence 50,81,83,131
    citizen (ship) 54,62,68-69,99
    domicil
        13,34,51,80,83-85,131,135,146-151,153,186,193,195,203,242

事項索引（欧文）

habitual residence 83,153,193-194,239
nationality (national) 62,68-69,85,99,146,153
nonresident 39,81,93,113
place of business 148
presence 80,85,87,99,153
(fleeting, passing) residence 80,83-84,115
transitory, temporary (presence, residence) 80-81,84,131,160,162
(general) principles of law 7,42
(rules of law) 273,276
[proceedings]
　　anti-suit injunction 207-211
　　joinder (of persons) 98,161
　　lis alibi pendens 152,161,207-209
　　lis pendens 199
　　parallel proceedings 204
product liability (law) 90,110,251
　　court clerk 181-182
　　(real) property (site of) →thing
provisional 170
public policy (public interests) 32,34-35,48,63,169,187,224,277,282
　　(manifestly) contrary to…… 63,169,186,197,224,296,299
　　mandatory law 32,34
reciprocal treatment 282

SEC 243,252
[service]
　　service of process 242
　　(service of) summons 99
severability →arbitration
sheriff 60,181,241
specific performance 196,205,274
stipulations re discovery 252
subpoena 107,119,246,251
(ownership, use or possession of a)
　　thing, immovable (thing) 92
　　(real) property (site of) 132
third-party action, joinder →proceedings
TOMAC 27,291,300
[treaty]
　　customary international law 42
　　international agreements 41-42,53
　　self-executing 101
[trial]
　　fair trial 179,183
　　pretrial discovery →discovery
UNCITRAL 14,157,166,284,295
UNIDROIT 9
Unilex 15,272
venue 122,125,294
writ of execution 181,293

341

著者紹介

國生　一彦（こくしょう　かずひこ）

　昭和29年　　東京大学卒業
　昭和57年　　アメリカ、ワシントン大学ロースクール修士号
　現在　　　　弁護士（國生法律事務所）、東洋大学法科大学院教授

【主要著書】
国際取引法（有斐閣、2005年）
アメリカの誕生と英雄達の生涯（碧天舎、2004年）
改正米国動産担保法（商事法務研究会、2001年）
米国の電子情報取引法（商事法務研究会、2001年）
e-の法律―サイバー世界の法秩序―（共著）（東京布井出版、2000年）
アメリカのパートナーシップの法律（商事法務研究会、1991年）
現代イギリス不動産法（商事法務研究会、1990年）
判例にみるアメリカの不動産トラブル（商事法務研究会、1989年）
国際金融法務読本（東京布井出版、1988年）
アメリカの不動産取引法（商事法務研究会、1987年）

――――――――国際取引紛争に備える――――――――
―アメリカ、EU、イギリスでのトラブル予防から訴訟まで―
2006年11月24日　第1版第1刷発行

著　者――國　生　一　彦
発行者――大　野　俊　郎
印刷所――新　灯　印　刷
製本所――美　行　製　本(有)
発行所――八千代出版株式会社
　　　　〒101-0061
　　　　東京都千代田区三崎町2-2-13
　　　　TEL　03-3262-0420
　　　　FAX　03-3237-0723
　　　　振替　00190-4-168060
　　　　＊定価はカバーに表示してあります。
　　　　＊落丁・乱丁はお取り替え致します。

　　　　　　　　　　　Ⓒ2006 Printed in Japan
　　　　ISBN4-8429-1408-4